Das kommunale Marktwesen

Europäische Hochschulschriften

European University Studies

Publications Universitaires Européennes

Reihe II **Rechtswissenschaft**

Series II Law

Série II Droit

Band/Volume **5724**

Eva Christina Meiers

Das kommunale Marktwesen

Auswahlverfahren – Auswahlkriterien – Rechtsschutz

PL ACADEMIC RESEARCH

Bibliografische Information der Deutschen Nationalbibliothek
Die Deutsche Nationalbibliothek verzeichnet diese Publikation in der Deutschen Nationalbibliografie; detaillierte bibliografische Daten sind im Internet über http://dnb.d-nb.de abrufbar.

Zugl.: Münster (Westfalen), Univ., Diss., 2015

Erster Berichterstatter: Prof. Dr. Dirk Ehlers
Zweiter Berichterstatter: Prof. Dr. Janbernd Oebbecke
Dekan: Prof. Dr. Ingo Saenger
Tag der mündlichen Prüfung: 03.02.2015

D 6
ISSN 0531-7312
ISBN 978-3-631-66475-9 (Print)
E-ISBN 978-3-653-05698-3 (E-Book)
DOI 10.3726/978-3-653-05698-3

PL Academic Research ist ein Imprint der Peter Lang GmbH.
Peter Lang – Frankfurt am Main · Bern · Bruxelles · New York · Oxford · Warszawa · Wien

Diese Publikation wurde begutachtet.

www.peterlang.com

Meinen Eltern

Vorwort

Die vorliegende Arbeit wurde im Wintersemester 2014/2015 von der rechtswissenschaftlichen Fakultät der Westfälischen Wilhelms-Universität Münster als Dissertation angenommen.

Besonderer Dank gilt zunächst meinem Doktorvater, Herrn Prof. Dr. Dirk Ehlers, für seine stets hilfreiche und konstruktive Betreuung.

Mein Dank gilt zudem Herrn Prof. Dr. Janbernd Oebbecke für die Übernahme und zügige Erstellung des Zweitgutachtens.

Ich danke ferner Herrn Dr. Niklas Rahlmeyer für seine hilfreichen und kritischen Anregungen, seine geduldige Unterstützung sowie das finale Korrekturlesen.

Danken möchte ich auch meinen Freundinnen, Frau Julia Höninger und Frau Kirsten Böhmer, für die stets unterhaltsame Gestaltung der notwendigen Erholungsphasen.

Der größte Dank gilt schließlich meinen Eltern, Hildegard und Heinrich Meiers, deren bedingungslose Unterstützung und liebevolles Verständnis die Erstellung dieser Arbeit erst ermöglicht haben.

Düsseldorf, im Februar 2015 *Eva Christina Meiers*

Inhaltsverzeichnis

Literaturverzeichnis

Ax, Thomas: Gestaltung der Ausschreibung einer Dienstleistungskonzession zum Betrieb eines Marktes, Verwaltungsrundschau 2010, S. 412.

Axer, Peter: Die Widmung als Grundlage der Nutzung kommunaler öffentlicher Einrichtungen, NVwZ 1996, S. 114.

–: Die Widmung als Schlüsselbegriff des Rechts der öffentlichen Sachen. Zur Identität des Rechts der öffentlichen Sachen als Rechtsgebiet, Dissertation, Berlin 1994.

Bamberger, Heinz Georg/Roth, Herbert: Beck'scher Online-Kommentar, Stand 01.11.2013, zit.: *Bearbeiter*, in: Bamberger/Roth (Hrsg.), Beck-OK BGB.

Bartels, Ina: Die rechtliche Ordnung der Benutzung öffentlicher Einrichtungen, Dissertation, Frankfurt 2000.

Barth, Hanna: Das Vergaberecht außerhalb des Anwendungsbereichs der EG-Vergaberichtlinien, Dissertation, Frankfurt 2010.

Bauer, Martin /Böhle, Thomas/Ecker, Gerhard: Bayrische Kommunalgesetze, Gemeindeordnung – Landkreisordnung – Bezirksordnung, Loseblatt, 99. Ergänzungslieferung, Stand: April 2013; zit.: *Bauer/Böhle/Ecker*, Bayrische Kommunalgesetze.

Bechtold, Rainer: Kartellgesetz, Gesetz gegen Wettbewerbsbeschränkungen, GWB, 7. Auflage, München 2013, zit.: *Bearbeiter*, in: Bechtold, GWB.

Becker, Ulrich/Sichert, Markus: Einführung in die kommunale Rechtsetzung am Beispiel gemeindlicher Benutzungssatzungen, JuS 2000, S. 144.

Bethge, Herbert: Zweigleisigkeit des Rechtswegs bei der Benutzung kommunaler öffentlicher Einrichtungen, SKV 1972, S. 123.

Böckel, Markus: Vergaberechtliche Behandlung von Dienstleistungskonzessionen, LKV 2003, S. 393.

Brandt, Jürgen/Sachs, Michael: Handbuch Verwaltungsverfahren und Verwaltungsprozess, 3. Auflage 2008, zit.: *Bearbeiter*, in: Brandt/Sachs (Hrsg.), Handbuch Verwaltungsverfahren und Verwaltungsprozess.

Braun, Christian: Anmerkung zum Urteil des BVerwG vom 27.05.2009 – 8 C 10/08, KommJur 2009, S. 424.

–: Zulassung auf Märkten und Veranstaltungen, NVwZ 2009, S. 747.

Brocki, Gerhard: Die Festsetzung von Wochenmärkten, GewArch 1963, S. 217.

Brosius-Gersdorf, Frauke: Bindung der Mitgliedstaaten an die Gemeinschaftsgrundrechte. Die Bindung der Mitgliedstaaten nach der Rechtsprechung des EuGH, der Charta der Grundrechte der Europäischen Union und ihre Fortentwicklung, Berlin 2005.

–: Grundfälle zur Bindung der Mitgliedstaaten an die Gemeinschaftsgrundrechte, JA 2007, S. 873.

Brohm, Winfried: Die Konkurrentenklage, in: System des verwaltungsgerichtlichen Rechtsschutzes, Festschrift für Christian-Friedrich Menger zum 70. Geburtstag, Köln 1985.

Bumke, Susanne: Frequenzvergabe nach dem Telekommunikationsgesetz. Unter besonderer Berücksichtigung der Integration ökonomischer Handlungsrationaliät in das Verwaltungsverfahren, Dissertation, Berlin 2006.

Bungenberg, Marc: Vergaberecht im Wettbewerb der Systeme. Eine rechtsebenübergreifende Analyse des Vergaberechts, Habilitation, Tübingen 2007.

Burgi, Martin: Die Legitimität von Einheimischenprivilegierungen im globalen Dorf, JZ 1999, S. 873.

–: Verwalten durch öffentliche Unternehmen im europäischen Institutionenwettbewerb, VerwArch 2002, S. 255.

–: Die Dienstleistungskonzession ersten Grades. Verwaltungs- und kartellvergaberechtliche Fragen eines Privatisierungsmodells am Beispiel der Abwasserbeseitigung, Baden-Baden 2004.

–: Die Vergabe von Dienstleistungskonzessionen: Verfahren, Vergabekriterien, Rechtsschutz, NZBau 2005, S. 610.

–: Die künftige Bedeutung der Freiheitsgrundrechte für staatliche Verteilungsentscheidungen, WiVerw 2007, S. 173.

–: Kommunalrecht, 4. Auflage, München 2012.

Burmeister, Joachim: Der Begriff des „Fiskus" in der heutigen Verwaltungsrechtsdogmatik, DÖV 1975, S. 695.

Byok, Jan/Bormann, Guido: Aktuelle Rechtsfragen zu der öffentlichen Auftragsvergabe in der Entsorgungswirtschaft, NVwZ 2008, S. 842.

Byok, Jan/Dierkes, Mathias: Dienstleistungskonzessionen in der Wasserwirtschaft, RdE 2011, S. 126.

–/*Jaeger, Wolfgang*: Kommentar zum Vergaberecht, 3. Auflage, Frankfurt 2011, zit.: *Bearbeiter*, in: Byok/Jäger (Hrsg.), Kommentar zum Vergaberecht.

Callies, Christian/Ruffert, Matthias: EUV/AEUV. Das Verfassungsrecht der Europäischen Union mit Europäischer Grundrechtecharta, Kommentar, 4. Auflage, München 2011, zit.: *Bearbeiter*, in Callies/Ruffert (Hrsg.), EUV/AEUV.

Dietlein, Johannes/Burgi, Martin/Hellermann, Johannes: Öffentliches Recht in Nordrhein-Westfalen, 4. Auflage, München 2011.

Dietlein, Johannes: Rechtsfragen des Zugangs zu kommunalen Einrichtungen, JURA 2002, S. 445.

Donhauser, Christoph: Neue Akzentuierungen bei der Vergabe von Standplätzen auf gemeindlichen Volksfesten und Märkten, NVwZ 2010, S. 931.

Dreier, Horst: Grundgesetz Kommentar, Band I, 2. Auflage, München 2013, zit.: *Bearbeiter*, in: Dreier (Hrsg.), Grundgesetz Kommentar.

Ehlers, Dirk: Verwaltung in Privatrechtsform, Habilitation, Berlin 1984.

–: Rechtsverhältnisse in der Leistungsverwaltung, DVBl. 1986, S. 912.

–: Rechtsprobleme der Kommunalwirtschaft, DVBl. 1998, S. 497.

–: Rechtsprobleme der Nutzung kommunaler öffentlicher Einrichtungen – Teil 1, JURA 2012, S. 692.

–: Rechtsprobleme der Nutzung kommunaler öffentlicher Einrichtungen – Teil 2, JURA 2012, S. 849.

–: Die verfassungsrechtliche Garantie der kommunalen Selbstverwaltung, DVBl. 2000, S. 1301.

–: Die allgemeine verwaltungsgerichtliche Leistungsklage, JURA 2006, S. 351.

–: Rechtsfragen der Existenz, der Wirksamkeit und der Bestandskraft von Verwaltungsakten, in: Krebs (Hrsg.), Liber amicorum Hans-Uwe Erichsen, Festschrift zum 70. Geburtstag am 15. Oktober 2004, Köln 2004, S. 4.

–: Anmerkung zum Urteil des BVerwG vom 27.05.2009 – 8 C 10/08, DVBl. 2009, S. 1456.

–: Europäische Grundrechte und Grundfreiheiten, 3. Auflage, Berlin 2009, zit.: *Bearbeiter*, in: Ehlers (Hrsg.), Europäische Grundrechte und Grundfreiheiten.

–/*Schoch, Friedrich*: Rechtsschutz im öffentlichen Recht, Berlin 2009, zit.: *Bearbeiter*, in: Ehlers/Schoch (Hrsg.), Rechtsschutz im öffentlichen Recht.

–/*Fehling, Michael/Pünder, Hermann*: Besonderes Verwaltungsrecht, Band I, Öffentliches Wirtschaftsrecht, 3. Auflage 2012, zit.: *Bearbeiter*, in: Ehlers/Fehling/Pünder (Hrsg.), Besonderes Verwaltungsrecht, Band I.

Emmerich, Volker: Kartellrecht, 12. Auflage, München 2012.

Erichsen, Hans-Uwe/Ehlers, Dirk: Allgemeines Verwaltungsrecht, 14. Auflage, Berlin/New York 2011.

–: Kommunalrecht des Landes Nordrhein-Westfalen, 2. Auflage, Siegburg 1997.

–: Konkurrentenklagen im Öffentlichen Recht, JURA 1994, S. 385.

Evertz, Volker: Die Bedeutung der Grundrechte im Zusammenhang mit der Benutzung gemeindlicher öffentlicher Einrichtungen, Dissertation, Frankfurt 1987.

Eyermann, Erich: Verwaltungsgerichtsordnung: VwGO, 13. Auflage, München 2010, zit.: *Bearbeiter*, in: Eyermann, VwGO.

Fastenrath, Ulrich: Die Zulassung ortsfremder (einschließlich EG-ausländischer) Schausteller und Anbieter zu Volksfesten und Märkten, NWVBl. 1992, S. 51.

Fehling, Michael: Die Konkurrentenklage bei der Zulassung privater Rundfunkveranstalter. Eine Untersuchung zu materiell-rechtlichen Grundlagen, zur gerichtlichen Kontrolldichte und zum prozessualen Rahmen von Konkurrenzschutzbegehren, Dissertation, Berlin 1994.

Fehling, Michael/Kastner, Berthold/Störmer, Rainer: Verwaltungsrecht, VwVfG, VwGO, Nebengesetze, 3. Auflage, Baden-Baden 2013, zit.: *Bearbeiter*, in: Fehling/Kastner/Störmer (Hrsg.), Verwaltungsrecht, VwVfG.

Fischedick, Hans-Jürgen: Die Wahl der Benutzungsformen kommunaler Einrichtungen, Kriterien für die Entscheidung zwischen privatrechtlicher und öffentlichrechtlicher Benutzungsform, Dissertation, Köln 1986.

Forsthoff, Ernst: Die Verwaltung als Leistungsträger, Stuttgart 1938.

Franz, Thorsten: Gewinnerzielung durch kommunale Daseinsvorsorge. Zugleich eine Untersuchung zu den Zwecken und Formen der kommunalen wirtschaftlichen Betätigung, Habilitation, Tübingen 2005.

Franzius, Claudio: Die wirtschaftliche Betätigung der Kommunen, JURA 2009, S. 677.

Frenz, Walter: Verwaltungsgerichtlicher Rechtsschutz in Konkurrenzsituationen, Berlin 1999.

–: Allgemeine Grundsätze des Vergaberechts – das EuGH-Urteil ANAV/Comune di Bari, EWS 2006, S. 347.

–: Handbuch Europarecht, Band 3, Beihilfe- und Vergaberecht, Heidelberg 2007.

–: Unterschwellenvergaben, VergabeR 2007, S. 1.

Friauf, Karl-Heinrich: Kommentar zur Gewerbeordnung – GewO, Gewerberechtlicher Teil, Loseblatt, 271. Nachlieferung, Stand: 22. August 2013, zit.: *Bearbeiter*, in: Friauf (Hrsg.), Kommentar zur GewO.

Fritz, Aline/Seidler, Anne-Caroline: Vergabe von Konzessionen – Rechtsklarheit ja oder nein?, EuZW 2010, S. 933.

Fröhler, Ludwig/Kormann, Joachim: GewO, Kommentar, Frankfurt 1978.

Frotscher, Werner/Kramer, Urs: Wirtschaftsverfassungs- und Wirtschaftsverwaltungsrecht, 6. Auflage, München 2013.

Gethmann, Carl Friedrich/Kloepfer, Michael/Reinert, Sigrid: Verteilungsgerechtigkeit im Umweltstaat, Heidelberg 1999.

Gern, Alfons: Deutsches Kommunalrecht, 3. Auflage, Baden-Baden 2003.

–: Privatisierung des Forderungsmanagements der Kommunen, DÖV 2009, S. 269.

Gröning, Jochem: Public Private Partnerships bei Dienstleistungskonzessionen – Vergaberechtliche Konsequenzen aus dem „Telaustria"-Urteil des EuGH, NZBau 2001, S. 123.

–: Der Begriff der Dienstleistungskonzession, Rechtsschutz und Rechtsweg, VergabeR 2002, S. 24.

Gröpl, Christoph: Möglichkeiten und Grenzen der Privatisierung kommunaler Aufgaben in: Hoffmann, Markus/Kromberg, Christian/Roth, Verena/Wiegand, Bodo (Hrsg.), Kommunale Selbstverwaltung im Spiegel von Verfassungsrecht und Verwaltungsrecht, Rostock 1995, S. 99.

–: Privatisierung von Messen, Märkten und Volksfesten, GewArch 1995, S. 367.

Groth, Axel: Die Dienstleistungskonzession im europäischen Vergabe- und Beihilfenrecht, Dissertation, Frankfurt 2010.

Gundel, Jörg: Die Inländerdiskriminierung zwischen Verfassungs- und Europarecht: Neue Ansätze in der Rechtsprechung, DVBl. 2007, S. 269.

Heitsch, Christian: Der gewerberechtliche Zulassungsanspruch zu Volksfesten, GewArch 2004, 225.

Hilderscheid, Heinrich: Die Zulassung zu Messen und Ausstellungen, Dissertation, Tübingen 1999.

–: Erzwungene Doppelvergabe von Standflächen auf festgesetzten Veranstaltungen, GewArch 2007, S. 129.

–: Passivlegitimation und Rechtsweg bei Klagen auf Zulassung zu festgesetzten Veranstaltungen, GewArch 2008, S. 54.

–: Entwicklungen im Messe- und Ausstellungsrecht 2009 – 2011, GewArch 2011, S. 391.

Hellermann, Johannes: Örtliche Daseinsvorsorge und gemeindliche Selbstverwaltung: Zum kommunalen Betätigungs- und Gestaltungsspielraum unter den Bedingungen europäischer und staatlicher Privatisierungs- und Deregulierungspolitik, Habilitation, Tübingen 2000.

Henke, Angela: Wirtschaftliche Betätigung von Gemeinden – Drittschutz durch die Subsidiaritätsklausel in Niedersachsen, NordÖR 2010, S. 335.

Hissnauer, Daniel: Auswirkungen der Dienstleistungsrichtlinie auf das deutsche Genehmigungsverfahrensrecht, Dissertation, Baden-Baden 2009.

Höfling, Wolfram/Rixen, Stephan: Die Landesgesetzgebungskompetenzen im Gewerberecht nach der Föderalismusreform, GewArch 2008, S. 1.

Hösch, Ulrich: Rechtsschutz gegen die Nichtzulassung zu festgesetzten Märkten, GewArch 1996, S. 402.

Hövelberndt, Andreas: Übernahme eines wirtschaftlichen Risikos als Voraussetzung der Dienstleistungskonzession, NZBau 2010, S. 599.

Hoffmann, Friedrich: Die kommunale öffentliche Einrichtung dargestellt am Beispiel des Zirkusplatzes, Dissertation, Baden-Baden 2005.

Hoffmann-Riem, Wolfgang/Schmidt-Aßmann, Eberhard/Voßkuhle, Andreas: Grundlagen des Verwaltungsrechts, 2. Auflage, München 2012, zit.: *Bearbeiter*, in: Hoffmann-Riem/Schmidt-Aßmann/Voßkuhle (Hrsg.), Grundlagen des Verwaltungsrechts.

Hoppe, Werner/Uechtritz, Michael/Reck, Hans-Joachim: Handbuch kommunale Unternehmen, 3. Auflage, Köln 2012, zit.: *Bearbeiter*, in: Hoppe/Uechtritz/Reck (Hrsg.), Handbuch kommunale Unternehmen.

Huber, Peter-Michael: Konkurrenzschutz im Verwaltungsrecht: Schutzanspruch und Rechtsschutz bei Lenkungs- und Verteilungsentscheidungen der öffentlichen Verwaltung, Habilitation, Tübingen 1991.

–: Auslegung und Anwendung der Charta der Grundrechte, NJW 2011, S. 2385.

Hübner, Alexander: Anmerkung zum Beschluss des OLG Thüringen vom 8.5.2008, VergabeR 2008, S. 653.

Huerkamp, Florian: Gleichbehandlung und Transparenz als gemeinschaftsrechtliche Prinzipien der staatlichen Auftragsvergabe, Dissertation, Tübingen 2010.

–/Kühling, Jürgen: Primärrechtsschutz für Unterschwellenvergaben aus Luxemburg – Zu den Folgen aus den Äquivalenz- und Effektivitätsforderungen des EuGH, NVwZ 2011, S. 1409.

Hufen, Friedhelm: Aufgabenentzug durch Aufgabenüberlastung, DÖV 1998, S. 276.

Hurst, Karl: Anmerkung zum Urteil des BVerwG vom 21.07.1964, DVBl. 1965, S. 523.

Immenga, Ulrich/Mestmäcker, Ernst-Joachim: Wettbewerbsrecht, Band II, GWB, 4. Auflage, München 2007, zit.: *Bearbeiter*, in: Immenga/Mestmäcker, GWB.

Jarass, Hans D.: Die Genehmigungspflicht für wirtschaftliche Tätigkeiten, GewArch 1980 – Ein systematischer Überblick, S. 177.

–: Wirtschaftsverwaltungsrecht mit Wirtschaftsverfassungsrecht, 3. Auflage, 1997, zit.: *Bearbeiter*, in: Jarass (Hrsg.), Wirtschaftsverwaltungsrecht mit Wirtschaftsverfassungsrecht.

–/Pieroth, Bodo: Grundgesetz für die Bundesrepublik Deutschland: GG, 12. Auflage, München 2012, zit.: *Bearbeiter*, in: Jarass/Pieroth (Hrsg.), Grundgesetz.

Jennert, Carsten: Der Begriff der Dienstleistungskonzession im Gemeinschaftsrecht – Zugleich ein Beitrag zum Entgeltlichkeitsbegriff des Dienstleistungsauftrags, NZBau 2005, S. 131.

–: Öffentlich-Private Partnerschaft, einschließlich Dienstleistungs- und Baukonzession, in: Müller-Wrede (Hrsg.), Kompendium des Vergaberechts, 2. Auflage, Köln 2013.

Jungkind, Vera: Verwaltungsakte zwischen Hoheitsträgern, Dissertation, Berlin 2008.

Kaelble, Hendrik: Vergabeentscheidung und Verfahrensgerechtigkeit. Zur wirtschaftslenkenden Auftragsvergabe gemessen an der Berufsfreiheit, den Grundfreiheiten und dem Beihilfenverbot, Dissertation, Berlin 2008.

Kämmerer, Jörn Axel: Verfassungsstaat auf Diät – Typologie, Determinanten und Folgen der Privatisierung aus verfassungs- und gemeinschaftsrechtlicher Sicht, JZ 1996, S. 1042.

Kahl, Wolfgang/Weißenberger, Christian: Kommunale Selbstverwaltungspflicht und Verbot materieller Privatisierung kraft Richterrechts?, LKRZ 2010, S. 81.

–: Die Privatisierung kommunaler öffentlicher Einrichtungen: Formen – Grenzen – Probleme, JURA 2009, S. 194.

Kallerhoff, Dieter: Zur Begründetheit von Rechtsschutzbegehren unterhalb der Schwellenwerte, NZBau 2008, S. 97.

Katz, Alfred: Verantwortlichkeit und Grenzen bei „Privatisierung" kommunaler Aufgaben, NVwZ 2010, S. 405.

–: Das Grundrecht der Berufsfreiheit – Art. 12 I GG, JURA 2001, S. 371.

Kemle, Nicolai B.: Kunstmessen: Zulassungsbeschränkungen und Kartellrecht, Dissertation, Berlin 2006.

Kerkmann, Jochen: Der Anspruch auf Zulassung zu öffentlichen Einrichtungen und Fragen des Rechtsschutzes, Verwaltungsrundschau 2004, S. 73.

Kluth, Winfried: Das kommunale Konnexitätsprinzip der Landesverfassungen – Überblick über Rechtssetzung und Rechtsprechung, LKV 2009, S. 337.

Knöbl, Jan: Rechtsschutz bei der Vergabe von Aufträgen unterhalb der Schwellenwerte, Dissertation, Berlin 2009.

Knopp, Lothar: Papierverwertung via „Dienstleistungskonzession?", DÖV 2004, S. 604.

Köhler, Helmut/Bornkamm, Joachim: Gesetz gegen den unlauteren Wettbewerb, 30. Auflage, München 2012, zit.: *Bearbeiter*, in: Köhler/Bornkamm, Gesetz gegen den unlauteren Wettbewerb.

Koenig, Christian: Die öffentlich-rechtliche Verteilungslenkung. Grund und Grenzen einer Deregulierung am Beispiel der Vergabe von Konzessionen, Kontingenten und Genehmigungen zur unternehmerischen Nutzung öffentlich verwalteter Güter, Habilitation, Berlin 1994.

Kopp, Ferdinand/Ramsauer, Ulrich: Verwaltungsverfahrensgesetz: VwVfG, 14. Auflage, München 2013.

–/Schenke, Wolf-Rüdiger: Verwaltungsgerichtsordnung: VwGO, 18. Auflage, München 2012.

Krajewski, Markus: Anforderungen der Dienstleistungsrichtlinie an Genehmigungsregelungen und ihre Umsetzung im deutschen Recht, NVwZ 2009, S. 929.

Krölls, Albert: Rechtliche Grenzen der Privatisierungspolitik, GewArch 1995, S. 129.

Kupfer, Dominik: Die Verteilung knapper Ressourcen im Wirtschaftsverwaltungsrecht, Dissertation, Baden-Baden 2005.

Lange, Klaus: Rechtsprechung zum Kommunalrecht in Hessen, Rheinland-Pfalz und Saarland, LKRZ 2010, S. 201.

Langen, Eugen/Bunte, Hermann-Josef: Kommentar zum deutschen und europäischen Kartellrecht, Band I, 11. Auflage, Neuwied 2010, zit.: *Bearbeiter*, in: Langen/Bunte (Hrsg.), Kommentar zum deutschen und europäischen Kartellrecht, Band I.

Lässig, Curt Lutz: Die Vergabe von Standplätzen auf kommunalen Volksfesten, NVwZ 1983, S. 18.

Laubinger, Hans-Werner: Zur Rechtsnatur der „Bezeichnung" eines Vorhabens nach dem Landbeschaffungsgesetz und zur Doppelnatur hoheitlicher Maßnahmen, VerwArch 1986, S. 421.

–: Die gewerberechtliche Unzuverlässigkeit und ihre Folgen, Teil 3, VerwArch 89 (1998), S. 609.

Ley, Frauke: Rechtshandbuch der Märkte und Volksfeste, Düsseldorf 2008.

Lindner, Josef Franz: Zur grundrechtsdogmatischen Struktur der Wettbewerbsfreiheit, DÖV 2003, S. 185.

Ludwig, Ingo: Der Anspruch auf Benutzung gemeindlicher öffentlicher Einrichtungen, Dissertation, Frankfurt 2000.

Loewenheim, Ulrich/Meessen, Karl M./Riesenkampff, Alexander: Kartellrecht, Kommentar, 2. Auflage, München 2009, zit.: *Bearbeiter*, in: Loewenheim/Meessen/Riesenkampff, Kartellrecht.

Malaviya, Nina: Verteilungsentscheidungen und Verteilungsverfahren: Zur staatlichen Güterverteilung in Konkurrenzsituationen, Dissertation, Tübingen 2009.

Martini, Mario: Der Markt als Instrument hoheitlicher Verteilungslenkung: Möglichkeiten und Grenzen einer marktgesteuerten staatlichen Verwaltung des Mangels, Habilitation, Tübingen 2008.

Maunz, Theodor/Dürig, Günter: Grundgesetz, Loseblatt-Kommentar, 69. Auflage 2013, Stand: Mai 2013, zit.: *Bearbeiter*, in: Maunz/Dürig, Grundgesetz.

Maurer, Hartmut: Allgemeines Verwaltungsrecht, 18. Auflage, München 2011.

Mayen, Thomas: Privatisierung öffentlicher Aufgaben: Rechtliche Grenzen und ihre Möglichkeiten, DÖV 2001, S. 110.

Merten, Detlef/Papier, Hans-Jürgen: Handbuch der Grundrechte in Deutschland und Europa, Band II, Grundrechte in Deutschland – Allgemeine Lehren, Heidelberg 2006, zit.: *Bearbeiter*, in: Merten/Papier, Handbuch der Grundrechte, Band II.

Meßmer, Stefan Erich: Marktveranstaltungen auf der Grundlage straßenrechtlicher Sondernutzungserlaubnisse und zulässige Auswahlkriterien, GewArch 2002, S. 409.

Mösinger, Thomas: Auswahlkriterien der Standplatzvergabe unter rechtlicher und ökonomischer Analyse. Staatliche Verteilungsentscheidungen als Gegenstand der ökonomischen Analyse des Rechts, Dissertation, Frankfurt 2007.

Mohl, Meike: Die kommunalen öffentlichen Einrichtungen: Begriff und Zulassungsanspruch, Dissertation, Darmstadt 1988.

Müller, Christoph/Schellberg, Margret: Fortgeschrittenen-Hausarbeit im öffentlichen Recht: „Kein Standplatz für eine luxemburgische Losverkäuferin", NWVBl. 2006, S. 154.

Müller-Wrede, Malte: Örtliche Präsenz, Ortsnähe und Ortsansässigkeit als Wertungskriterien – eine Verletzung des Diskriminierungsverbotes?, VergabeR 2005, S. 32.

Nettesheim, Martin: Die Dienstleistungskonzession – Privates Unternehmertum in Gemeinwohlverantwortung, EWS 2007, S. 145 ff.

Obermayer, Klaus: VwVfG, Kommentar zum Verwaltungsverfahrensgesetz, 3. Auflage, München 1999, zit.: *Bearbeiter*, in: Obermayer, VwVfG.

Ortner, Roderic: Vergabe von Dienstleistungskonzessionen: Unter besonderer Berücksichtigung der Entsorgungs- und Verkehrswirtschaft, Dissertation, Köln 2007.

Ossenbühl, Fritz: Rechtliche Probleme der Zulassung zu öffentlichen Stadthallen – Zur Dogmatik der Gewährleistung öffentlicher Leistungen, DVBl. 1973, S. 289.

–: Öffentliches Recht und Privatrecht in der Leistungsverwaltung, DVBl. 1974, S. 541.

–/Cornils, Matthias, Staatshaftungsrecht, 6. Auflage, München 2013.

Otting, Olaf: Öffentlicher Zweck, Finanzhoheit und fairer Wettbewerb – Spielräume kommunaler Erwerbswirtschaft, DVBl. 1997, S. 1258.

–/*Olgemöller, Udo*: Verfassungsrechtliche Rahmenbedingungen für Direktvergaben im Verkehrssektor nach Inkrafttreten der Verordnung (EG) Nr. 1370/2007, DÖV 2009, S. 364.

Pache, Eckhard: Der Staat als Kunde – System und Defizite des neuen deutschen Vergaberechts, DVBl. 2001, S. 1781.

Palandt, Otto: Bürgerliches Gesetzbuch: BGB, 73. Auflage, München 2014, zit.: *Bearbeiter*, in: Palandt, BGB.

Pappermann, Ernst: Prozessuale Fragen im Rechtsstreit politischer Parteien auf Überlassung gemeindlicher Räume, JZ 1969, S. 485.

Peine, Franz-Joseph: Grenzen der Privatisierung – verwaltungsrechtliche Aspekte, DÖV 1997, S. 353.

Pielow, Johann-Christian: Gewerbeordnung: GewO, München 2009, zit.: *Bearbeiter*, in: Pielow (Hrsg.), Gewerbeordnung.

Pietzcker, Jost: Rechtsschutz bei der Vergabe öffentlicher Aufträge, NVwZ 1983, S. 121.

–: Grenzen des Vergaberechts, NVwZ 2007, S. 1225.

Pitschas, Rainer: Verwaltungsgerichtlicher Erwerbsschutz im Personenbeförderungsrecht durch Konkurrentenklage?, GewArch 1981, S. 216.

Prieß, Hans-Joachim/Marx, Friedhelm/Hölzl, Franz Josef: Kodifizierung des europäischen Rechtes zur Vergabe von Dienstleistungskonzessionen nicht notwendig – Überlegungen am Beispiel der europäischen Regeln für die Trinkwasserversorgung, NVwZ 2011, S. 65.

Pünder, Hermann.: Zu den Vorgaben des grundgesetzlichen Gleichheitssatzes für die Vergabe öffentlicher Aufträge, VerwArch 95 (2004), S. 38.

–/*Dittmar, Raoul*: Die wirtschaftliche Betätigung der Gemeinden, JURA 2005, S. 760.

–/*Schellenberg, Martin*: Vergaberecht, Handkommentar, Baden-Baden 2011, zit.: *Bearbeiter*, in: Pünder/Schellenberg (Hrsg.), Vergaberecht.

–: Öffentlicher Auftrag, in: Müller-Wrede, Malte (Hrsg.): Kompendium des Vergaberechts, 2. Auflage, Köln 2013.

Püttner, Günter/Lingemann, Stefan: Aktuelle Probleme der Zulassung zu öffentlichen Einrichtungen, Teil 1, JA 1984, S. 121.

Rennert, Klaus: Konkurrentenklagen bei begrenztem Kontingent, DVBl. 2009, S. 1333.

Roeßing, Andrea: Einheimischenprivilegierungen und EG-Recht, Dissertation, Berlin 2008.

Roth, Hans-Achim: Rechtliche Probleme der Zulassung von Schaustellern zu Volksfesten, Spezialmärkten und Jahrmärkten, WiVerw 1985, S. 46.

Roth, Helmut: Die kommunalen öffentlichen Einrichtungen, Dissertation, Frankfurt 1998.

Rottmann, Frank/Breinersdorfer, Alfred: Neues zur Kontrolle zahlenförmiger Normen des Kapazitätsverordnungsrechts, NVwZ 1987, S. 666.

Rüfner, Wolfgang: Daseinsvorsorge und soziale Sicherheit, in: Isensee, Josef/ Kirchhof, Ferdinand (Hrsg.), Handbuch des Staatsrechts, Band IV: Aufgaben des Staates, 3. Auflage 2006.

Ruhland, Bettina: Die Dienstleistungskonzession, Begriff, Standort und Rechtsrahmen der Vergabe, Dissertation, Baden-Baden 2006.

–: Dienstleistungskonzessionsvergabe – quo vadis, VergabeR 2006, S. 731.

–: Verfahren und Rechtsschutz bei der Vergabe von Dienstleistungskonzessionen, WiVerw 2007, S. 203.

Ruthig, Josef/Storr, Stefan: Öffentliches Wirtschaftsrecht, 3. Auflage 2011.

Sachs, Michael: Grundgesetz, Kommentar, 4. Auflage, München 2011, zit.: *Bearbeiter*, in: Sachs (Hrsg.), Grundgesetz.

Schalt, Thomas: Der Zulassungsanspruch des Schaustellers zu Volksfestveranstaltungen – Neuere Entwicklungen der Rechtsprechung, GewArch 2002, S. 137.

Schenke, Wolf-Rüdiger: Rechtsprobleme des Konkurrentenrechtsschutzes im Wirtschaftsverwaltungsrecht, NVwZ 1993, S. 718.

Scherer, Joachim: Öffentlich-rechtliche Konkurrentenklagen im Wirtschafts- und Beamtenrecht, JURA 1985, S. 11.

Schliesky, Ute/Luch, Anika/Schulz, Sönke: Überlegungen zum Anwendungsbereich der Dienstleistungsrichtlinie, WiVerw 2008, S. 151.

–: Öffentliches Wirtschaftsrecht, 4. Auflage, Heidelberg 2013.

Schmidt, Ingo: Wettbewerbspolitik und Kartellrecht. Eine interdisziplinäre Einführung, 9. Auflage, München 2012.

Schmidt, Thorsten Ingo: Der Anspruch der Nichteinwohner auf Nutzung kommunaler Einrichtungen, DÖV 2002, S. 696.

Schmidt-Preuß, Matthias: Kollidierende Privatinteressen im Verwaltungsrecht. Das subjektiv öffentliche Recht im multipolaren Verwaltungsrechtsverhältnis, Habilitation, Berlin 2005.

Schoch, Friedrich: Der Gleichheitssatz, DVBl. 1988, S. 863.

–: Der verfassungsrechtliche Schutz der kommunalen Selbstverwaltung, JURA 2001, S. 121.

–: Rechtliche Steuerung der Privatisierung staatlicher Ausgaben, JURA 2008, S. 672.

–: Das gemeindliche Selbstverwaltungsrecht gemäß Art. 28 Abs. 1 Satz 1 GG als Privatisierungsverbot?, DVBl. 2009, S. 1533.

–: Besonderes Verwaltungsrecht, 15. Auflage, Berlin/Boston 2013, zit.: *Bearbeiter*, in: Schoch (Hrsg.), Besonderes Verwaltungsrecht.

–/Schneider, Jens-Peter/Bier, Wolfgang: Verwaltungsgerichtsordnung: VwGO, Loseblatt, 25. Ergänzungslieferung, Stand: April 2013, zit.: *Bearbeiter*, in: Schoch/Schneider/Bier (Hrsg.), VwGO.

Schönleiter, Ulrich: Anmerkung zum Urteil des BVerwG vom 27.05.2009 - 8 C 10/08, GewArch 2009, S. 484.

Siebert, Christian/Gramsch, Martin: Der Zulassungsanspruch nach § 70 Abs. 1 GewO – Das Problem bleibt „bekannt und bewährt", GewArch 2008, S. 199.

Siegmund-Schultze, Gerhard: Zur Konkurrentenklage im Beamtenrecht aus der Sicht der Verwaltungspraxis, VerwArch 73 (1982), S. 137.

Sodan, Helge/Ziekow, Jan: Verwaltungsgerichtsordnung, VwGO, Großkommentar, zit.: *Bearbeiter*, in: Sodan/Ziekow (Hrsg.), Verwaltungsgerichtsordnung.

Spannowsky, Willy: Vergabe von Standplätzen auf Volksfesten, Messen und Märkten an EU-ausländische Anbieter, GewArch 1995, S. 265.

Stein, Katrin: Privatisierung kommunaler Aufgaben – Ansatzpunkte und Umfang verwaltungsgerichtlicher Kontrolle, DVBl. 2010, S. 563.

Steiner, Udo: Besonderes Verwaltungsrecht, 8. Auflage 2006, zit.: *Bearbeiter*, in: Steiner (Hrsg.), Besonderes Verwaltungsrecht.

Steinweg, Christian: Verwaltungsaktscharakter einer zugunsten des eigenen Verwaltungsträgers vorgenommenen marktverkehrsrechtlichen Festsetzung nach § 69 I GewO, GewArch 2004, S. 101.

–: Zeitlicher Regelungsgehalt des Verwaltungsaktes, Dissertation, Berlin 2006.

Stelkens, Paul/Bonk, Joachim/Sachs, Michael: Verwaltungsverfahrensgesetz: VwVfG, 8. Auflage, München 2014, zit.: *Bearbeiter*, in: Stelkens/Bonk/Sachs (Hrsg.), VwVfG.

Stelkens, Ulrich: Verwaltungsprivatrecht. Zur Privatrechtsbindung der Verwaltung, deren Reichweite und Konsequenzen, Habilitation, Berlin 2005.

Stern, Klaus: Staatsrecht der Bundesrepublik Deutschland, Band I: Grundbegriffe und Grundlagen des Staatsrechts. Strukturprinzipien der Verfassung, 2. Auflage, München 1984.

Stober, Rolf/Eisenmenger, Sven: Besonderes Wirtschaftsverwaltungsrecht, 15. Auflage, Stuttgart 2011.

–: Allgemeines Wirtschaftsverwaltungsrecht, 17. Auflage, Stuttgart 2011.

Szcekalla, Peter: Vom Zauber des seitlich dran Vorbeigehens – Die Privatisierung eines kommunalen Weihnachtsmarktes, NdsVBl. 2010, S. 84.

Tanneberg, Birga: Die Zweistufentheorie, Dissertation, Berlin 2011.

Tettinger, Peter J./Erbguth, Wilfried/Mann, Thomas: Besonderes Verwaltungsrecht, Kommunalrecht, Polizei- und Ordnungsrecht, Baurecht, 11. Auflage 2012.

–*/Wank, Rolf/Ennuschat, Jörg*: Gewerbeordnung: GewO, 8. Auflage, München 2011, zit.: *Bearbeiter*, in: Tettinger/Wank/Ennuschat, GewO.

Tomerius, Stephan/Breitkreuz, Tilmann: Selbstverwaltungsrecht und „Selbstverwaltungspflicht", DVBl. 2003, S. 426.

Von Danwitz, Thomas: Die Benutzung kommunaler öffentlicher Einrichtungen – Rechtsformenwahl und gerichtliche Kontrolle, JuS 1995, S. 1.

Von Landmann, Robert/Rohmer, Gustav: Gewerbeordnung und ergänzende Vorschriften – GewO, Loseblatt, 65. Auflage 2013, Stand: September 2013, zit.: *Bearbeiter*, in: v. Landmann/Rohmer (Hrsg.), GewO, Band.

Von Münch, Ingo/Kunig, Philip: Grundgesetz Kommentar, Band I, 6. Auflage, München 2012, zit.: *Bearbeiter*, in: v. Münch/Kunig (Hrsg.), Grundgesetz, Band I.

Von Staudinger, Julius: BGB, Kommentar zum Bürgerlichen Gesetzbuch, Buch 2, Berlin 2013, zit.: *Bearbeiter*, in: Staudinger, BGB.

Voßkuhle, Andreas: Der „relative Verwaltungsakt" – eine unzulässige Handlungsform, SächsVBl. 1995, S. 54.

–: „Wer zuerst kommt, mahlt zuerst!“ – Das Prioritätsprinzip als antiquierter Verteilungsmodus einer modernen Rechtsordnung, Die Verwaltung 1999, S. 21.

Walz, Rainer: Die Bau- und Dienstleistungskonzession im deutschen und europäischen Vergaberecht, Dissertation, Köln 2010.

Weißenberger, Christian: Die Zweistufentheorie im Wirtschaftsverwaltungsrecht, GewArch 2009, S. 417.

Weyd, Jens: Die Konzessionsvergabe, JURA 2009, S. 448.

Weyand, Rudolf: Praxiskommentar Vergaberecht, 3. Auflage, München 2011.

Widmann, Simon Philipp: Vergaberechtsschutz im Unterschwellenbereich. Rechtsschutzmöglichkeiten unterlegener Bieter im öffentlichen Vergaberecht außerhalb des Geltungsbereiches des vierten Teiles des Gesetzes gegen Wettbewerbsbeschränkungen (GWB), Dissertation, Baden-Baden 2009.

Wieland, Joachim: Die Konzessionsabgaben: Zur Belastung wirtschaftsverwaltungsrechtlicher Erlaubnisse mit Abgaben, Dissertation, Berlin 1991.

Winkler, Markus: Anmerkung zum Urteil des BVerwG vom 27.05.2009 – 8 C 10/08, JZ 2009, S. 1169.

Wirth, Karl-Ludger: Marktverkehr, Marktfestsetzung, Marktfreiheit. Rechtsprobleme der Veranstaltung, Festsetzung und Beschickung von Messen, Ausstellungen, Märkten und Volksfesten in privater und kommunaler Trägerschaft, Dissertation, Berlin 1985.

–: Das Institut der Festsetzung nach § 69 Gewerbeordnung, GewArch 1986, S. 46.

Wolf, Christian: Grundstrukturen des Marktrechts: Marktfestsetzung, Marktfreiheit und Marktprivilegien unter besonderer Berücksichtigung historischer Entwicklung, Baden-Baden 1988.

Wollenschläger, Ferdinand: Vergaberechtsschutz unterhalb der Schwellenwerte nach der Entscheidung des BVerfG vom 13.06.2006: Verfassungs- und verwaltungsrechtliche Determinanten, DVBl. 2007, S. 589.

–: Verteilungsverfahren: Die staatliche Verteilung knapper Güter: Verfassungs- und unionsrechtlicher Rahmen, Verfahren im Fachrecht, bereichsspezifische verwaltungsrechtliche Typen- und Systembildung, Habilitation, Tübingen 2010.

Ziekow, Jan: Die Auswirkungen der Dienstleistungsrichtlinie auf das deutsche Genehmigungsverfahrensrecht, GewArch 2007, S. 217.

–/*Völlink, Uwe-Carsten*: Vergaberecht, Kommentar, 2. Auflage, München 2013, zit.: *Bearbeiter*, in: Ziekow/Völlink (Hrsg.), Vergaberecht.

Zuck, Holger: Auswahl- und Verteilungsentscheidungen beim Bewerberüberhang, Dissertation, Tübingen 1995.

Abkürzungsverzeichnis

Abs.	Absatz
a.E.	am Ende
Az.	Aktenzeichen
BGB	Bürgerliches Gesetzbuch
BGH	Bundesgerichtshof
BGHZ	Entscheidungen des Bundesgerichtshofs in Zivilsachen
BT – Drucks.	Bundestags-Drucksache
BVerfG	Bundesverfassungsgericht
BVerfGE	Entscheidungen des Bundesverfassungsgerichts
BVerwG	Bundesverwaltungsgericht
BVerwGE	Entscheidungen des Bundesverwaltungsgerichts
ca.	circa
ders.	derselbe
dies.	dieselbe/dieselben
DÖV	Die öffentliche Verwaltung
DVBl.	Deutsches Verwaltungsblatt
etc.	et cetera
EWS	Europäisches Wirtschafts- und Steuerrecht
f.	folgende (-r)
ff.	folgende (Plural)
FAZ	Frankfurter Allgemeine Zeitung
Fn.	Fußnote
gem.	gemäß
GewArch	Gewerbearchiv
GewO	Gewerbeordnung
GmbH	Gesellschaft mit beschränkter Haftung
Hrsg.	Herausgeber
GWB	Gesetz gegen Wettbewerbsbeschränkungen
i.V.m.	in Verbindung mit
JA	Juristische Arbeitsblätter
JURA	Juristische Ausbildung
JuS	Juristische Schulung
JZ	JuristenZeitung

LKRZ	Zeitschrift für Landes- und Kommunalrecht Hessen/Rheinland-Pfalz/Saarland
LKV	Landes- und Kommunalverwaltung
m.w.N.	mit weiteren Nachweisen
NdsVBl.	Niedersächsische Verwaltungsblätter
NJW	Neue Juristische Wochenschrift
NJW-RR	NJW-Rechtsprechungsreport
NordÖR	Zeitschrift für öffentliches Recht in Norddeutschland
NVWBl.	Nordrhein-Westfälische Verwaltungsblätter
NVwZ	Neue Zeitschrift für Verwaltungsrecht
NZBau	Neue Zeitschrift für Baurecht und Vergaberecht
OLG	Oberlandesgericht
OVG	Oberverwaltungsgericht
RdE	Recht der Energiewirtschaft
Rn.	Randnummer
S.	Seite
SächsVBl.	Sächsische Verwaltungsblätter
SKV	Staats- und Kommunalverwaltung
s.o.	siehe oben
UWG	Gesetz gegen den unlauteren Wettbewerb
VergabeR	Zeitschrift für das gesamte Vergaberecht
VerwArch	Verwaltungsarchiv
vgl.	vergleiche
VG	Verwaltungsgericht
VIZ	Zeitschrift für Vermögens- und Immobilienrecht
VwVfG	Verwaltungsverfahrensgesetz
VwGO	Verwaltungsgerichtsordnung
WiVerw	Wirtschaft und Verwaltung
WRP	Wettbewerb in Recht und Praxis
z. B.	zum Beispiel
ZfBR	Zeitschrift für deutsches und internationales Bau- und Vergaberecht

Im Übrigen sei verwiesen auf: Kirchner, Hildebert: Abkürzungsverzeichnis der Rechtssprache, 7. Auflage, Berlin 2013.

Einleitung

Zentraler Begriff dieser Arbeit ist das *kommunale Marktwesen*. Eine allgemeingültige Definition dieses Begriffs existiert bislang nicht.[1] Es kann sich, ausgehend von einer Kategorisierung nach Art der Waren oder Dienstleistungen oder dem zeitlichen Zusammenhang, zum Beispiel um Weihnachts- oder Lebensmittelmärkte, Floh-, Trödel- und Antiquitätenmärkte, aber auch um Volksfeste oder Jahrmärkte handeln. Damit es sich hierbei um *kommunales* Marktwesen handelt, muss eine *Kommune* rechtlich an der Durchführung der Veranstaltung beteiligt sein, sei es, dass sie selbst als Veranstalterin in Erscheinung tritt oder aber die Organisation oder die Durchführung der Veranstaltung einem privaten Dritten überträgt.

Vorschriften für das *kommunale Marktwesen* finden sich primär im Kommunalrecht und im Gewerberecht.

Das kommunale Markt- und Volksfestwesen, dessen jährliche Umsätze mehrere Milliarden Euro betragen, ist von nicht zu unterschätzender wirtschaftlicher Bedeutung für Deutschland.[2] Die Besucherzahlen belaufen sich auf ca. 180 Mio. jährlich,[3] die sich auf über 10.000 Volksfeste, Jahrmärkte und Kirmesveranstaltungen verteilen.[4] Hinzu kommen ca. 1.750 Weihnachtsmärkte und eine Vielzahl von Wochenmärkten.[5] Diese Märkte werden von den rund 5.000 Schaustellerbetrieben in Deutschland beschickt.[6]

Diese wirtschaftliche Bedeutung allein ist noch kein Grund, sich mit dem Thema vertiefend im Rahmen einer juristischen Dissertation zu befassen. Das kommunale Marktwesen ist jedoch auch aus rechtlicher Warte bereits seit jeher Gegenstand kontroverser Diskussionen gewesen. Der Schwerpunkt der bisherigen Diskussion lag dabei zumeist auf dem Konkurrenzschutz der Beschicker

1 *Wagner*, in: Friauf (Hrsg.), Kommentar zur GewO, § 64 Rn. 4.
2 Deutscher Schaustellerbund e. V., Informationen abrufbar unter: http://www.dsbev.de/das-gewerbe/wirtschaftsfaktor-volksfest/.
3 Deutscher Schaustellerbund e. V., Informationen abrufbar unter: http://www.dsbev.de/das-gewerbe/wirtschaftsfaktor-volksfest/.
4 Deutscher Schaustellerbund e. V., Informationen abrufbar unter: http://www.dsbev.de/das-gewerbe/wirtschaftsfaktor-volksfest/.
5 Deutscher Schaustellerbund e. V., Informationen abrufbar unter: http://www.dsbev.de/das-gewerbe/wirtschaftsfaktor-volksfest/.
6 Deutscher Schaustellerbund e. V., Informationen abrufbar unter: http://www.dsbev.de/das-gewerbe/wirtschaftsfaktor-volksfest/.

solcher kommunalen Märkte. Allein die Häufigkeit, in der sich Verwaltungsgerichte[7] mit entsprechenden Klagen oder Begehren im einstweiligen Rechtsschutz zu befassen haben, lässt die Bedeutung dieser Thematik für die Praxis erkennen.

In der juristischen Literatur[8] diente der Fall der Marktbeschickung regelmäßig der Darstellung von Problemen des Zugangs zu kommunalen öffentlichen Einrichtungen. Die Beschicker eines Marktes wurden allgemein als Benutzer einer kommunalen Einrichtung angesehen und ausgehend von dieser Prämisse wird auch der Konkurrenzschutz dargestellt. Früh zeigte sich jedoch auch ein Ansatz, der den Beschickern die Eigenschaft als Benutzer einer kommunalen Einrichtung verweigerte.[9] In neuerer Zeit sind nun Versuche unternommen worden, die Standplatzvergabe an die Beschicker als die Erteilung einer Dienstleistungskonzession zu interpretieren.[10]

Der Begriff der Dienstleistungskonzession findet sich in der Literatur und Rechtsprechung zum kommunalen Marktwesen überdies bei der Frage nach der Zulässigkeit von Privatisierungen kommunaler Märkte und des Konkurrenzschutzes in Fällen derartiger Privatisierungen.

Die Konkurrenzsituationen zweier Marktveranstalter werden von der rechtswissenschaftlichen Literatur bislang nur stiefmütterlich behandelt. Diesem Umstand soll die vorliegende Arbeit begegnen, denn tatsächlich existieren sowohl zwischen einer Gemeinde und einem Privaten als auch zwischen zwei privaten Veranstaltern Konkurrenzsituationen im kommunalen Marktwesen, die bislang rechtlich nicht zufriedenstellend gelöst werden konnten.

Die vorliegende Arbeit unternimmt daher den Versuch, durch den Vergleich der drei erwähnten Konkurrenzsituationen im Marktwesen Rückschlüsse auf die Beurteilung der Konkurrenzsituation der Beschicker ziehen zu können. Hierbei dient die Konkurrenzsituation zwischen einer Gemeinde und einem privaten Veranstalter um die Nutzung eines gemeindlichen Veranstaltungsplatzes als Beispiel für die Konkurrenzsituation in Bezug auf die Benutzung einer kommunalen öffentlichen Einrichtung. Die Konkurrenzsituation privater Veranstalter in

---

7 In jüngerer Zeit z.B. die Entscheidungen des BayVGH, BayVBl. 2012, S. 120 f.; VG Bremen, Beschluss v. 28.09.2011 – 5 V 655/11; VG Stuttgart, Beschluss v. 27.10.2011 – 5 K 3545/11 – alle abrufbar unter www.juris.de.

8 *Malaviya*, Verteilungsentscheidungen und Verteilungsverfahren, S. 92, *Wollenschläger*, Verteilungsverfahren, S. 324 ff.

9 *Bauer/Böhle/Ecker*, Bayrische Kommunalgesetze, Art. 21 Rn. 21.

10 *Braun*, Zulassung auf Märkten und Veranstaltungen, NVwZ 2009, S. 747; *Donhauser*, Neue Akzentuierungen bei der Vergabe von Standplätzen auf gemeindlichen Volksfesten und Märkten, NVwZ 2010, S. 931 (935).

Bezug auf die Durchführung einer Veranstaltung dient als Beispiel für den Umgang mit Konkurrenzsituationen bei der Erteilung einer Dienstleistungskonzession. Im Anschluss daran wird zu klären sein, ob die Vergabe von Standplätzen an Beschicker in rechtlicher Hinsicht tatsächlich mit dem Fall der Benutzung einer kommunalen Einrichtung zu vergleichen oder in den Kontext der öffentlichen Auftragsvergabe bzw. der Erteilung einer Dienstleistungskonzession einzuordnen ist.

Sodann wird untersucht, welche Konsequenzen sich aus einer unterschiedlichen Einordnung für die bisherige Beurteilung der Fälle der Standplatzvergabe ergeben.

Die Arbeit gliedert sich daher wie folgt: Zunächst wird der rechtliche Rahmen für kommunale Marktveranstaltungen dargestellt. Dies betrifft zum einen die kommunalrechtliche Einordnung (1. Kapitel), zum anderen die gewerberechtlichen Aspekte von Marktveranstaltungen (2. Kapitel). Im Anschluss daran werden die einzelnen, im Marktwesen zu untersuchenden Konkurrenzsituationen dargestellt (3. Kapitel). Es folgt eine vertiefende Darstellung des von einer Gemeinde zu beachtenden Verteilungsverfahrens und der von der Gemeinde zu treffenden Verteilungsentscheidung (4. Kapitel). Die im 4. Kapitel behandelten objektiv-rechtlichen Grundsätze werden ergänzt durch subjektive Rechte der Konkurrenten, deren Darstellung sich der folgende Teil der Arbeit (5. Kapitel) widmet. Da Konkurrenzschutz nur effektiv sein kann, wenn er auch gerichtlich durchsetzbar ist, befasst sich die Arbeit sodann mit den Ausführungen zur prozessualen Geltendmachung der subjektiven Rechte (6. Kapitel). Abschließend wird ein Ausblick unter Berücksichtigung der gewonnenen Erkenntnisse gegeben (7. Kapitel).

1. Kapitel: Kommunalrechtliche Einordnung von Marktveranstaltungen und Volksfesten

A. Marktveranstaltungen unter dem Schutz des kommunalen Selbstverwaltungsrechts

I. Verfassungsrechtliche Grundlagen des Selbstverwaltungsrechts

Art. 28 Abs. 2 S. 1 GG gewährleistet den Gemeinden das Recht, alle Angelegenheiten der örtlichen Gemeinschaft im Rahmen der Gesetze in eigener Verantwortung zu regeln. Damit ist die kommunale Selbstverwaltung auf Ebene der Bundesverfassung garantiert.[11] Auf Ebene der Landesverfassungen wird die Garantie der kommunalen Selbstverwaltung ebenfalls sichergestellt.[12] Rechtsdogmatisch werden innerhalb des einheitlich formulierten Selbstverwaltungsrechts drei Garantieebenen unterschieden: Die Rechtssubjektsgarantie, die Rechtsinstitutionsgarantie sowie die subjektive Rechtsstellungsgarantie.[13] Erstere garantiert, dass es überhaupt Gemeinden und Gemeindeverbände als Elemente des Verwaltungsaufbaus gibt.[14] Die Rechtsinstitutionsgarantie sichert den Gemeinden einen bestimmten Aufgabenbestand sowie das Recht zur eigenverantwortlichen Aufgabenerledigung.[15] Die subjektive Rechtstellungsgarantie vermittelt den Gemeinden schließlich Schutzrechte in Bezug auf den objektiven Gewährleistungsgehalt des Art. 28 Abs. 2 GG einschließlich des gerichtlichen Rechtsschutzes.[16] In Bezug auf die Einordnung von Märkten und Volksfesten ist insbesondere der Inhalt und Umfang der Rechtsinstitutionsgarantie von Bedeutung. Fraglich ist

---

11 *Schoch*, Der verfassungsrechtliche Schutz der kommunalen Selbstverwaltung, JURA 2001, S. 121.

12 Art. 71 LV BW; Art. 10, 11, 83 Bay LV; Art. 97 BbgLV; Art. 144 BremLV; Art. 137 HessLV; Art. 72 LV MV; Art. 57 NdsLV; Art. 78 LV NW; Art. 49 LV RP; Art. 117, 118 SaarlLV; Art. 84 SächsLV; Art. 87 LV LSA; Art. 46 LV SH; Art. 91 ThürLV.

13 Vgl. dazu *Röhl*, in: Schoch (Hrsg.), Besonderes Verwaltungsrecht, 1. Kapitel Rn. 21.

14 BVerfGE 86, 90; *Pieroth*, in: Jarass/ders. (Hrsg.), Grundgesetz, Art. 28 Rn. 11; *Nierhaus*, in: Sachs (Hrsg.), Grundgesetz, Art. 28 Rn. 41; *Schoch*, Der verfassungsrechtliche Schutz der kommunalen Selbstverwaltung, JURA 2001, S. 121 (124).

15 *Nierhaus*, in: Sachs (Hrsg.), Grundgesetz, Art. 28 Rn. 44; *Schoch*, Der verfassungsrechtliche Schutz der kommunalen Selbstverwaltung, JURA 2001, S. 121 (124).

16 *Nierhaus*, in: Sachs (Hrsg.), Grundgesetz, Art. 28 Rn. 45; *Schoch*, Der verfassungsrechtliche Schutz der kommunalen Selbstverwaltung, JURA 2001, S. 121 (124).

insoweit, ob das Veranstalten von Märkten und Volksfesten von dem Recht der Gemeinden zur eigenverantwortlichen Aufgabenwahrnehmung umfasst ist.

II. Inhalt und Umfang des Selbstverwaltungsrechts als objektive Rechtsinstitutionsgarantie

Den Gemeinden wird im Rahmen des Selbstverwaltungsrechts als Rechtsinstitutionsgarantie ein bestimmter Aufgabenbereich und die Eigenverantwortlichkeit der Aufgabenwahrnehmung gewährleistet.[17] Sie bedürfen zur Wahrnehmung dieser Aufgaben grundsätzlich auch keines zusätzlichen Kompetenztitels, vielmehr sind sie in ihrem Wirkungskreis allzuständig.[18] Allerdings steht dieses Recht zur eigenverantwortlichen Wahrnehmung der Angelegenheiten der örtlichen Gemeinschaft den Gemeinden nur *im Rahmen der Gesetze* zu.[19] In Bezug auf die Veranstaltung von Märkten und Volksfesten ist daher zu beurteilen, ob diese Betätigung zu den Angelegenheiten der örtlichen Gemeinschaft gehört (*1.*), wie die Gemeinden diese Aufgabe eigenverantwortlich wahrnehmen (*2.*) und inwieweit diese Betätigung von den Schranken des kommunalen Selbstverwaltungsrechts begrenzt wird (*3.*).

1. Angelegenheiten der örtlichen Gemeinschaft

Unter den Angelegenheiten der örtlichen Gemeinschaft versteht das *BVerfG* „*diejenigen Bedürfnisse und Interessen, die in der örtlichen Gemeinschaft wurzeln oder auf die örtliche Gemeinschaft einen spezifischen Bezug haben*".[20] Weiter konkretisiert das *BVerfG* diese Angelegenheiten als solche, die „*den Gemeindeeinwohnern gerade als solche gemeinsam sind, indem sie das Zusammenleben und -wohnen der Menschen in der (politischen) Gemeinde betreffen*".[21] Diese Definition bereitet bereits auf Grund ihrer Unschärfe erhebliche Schwierigkeiten in

---

17 *Röhl*, in: Schoch (Hrsg.), Besonderes Verwaltungsrecht, 1. Kapitel Rn. 26; *Schoch*, Der verfassungsrechtliche Schutz der kommunalen Selbstverwaltung, JURA 2001, S. 121 (124); *Tettinger/Erbguth/Mann*, Besonderes Verwaltungsrecht, § 1 Rn. 49.

18 *Röhl*, in: Schoch (Hrsg.), Besonderes Verwaltungsrecht, 1. Kapitel Rn. 29; *Schoch*, Der verfassungsrechtliche Schutz der kommunalen Selbstverwaltung, JURA 2001, S. 121 (124); *Tettinger/Erbguth/Mann*, Besonderes Verwaltungsrecht, § 1 Rn. 52.

19 *Röhl*, in: Schoch (Hrsg.), Besonderes Verwaltungsrecht, 1. Kapitel Rn. 42; *Schoch*, Der verfassungsrechtliche Schutz der kommunalen Selbstverwaltung, JURA 2001, S. 121 (124); *Tettinger/Erbguth/Mann*, Besonderes Verwaltungsrecht, § 1 Rn. 62.

20 BVerfGE 8, 122 (134); 50, 195 (201); 79, 127 (151).

21 BVerfGE 79, 127 (151).

der praktischen Anwendung[22], die insbesondere auf den Größen- und Strukturunterschieden der einzelnen Gemeinden, auf der Verbindung örtlicher und überörtlicher Bezüge zahlreicher Aufgaben und auf der historischen Veränderbarkeit der örtlichen und überörtlichen Bezüge einzelner Aufgaben beruhen.[23] Das *BVerfG* stellt angesichts dieser Wandelbarkeit fest, dass die Angelegenheiten der örtlichen Gemeinschaft *„keinen ein für allemal feststehenden Aufgabenkreis bilden"*[24] und weist dem Gesetzgeber einen Einschätzungsspielraum zu.[25]

Jedenfalls zu den Angelegenheiten der örtlichen Gemeinschaft werden allerdings Aufgaben der *Daseinsvorsorge* gezählt.[26] Dieser von *Forsthoff*[27] entwickelte Begriff beschreibt dem Grunde nach die staatliche Aufgabe, die Bevölkerung flächendeckend mit Basisgütern und -dienstleistungen zu sozialverträglichen Preisen zu versorgen, mithin die Erbringung grundlegender Leistungen für das tägliche Leben der Einwohner in der Gemeinde durch die Gemeinde.[28] Der Begriff der Daseinsvorsorge findet sich heutzutage auch in den Gemeindeordnungen einiger Länder[29] oder wird bestimmten kommunalrechtlichen Vorschriften zu Grunde gelegt[30]. Dennoch bleibt die Reichweite des Begriffs im Einzelnen

---

22 *Hellermann*, Örtliche Daseinsvorsorge und gemeindliche Selbstverwaltung, S. 143. *Ehlers* bietet daher folgende, umfassendere Definition an: Angelegenheiten der örtlichen Gemeinschaft sind diejenigen Angelegenheiten, die gerade das Zusammenleben der Gemeindeeinwohner betreffen, unter Berücksichtigung der geschichtlichen Entwicklung der gemeindlichen Selbstverwaltung ihrer Art nach einer Erledigung durch die Gemeinden zugänglich sind, als Staatsaufgaben wahrgenommen werden dürfen und verfassungsrechtlich nicht anderweitig zugewiesen wurden, z. B. in: Die verfassungsrechtliche Garantie der kommunalen Selbstverwaltung, DVBl. 2000, S. 1301 (1305).

23 *Hellermann*, Örtliche Daseinsvorsorge und gemeindliche Selbstverwaltung, S. 143 mit dem Verweis in Fn. 43 auf *Löwer*, in: v. Münch/Kunig (Hrsg.), Grundgesetz, Band I, Art. 28 Rn. 45.

24 BVerfGE 79, 127 (152).

25 BVerfGE 79, 127 (153).

26 *Erichsen*, Kommunalrecht des Landes Nordrhein-Westfalen, S. 373; *Hellermann*, Örtliche Daseinsvorsorge und gemeindliche Selbstverwaltung, S. 144; *Stern*, Staatsrecht der Bundesrepublik Deutschland, Band I, S. 412.

27 *Forsthoff*, Die Verwaltung, S. 6, der unter Daseinsvorsorge *„diejenigen Veranstaltungen, die zur Befriedigung des Appropriationsbedürfnisses getroffen wurden"* und *„die zur Bedarfsdeckung der Bürger existentiell notwendig waren"* verstand.

28 *Franz*, Gewinnerzielung durch kommunale Daseinsvorsorge, S. 13.

29 Z. B. § 102 I Nr. 3 GemO BW; Art. 87 I Nr. 4 BayGO.

30 Z. B. § 8 GO NRW.

umstritten.[31] Traditionell werden Bereiche wie Kommunikation, Verkehrsdienstleistungen, Gas-, Wasser- und Stromversorgung, Abfall- und Abwasserentsorgung, stationäre Krankenversorgung, Sparkassen sowie Bildungs- und Kultureinrichtungen zur Daseinsvorsorge gezählt.[32] Ob darüber hinaus auch Märkte und Volksfeste zum Bereich der Daseinsvorsorge und damit zu den Angelegenheiten der örtlichen Gemeinschaft gehören, hängt entscheidend davon ab, ob man nur „lebenswichtige Bedürfnisse“[33] zu den Bereichen der Daseinsvorsorge zählen möchte, oder einem weiteren Verständnis folgt, das auch nicht existentielle Bedürfnisse in den Bereich der Daseinsvorsorge einbezieht. Denn als lebenswichtig können Märkte und Volksfeste in der heutigen Zeit nicht mehr angesehen werden. Ihr ursprüngliches Anliegen, die Bevölkerung mit lebensnotwendigen Produkten des täglichen Bedarfs zu versorgen, wird heutzutage nahezu in jeder Gemeinde von Supermärkten und ähnlichen Einrichtungen des Einzelhandels wahrgenommen. Auch jenen Märkten, die sich noch auf den Absatz derartiger Waren konzentrieren, kommt in hohem Maße ein „lifestyle“-Faktor zu: Die Besucher kommen nicht in erster Linie zum Markt, um sich dort mit lebenswichtigen Gütern zu versorgen, sondern der Marktbesuch wird zum Freizeiterlebnis und Kommunikationsforum für die Bürger.[34] Dies gilt für Volksfeste in noch höherem Maße, als sie schon seit jeher auf die Freizeitgestaltung ausgerichtet sind. Der Warenabsatz tritt vollständig hinter den Spaß- und Freizeitfaktor zurück.

Die Begrenzung der Daseinsvorsorge auf lediglich existentielle Bedürfnisse ist jedoch mit dem heutigen Verständnis eines Staates, der neben der klassischen

---

31 Neuere Definitionsansätze beschreiben die Daseinsvorsorge als auf die Schaffung von Infrastruktur gerichtete Tätigkeit der öffentlichen Hand zur Verbesserung der Situation der Gesellschaft, vgl. *Herzog*, in: Maunz/Dürig, Grundgesetz, Art. 20, VIII. Die Verfassungsentscheidung für die Sozialstaatlichkeit, Rn. 13, oder als Teil der staatlichen Wohlfahrtspflege, wobei der Staat für den Bürger sorge, indem er ihm die dem jeweiligen Stand der Zivilisation entsprechenden Güter und Dienstleistungen zur Verfügung stelle, vgl. *Rüfner*, Daseinsvorsorge und soziale Sicherheit, in: Isensee/Kirchhof (Hrsg.), Handbuch des Staatsrechts, Band IV: Aufgaben des Staates, § 96 Rn. 3; ähnlich *Burgi*, Verwalten durch öffentliche Unternehmen im europäischen Institutionenwettbewerb, VerwArch 2002, S. 255 (258).

32 Siehe auch die Beispiele bei *Tettinger/Erbguth/Mann*, Besonderes Verwaltungsrecht, § 2 Rn. 58.

33 BGHZ 52, 325 (328).

34 So auch BVerwG, GewArch 2009, S. 484 (486), das von *sozial (…) geprägten Weihnachtsmärkten* spricht; *Gröpl*, Privatisierung von Messen, Märkten und Volksfesten, GewArch 1995, S. 367 (372).

Eingriffsverwaltung in weiten Teilen staatliche Verwaltungstätigkeit in Form der Leistungsverwaltung wahrnimmt, nicht zu vereinbaren.[35] Das Veranstalten von Märkten und Volksfesten ist daher grundsätzlich als Teil der Daseinsvorsorge anzusehen,[36] zumal Märkte und Volksfeste nach ihrem historisch gewachsenen Verständnis und Erscheinungsbild kulturell im örtlichen Bereich verwurzelt sind.[37] In Bezug auf Volksfeste lässt sich zudem vielerorts ein christlicher Ursprung dieser Feste ausmachen. So wurde ursprünglich die Kirmes, die vom Wortursprung her *Kirchmesse* bedeutet, seit dem Mittelalter als religiöses Fest anlässlich der Weihe einer christlichen Kirche gefeiert.[38] Derart traditionellen Ursprungs sind beispielsweise der Dom in Hamburg oder der Münsteraner Send. Das älteste Volksfest in Deutschland, das „Lulusfest" in Bad Henfeld, geht bis in das Jahr 1200 zurück.[39] Auch der klassische Wochenmarkt wird seit jeher von Gemeinden betrieben.[40]

Der Charakter der Daseinsvorsorge äußert sich gegenüber den Einwohnern einer Gemeinde als Verbrauchern, indem ihnen ein konkretes und attraktives Waren-, vor allem aber Dienstleistungs- und Unterhaltungsangebot unterbreitet wird; die Veranstaltung von Märkten und Volksfesten kann damit auch positive Auswirkungen auf die regionale Wirtschaft haben.[41] So belaufen sich die jährlichen Besucherzahlen auf ca. 180 Mio., der Umsatz beträgt mehrere Milliarden

---

35 Siehe hierzu *Franz*, Gewinnerzielung durch kommunale Daseinsvorsorge, S. 11 ff.

36 BVerwG, GewArch 2009, S. 484 (485); BayVGH, GewArch 1988, S. 245; VG Koblenz, Urteil vom 21.07.2011 - 1 K 159/11 - abrufbar unter: www.juris.de; VG Saarland, Beschluss vom 24.07.2009 - 1 L 631/09 - abrufbar unter: www.juris.de; *Gröpl*, Privatisierung von Messen, Märkten und Volksfesten, GewArch 1995, S. 367 (369); *Kahl/Weißenberger*, Die Privatisierung kommunaler öffentlicher Einrichtungen: Formen - Grenzen - Probleme, JURA 2009, S. 194 (195); *Schalt*, Der Zulassungsanspruch des Schaustellers zu Volksfestveranstaltungen - Neuere Entwicklungen der Rechtsprechung, GewArch 2002, S. 137 (139); *Wirth*, Marktverkehr, Marktfestsetzung, Marktfreiheit, S. 63.

37 So *Gröpl*, Privatisierung von Messen, Märkten und Volksfesten, GewArch 1995, S. 367 (372).

38 Jahresbericht 2009 des Deutschen Schausteller Bundes e.V., S. 7 - abrufbar unter http://www.dsbev.de/fileadmin/pdfs/Jahresbericht_2009.pdf.

39 Jahresbericht 2009 des Deutschen Schausteller Bundes e.V., S. 7 - abrufbar unter http://www.dsbev.de/fileadmin/pdfs/Jahresbericht_2009.pdf.

40 *Wirth*, Marktverkehr, Marktfestsetzung, Marktfreiheit, S. 53.

41 *Wirth*, Marktverkehr, Marktfestsetzung, Marktfreiheit, S. 63.

Euro.[42] Jedes Volksfest und jeder Markt dient der veranstaltenden Gemeinde auch als Werbung. Prominentestes Beispiel dürfte das Münchener Oktoberfest sein, dessen Bekanntheitsgrad weit über den regionalen, wenn nicht sogar nationalen Bereich hinausreicht.

2. *Eigenverantwortlichkeit*

Den Gemeinden steht das Recht zu, die Angelegenheiten der örtlichen Gemeinschaft *eigenverantwortlich* wahrzunehmen. Das bedeutet, dass die Gemeinde ihre Aufgaben frei von etwaigen Zweckmäßigkeitsvorgaben anderer Hoheitsträger erledigen und Entscheidungen nach eigenen politischen Vorstellungen treffen darf.[43] Diese Eigenverantwortlichkeit bezieht sich grundsätzlich sowohl auf das „Ob", als auch auf das „Wann" und „Wie" der Aufgabenwahrnehmung.[44] Eine Gemeinde kann demnach grundsätzlich frei darüber entscheiden, ob, wann und wie sie einen Markt oder ein Volksfest veranstalten möchte. Allerdings wird im Kontext der Frage, ob und inwieweit Gemeinden eigenverantwortlich handeln können, zwischen unterschiedlichen Arten von Aufgaben unterschieden.[45] Es handelt sich um freiwillige Selbstverwaltungsaufgaben, pflichtige Selbstverwaltungsaufgaben sowie Pflichtaufgaben zur Erfüllung nach Weisung und Auftragsangelegenheiten. Unter freiwilligen Selbstverwaltungsangelegenheiten versteht man diejenigen Aufgaben, für die es keinerlei inhaltliche Vorgaben durch staatliche Rechtsvorschriften gibt, für deren Wahrnehmung sich also eine Gemeinde freiwillig entschlossen hat.[46] Hier kann eine Gemeinde sowohl das „Ob" als auch das „Wie" der Aufgabenerledigung bestimmen, ihr steht gleichsam ein Entschließungs- und Auswahlermessen zu.[47] Pflichtige Selbstverwaltungsaufgaben zeichnen sich hingegen dadurch aus, dass das „Ob" der Aufgabenerledigung gesetzlich festgelegt ist, die Art und Weise der Durchführung aber der Verantwortung der

---

42 Jahresbericht 2009 des Deutschen Schausteller Bundes e.V., S. 7 – abrufbar unter http://www.dsbev.de/fileadmin/pdfs/Jahresbericht_2009.pdf.

43 *Röhl*, in: Schoch (Hrsg.), Besonderes Verwaltungsrecht, 1. Kapitel Rn. 35.

44 *Röhl*, in: Schoch (Hrsg.), Besonderes Verwaltungsrecht, 1. Kapitel Rn. 35.

45 Zur kommunalen Aufgabensystematik vgl. *Schoch*, Der verfassungsrechtliche Schutz der kommunalen Selbstverwaltung, JURA 2001, S. 121 (127). Die Dreiteilung gilt unabhängig von den beiden Modellen *Aufgabendualismus* und *Aufgabenmonismus*.

46 *Seewald*, in: Steiner (Hrsg.), Besonderes Verwaltungsrecht, Kommunalrecht, Rn. 97.

47 *Röhl*, in: Schoch (Hrsg.), Besonderes Verwaltungsrecht, 1. Kapitel Rn. 62; *Seewald*, in: Steiner (Hrsg.), Besonderes Verwaltungsrecht, Kommunalrecht, Rn. 97.

Gemeinde überlassen wird.[48] Der Gemeinde verbleibt mithin ein Auswahlermessen.[49] Pflichtaufgaben zur Erfüllung nach Weisung und Auftragsangelegenheiten sind den Gemeinden gesetzlich aufgegeben. Sie können über die Art und Weise der Aufgabenerledigung nur eigenverantwortlich entscheiden, soweit sie nicht einer staatlichen Weisung unterliegen.[50]

Die Veranstaltung von Märkten und Volksfesten wird allgemein zu den freiwilligen Selbstverwaltungsangelegenheiten gezählt,[51] da es an einer gesetzlichen Regelung fehlt, welche das „Ob" der Veranstaltung von Märkten und Volksfesten verbindlich festlegt und sie damit zur Pflichtaufgabe machen würde. Zwar enthalten die §§ 60 f., 67 ff. GewO konkrete Regelungen zur Veranstaltung von Märkten und Volksfesten, legen der Gemeinde jedoch keine gesetzliche Pflicht auf, sondern sind rein gewerberechtlicher Natur.[52] Die Gemeinden können also über das „Ob" und „Wie" des Veranstaltens von Märkten und Volksfesten als freiwillige Selbstverwaltungsaufgabe eigenverantwortlich entscheiden.[53]

3. *Im Rahmen der Gesetze*

Das Merkmal „im Rahmen der Gesetze" wird allgemein als Gesetzesvorbehalt verstanden.[54] Dieser Vorbehalt ermächtigt den Gesetzgeber, sowohl den Aufgabenbestand als auch die Aufgabenwahrnehmung durch die Gemeinden zu regeln.[55] So können Bund oder Länder Regelungen im Hinblick auf örtliche

---

48 *Röhl*, in: Schoch (Hrsg.), Besonderes Verwaltungsrecht, 1. Kapitel Rn. 62; *Seewald* in: Steiner (Hrsg.), Besonderes Verwaltungsrecht, Kommunalrecht, Rn. 101.

49 *Seewald*, in: Steiner (Hrsg.), Besonderes Verwaltungsrecht, Kommunalrecht, Rn. 101.

50 *Schoch*, Der verfassungsrechtliche Schutz der kommunalen Selbstverwaltung, JURA 2001, S. 121 (128).

51 BVerwG, NVwZ 2009, S. 1305 (1306); BayVGH, BayVBl. 1989, S. 148 (149); HessVGH, NVwZ-RR 1994, S. 650 (651); DÖV 2008, S. 607 (608), der in dieser Frage mit dem BVerwG übereinstimmt, lediglich aus Art. 28 II GG eine andere Schlussfolgerung zieht; *Gröpl*, Privatisierung von Messen, Märkten und Volksfesten, GewArch 1995, S. 367 (369); *Kahl/Weißenberger*, Die Privatisierung kommunaler öffentlicher Einrichtungen: Formen – Grenzen – Probleme, JURA 2008, S. 194 (199).

52 *Wagner*, in: Friauf (Hrsg.), Kommentar zur GewO, Vorbem. vor Titel IV Rn. 20 ff. und § 71 Rn. 1.

53 Zu den Auswirkungen des Weihnachtsmarkturteils des BVerwG vom 27.05.2009 vgl. unter E. II.

54 BVerfGE 56, 298 (309); 79, 127 (152); BVerwGE 77, 47 (58); *Nierhaus*, in: Sachs (Hrsg.), Grundgesetz, Art. 28 Rn. 59.

55 Herrschende Meinung, vgl. statt vieler BVerfGE 56, 298 (312); *Röhl*, in: Schoch (Hrsg.), Besonderes Verwaltungsrecht, 1. Kapitel Rn. 42.

Angelegenheiten treffen, aber auch den Gemeinden die Zuständigkeit für bestimmte, eigentlich örtliche Angelegenheiten entziehen.[56] Dem Gesetzesvorbehalt selbst wiederum sind jedoch Grenzen gesetzt, die eine Aushöhlung des kommunalen Selbstverwaltungsrechts verhindern sollen.[57] Zum einen muss der Kernbereich kommunaler Tätigkeit, „das Essentiale einer Einrichtung, das man aus einer Institution nicht entfernen kann, ohne deren Struktur und Typus zu verändern“[58], garantiert bleiben.[59] Dieser Kernbereich ist unantastbar.[60] Außerhalb des Kernbereichs, im sog. Randbereich, gilt ein materielles Aufgabenverteilungsprinzip hinsichtlich der Angelegenheiten der örtlichen Gemeinschaft, das vom Gesetzgeber berücksichtigt werden muss.[61] Eine Aufgabe kann der Gemeinde nur entzogen werden, wenn die ordnungsgemäße Aufgabenerfüllung auf andere Art und Weise nicht gewährleistet werden kann.[62] Zudem muss den Gemeinden ein hinreichender Spielraum bei der Aufgabenwahrnehmung verbleiben.[63]

Ein vollständiger Entzug aller Daseinsvorsorgeaufgaben der Gemeinde wird daher den Kernbereich kommunaler Selbstverwaltung zweifellos berühren, einzelne Bereiche der Daseinsvorsorge sind für sich betrachtet jedoch keine wesensnotwendigen Bestandteile des Selbstverwaltungsrechts.[64] So wird das vollständige Verbot für Gemeinden, Märkte oder Volksfeste zu veranstalten, einen Eingriff in den Kernbereich des Selbstverwaltungsrechts darstellen. Eine lediglich partielle Entziehung von Aufgaben ohne Kernbereichsbezug wäre hingegen zulässig. Für das Markt- und Volksfestwesen sind derartige Bestrebungen seitens der Gesetzgebungsorgane allerdings nicht ersichtlich.

---

56 BVerfGE 79, 127 (143); *Nierhaus*, in: Sachs (Hrsg.), Grundgesetz, Art. 28 Rn. 48.

57 *Schoch*, Der verfassungsrechtliche Schutz der kommunalen Selbstverwaltung, JURA 2001, S. 121 (126).

58 *Stern*, Das Staatsrecht der Bundesrepublik Deutschland, Band I, S. 416.

59 Die Kernbereichslehre des BVerfG ist in der Literatur auf Kritik gestoßen, vgl. *Ehlers*, Die verfassungsrechtliche Garantie der kommunalen Selbstverwaltung, DVBl. 2000, S. 1301 (1307), der auf die fehlende Präzision des Kernbereichsbegriffs hinweist und für die Anwendung einer Verhältnismäßigkeitsprüfung im Falle der Verkürzung des kommunalen Selbstverwaltungsrechts plädiert.

60 St. Rspr., vgl. BayVGH, NVwZ-RR 1997, S. 301 (303); NVwZ-RR 1998, S. 601 (602); *Hufen*, Aufgabenentzug durch Aufgabenüberlastung, DÖV 1998, S. 276 (282); *Stern*, Das Staatsrecht der Bundesrepublik Deutschland, Band I, S. 416.

61 BVerfGE 79, 127 (146 f.).

62 BVerfGE 79, 127 (154).

63 BVerfGE 83, 363 (387); 91, 228 (241).

64 *Franz*, Gewinnerzielung durch kommunale Daseinsvorsorge, S. 76.

III. Ergebnis

Das Veranstalten von Märkten und Volksfesten unterfällt als Aufgabe der Daseinsvorsorge dem verfassungsrechtlich geschützten Selbstverwaltungsrecht aus Art. 28 Abs. 2 S. 1 GG. Maßgeblich für die endgültige Beurteilung bleiben jedoch die einzelne Veranstaltung und die mit ihr verfolgten Ziele.

B. Märkte und Volksfeste als kommunale öffentliche Einrichtungen

Die Einordnung von Märkten und Volksfesten als kommunale öffentliche Einrichtung betrifft die Frage, auf welche Art und Weise die Gemeinde die freiwillige Selbstverwaltungsaufgabe „Markt- oder Volksfestveranstaltung" wahrnimmt. Das klassische Instrument, mittels welchem eine Gemeinde ihre Aufgaben und Pflichten erfüllt, ist die öffentliche Einrichtung. In Nordrhein-Westfalen bestimmt § 8 Abs. 1 GO NRW[65], dass die Gemeinden innerhalb der Grenzen ihrer Leistungsfähigkeit die für die wirtschaftliche, soziale und kulturelle Betreuung ihrer Einwohner erforderlichen Einrichtungen schaffen. Abs. 2 bestimmt, dass alle Einwohner einer Gemeinde im Rahmen des geltenden Rechts berechtigt sind, die öffentlichen Einrichtungen der Gemeinde zu benutzen und zugleich verpflichtet sind, die Lasten zu tragen, die sich aus ihrer Zugehörigkeit zu der Gemeinde ergeben. Um die Veranstaltung von Märkten und Volksfesten kommunalrechtlich einordnen zu können, insbesondere mit Hinblick auf einen möglichen Zulassungsanspruch aus § 8 Abs. 2 GO[66], bedarf es daher der Klärung, ob Märkte und Volksfeste als kommunale öffentliche Einrichtung betrieben werden können.

I. Begriff der kommunalen öffentlichen Einrichtung

Auf eine gesetzliche Definition des Begriffs der kommunalen öffentlichen Einrichtung hat der Gesetzgeber bislang verzichtet. In der Rechtsprechung[67] wird die öffentliche Einrichtung allgemein als eine Einrichtung verstanden, die von der Gemeinde im öffentlichen Interesse unterhalten und durch einen gemeindlichen Widmungsakt der allgemeinen Benutzung durch Gemeindeangehörige

65 Ähnlich lautende Vorschriften finden sich in den Gemeindeordnungen der anderen Länder.

66 Siehe hierzu 5. Kapitel, A.II und B.I.3.

67 Vgl. statt vieler OVG NRW, NWVBl. 1997, S. 29 f.

und ortsansässige Vereinigungen zugänglich gemacht wird. Das *OVG NRW*[68] konkretisiert den Begriff der Einrichtung dahingehend, dass eine solche vorliegt, wenn die Gemeinde mit ihr als Folge gesetzlicher Verpflichtung oder freiwillig eine in ihren Wirkungskreis fallende Aufgabe erfüllt und demgemäß diese Einrichtung den Gemeindeeinwohnern zur Benutzung zur Verfügung stellt. In der Literatur finden sich zum Teil noch differenziertere Definitionsansätze.[69] So ist für *Mohl* eine kommunale öffentliche Einrichtung ein benutzbarer, räumlich-sachlich abgegrenzter Sachbestand und bzw. oder ein Dienstleistungen erbringender Personalbestand, der unmittelbar oder mittelbar von einer Gemeinde oder mehreren Gemeinden aufgrund eines Widmungsaktes allen vom Widmungszweck erfassten Personen oder Personenvereinigungen zur allgemeinen Benutzung bzw. Inanspruchnahme zur Verfügung gestellt wird.[70] Ähnliche Ansätze finden sich beispielsweise bei *Bartels*[71], *Evertz*[72] und *Roth*[73]. Entscheidend bleiben für die Zuordnung nach allen Definitionsversuchen aber die Unterhaltung im öffentlichen Interesse und die diesbezügliche Widmung.[74]

II. Entstehung der kommunalen öffentlichen Einrichtung durch Widmung

Grundvoraussetzung für die Entstehung einer kommunalen öffentlichen Einrichtung ist die Widmung.[75] Hierunter ist die Erklärung der Gemeinde zu verstehen, dass und in welchem Umfang eine bestimmte Einrichtung zur Erfüllung einer gemeindlichen Aufgabe der öffentlichen Nutzung zugänglich gemacht wird.[76] Die Widmung wird zumeist durch schlichten Ratsbeschluss erfolgen, sie

---

68 OVGE 24, 175 (179).

69 Umfassend zum Bergriff der kommunalen öffentlichen Einrichtung *Ehlers*, Rechtsprobleme der Nutzung öffentlicher Einrichtungen – Teil 1, JURA 2012, S. 692 f.

70 *Mohl*, Die kommunalen öffentlichen Einrichtungen: Begriff und Zulassungsanspruch, S. 129.

71 Die rechtliche Ordnung der Benutzung öffentlicher Einrichtungen, S. 69.

72 Die Bedeutung der Grundrechte im Zusammenhang mit der Benutzung gemeindlicher öffentlicher Einrichtungen, S. 5.

73 Die kommunalen öffentlichen Einrichtungen, S. 38.

74 *Tettinger/Erbguth/Mann*, Besonderes Verwaltungsrecht, § 7 Rn. 236.

75 *Röhl*, in: Schoch (Hrsg.), Besonderes Verwaltungsrecht, 1. Kapitel Rn. 158. Zum Erfordernis der Widmung auch *Ehlers*, Rechtsprobleme der Nutzung öffentlicher Einrichtungen – Teil 1, JURA 2012, S. 692 (603).

76 OVG NRW, DVBl. 1971, S. 218; *Axer*, Die Widmung als Schlüsselbegriff des Rechts der öffentlichen Sachen, S. 146; *Ossenbühl*, Rechtliche Probleme der Zulassung zu

kann aber auch in Form einer Allgemeinverfügung, einer kommunalen Satzung, eines Bebauungsplans, eines Realakts oder einer amtlichen Verlautbarung ergehen[77]. Sie kann zudem konkludent[78], etwa durch tatsächliche Bereitstellung, erfolgen, wenn aus dem Handeln der Wille der Gemeinde hervorgeht, die Einrichtung der Allgemeinheit zur Benutzung zur Verfügung zu stellen. Erfolgt die Widmung nicht in ausdrücklicher Form, muss sich die Zweckbestimmung der Einrichtung aus den gesamten Umständen des Einzelfalles, insbesondere aus der Vergabepraxis der Gemeinde, ergeben.[79] Im Übrigen besteht eine widerlegbare Vermutung, dass für die Einwohner nutzbare kommunale Einrichtungen auch öffentliche Einrichtungen sind.[80]

III. Probleme bei der Einordnung von Märkten und Volksfesten als kommunale öffentliche Einrichtung

Sowohl Literatur[81] als auch Rechtsprechung[82] bejahen einhellig die Eigenschaft der kommunalen öffentlichen Einrichtung für Volksfeste und Märkte. Diese Ansicht ist jedoch vor dem Hintergrund, dass bei der Charakterisierung eines Volksfestes oder Marktes das Merkmal der Einrichtung gegeben sein muss, nicht zwingend. Zu hinterfragen ist bereits, was als der notwendige Sach- oder

---

öffentlichen Stadthallen – Zur Dogmatik der Gewährleistung öffentlicher Leistungen, DVBl. 1973, S. 289 (290).

77 *Tettinger/Erbguth/Mann*, Besonderes Verwaltungsrecht, § 7 Rn. 237.

78 OVG NRW, NWVBl. 2000, S. 300 (301); BayVGH, BayVBl. 1988, S. 497; *Tettinger/Erbguth/Mann*, Besonderes Verwaltungsrecht, § 7 Rn. 237; a.A. *Ehlers*, Rechtsverhältnisse in der Leistungsverwaltung, DVBl. 1986, S. 912.

79 VGH BW, NVwZ 1998, S. 540.

80 OVG NRW, DVBl. 1976, S. 398 (399); OVG Rh.-Pf., NVwZ 1982, S. 379; *Röhl*, in: Schoch (Hrsg.), Besonderes Verwaltungsrecht, 1. Kapitel Rn. 158; *Tettinger/Erbguth/Mann*, Besonderes Verwaltungsrecht, § 7 Rn. 237.

81 *Fastenrath*, Die Zulassung ortsfremder (einschließlich EG-ausländischer) Schausteller und Anbieter zu Volksfesten und Märkten, NWVBl. 1992, S. 51 (52); *Frotscher/Kramer*, Wirtschaftsverfassungs- und Wirtschaftsverwaltungsrecht, § 14 Rn. 368; *Kahl/Weißenberger*, Die Privatisierung kommunaler öffentlicher Einrichtungen: Formen – Grenzen – Probleme, JURA 2009, S. 194 (195); *Lässig*, Die Vergabe von Standplätzen auf kommunalen Volksfesten, NVwZ 1983, S. 18 (19); *Püttner/Lingemann*, Aktuelle Probleme der Zulassung zu öffentlichen Einrichtungen, Teil 1, JA 1984, S. 121 (122); *Ruthig/Storr*, Öffentliches Wirtschaftsrecht, § 3 Rn. 361.

82 Vgl. BVerwG, NVwZ 2009, S. 1305 (1306); BayVGH, NVwZ 1982, S. 120 f.; 1999, S. 1122 (1123); HessVGH, NJW 1987, S. 145; VG Ansbach, GewArch 1996, S. 159 f.; VG Augsburg, NVwZ-RR 2001, S. 468 f.

Personalbestand verstanden werden muss. Um ein Volksfest oder einen Markt betreiben zu können, bedarf es jedenfalls einer entsprechenden Veranstaltungsfläche, z. B. den „Marktplatz“ oder die „Festwiese“. Diese von der Gemeinde vorgehaltenen freien Flächen können, wenn sie denn zur Durchführung einer Veranstaltung bestimmt (und geeignet) sind, ohne Weiteres als öffentliche Einrichtung qualifiziert werden. Oft wird ein Markt oder ein Volksfest aber nicht nur auf diesem räumlich begrenzten Veranstaltungsgelände stattfinden, sondern darüber hinaus den gesamten oder Teile des Innenstadtbereichs einer Gemeinde in Anspruch nehmen. Hier findet sich kein eingegrenzter Raum, der für verschiedene Veranstaltungen vorgehalten wird und den Charakter der öffentlichen Einrichtung „Fest- oder Marktplatz“ aufweist. So merken *Püttner/Lingemann*[83] in diesem Zusammenhang an, dass Zweifel an dem Einrichtungscharakter entstehen können, weil der Platz oder die Straße, auf der das Fest stattfindet, regelmäßig jedermann ohne besondere Zulassung zum Gemeinbrauch offensteht, und eine Abgrenzung aus dem Komplex der öffentlichen Sachen im Gemeingebrauch rechtlich kaum möglich sei. Allerdings seien zum Zeitpunkt des Festes die Feststraßen oder -plätze von den übrigen Gemeingebrauchstraßen organisatorisch dadurch abgegrenzt, dass – jedenfalls für die Schausteller – eine spezielle Zulassung (wegen der Sondernutzung) erforderlich ist. *Spannowsky*[84] hingegen will zur Lösung der Frage, ob Plätze, Wege und Räumlichkeiten Einrichtungscharakter haben, nicht auf das zusätzliche Erfordernis des Vorliegens einer abgegrenzten Einheit innerhalb des Komplexes der öffentlichen Verwaltung abstellen, sondern auf den Widmungsakt.

Die Qualifizierung des Volksfestes oder Marktes als öffentliche Einrichtung ist nicht – insofern ist *Spannowsky* zuzustimmen – von der Art und Weise der Zulassung der Schausteller und der Abgrenzbarkeit des Veranstaltungsortes abhängig. Vielmehr muss danach differenziert werden, ob die in Gebrauch genommenen Wege und Plätze an sich als öffentliche Einrichtung angesehen werden müssen. Dies lässt sich in Bezug auf einen speziellen Marktplatz oder eine bestimmte Festwiese bejahen, für die umliegenden Straßen, sofern sie in Anspruch genommen werden, jedoch nicht. Man kann daher die öffentliche Einrichtung Markt oder Volksfest nur bejahen, wenn man den Markt oder das Volksfest als organisatorische Einheit auffasst, mithin der funktionierenden Veranstaltung an sich den Charakter der öffentlichen Einrichtung zuspricht. In

83 Aktuelle Probleme der Zulassung zu öffentlichen Einrichtungen, JA 1984, S. 122.

84 Vergabe von Standplätzen auf Volksfesten, Messen und Märkten an EU-Ausländische Anbieter, GewArch 1995, S. 265 (268).

diese Gesamtorganisation fallen dann bei Durchführung der Veranstaltung auch die nicht abgegrenzten Straßen und Wege, auf denen das Fest oder der Markt stattfindet. Der Widmungsakt bestimmt insofern den Umfang der öffentlichen Einrichtung.[85] Bei einem Volksfest ist es also weniger der Veranstaltungsplatz, der die charakteristischen Merkmale einer Einrichtung aufweist, als vielmehr die organisatorisch zusammengefasste Veranstaltung, die sich aus der Summe aller vorhandenen Marktbeschicker, Schausteller und zu benutzenden Plätze und Straßen ergibt.[86] Dafür spricht auch die Tatsache, dass nicht der Fest- oder Marktplatz den Widmungszweck Markt oder Volksfest, z. B. Freizeitangebot oder Versorgungsfunktion für die Bürger, erfüllen kann, sondern erst die funktionierende Veranstaltung. Erst sie ist für das Publikum nutzbar und von Interesse.[87]

IV. Ergebnis

Märkte und Volksfeste können als kommunale öffentliche Einrichtung betrieben werden. Hierbei ist die Veranstaltung als solche als öffentliche Einrichtung zu qualifizieren. Der zur Verfügung gestellte Platz kann – muss aber nicht – als dauerhaft für verschiedene Veranstaltungen vorgehaltene öffentliche Einrichtung angesehen werden. Wird ein Markt oder Volksfest auf einem Platz oder auf Gemeindestraßen abgehalten, die nicht primär für Veranstaltungen vorgehalten werden, wird jedenfalls im konkreten Fall der Widmungszweck die benutzten Straßen in die Organisationseinheit Volksfest oder Markt mit einbeziehen. Für diese Straßen und Plätze kann dann von einer zeitweisen Umwidmung zu Veranstaltungszwecken ausgegangen werden.

C. Veranstalten von Märkten und Volksfesten als kommunale Wirtschaftstätigkeit

Dass Märkte und Volksfeste als kommunale öffentliche Einrichtungen zum Zwecke der Daseinsvorsorge betrieben werden können, schließt ihre Qualifizierung als wirtschaftliche Betätigung einer Gemeinde nicht aus. Denn zwischen Leistungsverwaltung und wirtschaftlicher Betätigung finden sich

85 *Spannowsky*, Vergabe von Standplätzen auf Volksfesten, Messen und Märkten an EU-ausländische Anbieter, GewArch 1995, S. 265 (268).

86 *Fastenrath*, Die Zulassung ortsfremder Schausteller und Anbieter zu Volksfesten und Märkten, NWVBl. 1992, S. 51 (54).

87 *Fastenrath*, Die Zulassung ortsfremder Schausteller und Anbieter zu Volksfesten und Märkten, NWVBl. 1992, S. 51 (54).

Überschneidungen.[88] So kann Daseinsvorsorge mit Hilfe wirtschaftlicher Unternehmen betrieben werden.[89] Träger einer kommunalen öffentlichen Einrichtung wiederum kann ein kommunales Wirtschaftsunternehmen sein.[90] Die wirtschaftliche Betätigung einer Gemeinde betrifft mithin lediglich das „Wie" ihrer Aufgabenerfüllung.[91]

Die wirtschaftliche Betätigung wird insoweit als zum Kernbereich der Selbstverwaltungsgarantie[92] gezählt, als es den Gemeinden überhaupt möglich sein muss, sich in traditionellen Bereichen kommunaler Kompetenz eigenverantwortlich zu betätigen.[93] Allerdings unterliegt die Statthaftigkeit wirtschaftlicher Betätigungen kommunalrechtlichen Ausformungen. In allen Gemeindeordnungen finden sich daher Bestimmungen über die wirtschaftliche Betätigung von Gemeinden. Die Gemeinden dürfen danach wirtschaftliche Unternehmen nur dann errichten, übernehmen, unterhalten oder wesentlich verändern bzw. erweitern oder sich an ihnen beteiligen, wenn ein öffentlicher Zweck das Unternehmen rechtfertigt bzw. erfordert, das Unternehmen nach Art und Umfang in einem angemessenen Verhältnis zur Leistungsfähigkeit der Gemeinde und zum voraussichtlichen Bedarf steht und der Zweck nicht ebenso gut und wirtschaftlich durch einen anderen erfüllt wird oder erfüllt werden kann[94] oder der Zweck nicht besser und wirtschaftlicher durch einen privaten Dritten erfüllt wird oder erfüllt werden kann.[95]

Zu untersuchen ist daher, ob das Veranstalten von Märkten und Volksfesten von den kommunalwirtschaftsrechtlichen Vorschriften umfasst und gegebenenfalls innerhalb ihres rechtlichen Rahmens zulässig ist.

I. Begriff der kommunalen Wirtschaftstätigkeit

Als wirtschaftliche Tätigkeit einer Gemeinde lassen sich all diejenigen Tätigkeiten einer Gemeinde kennzeichnen, die auch von einem Privatunternehmer

88 *Huber*, in: Schoch (Hrsg.), Besonderes Verwaltungsrecht, 3. Kapitel Rn. 258.

89 *Röhl*, in: Schoch (Hrsg.), Besonderes Verwaltungsrecht, 1. Kapitel Rn. 171.

90 *Röhl*, in: Schoch (Hrsg.), Besonderes Verwaltungsrecht, 1. Kapitel Rn. 157.

91 *Dietlein/Burgi/Hellermann*, Öffentliches Recht in Nordrhein-Westfalen, S. 245.

92 Vgl. hierzu 1. Kapitel, A.II.

93 *Franzius*, Die wirtschaftliche Betätigung der Kommunen, JURA 2009, S. 677; *Gern*, Deutsches Kommunalrecht, Rn. 718; *Pünder/Dittmar*, Die wirtschaftliche Betätigung der Gemeinden, JURA 2005, S. 760.

94 Z. B. § 121 I Nr. 3 GO Hess.

95 Z. B. § 107 I Nr. 3 GO NRW.

mit der Absicht der Gewinnerzielung betrieben werden können.[96] Hauptform wirtschaftlicher Betätigung ist der Betrieb eines wirtschaftlichen Unternehmens. Darunter ist die rechtlich selbständige oder unselbständige Zusammenfassung persönlicher und sächlicher Mittel in der Hand von Rechtsträgern zum Zwecke der Teilnahme am Wirtschaftsverkehr, d. h. zum Zwecke des Handelns mit dem Ziele der Produktion und des Umsatzes von Gütern und Dienstleistungen mit der regelmäßigen Absicht der Gewinnerzielung, zu verstehen.[97] Liegt eine diese Voraussetzungen nicht vor, handelt es sich um nicht-wirtschaftliche Unternehmen.[98] Ohne Bedeutung für die Einordnung ist hingegen die öffentlich-rechtliche oder privatrechtliche Organisationsform.[99]

Gemeinden, die ein Stadtfest oder einen Markt veranstalten, bieten ihren Einwohnern mit der Durchführung einer solchen Veranstaltung regelmäßig Dienstleistungen an. Diese Dienstleistungen können in der Regel auch in derselben Weise von einem privaten Veranstalter gewinnorientiert am Markt angeboten werden. Beispielsweise kann ein privat betriebener Freizeitpark dasselbe Angebot haben wie ein kommunal betriebenes Stadtfest. Dem Grunde nach ist das Veranstalten von Märkten und Volksfesten damit eine wirtschaftliche Betätigung der Gemeinde.[100] Wenn das *BVerwG* in seiner Entscheidung vom 27.05.2009[101] dem widerspricht, indem es feststellt, dass – bei einem Weihnachtsmarkt mit kulturellem, sozialem und traditionsbildendem Charakter – die wirtschaftlichen Belange eindeutig zurücktreten und dass eine Reduzierung der gemeinwohlorientierten Belange auf eine wirtschaftliche Betätigung im Zusammenhang mit der Veranstaltung eines Weihnachtsmarktes den Begriff der Angelegenheiten des örtlichen Wirkungskreises verkenne, ist dem nicht zu folgen. Zum einen lässt sich der Einordnung einer Veranstaltung als Angelegenheit des örtlichen Wirkungskreises keine Aussage über die Zuordnung zur wirtschaftlichen Betätigung

---

96 Vgl. z.B. § 107 I S. 2 GO NRW. Aus der Rechtsprechung z.B. BVerwGE 39, 329 (333); kritisch zur Abgrenzungsfunktion dieser Definition *Franzius*, Die wirtschaftliche Betätigung der Kommunen, JURA 2009, S. 677 (678), der darauf hinweist, dass es darauf ankomme, inwieweit die Tätigkeit als nicht-wirtschaftliche fingiert wird.

97 *Gern*, Deutsches Kommunalrecht, Rn. 725.

98 *Franzius*, Die wirtschaftliche Betätigung der Kommunen, JURA 2009, S. 677 (678); *Gern*, Deutsches Kommunalrecht, Rn. 726.

99 *Burgi*, Kommunalrecht, § 17 Rn. 4; *Franzius*, Die wirtschaftliche Betätigung der Kommunen, JURA 2009, S. 677 (678). Zu den gemeindlichen Organisationsformen siehe 1. Kapitel, D.

100 So auch HessVGH, LKRZ 2008, S. 262 (264).

101 BVerwG, NVwZ 2009, S. 1305 (1307).

der Gemeinde entnehmen.[102] Diese Beurteilung richtet sich ausschließlich nach den einschlägigen kommunalwirtschaftsrechtlichen Vorschriften. Zum anderen lässt sich das Veranstalten von Märkten und Volksfesten ohne weiteres unter den Begriff der wirtschaftlichen Betätigung einer Gemeinde subsumieren. Tatsächlich werden auch Märkte und Volksfeste, zum Beispiel die erwähnten Weihnachtsmärkte, auf Grund ihrer hohen Umsatz- und Besucherzahlen von Privaten mit Gewinnerzielungsabsicht betrieben.[103] Für diese Annahme spricht im Übrigen auch – für das nordrhein-westfälische Landesrecht – der Wortlaut des § 107 Abs. 2 Nr. 2 GO NRW, der einen expliziten Verweis auf Volksfeste enthält. So bestimmt § 107 Abs. 2 Nr. 2 GO NRW, dass der Betrieb von Einrichtungen zur Veranstaltung von *Volksfesten* nicht als wirtschaftliche Betätigung einer Gemeinde gilt. Mithin wird diese Tätigkeit kraft gesetzlicher Fiktion vom Anwendungsbereich des nordrhein-westfälischen Gemeindewirtschaftsrechts ausgenommen. Im Umkehrschluss lässt sich daraus entnehmen, dass Einrichtungen zur Veranstaltung von Volksfesten grundsätzlich als wirtschaftliche Betätigung anzusehen sind. Gleiches gilt für die Vorschriften der anderen Länder unabhängig von der konkreten Ausgestaltung der gemeindewirtschaftlichen Normen.[104] Im Ergebnis bleibt also festzuhalten, dass es sich bei der Veranstaltung von Märkten und Volksfesten dem Grunde nach um eine wirtschaftliche Betätigung der Gemeinde handelt.

102 *Kahl/Weißenberger*, Kommunale Selbstverwaltungspflicht und Verbot materieller Privatisierung kraft Richterrechts?, LKRZ 2010, S. 81 (85).

103 Vgl. der Bericht „Das Glühwein-Business boomt" vom 09.12.2009 – abrufbar unter: http://www.spiegel.de/wirtschaft/unternehmen/0,1518,665535,00.html.

104 Für die hessische Gemeindeordnung der HessVGH, LKRZ 2008, S. 262 (263); für die Gemeindeordnung des Landes Sachsen-Anhalt führt das OVG LSA, JMBl. LSA 2005, S. 297 ff. aus: „*…ist für die Anwendbarkeit der Vorschriften des § 116 I GO LSA nicht entscheidend, dass sie (die Beklagte) den Wochenmarkt (…) bislang als öffentliche Einrichtung zum Zwecke der Daseinsvorsorge i.S. des § 2 I S. 2 GO LSA betreibt. (…) Die Zuordnung des Veranstalters von Wochenmärkten zum Bereich der kommunalen Daseinsvorsorge schließt die Annahme der wirtschaftlichen Betätigung aber nicht aus, da die Beklagte mit dem Veranstalten von Wochenmärkten gegenüber ihren Einwohnern eine Dienstleistung anbietet, die – wie letztlich gerade die Tätigkeit der Klägerin zeigt – auch von Privaten gewinnorientiert am Markt angeboten wird.*" Vgl. auch *Kahl/Weißenberger*, Kommunale Selbstverwaltungspflicht und Verbot materieller Privatisierung kraft Richterrechts?, LKRZ 2010, S. 81 (85).

II. Zulässigkeit kommunaler Wirtschaftstätigkeit im Markt- und Volksfestwesen

Die wirtschaftliche Betätigung der Gemeinden findet ihre nähere Ausgestaltung in den einzelnen Gemeindeordnungen der Länder. Den überwiegenden Regelungen ist allerdings gemein, dass es für die Zulässigkeit der wirtschaftlichen Tätigkeit von Gemeinden eines öffentlichen Zwecks (*1*) bedarf, die Gemeinde sich innerhalb ihrer Leistungsfähigkeit bewegen muss (*2*) und die Subsidiaritätsklauseln (*3*) beachtet werden müssen, es sei denn, es handelt sich um ein nichtwirtschaftliches Unternehmen (*4*).

1. Rechtfertigung durch einen öffentlichen Zweck

Den Gemeinden ist die wirtschaftliche Betätigung nur dann erlaubt, wenn sie mit ihr einen öffentlichen Zweck verfolgen, d.h. sie muss der Erfüllung einer öffentlichen Aufgabe dienen.[105] Das folgt aus der Tatsache, dass ein Staat nicht privatautonom, *„sondern um der Menschen willen handelt"*.[106] Die wirtschaftliche Betätigung muss also der Erfüllung von Gemeinwohlbelangen dienen.[107] Unzulässig ist daher die reine erwerbswirtschaftliche, nur auf Gewinnerzielung gerichtete Betätigung von Gemeinden.[108] Eine exaktere Bestimmung der Gemeinwohlbelange ist nicht möglich[109], weil die Gemeinden auf Grund ihres Rechts zur Selbstverwaltung in der Beurteilung der Zwecke, die aus ihrer Sicht dem Gemeinwohl dienen, frei sind; die Gemeinwohlbelange können daher unterschiedlichster Art sein, beispielsweise sozialpolitischer, wettbewerbspolitischer, umweltpolitischer, wirtschaftsfördernder oder arbeitsplatzsichernder Natur. Maßgeblich für die inhaltliche Bestimmung des Begriffs „öffentlicher Zweck" bleibt daher vor allem die Zielsetzung des gemeindlichen Handelns.[110] Bei der

---

105 *Ehlers*, Rechtsprobleme der Kommunalwirtschaft, DVBl. 1998, S. 497 (498); *Pünder/Dittmar*, Die wirtschaftliche Betätigung der Gemeinden, JURA 2005, S. 760 f.

106 *Pünder/Dittmar*, Die wirtschaftliche Betätigung der Gemeinden, JURA 2005, S. 760.

107 *Burgi*, Kommunalrecht, § 17 Rn. 24.

108 Ausdrücklich z.B. Art. 87 I 2 BayGO. Aus der Literatur vgl. ferner *Ehlers*, Rechtsprobleme der Kommunalwirtschaft, DVBl. 1998, S. 497 (499); *Röhl*, in: Schoch (Hrsg.), Besonderes Verwaltungsrecht, 1. Kapitel Rn. 175; a.A. *Otting*, Öffentlicher Zweck, Finanzhoheit und fairer Wettbewerb – Spielräume kommunaler Erwerbswirtschaft, DVBl. 1997, S. 1258 (1260).

109 *Pünder/Dittmar*, Die wirtschaftliche Betätigung der Gemeinden, JURA 2005, S. 760.

110 *Burgi*, Kommunalrecht, § 17 Rn. 42.

Frage nach der zulässigen wirtschaftlichen Veranstaltung von Märkten und Volksfesten kommt es demnach darauf an, ob und welche Gemeinwohlbelange von der Gemeinde mit der Veranstaltung verfolgt werden. Gemeinwohlbelange können die Freizeitgestaltung der Einwohner sein oder wirtschafts- und arbeitsplatzsichernde Funktionen haben, indem den Beschickern des Marktes Absatzmöglichkeiten gewährt und regional tätigen Schaustellern auf Volksfesten erst die Ausübung ihres Berufes ermöglicht wird. Ein öffentlicher Zweck wird sich für die Veranstaltung von Märkten und Volksfesten daher ohne Weiteres finden lassen. So kann eine Gemeinde einen Markt veranstalten, um die lokale Wirtschaft zu fördern, sie kann einen Weihnachtsmarkt durchführen, um kulturellen Belangen Rechnung zu tragen oder aber der Bevölkerung ein Volksfest zur Erholung und Freizeitgestaltung anbieten. Dass dabei *auch* ein Gewinn erzielt wird, ändert am öffentlichen Zweck der Veranstaltung nichts. In der kommunalen Praxis dürfte der öffentliche Zweck einer Markt- oder Volksfestveranstaltung zumeist ausschlaggebend für die Veranstaltung sein. Da eine rein erwerbswirtschaftlich ausgerichtete Motivation hingegen unzulässig wäre, ist sie tatsächlich auch kaum vorzufinden.

2. Leistungsfähigkeitsbezug

Gemeindliche Unternehmen müssen in einem angemessenen Verhältnis zur Leistungsfähigkeit der Gemeinde stehen, um diese vor der Gefahr zu schützen, sich wirtschaftlich zu übernehmen.[111] Ein Markt oder ein Volksfest muss daher in Bezug auf Größe, Dauer und Angebot für die Gemeinde auch unter wirtschaftlichen Gesichtspunkten tragbar sein.

3. Subsidiaritätsklauseln

In nahezu allen Gemeindeordnungen finden sich Subsidiaritätsklauseln, die regeln, dass der Betrieb eines wirtschaftlichen Unternehmens nur dann zulässig ist, wenn entweder der öffentliche Zweck nicht ebenso gut und wirtschaftlich durch einen privaten Dritten erfüllt werden kann (echte Subsidiaritätsklausel)[112], oder wenn Dritte den öffentlichen Zweck nicht besser und wirtschaftlicher erfüllen können (einfache Subsidiaritätsklausel)[113]. Hierdurch soll eine ungehemmte wirtschaftliche Betätigung der Gemeinden zu Lasten der Privatwirtschaft

---

111 *Tettinger/Erbguth/Mann*, Besonderes Verwaltungsrecht, § 9 Rn. 299; *Röhl*, in: Schoch (Hrsg.), Besonderes Verwaltungsrecht, 1. Kapitel Rn. 176.

112 Z. B. § 121 I Nr. 3 GO Hess.

113 Z. B. § 107 I Nr. 3 GO NRW.

verhindert werden und die Gemeinden auf ihre originären öffentlichen Aufgaben verwiesen werden.[114] Ob das Veranstalten von Märkten und Volksfesten an den Subsidiaritätsklauseln der Länder zu messen ist, hängt davon ab, ob Märkte und Volksfeste innerhalb des Regelungsbereichs der Gemeindeordnungen überhaupt zu den wirtschaftlichen Unternehmen bzw. Einrichtungen gehören. Einige Gemeindeordnungen nehmen insoweit bestimmte Gruppen von Unternehmen und Einrichtungen aus ihrem Regelungsbereich aus und zählen diese zu den nicht-wirtschaftlichen Unternehmen bzw. Einrichtungen.[115] Zählten Märkte und Volksfeste mithin zu den nicht-wirtschaftlichen Unternehmen bzw. Einrichtungen, so unterlägen sie auch nicht den jeweiligen Subsidiaritätsklauseln.

4. Nicht-wirtschaftliche Unternehmen und Einrichtungen

Nicht den besonderen Schranken der wirtschaftlichen Betätigung unterliegen solche Unternehmen bzw. Einrichtungen, zu deren Betrieb die Gemeinde gesetzlich verpflichtet ist, z. B. Einrichtungen des Erziehungs-, Bildungs- und Gesundheitswesens, der Kunstpflege, der Erholung und Einrichtungen ähnlicher Art, sowie Hilfsbetriebe, die ausschließlich der Deckung des gemeindeeigenen Bedarfs dienen. Wie bereits dargelegt nennt die GO NRW sogar ausdrücklich Einrichtungen zur Veranstaltung von Volksfesten, § 107 Abs. 2 S. 1 Nr. 2 GO NRW.

Das Veranstalten von Märkten und Volksfesten kann – auch soweit es nicht ausdrücklich im Gesetz genannt ist – in diesen Fällen unter die Einrichtungen der Erholung bzw. die Einrichtungen ähnlicher Art gefasst werden. Möglich erscheint auch, die Veranstaltung von Märkten und Volksfesten unter den Begriff der Kultur zu fassen. Für § 121 Abs. 2 Nr. 2 HessGO lassen *Kahl/Weißenberger*[116] eine solche Sichtweise erkennen. Soweit das Veranstalten von Märkten

114 *Gern*, Deutsches Kommunalrecht, Rn. 729.

115 Z. B. § 107 II GO NRW.

116 Kommunale Selbstverwaltungspflicht und Verbot materieller Privatisierung kraft Richterechts?, LKRZ 2010, S. 81 (85); a.A. HessVGH, LKRZ 2008, S. 262 f.; *Lange*, Rechtsprechung zum Kommunalrecht in Hessen, Rheinland-Pfalz und Saarland, LKRZ 2010, S. 201 (204), der die Zuordnung der Veranstaltung eines Weihnachtsmarktes zu den Tätigkeiten auf dem Gebiet des Sozialwesens, der Kultur oder der Erholung für fernliegend hält. Der HessVGH hält es im Übrigen für fraglich, ob Gemeinden unter der Geltung des § 121 I, VI GO Hess überhaupt noch in der Lage sind, neue Volksfeste oder Märkte selbst zu veranstalten, lässt die Frage mangels Entscheidungserheblichkeit aber offen. Offenbar geht er davon aus, dass Märkte und Volksfeste nicht unter § 121 I S. 2 GO Hess fallen, sondern er sieht

und Volksfesten also per gesetzlicher Fiktion von den Vorschriften der Gemeindeordnungen ausgenommen ist, bedarf es zwar weiterhin eines öffentlichen Zwecks, nicht jedoch der weiteren Voraussetzungen der jeweiligen Landesnorm.

III. Ergebnis

Das Veranstalten von Märkten und Volksfesten ist zwar grundsätzlich als wirtschaftliche Tätigkeit anzusehen, unterfällt jedoch in den meisten Bundesländern[117] den Vorschriften über nicht-wirtschaftliche Unternehmen, so dass die einschränkenden kommunalwirtschaftlichen Vorschriften keine Anwendung finden.

D. Gemeindliche Organisationsformen kommunaler Märkte und Volksfeste

Eine Gemeinde kann grundsätzlich frei darüber entscheiden, ob sie sich bei der Erfüllung ihrer Aufgaben privatrechtlicher oder öffentlich-rechtlicher

---

jede Veranstaltung eines neuen Weihnachtsmarktes oder Volksfestes als neue wirtschaftliche Betätigung an. Dem ist – wenn man von der Prämisse ausgeht, dass das Veranstalten von Märkten und Volksfesten nicht zu den per Fiktion ausgenommenen nicht-wirtschaftlichen Tätigkeiten zählt – nicht zu folgen. Sowohl ein Wochenmarkt, erst recht aber ein Volksfest oder ein Weihnachtsmarkt sind regelmäßig wiederkehrende Veranstaltungen, die sich in Erscheinungsbild, Angebot, Struktur und Organisation ähneln und aufeinander aufbauen. Eine Gemeinde nimmt nicht mit jeder einzelnen Veranstaltung erneut eine wirtschaftliche Tätigkeit auf, vielmehr betätigt sie sich dauerhaft *im Marktwesen*, unabhängig davon, wann die Veranstaltung stattfindet. So bedarf es einer kontinuierlichen Organisation, die Auswahl der Beschicker muss vorgenommen werden, eine vorherige Ausschreibung kann vorgenommen werden müssen etc. Somit ist nicht jede einzelne Veranstaltung als *neue* wirtschaftliche Betätigung zu verstehen. In Bezug auf Märkte und Volksfeste, die bereits vor dem 01.04.2004 in Hessen veranstaltet wurden, wird man davon ausgehen müssen, dass diese Märkte und Volksfeste ohne die in § 121 Nr. 3 GO Hess genannten Voraussetzungen zulässig sind, es also keiner Prüfung der Subsidiaritätsklausel bedarf. Lediglich für vollständig neu geschaffene Märkte und Volksfeste, z. B. wenn eine Gemeinde zum ersten Mal einen Weihnachtsmarkt veranstalten möchte, wird sich diese Betätigung an § 121 I S. 1 GO Hess messen lassen müssen.

117 Anders ist die Lage z. B. in Brandenburg, Sachsen und Sachsen-Anhalt. Dort finden sich keine Vorschriften über nicht-wirtschaftliche Unternehmen. Das Veranstalten von Märkten und Volksfesten muss sich daher an den Subsidiaritätsklauseln messen lassen. So auch für Sachsen-Anhalt OVG LSA, JMBl. LSA 2005, S. 297 (300); BVerwG, GewArch 06, S. 164 (166).

Organisationsformen bedient.[118] Diese Wahlfreiheit beruht auf der verfassungsrechtlich durch Art. 28 Abs. 2 GG geschützten Organisationshoheit.[119] Für die kommunale Tätigkeit im Marktwesen kann nichts anderes gelten. Auch hier steht es der Gemeinde frei, ob sie ihr Volksfest oder ihren Markt auf öffentlich-rechtliche oder privatrechtliche Weise ausgestaltet.

I. Öffentlich-rechtliche Organisationsformen

Öffentlich-rechtliche Organisationsformen können rechtsfähig und nichtrechtsfähig sein.[120] Zu den rechtsfähigen Organisationsformen gehören die Körperschaften[121], Anstalten[122] und Stiftungen[123] des öffentlichen Rechts. Nichtrechtsfähige öffentliche Einrichtungen können ohne eigene Organisation im Rahmen der allgemeinen Verwaltung oder als Regiebetrieb[124], oder organisatorisch, aber nicht rechtlich verselbständigt als Eigenbetrieb[125] geführt werden.

---

118 BVerwG, NJW 1990, S. 134; OVG NRW, NJW 1976, S. 820 (821); *Becker/Sichert*, Einführung in die kommunale Rechtsetzung am Beispiel gemeindlicher Benutzungssatzungen, JuS 2000, S. 144 (145); *Burgi*, Kommunalrecht, § 17 Rn. 73; *Fischedick*, Die Wahl der Benutzungsformen kommunaler Einrichtungen, S. 5; *Maurer*, Allgemeines Verwaltungsrecht, § 3 Rn. 25; *Röhl*, in: Schoch (Hrsg.), Besonderes Verwaltungsrecht, 1. Kapitel Rn. 127. Für einen generellen Vorrang des öffentlichen Rechts bei gleicher Eignung öffentlich-rechtlicher und privatrechtlicher Organisationsformen *Ehlers*, Verwaltung in Privatrechtsform, S. 376. Zu möglichen Organisationsformen öffentlicher Einrichtungen auch Ehlers, Rechtsprobleme bei der Nutzung kommunaler öffentlicher Einrichtungen - Teil 1, JURA 2012, S. 692 (694).

119 *Bartels*, Die rechtliche Ordnung der Benutzung öffentlicher Einrichtungen, S. 72.

120 *Hellermann*, in: Hoppe/Uechtritz/Reck (Hrsg.), Handbuch kommunale Unternehmen, § 7 Rn. 71.

121 Z. B. Zweckverbände, vgl. *Bartels*, Die rechtliche Ordnung der Benutzung öffentlicher Einrichtungen, S. 72; *Fischedick*, Die Wahl der Benutzungsform kommunaler Einrichtungen, S. 8.

122 Z. B. kommunale Sparkassen, vgl. *Hellermann*, in: Hoppe/Uechtritz/Reck (Hrsg.), Handbuch kommunale Unternehmen, § 7 Rn. 63; *Maurer*, Allgemeines Verwaltungsrecht, § 23 Rn. 51.

123 *Hellermann*, in: Hoppe/Uechtritz/Reck (Hrsg.), Handbuch kommunale Unternehmen, § 7 Rn. 87; *Maurer*, Allgemeines Verwaltungsrecht, § 23 Rn. 55.

124 *Hellermann*, in: Hoppe/Uechtritz/Reck (Hrsg.), Handbuch kommunale Unternehmen, § 7 Rn. 22.

125 *Hellermann*, in: Hoppe/Uechtritz/Reck (Hrsg.), Handbuch kommunale Unternehmen, § 7 Rn. 31.

II. Privatrechtliche Organisationsformen

Als privatrechtliche Rechtsformen kommunaler öffentlicher Einrichtungen kommen die rechtsfähigen Institute des Vereins, der Stiftung, der Genossenschaft, der Aktiengesellschaft (AG), der Gesellschaft mit beschränkter Haftung (GmbH) und der Kommanditgesellschaft auf Aktien (KGaA) in Betracht.[126] Nichtrechtsfähige Institute stehen der Gemeinde hingegen nicht zur Verfügung, da hierzu die Eingliederung der Gemeinde in das Privatrecht nötig wäre,[127] was jedoch ausgeschlossen ist. Zwar kann sich eine Gemeinde privatrechtlicher Organisations- und Handlungsformen bedienen, sie kann jedoch nicht im Privatrecht „aufgehen" und damit ihren Status als Hoheitsträger verlieren.[128] Damit verlöre sie zugleich ihren Status als Gebietskörperschaft.[129] Soweit die Gemeinde bei privatrechtlichen Organisationsformen alleiniger Anteilseigner ist, spricht man von sog. Eigengesellschaften.[130] Davon zu unterscheiden sind die Beteiligungsgesellschaften, also privatrechtsförmige Unternehmen unter Beteiligung anderer Gemeinden oder Privater.[131] Bedient sich die Gemeinde privatrechtlicher Organisationsformen, so ist sie dennoch weiterhin an die beschränkenden Sonderregeln des Gemeindewirtschaftsrechts gebunden.[132] Die wohl häufigste Organisationsform, die auch für das Veranstalten von Märkten oder Volksfesten in Betracht kommt, ist die GmbH.[133] Der Vorgang der Gründung einer kommunalen Eigengesellschaft in privatrechtlicher Organisationsform zur Erfüllung gemeindlicher Aufgaben wird auch als *Organisationsprivatisierung* oder *formelle*

---

126 *Hellermann*, in Hoppe/Uechtritz/Reck (Hrsg.), Handbuch kommunale Unternehmen, § 7 Rn. 103 ff.

127 *Bartels*, Die rechtliche Ordnung der Benutzung öffentlicher Einrichtungen, S. 77; *Hoffmann*, Die kommunale öffentliche Einrichtung am Beispiel des Zirkusplatzes, S. 32.

128 *Bartels*, Die rechtliche Ordnung der Benutzung öffentlicher Einrichtungen, S. 77.

129 *Bartels*, Die rechtliche Ordnung der Benutzung öffentlicher Einrichtungen, S. 77.

130 *Hellermann*, in: Hoppe/Uechtritz/Reck (Hrsg.), Handbuch kommunale Unternehmen, § 7 Rn. 91.

131 *Gern*, Deutsches Kommunalrecht, Rn. 759.

132 *Gern*, Deutsches Kommunalrecht, Rn. 756. Zum Gemeindewirtschaftsrecht siehe 1. Kapitel, C.

133 Vgl. *Gröpl*, Privatisierung von Messen, Märkten und Volksfesten, GewArch 1995, S. 367 (368). Hinzuweisen sei an dieser Stelle auf die zahlreichen kommunalen Messe- und Ausstellungsgesellschaften, z. B. Messe München GmbH, Messe Gießen GmbH, Messe Essen GmbH, Messe Düsseldorf GmbH, KölnMesse GmbH und viele mehr.

Privatisierung bezeichnet.[134] In diesen Fällen bleibt die Verantwortung für die Erfüllung der gemeindlichen Betätigung bei der Gemeinde. In Bezug auf das Veranstalten von Märkten und Volksfesten kann daher weiterhin von einer *kommunalen Tätigkeit im Marktwesen* gesprochen werden.[135]

E. Privatisierung kommunaler Märkte und Volksfeste

Zunehmend gehen die Gemeinden dazu über, ihre Märkte und Volksfeste zu privatisieren. Es ist daher zunächst zu bestimmen, welche Sachverhalte der Begriff Privatisierung erfasst (I.), ob eine Privatisierung im kommunalen Marktwesen überhaupt in Betracht kommt (II.) und falls ja, welche Auswirkungen dies auf den Status als öffentliche Einrichtung hat (III.).

I. Privatisierungsmodelle

Der Begriff der Privatisierung beschreibt zunächst lediglich ein faktisches Phänomen, bei dem der Staat bzw. die Gemeinden ihre Verantwortung für die Erfüllung öffentlicher Aufgaben auf Dritte verlagern oder sich ihrer Aufgabe vollständig entledigen.[136] Ein Privater tritt an die Stelle eines Trägers der öffentlichen Verwaltung.[137] In diesem Zusammenhang können drei Arten von Privatisierungsmöglichkeiten unterschieden werden[138]: Die bereits erwähnte *Organisationsprivatisierung*, die *funktionale Privatisierung* und die *materielle Privatisierung*.

1. Organisationsprivatisierung

Bei der Organisationsprivatisierung oder auch formellen Privatisierung wird eine öffentliche Aufgabe mit privatrechtlichen Mitteln erfüllt, indem sich der

134 *Kahl/Weißenberger*, Die Privatisierung kommunaler öffentlicher Einrichtungen: Formen – Grenzen – Probleme, JURA 2009, S. 194 (195); *Schoch*, Rechtliche Steuerung der Privatisierung staatlicher Ausgaben, JURA 2008, S. 672 (676).

135 Inwieweit die Organisationsprivatisierung Einfluss auf die Zulassungsentscheidung und mithin auch auf prozessuale Fragestellungen hat, soll hier noch nicht geklärt werden, vgl. dazu 6. Kapitel, A.

136 *Ruthig/Storr*, Öffentliches Wirtschaftsrecht, § 7 Rn. 624.

137 *Stein*, Privatisierung kommunaler Aufgaben – Ansatzpunkte und Umfang verwaltungsgerichtlicher Kontrolle, DVBl. 2010, S. 563 (564).

138 Vgl. zu den Grundtypen der Privatisierung *Schoch*, Rechtliche Steuerung der Privatisierung staatlicher Aufgaben, JURA 2008, S. 672 (676), der allerdings von vier Grundtypen ausgeht, weil er die Vermögensprivatisierung als vierten Grundtyp einordnet.

jeweilige Aufgabenträger privatrechtlicher Organisationsformen bedient, die Aufgabe an sich verbleibt jedoch in staatlicher Hand.[139] Häufigste *Erscheinungsform* ist die GmbH oder der Verein, aber auch eine Aktiengesellschaft ist denkbar.[140] Häufigster *Anwendungsfall* ist der Betrieb von öffentlichen Einrichtungen.[141] Für die hier interessierende Organisationsprivatisierung von kommunalen Aufgaben enthält das kommunale Wirtschaftsrecht die maßgeblichen Rechtsnormen.[142] Die Organisationsprivatisierung ist unter dem Gesichtspunkt der Formenwahlfreiheit[143] der Gemeinde gemeinhin zulässig.[144]

2. *Funktionale Privatisierung*

Bei der funktionalen Privatisierung entledigt sich der Staat nicht seiner Aufgabe, sondern er kooperiert mit Privaten bei der Erfüllung dieser Aufgaben.[145] Diese Kooperation kann in Form sogenannter Betreiber- oder Durchführungsmodelle geschehen, bei denen Teilbeiträge durchführenden Charakters von der staatlichen Erfüllungsverantwortung abgetrennt und an Private übergeben werden.[146] Der Staat bedient sich Verwaltungshelfer, die nicht selbständig nach außen tätig werden, sondern Angelegenheiten der öffentlichen Hand im Auftrag und nach Weisung der Behörde wahrnehmen.[147] So kann auch die Gemeinde einen privaten Unternehmer mit der Durchführung eines Marktes oder Volksfestes in ihrem Namen betrauen, ohne ihre Veranstaltereigenschaft zu verlieren.[148] Sie hat

---

139 *Schoch*, Rechtliche Steuerung der Privatisierung staatlicher Aufgaben, JURA 2008, S. 672 (676).

140 *Ehlers*, in: Erichsen/ders. (Hrsg.), Allgemeines Verwaltungsrecht, § 1 Rn. 16.

141 *Ehlers*, in: Erichsen/ders. (Hrsg.), Allgemeines Verwaltungsrecht, § 1 Rn. 16; *Burgi*, in: Erichsen/Ehlers (Hrsg.), Allgemeines Verwaltungsrecht, § 10 Rn. 12. Zu den öffentlichen Einrichtungen können wie dargestellt auch Märkte oder Volksfeste gehören, siehe hierzu 1. Kapitel, B.

142 Siehe hierzu 1. Kapitel, C.

143 Zur Wahlfreiheit der Gemeinden vgl. 4. Kapitel, C.III.2.

144 Zu den kommunalrechtlichen Grenzen vgl. z. B. die Bestimmungen des § 108 GO NRW.

145 *Ruthig/Storr*, Öffentliches Wirtschaftsrecht, § 7 Rn. 628.

146 *Burgi*, in: Erichsen/Ehlers (Hrsg.), Allgemeines Verwaltungsrecht, § 10 Rn. 31.

147 *Burgi*, in: Erichsen/Ehlers (Hrsg.), Allgemeines Verwaltungsrecht, § 10 Rn. 32; *Ehlers*, in: Erichsen/ders. (Hrsg.), Allgemeines Verwaltungsrecht, § 1 Rn. 20.

148 *Gröpl*, Privatisierung von Messen, Märkten und Volksfesten, GewArch 1995, S. 367 (371).

dann durch entsprechende Kontrollmechanismen ihrer öffentlichen Verantwortung nachzukommen.[149]

Die funktionale Privatisierung kann allerdings nicht nur in Form der *Verwaltungshilfe*, sondern auch in einer weiteren Erscheinungsform, der sog. *Dienstleistungskonzession*, durchgeführt werden.[150] Dieser Begriff findet sich auch in der Rechtsprechung zur Vergabe der Durchführung von Märkten und Volksfesten.[151] In diesem Zusammenhang wird diskutiert, ob die Übertragung der Durchführung eines Weihnachts- oder Wochenmarktes als Dienstleistungskonzession einzuordnen ist, was von Rechtsprechung und Literatur bejaht wird.[152]

Dem ist im Ergebnis auch zu folgen.[153] Durch die Dienstleistungskonzession wird einem Privaten das Recht zur eigenverantwortlichen Aufgabenerledigung unter Übernahme des wirtschaftlichen Risikos übertragen, ohne dass der gemeinwohlbezogene Steuerungsanspruch aufgegeben wird.[154] Der Unterschied zur Verwaltungshilfe besteht darin, dass der Private als Gegenleistung ein Nutzungsrecht erhält, also gegenüber den Benutzern selbständig Nutzungsentgelte erhebt und so das wirtschaftliche Risiko der Unternehmung trägt.[155] Bei der *Verwaltungshilfe* behält die öffentliche Hand ihre Zuständigkeit für die Aufgabenerledigung, bei der *Dienstleistungskonzession* hingegen gibt sie diese Zuständigkeit

---

149 *Gröpl*, Privatisierung von Messen, Märkten und Volksfesten, GewArch 1995, S. 367 (371).

150 *Burgi*, in: Erichsen/Ehlers (Hrsg.), Allgemeines Verwaltungsrecht, § 10 Rn. 33. Zur Dienstleistungskonzession vgl. *Burgi*, Die Vergabe von Dienstleistungskonzessionen: Verfahren, Vergabekriterien, Rechtsschutz, NZBau 2005, S. 610 ff.; *Jennert*, Der Begriff der Dienstleistungskonzession im Gemeinschaftsrecht - Zugleich ein Beitrag zum Entgeltlichkeitsbegriff des Dienstleistungsauftrags, NZBau 2005, S. 131 ff.; *Ruhland*, Die Dienstleistungskonzession.

151 OLG Naumburg, NZBau 2002, S. 235; VG Hamburg, GewArch 2013, S. 121; VG Köln, NVwZ-RR 2009, S. 327.

152 OLG Naumburg, NZBau 2002, S. 235; VG Hamburg, GewArch 2013, S. 121; VG Köln, NVwZ-RR 2009, S. 327; *Braun*, Zulassung auf Märkten und Veranstaltungen, NVwZ 2009, S. 747 ff.; *Donhauser*, Neue Akzentuierungen bei der Vergabe von Standplätzen auf gemeindlichen Volksfesten und Märkten, NVwZ 2010, S. 931 (935).

153 Diese Schlussfolgerung gilt nicht für die Frage der Entscheidung über eine Festsetzung *als* Entscheidung über eine Dienstleistungskonzession.

154 *Nettesheim*, Die Dienstleistungskonzession - Privates Unternehmertum in Gemeinwohlverantwortung, EWS 2007, S. 145 ff.

155 *Ruhland*, Die Dienstleistungskonzession, S. 86.

an den Privaten ab.[156] Innerhalb der Dienstleistungskonzessionen wird zwischen der sog. Dienstleistungskonzession *ersten Grades* und der Dienstleistungskonzession *zweiten Grades* unterschieden.[157] Die Unterscheidung knüpft an den Grad der Übertragung der jeweiligen Aufgabenerfüllung an. Bei der ersten Konstellation wird lediglich die Aufgaben*erledigung* an einen Dritten übertragen, allerdings mit nicht nur verwaltungsinterner Wirkung.[158] Der Private würde also hier auch gegenüber den Ausstellern, Marktkaufleuten und Schaustellern in Erscheinung treten. Die Dienstleistungskonzession *zweiten Grades* stellt hingegen einen Fall der *Verwaltungssubstitution* dar.[159] Der Konzessionär geht in diesem Fall mit den Privaten eigene rechtliche Beziehungen ein.[160] Letztere ist der häufigere Anwendungsfall. In Bezug auf das Veranstalten von Märkten und Volksfesten bedeutet dies, dass der jeweilige Konzessionär als Veranstalter auftritt. Er übernimmt die Organisation der Veranstaltung, sucht die Beschicker aus, vergibt an sie die begehrten Standplätze und entscheidet über die Höhe der Standplatzvergütungen. Eine direkte rechtliche Beziehung zwischen der die Konzession vergebenden Gemeinde und den Beschickern besteht in diesem Fall nicht mehr. Der Konzessionär ist mit der Gemeinde lediglich über den mit der Konzessionsvergabe abgeschlossenen Vertrag verbunden, wird im Übrigen aber selbständig tätig. Im Unterschied zur vollständigen Aufgabenentledigung, der *materiellen Privatisierung*, ist die Konzessionsvergabe jedenfalls zeitlich begrenzt.[161] Dem Privaten wird also nur für einen bestimmten Zeitpunkt die Aufgabenerfüllung übertragen, danach fällt die Erfüllungsverantwortung wieder an die Gemeinde zurück, die sodann einen neuen (oder denselben) Konzessionär auswählen kann. Märkte und Volksfeste können also im Wege der *Dienstleistungskonzession* privaten Dritten zur Durchführung in eigener Verantwortung auf Zeit übertragen werden.

---

156 *Nettesheim*, Die Dienstleistungskonzession – Privates Unternehmertum in Gemeinwohlverantwortung, EWS 2007, S. 145 (146).

157 *Burgi*, Die Dienstleistungskonzession ersten Grades, S. 20 ff.; *Ehlers*, in: Erichsen/ders. (Hrsg.), Allgemeines Verwaltungsrecht, § 1 Rn. 22; *Ortner*, Vergabe von Dienstleistungskonzessionen, S. 64 ff.

158 *Ehlers*, in: Erichsen/ders. (Hrsg.), Allgemeines Verwaltungsrecht, § 1 Rn. 22.

159 *Ehlers*, in: Erichsen/ders. (Hrsg.), Allgemeines Verwaltungsrecht, § 1 Rn. 22.

160 *Ehlers*, in: Erichsen/ders. (Hrsg.), Allgemeines Verwaltungsrecht, § 1 Rn. 22.

161 *Ruhland*, Die Dienstleistungskonzession, S. 114.

3. *Materielle Privatisierung*

Die *materielle Privatisierung* oder *Aufgabenprivatisierung* hat die vollständige oder teilweise Aufgabenübertragung auf einen Privaten zum Gegenstand. Ob der Private diese Aufgabe nunmehr auch tatsächlich wahrnimmt, ist ihm selbst überlassen. Daher ist nicht auszuschließen, dass sich die öffentliche Hand einer Aufgabe entledigt und diese Aufgabe im Anschluss daran gar nicht mehr wahrgenommen wird.

Mit der materiellen Privatisierung eines Weihnachtsmarktes hat sich zuletzt das *BVerwG* befasst.[162] Es hat Art. 28 Abs. 2 GG ein Privatisierungsverbot entnommen, das in der Literatur[163] zumeist auf Ablehnung gestoßen ist. Die Entscheidung hat darüber hinaus verschiedene Fragen aufgeworfen: Darf die Veranstaltung eines Marktes oder eines Volksfestes gänzlich von der Gemeinde aus der Hand gegeben werden oder jedenfalls dann nicht, wenn es ich um *„kulturell, sozial und traditionsmäßig bedeutsame Veranstaltungen“*[164] handelt? Ferner stellt sich die Frage, welche Auswirkungen die Privatisierung auf die Eigenschaft eines solchen Marktes oder Volksfestes als kommunale öffentliche Einrichtung hat.

II. Weihnachtsmarkturteil des BVerwG vom 27.05.2009

Die Gemeinde Offenbach hatte über Jahrzehnte einen Weihnachtsmarkt selbst veranstaltet, dessen Durchführung sie künftig jedoch an einen Verein örtlicher Einzelhändler übertragen wollte. Der nunmehr private Betreiber sollte in eigener Verantwortung und weisungsfrei tätig werden. Die hierin zu sehende materielle Privatisierung[165] hielt das *BVerwG* für unzulässig. Zur Begründung stellte

---

162 BVerwG, NVwZ 2009, S. 1305.

163 Ablehnend *Ehlers*, Anmerkung zum Urteil des BVerwG vom 27.05.2009 - 8 C 10/08, DVBl. 2009, S. 1456 f.; *Kahl/Weißenberger*, Kommunale Selbstverwaltungspflicht und Verbot materieller Privatisierung kraft Richterrechts?, LKRZ 2010, S. 81 (84); *Schoch*, Das gemeindliche Selbstverwaltungsrecht gem. Art. 28 II S. 1 GG als Privatisierungsverbot?, DVBl. 2009, S. 1533 (1534); *Winkler*, Anmerkung zum Urteil des BVerwG vom 27.05.2009 - 8 C 10/08, JZ 2009, S. 1169 f. Zustimmend: *Braun*, Anmerkung zum Urteil des BVerwG vom 27.05.2009 - 8 C 10/08, KommJur 2009, S. 424 f.; *Schönleiter*, Anmerkung zum Urteil des BVerwG vom 27.05.2009 - 8 C 10/08, GewArch 2009, S. 484 (486 f.).

164 BVerwG, NVwZ 2009, S. 1305 (1307).

165 A.A. *Winkler*, Anmerkung zum Urteil des BVerwG vom 27.05.2009 - 8 C 10/08, JZ 2009, S. 1169 (1171), der von einer lediglich funktionalen Privatsierung ausgeht mit der Begründung, dass lediglich eine befristete Übertragung stattgefunden habe. Zweifelnd auch *Kahl/Weißenberger*, Kommunale Selbstverwaltungspflicht und

es maßgeblich auf Art. 28 Abs. 2 GG ab. Nach Ansicht des *BVerwG* *„liegt es nicht im freien Ermessen einer Gemeinde, ob sie „freie Selbstverwaltungsaufgaben" übernehmen oder sich dieser entledigen möchte. Gehören Aufgaben zu den Angelegenheiten des örtlichen Wirkungskreises, dürfe sich die Gemeinde im Interesse einer wirksamen Wahrnehmung dieses örtlichen Wirkungskreises nicht ihrer gemeinwohlorientierten Handlungsspielräume begeben. Es stehe ihr daher grundsätzlich nicht zu, sich der Angelegenheiten der örtlichen Gemeinschaft zu entledigen. Ansonsten könnten die Gemeinden den Inhalt der kommunalen Selbstverwaltung durch Abstoßen oder Nichtwahrnehmung ihrer ureigenen Aufgaben selbst bestimmen. Um ein Unterlaufen des ihr anvertrauten Aufgabenbereichs zu verhindern, müsse sich die Gemeinde zumindest Einwirkungs- und Steuerungsmöglichkeiten vorbehalten, wenn sie die Angelegenheiten des örtlichen Wirkungskreises anderen übertragen will. Ihr sei es verwehrt, gewissermaßen den Inhalt der Selbstverwaltungsaufgaben selbst zu beschneiden oder an Dritte abzugeben, wenn es sich um öffentliche Einrichtungen mit kulturellem, sozialem und traditionsbildenden Hintergrund handelt, die schon lange Zeit in der kommunalen Alleinverantwortung lagen. Je länger die kommunale Verantwortung dauert, umso mehr sei die Gemeinde zu einer wirksamen Wahrnehmung der entsprechenden Angelegenheit verpflichtet. Die Entledigung der Aufgabe, einen Weihnachtsmarkt mit kulturell, sozial und traditionsbildenden Hintergrund zu veranstalten, führe zu einer unzulässigen Beschränkung der kommunalen Selbstverwaltung."*[166] Im Ergebnis konstruiert das *BVerwG* aus dem in Art. 28 Abs. 2 GG verankerten Selbstverwaltungsrecht eine *Selbstverwaltungspflicht*, weswegen das Urteil in der Literatur[167] zu Recht zumeist auf Ablehnung gestoßen ist.

Verbot materieller Privatisierung kraft Richterrechts?, LKRZ 2010, S. 81 (82). Unter der Prämisse, dass eine funktionale Privatisierung in Form der Verwaltungssubstitution nur da zulässig ist, wo auch eine materielle Privatisierung – theoretisch – in Betracht kommt, stellen sich jedoch dieselben Probleme.

166 BVerwG, NVwZ 2009, S. 1305 ff. – *Ehlers*, JK 1/10, GG Art. 28 II/32.

167 *Ehlers*, Anmerkung zum Urteil des BVerwG vom 27.05.2009 – 8 C 10/08, DVBl. 2009, S. 1456 f.; *Schoch*, Das gemeindliche Selbstverwaltungsrecht gem. Art. 28 II S. 1 GG als Privatisierungsverbot?, DVBl. 2009, S. 1533 ff.; *Stein*, Privatisierung kommunaler Aufgaben – Ansatzpunkte und Umfang verwaltungsgerichtlicher Kontrolle, DVBl. 2010, S. 563 ff.; *Szcekalla*, Vom Zauber des seitlich dran Vorbeigehens – Die Privatisierung eines kommunalen Weihnachtsmarktes, NdsVBl. 2010, S. 84 ff.; *Winkler*, Anmerkung zum Urteil des BVerwG vom 27.05.2009 – 8 C 10/08, JZ 2009, S. 1169 ff.; a. A. *Gröpl*, Privatisierung von Messen, Märkten und Volksfesten, GewArch 1995, S. 367 ff. (ohne Bezug zum BVerwG-Urteil); *Katz*, Verantwortlichkeit und Grenzen bei „Privatisierung" kommunaler Aufgaben, NVwZ 2010,

1. *Art. 28 Abs. 1 GG als Privatisierungsverbot?*

Dem Wortlaut des Art. 28 Abs. 1 GG ist zunächst lediglich zu entnehmen, dass den Gemeinden das *Recht* gewährleistet sein muss, alle Angelegenheiten der örtlichen Gemeinschaft in eigener Verantwortung zu regeln. Eine Pflicht hierzu lässt sich dem Wortlaut damit unmittelbar nicht entnehmen.[168] Da die kommunale Selbstverwaltungsgarantie den Gemeinden aber nur einfach-gesetzlich *im Rahmen der Gesetze* gewährleistet ist,[169] kommt es für die Frage von Privatisierungsmodellen oder Verboten auf die einfach-gesetzliche Ausgestaltung an.[170] Entsprechend muss zwischen den verschiedenen gemeindlichen Aufgabentypen unterschieden werden[171]: Während in Bezug auf die pflichtigen Selbstverwaltungsaufgaben eine materielle Privatisierung aus eigener Initiative der Gemeinde ausgeschlossen ist[172], handelt es sich bei der Veranstaltung eines Weihnachtsmarktes um eine freiwillige Selbstverwaltungsaufgabe.[173] Aus der sich daraus ergebenden Befugnis zur „freien Entscheidung“ lässt sich entnehmen, dass eine materielle Privatisierung im Bereich der freiwilligen Selbstverwaltungsaufgaben rechtlich möglich sein muss. Kann die Gemeinde frei entscheiden, ob sie eine

---

S. 405 ff.; *Schönleiter*, Anmerkung zum Urteil des BVerwG vom 27.05.2009 - 8 C 10/08, GewArch 2009, S. 484 ff.

168 *Ehlers*, Anmerkung zum BVerwG, Urteil vom 27.05.2009 - 8 C 10/08, DVBl. 2009, S. 1456 ff.; *Schoch*, Das gemeindliche Selbstverwaltungsrecht gem. Art. 28 II 1 GG als Privatisierungsverbot?, DVBl. 2009, S. 1533 (1534).

169 *Schoch*, Das gemeindliche Selbstverwaltungsrecht gem. Art. 28 II S. 1 GG als Privatisierungsverbot?, DVBl. 2009, S. 1533 (1534).

170 *Kahl/Weißenberger*, Kommunale Selbstverwaltungspflicht und Verbot materieller Privatisierung kraft Richterrechts?, LKRZ 2010, S. 81 (82).

171 Siehe 1. Kapitel, A.II.2.

172 *Kahl/Weißenberger*, Die Privatisierung kommunaler öffentlicher Einrichtungen: Formen - Grenzen - Probleme, JURA 2009, S. 194 (199); *Schoch*, Rechtliche Steuerung der Privatsierung staatlicher Aufgaben, JURA 2008, S. 672 (681); *Stein*, Privatisierung kommunaler Aufgaben - Ansatzpunkte und Umfang verwaltungsgerichtlicher Kontrolle, DVBl. 2010, S. 563 (569); *Tomerius/Breitkreuz*, Selbstverwaltungsrecht und „Selbstverwaltungspflicht“, DVBl. 2003, S. 426 (432). Möglich ist eine materielle Privatisierung gemeindlicher Pflichtaufgaben per Gesetz, vgl. § 16 II KrW-/AbfG.

173 Zur Frage der Einordung als freiwillige Selbstverwaltungsaufgaben siehe 1. Kapitel, A.II.2.

Aufgabe übernehmen möchte, muss es ihr im Umkehrschluss auch gestattet sein, sich dieser Aufgabe wieder zu entledigen.[174]

Dennoch wird von Teilen der Literatur[175] und in dem erwähnten Urteil des *BVerwG* eine Pflicht zur Wahrnehmung freiwilliger Selbstverwaltungsaufgaben konstruiert. Zur Begründung dieser auch aus sprachlicher Sicht wenig überzeugenden Annahme wird seitens des *BVerwG* auf die Notwendigkeit einer Eindämmung der Möglichkeit zur Entledigung von Selbstverwaltungsaufgaben abgestellt; andernfalls hätten es die Gemeinden in der Hand, den Inhalt der kommunalen Selbstverwaltung durch Abstoßen oder Nichtwahrnehmung ihrer ureigenen Aufgabe auszuhöhlen.[176] Während sich in dem Urteil an diese Behauptung keine dogmatischen Erwägungen anschließen, ist in der Literatur bisweilen der Versuch unternommen worden, eine über den Charakter des Art. 28 Abs. 2 GG als Abwehrrecht hinausgehende Selbstverwaltungspflicht herzuleiten. Dazu wird aus Art. 28 Abs. 2 S. 1 i.V.m. Abs. 1 S. 2 GG der normative Gehalt einer politisch-demokratischen Funktion gemeindlicher Selbstverwaltung gezogen, wonach Selbstverwaltung als objektiv-rechtliche Pflicht der Repräsentationsorgane gegenüber der Bürgerschaft zu verstehen sei.[177] Andere[178] hingegen stellen auf die Stellung der Gemeinde im Staatswesen ab. Die Gemeinde sei als Hoheitsträger in den Staatsaufbau eingegliedert. Als Hoheitsträger stehe die Wahrnehmung der Aufgaben nicht zu ihrer freien Disposition. Eine Einbeziehung der freiwilligen Selbstverwaltungsaufgaben in diese Selbstverwaltungspflicht nehmen aber auch die Vertreter dieser Ansicht nicht vor.[179] *Katz*[180] hingegen sieht in der Entledigung von besonders gemeinwohlgeprägten, traditionsbildenden und ähnlichen Kommunalaufgaben an Dritte ohne angemessene und ausreichende

---

174 So auch *Kahl/Weißenberger*, Kommunale Selbstverwaltungspflicht und Verbot materieller Privatisierung kraft Richterrechts?, LKRZ 2010, S. 81 (83).

175 *Katz*, Verantwortlichkeit und Grenzen bei „Privatisierung" kommunaler Aufgaben, NVwZ 2010, S. 405 ff.; *Tomerius/Breitkreuz*, Selbstverwaltungsrecht und „Selbstverwaltungspflicht", DVBl. 2003, S. 426 ff.

176 BVerwG, NVwZ 2009, 1305 (1307).

177 HessVGH, NVwZ 1992, S. 807 (808); *Tomerius/Breitkreuz*, Selbstverwaltungsrecht und „Selbstverwaltungspflicht", DVBl. 2003, S. 426 (430).

178 *Gröpl*, Möglichkeiten und Grenzen der Privatisierung kommunaler Aufgaben in: Hofmann/Kromberg/Roth/Wiegand (Hrsg.), Kommunale Selbstverwaltung im Spiegel von Verfassungsrecht und Verwaltungsrecht, S. 99 (104 f.).

179 Vgl. *Tomerius/Breitkreuz*, Selbstverwaltungsrecht und „Selbstverwaltungspflicht", DVBl. 2003, S. 426 (433).

180 Verantwortlichkeit und Grenzen bei „Privatisierung" kommunaler Aufgaben, NVwZ 2010, S. 405 (406).

Steuerungs- und Kontrollrechte eine unzulässige Selbstbeschränkung der Selbstverwaltungsgarantie. Eigenverantwortlichkeit bedeute gemeinwohlerfüllende kommunale Aufgabenerfüllung unter Beachtung der verfassungs- und kommunalrechtlichen Ordnung. Daraus folge, dass auch freiwillige Aufgaben pflichtgebunden seien und nicht ohne Weiteres ohne hinreichende Absicherung, Gewährleistung oder zumindest Rechtfertigung aus der Hand gegeben werden können.[181] Eine überzeugende dogmatische Begründung findet sich jedoch auch hier nicht. Vielmehr stellt *Katz*, ähnlich wie das *BVerwG*, auf das Erfordernis einer *„kraft- und wirkungsvollen Selbstverwaltung und effektiven Wahrnehmung der ureigenen Angelegenheiten der örtlichen Gemeinschaft"* ab.[182] In Bezug auf die materielle Privatisierung geht es jedoch nicht um die effektive Wahrnehmung ureigener Angelegenheiten, sondern um die vorgelagerte Frage, was unter ureigenen Angelegenheiten zu verstehen ist bzw. ob solche überhaupt bestehen. Muss eine Gemeinde eine bestimmte Aufgabe nicht wahrnehmen, weil sie eine freiwillige ist, so kann sie auch nicht zur effektiven Wahrnehmung dieser Aufgabe durch Sicherstellung von Einwirkungs- und Kontrollrechten verpflichtet sein. Allenfalls im Bereich der *lebenswichtigen Daseinsvorsorge*[183] ließe sich, mit Blick auf ein auch dem Art. 28 Abs. 2 GG zu entnehmendes Untermaßverbot[184], ein Privatisierungsverbot konstruieren. Aus dem Sozialstaatsprinzip, Art. 20 Abs. 1 GG oder grundrechtlichen Schutzpflichten, Art. 2 Abs. 2 GG ließe sich wohl ebenfalls ein Verbot des umfassenden Rückzugs der kommunalen Tätigkeit auf die pflichtigen Selbstverwaltungsaufgaben begründen.[185]

In Bezug auf die Privatisierung von Märkten oder Volksfesten kann von einem derartigen umfassenden Rückzug jedoch kaum die Rede sein. Sie können

---

181 *Katz*, Verantwortlichkeit und Grenzen bei „Privatisierung" kommunaler Aufgaben, NVwZ 2010, S. 405 (406).

182 *Katz*, Verantwortlichkeit und Grenzen bei „Privatisierung" kommunaler Aufgaben, NVwZ 2010, S. 405 (407).

183 *Mayen*, Privatisierung öffentlicher Aufgaben: Rechtliche Grenzen und ihre Möglichkeiten, DÖV 2001, S. 110 (112); *Peine*, Grenzen der Privatisierung - verwaltungsrechtliche Aspekte, DÖV 1997, S. 353 (356); *Krölls*, Rechtliche Grenzen der Privatisierungspolitik, GewArch 1995, S. 129 (142) und *Kämmerer*, Verfassungsstaat auf Diät - Typologie, Determinanten und Folgen der Privatisierung aus verfassungs- und gemeinschaftsrechtlicher Sicht, JZ 1996, S. 1042 (1047) wollen zur Abgrenzung auf den Kernbereich kommunaler Selbstverwaltung abstellen.

184 *Ehlers*, Anmerkung zum Urteil des BVerwG vom. 27.05.2009- 8 C 10/08, DVBl. 2009, S. 1456 ff.

185 *Ehlers*, Anmerkung zum Urteil des BVerwG vom 27.05.2009 - 8 C 10/08, DVBl. 2009, S. 1456 ff.

traditionsreich, kulturell bedeutsam und auch sozial wünschenswert sein; lebenswichtig macht sie dies nicht.

Sie mögen auch zum Kernbereich kommunaler Selbstverwaltung zählen. Dies bedeutet aber nur, dass die Gemeinde zum Wohle der Bürger einen Markt oder ein Volksfest veranstalten darf, nicht jedoch, dass auch eine Verpflichtung dazu besteht. Dies gilt auch dann nicht, wenn sie über einen längeren Zeitraum (auch das *BVerwG* ist in seinem Urteil nicht präziser) ihr Selbstverwaltungsrecht in der Veranstaltung eines Marktes oder Volksfestes realisiert hat. Denn diese Auffassung würde in letzter Konsequenz dazu führen, dass eine Gemeinde auch dann verpflichtet wäre, einen Markt oder ein Volksfest weiter zu veranstalten, wenn die Besucherzahlen, aus welchen Gründen auch immer, schwinden. Denn nicht immer stößt das kulturell, traditionell und sozial Wünschenswerte auch auf das Interesse des Bürgers. Sinkende Einwohnerzahlen können ihr Übriges tun. So wird auch das Festhalten an solch ursprünglich einmal übernommenen Aufgaben einen Verstoß gegen die haushaltsrechtlichen Grundsätze der Wirtschaftlichkeit und Sparsamkeit darstellen.[186] Im Übrigen hätte das Urteil des *BVerwG* wohl in letzter Konsequenz nicht nur ein Verbot der materiellen Privatisierung, sondern auch ein Verbot der Erteilung von Dienstleistungskonzessionen zur Folge. Denn das *BVerwG* kommt zu seinem Urteil, obwohl im entschiedenen Fall nur eine zeitlich begrenzte Übertragung an Dritte vorgesehen war. Insofern ist bereits zweifelhaft, ob überhaupt eine vollständige materielle Privatisierung beabsichtigt war.[187]

2. Andere Privatisierungsverbote?

Das *BVerwG* äußert sich in der zitierten Entscheidung überdies zu einem möglichen Privatisierungsverbot aus § 19 HGO.[188] Gemäß § 19 HGO hat die Gemeinde die Aufgabe, in den Grenzen ihrer Leistungsfähigkeit die für ihre Einwohner erforderlichen wirtschaftlichen, sozialen, sportlichen und kulturellen öffentlichen Einrichtungen bereitzustellen.[189] Bereits der Wortlaut der Norm indiziert jedoch,

---

186 *Ehlers*, Anmerkung zum Urteil des BVerwG vom 27.05.2009 - 8 C 10/08, DVBl. 2009, S. 1456 ff.

187 Vgl. hierzu *Winkler*, Anmerkung zum Urteil des BVerwG vom 27.05.2009 - 8 C 10/08, JZ 2009, S. 1169 (1171).

188 Fraglich ist die Zuständigkeit zur Entscheidung über nicht revisibles Landesrecht.

189 In anderen Bundesländern finden sich ähnliche Vorschriften: § 10 II GO BW, § 8 II GO NRW, § 2 I SächsGemO, § 2 I GO LSA. Die Vorschriften der übrigen Bundesländer begründen lediglich einen Zulassungsanspruch der Gemeindeeinwohner, nicht aber eine Verpflichtung zur Schaffung dieser Einrichtungen. *Kahl/Weißenberger*,

dass ihr ein Privatisierungsverbot gerade nicht entnommen werden kann. Denn die Aufgabe, öffentliche Einrichtungen bereitzustellen, besteht zum einen nur „in den Grenzen der Leistungsfähigkeit", zum anderen nur dann, wenn die öffentlichen Einrichtungen „erforderlich" sind. Die Entscheidung über das Vorliegen dieser Voraussetzungen obliegt aber der Gemeinde.[190] Sie entscheidet im Rahmen der freiwilligen Selbstverwaltungsaufgaben über deren Erfüllung und damit auch über die Errichtung der erforderlichen öffentlichen Einrichtungen.

Das *BVerwG* führt als weiteres Argument gegen die materielle Privatisierung eines Weihnachtsmarktes an, dass *„bei einer privaten Veranstaltung von sozial, kulturell und traditionsgeprägten Weihnachtsmärkten mit einer erhöhten Gewinnerzielung der privaten Veranstalter zu rechnen ist und deshalb die Standvergütungen von den Beschickern erhöht und auf die Besucher umgelegt werden. Ein erhöhtes Preisniveau schließe aber gerade sozial schwächere Gemeindeeinwohner vom Marktgeschehen aus, erschwere die gesellschaftliche Kommunikation im örtlichen Bereich und trüge darüber hinaus zur Kommerzialisierung des gesamten kommunalen Lebens mit bei."* Unabhängig von der Frage der methodischen Defizite – die Entscheidung des *BVerwG* entbehrt jeglicher empirischer Belege für ihre Behauptungen – kann der Verweis auf erhöhte Standplatzvergütungen auch nicht als Argument gegen ein materielles Privatisierungsverbot angeführt werden.[191] Denn die Frage der Zulässigkeit der materiellen Privatisierung muss sich an gesetzlichen Vorschriften messen lassen, nicht an einem möglichen Verhalten eines privaten Veranstalters, der anstelle der Gemeinde nunmehr den Markt betreibt. Die entscheidende Frage bleibt somit, ob eine Gemeinde zur Durchführung von freiwilligen Selbstverwaltungsaufgaben verpflichtet ist oder nicht. Ob ein Privater möglicherweise für dieselbe Leistung einen höheren Preis verlangt, kann in diesem Zusammenhang nicht von Bedeutung sein. Andernfalls dürfte sich die Gemeinde keiner der einmal übernommenen Aufgaben entledigen, wenn die Gefahr bestünde, dass ein Privater sich ebenfalls auf diesem Gebiet betätigen möchte, aber höhere Preise für seine Leistungen verlangt. Die Gemeinde

---

Kommunale Selbstverwaltungspflicht und Verbot materieller Privatisierung kraft Richterrechts?, LKRZ 2010, S. 81 (85) werfen insofern die Frage auf, ob das BVerwG so zu verstehen sei, dass die Kommunalverfassungen derjenigen Länder, die lediglich einen Zulassungsanspruch der Gemeindeeinwohner statuieren, mit Art. 28 II S. 1 GG unvereinbar sind.

190 *Kahl/Weißenberger*, Kommunale Selbstverwaltungspflicht und Verbot materieller Privatisierung kraft Richterrechts?, LKRZ 2010, S. 81 (85).

191 *Kahl/Weißenberger*, Kommunale Selbstverwaltungspflicht und Verbot materieller Privatisierung kraft Richterrechts?, LKRZ 2010, S. 81 (86).

wäre damit in all diesen Fällen dazu verpflichtet, defizitäre Einrichtungen dauerhaft weiter zu führen. Ein solches Verhalten würde jedoch in Widerspruch zur kommunalverfassungsrechtlichen Pflicht zur sparsamen und wirtschaftlichen Haushaltsführung stehen.[192] Denn eine Gemeinde kann unter Umständen sogar verpflichtet sein, die Aufgabenerfüllung einem Privaten zu überlassen, wenn Wirtschaftlichkeitsprüfungen ergeben, dass ein Privater die Aufgaben ebenso gut oder besser erfüllen kann.[193]

Überdies verstößt die Argumentation des *BVerwG* gegen das sog. Konnexitätsprinzip.[194] Das Konnexitätsprinzip schützt die Gemeinden vor der Übertragung staatlicher Aufgaben ohne angemessenen finanziellen Ausgleich.[195] Wollte man kommunale Weihnachtsmärkte zur Pflichtaufgabe umgestalten, so wäre es durch gesetzgeberischen Akt ohne weiteres möglich gewesen, diese freiwillige Selbstverwaltungsaufgabe umzugestalten.[196] Derartige Bestrebungen sind jedoch bislang in keinem Bundesland ersichtlich. Die durch das *BVerwG* auferlegte Pflicht zur Durchführung eines Marktes wird jedoch nicht von einer finanziellen Kompensation begleitet, so dass die Gemeinde hierdurch schlechter gestellt wird, worin ein Verstoß gegen das Konnexitätsprinzip zu sehen ist.[197]

Schließlich hält das *BVerwG* das Verbot der materiellen Privatisierung auch durch die andernfalls bestehende Gefahr einer unfairen und befangenen Auswahl[198] der Marktbeschicker für gerechtfertigt. Diese Argumentation kann

---

192 So auch *Ehlers*, Anmerkung zum Urteil des BVerwG vom 27.05.2009 – 8 C 10/08, DVBl. 2009, S. 1456 ff.; *Kahl/Weißenberger*, Kommunale Selbstverwaltungspflicht und Verbot materieller Privatisierung kraft Richterrechts?, LKRZ 2010, S. 81 (86).

193 *Gern*, Privatisierung des Forderungsmanagements der Kommunen, DÖV 2009, S. 269 (273); *Kahl/Weißenberger*, Kommunale Selbstverwaltungspflicht und Verbot materieller Privatisierung kraft Richterrechts?, LKRZ 2010, S. 81 (86).

194 *Kahl/Weißenberger*, Kommunale Selbstverwaltungspflicht und Verbot materieller Privatisierung kraft Richterrechts?, LKRZ 2010, S. 81 (86).

195 *Kahl/Weißenberger*, Kommunale Selbstverwaltungspflicht und Verbot materieller Privatisierung kraft Richterrechts?, LKRZ 2010, S. 81 (86); *Kluth*, Das kommunale Konnexitätsprinzip der Landesverfassungen – Überblick über Rechtssetzung und Rechtsprechung, LKV 2009, S. 337 (340).

196 *Kahl/Weißenberger*, Kommunale Selbstverwaltungspflicht und Verbot materieller Privatisierung kraft Richterrechts?, LKRZ 2010, S. 81 (86); *Kluth*, Das kommunale Konnexitätsprinzip der Landesverfassungen – Überblick über Rechtssetzung und Rechtsprechung, LKV 2009, S. 337 (340).

197 *Kahl/Weißenberger*, Kommunale Selbstverwaltungspflicht und Verbot materieller Privatisierung kraft Richterrechts?, LKRZ 2010, S. 81 (86).

198 Zu den Grundsätzen der Standplatzvergabe siehe 4. Kapitel, D.III.

ebenfalls nicht überzeugen. Zwar ist ein Hoheitsträger zu einer den fairen Wettbewerb sichernden Vergabe der Standplätze verpflichtet[199]; mit der Aufgabenprivatisierung verlagert sich die Aufgabenerfüllung aber gerade in den privaten Sektor. Ob und inwieweit z. B. ein befangener Veranstalter an der Auswahl der Beschicker beteiligt ist, ist in diesem Fall irrelevant. Der Private ist grundrechtsberechtigt, die Gemeinde im Gegensatz hierzu aber nicht.[200] Art. 3 Abs. 1 GG begründet für den Privaten also keine Pflicht zur sachgerechten Auswahl der Beschicker.[201] § 20 VwVfG, der den Ausschluss befangener Mitglieder von einem Verwaltungsverfahren normiert, kommt im Falle der materiellen Privatisierung ebenfalls nicht in Betracht, weil die Auswahl kein Verwaltungsverfahren mehr ist.[202] Auch hier muss gegen die Argumentation des *BVerwG* angeführt werden, dass die Gemeinde sich andernfalls keiner kommunalen Aufgabe mehr entledigen könnte, ohne dass dadurch die Gefahr einer unfairen Vorgehensweise der neuen privaten Veranstalter entstünde.[203]

III. Ergebnis

Insgesamt ist daher ein Privatisierungsverbot für kommunale Märkte und Volksfeste abzulehnen. Die Gemeinde kann frei entscheiden, ob sie einen Markt oder ein Volksfest weiterhin veranstaltet, ob sie sich eines Dienstleistungskonzessionärs zur Aufgabenerfüllung bedient, die Veranstaltung vollständig und dauerhaft auf einen Dritten überträgt oder ihr Engagement ohne Übernahme durch Dritte beendet.

IV. Auswirkungen der materiellen Privatisierung auf den Status als öffentliche Einrichtung

Einer Gemeinde stehen zwar sämtliche Privatisierungsmöglichkeiten offen, die Privatisierung eines Volksfestes oder Marktes kann jedoch Auswirkungen auf den Status als öffentliche Einrichtung haben. Für die Qualifizierung als

---

199 *Ley*, Rechtshandbuch der Märkte und Volksfeste, Rn. 401. Vgl. hierzu ausführlich 4. Kapitel, B.

200 Das folgt schon aus Art. 1 I GG.

201 Zu den aus Art. 3 I GG folgenden Anforderungen für eine Gemeinde siehe 4. Kapitel, B.II.1.

202 *Kahl/Weißenberger*, Kommunale Selbstverwaltungspflicht und Verbot materieller Privatisierung kraft Richterrechts?, LKRZ 2010, S. 81 (87).

203 *Kahl/Weißenberger*, Kommunale Selbstverwaltungspflicht und Verbot materieller Privatisierung kraft Richterrechts?, LKRZ 2010, S. 81 (86).

öffentliche Einrichtung muss sich die Gemeinde zumindest maßgebliche Mitwirkungs- und Weisungsrechte, insbesondere in Bezug auf die Zulassungsentscheidung[204], vorbehalten.[205] Begründet wird diese Pflicht damit, dass nur auf diese Weise der Benutzungsanspruch der Gemeindeeinwohner effektiv gesichert werden kann.[206] Zudem lasse die Kompetenzverteilung der Gemeindeordnungen die Schaffung weiterer Organe mit Entscheidungsbefugnis nicht zu.[207] Bedenken gegen diesen Begründungsansatz könnten sich daraus ergeben, dass das entscheidende Merkmal bei der Entstehung einer öffentlichen Einrichtung[208] nicht etwaige Weisungs- und Entscheidungsbefugnisse sind, sondern ausschließlich die Widmung ist.[209] Dies würde bedeuten, dass eine Gemeinde auch dann, wenn sie sich ihrer Einflussmöglichkeiten begibt, weiterhin die Widmung der Sache als öffentliche Einrichtung aufrecht erhalten möchte. Das ist bei einer materiellen Privatisierung jedoch gerade nicht der Fall, da die Gemeinde im Fall der materiellen Privatisierung eine Aufgabe vollständig an einen privaten Dritten abgeben möchte. Die Aufgabenerfüllung verliert dadurch jeglichen Bezug zur öffentlichen Hand. In dem Beschluss der Gemeinde, eine materielle Privatisierung durchzuführen, ist daher stets auch eine konkludente Entwidmung zu sehen.[210] Eine andere Beurteilung ist nur geboten, wenn die Gemeinde nicht vom Vorliegen einer materiellen Privatisierung, sondern vielmehr von dem weiteren Vorliegen einer kommunalen öffentlichen Einrichtung ausgeht, sich jedoch (versehentlich) keine ausreichenden Steuerungs- und Mitwirkungsrechte vorbehalten hat. Hier kann man in Anbetracht der Intention der Gemeinde keine (konkludente) Entwidmung annehmen.[211]

---

204 Näher zur Zulassungsentscheidung 4. Kapitel, D.

205 BayVGH, NVwZ 1999, S. 1122 (1123); NVwZ-RR 2004, S. 599 (600); VGH BW, GewArch 01, S. 420; OVG Rh.-Pf., NVwZ 1982, S. 379 (380).

206 *Pappermann*, Prozessuale Fragen im Rechtsstreit politischer Parteien auf Überlassung gemeindlicher Räume, JZ 1969, S. 485 (489).

207 BayVGH, NVwZ-RR 2004, S. 599 (600); die Aussagen lassen sich wohl auch auf die Gemeindeordnungen der anderen Länder übertragen.

208 Siehe 1. Kapitel, B.I.

209 So auch *Ossenbühl*, Rechtliche Probleme der Zulassung zu öffentlichen Stadthallen – Zur Dogmatik der Gewährung öffentlicher Leistungen, DVBl. 1973, S. 289 (293).

210 So auch *Hoffmann*, Die kommunale öffentliche Einrichtung dargestellt am Beispiel des Zirkusplatzes, S. 40.

211 So auch *Hoffmann*, Die kommunale öffentliche Einrichtung dargestellt am Beispiel des Zirkusplatzes, S. 40.

Bei einem solchen Vorgehen verstößt die Gemeinde jedoch gegen die in den Gemeindeordnungen geregelte Kompetenzverteilung, da die Entscheidungsbefugnisse bei den gesetzlich bestimmten Verwaltungsträgern liegen müssen und nicht bei in den Gemeindeordnungen nicht genannten Dritten.[212]

212 BayVGH, NVwZ 1999, S. 1122 (1123); NVwZ-RR 2004, S. 599 (600) für die bayrische Gemeindeordnung.

2. Kapitel: Gewerberechtliche Einordnung von Märkten und Volksfesten

A. Anwendungsbereich des Titels IV der GewO

Das kommunale Marktwesen wird neben den einschlägigen kommunalrechtlichen Vorschriften von den Vorschriften der Gewerbeordnung bestimmt. Hierzu zählt insbesondere der mit der Überschrift Messen, Märkte und Ausstellungen versehene Titel IV der Gewerbeordnung. In den §§ 64 bis 68 GewO finden sich zunächst Legaldefinitionen für verschiedene Arten von Märkten, Messen oder Ausstellungen. Darüber hinaus verweist § 60 b, der in seinem Absatz 1 die Legaldefinition für Volksfeste beinhaltet, in seinem Absatz 2 auf die §§ 68 a S. 1, 1. HS. und S. 2, 69 Abs. 1 und 2 sowie die §§ 69 a bis 71 a des Titels IV der GewO. Gemeinsam ist diesen Veranstaltungen, dass eine Vielzahl von Anbietern oder Ausstellern ihre Produkte oder Dienstleistungen feilbieten oder vorführen.[213] Dem Volksfest fehlt zwar das den anderen Veranstaltungen innewohnende Merkmal des Verkaufs oder Vertriebs[214]; es ist eher durch die Merkmale Unterhaltung und Feilbieten volksfesttypischer Waren und Dienstleistungen geprägt.[215] Nichtsdestotrotz gelten auch für das Volksfest über den Verweis in § 60 b GewO einige der aus der Anwendung des Titels IV resultierenden Privilegien. Insbesondere müssen Aussteller oder Anbieter bei derartigen Veranstaltungen überwiegend Gewerbetreibende sein.[216] Die Veranstalter selbst können jedoch auch Nichtgewerbetreibende sein, so dass auch ein *kommunaler Markt* oder ein *kommunales Volksfest* in den Anwendungsbereich der Vorschriften des Titels IV gelangen kann.[217] Voraussetzung für die Anwendung der Vorschriften des Titels IV

---

213 *Locher*, in: Jarass (Hrsg.), Wirtschaftsverwaltungsrecht mit Wirtschaftsverfassungsrecht, § 15 Rn. 44; *Frotscher/Kramer*, Wirtschaftsverfassungs- und Wirtschaftsverwaltungsrecht; § 14 Rn. 333.

214 *Frotscher/Kramer*, Wirtschaftsverfassungs- und Wirtschaftsverwaltungsrecht, § 14 Rn. 339.

215 *Frotscher/Kramer*, Wirtschaftsverfassungs- und Wirtschaftsverwaltungsrecht, § 14 Rn. 339.

216 *Schönleiter*, in: v. Landmann/Rohmer (Hrsg.), GewO, Band I, Vorbem. zu Titel IV, Rn. 6, 7; *Wagner*, in: Friauf (Hrsg.), Kommentar zur GewO, Vorbem. vor Titel IV Rn. 23.

217 *Wagner*, in: Friauf (Hrsg.), Kommentar zur GewO, § 69 Rn. 25; *Pielow*, in: ders. (Hrsg.), Gewerbeordnung, § 69 Rn. 3.

ist zum einen das Vorliegen eines Marktes, einer Messe, einer Ausstellung oder eines Volksfestes, das dem Erscheinungsbild nach unter eine der Legaldefinitionen zu subsumieren ist. Zum anderen müssen diese Veranstaltungen nach § 69 GewO festgesetzt werden, um den Anwendungsbereich des Titels IV zu eröffnen.

B. Festsetzung gem. § 69 GewO

Gem. § 69 Abs. 1 S. 1 GewO hat die zuständige Behörde auf Antrag des Veranstalters eine Veranstaltung, die die Voraussetzungen der §§ 64, 65, 66, 67 oder 68 GewO erfüllt, nach Gegenstand, Zeit, Öffnungszeiten und Platz für jeden Fall der Durchführung festzusetzen. Es sollen zunächst die Voraussetzungen der Festsetzung (I.), des Festsetzungsverfahrens (II.) und die Rechtsfolgen der Festsetzung (III.) dargestellt werden, um sodann auf die Rechtsnatur der Festsetzung (IV.) näher einzugehen.

I. Voraussetzungen der Festsetzung

Die Voraussetzungen der Festsetzung lassen sich in formelle und materielle Kriterien unterteilen. In formeller Hinsicht bedarf es grundsätzlich eines Antrags, in materieller Hinsicht müssen die Voraussetzungen der §§ 60 b, 64, 65, 66, 67 oder 68 GewO erfüllt sein.[218] Zudem darf kein Ablehnungsgrund i. S. d. § 69 a Abs. 1 GewO vorliegen. Gem. § 69 a Abs. 1 GewO ist der Antrag auf Festsetzung abzulehnen, wenn (i) die Veranstaltung nicht die in den §§ 64, 65, 66, 67 oder 68 GewO aufgestellten Voraussetzungen erfüllt, (ii) Tatsachen die Annahme rechtfertigen, dass der Antragsteller oder eine mit der Leitung der Veranstaltung beauftragte Person, die die für die Durchführung der Veranstaltung erforderliche Zuverlässigkeit nicht besitzt[219], (iii) die Durchführung der Veranstaltung dem öffentlichen Interesse widerspricht[220], insbesondere der Schutz der Veranstaltungsteilnehmer vor Gefahren für Leben oder Gesundheit nicht gewährleistet

---

218 *Wagner*, in: Friauf (Hrsg.), Kommentar zur GewO, § 69 Rn. 12 und Rn. 16.

219 Die Frage, ob wegen der kurzen Zeitspanne höhere Anforderungen an die Zuverlässigkeit als im Falle des § 35 GewO zu stellen sind [dafür: *Wagner*, in: Friauf (Hrsg.), Kommentar zur GewO, § 69 a Rn. 7; a.A. *Laubinger*, Die gewerberechtliche Unzuverlässigkeit und ihre Folgen, Teil 3, VerwArch 89 (1998), S. 609 (625)] stellt sich nicht, weil eine Zuverlässigkeit „für die Durchführung der Veranstaltung" gefordert wird.

220 Zu einem öffentlichen Interesse, das den Marktort rechtmäßig für einen gleichrangigen Nutzungszweck in Anspruch nimmt vgl. BVerwG, GewArch 2006, S. 165; VG

ist oder sonstige erhebliche Störungen der öffentlichen Sicherheit oder Ordnung zu befürchten sind oder (iv) eine Veranstaltung gem. §§ 68 Abs. 1 oder Abs. 2 GewO vollständig oder teilweise in Ladengeschäften abgehalten werden soll. Es handelt sich dabei nicht um kumulative, sondern alternative Tatbestände, so dass es genügt, wenn nur eine Variante erfüllt ist.[221]

II. Festsetzungsverfahren

Die Festsetzung einer Veranstaltung erfolgt grundsätzlich nur auf Antrag des jeweiligen Veranstalters. Die Festsetzungsentscheidung ergeht durch die nach dem jeweiligen Landesrecht zuständige Behörde.[222] Dies gilt jedenfalls für den gesetztestypischen Fall, bei dem Veranstalter und festsetzende Behörde nicht identisch sind, also immer dann, wenn es sich bei dem Antragsteller um einen privaten Veranstalter handelt, der gegenüber der Behörde die Festsetzung einer von ihm geplanten Veranstaltung verlangt. Es handelt sich in diesen Fällen jedoch nicht um eine *kommunale Marktveranstaltung*. Die Festsetzung kann allerdings auch zu Gunsten einer veranstaltenden Gemeinde ergehen. Das Festsetzungsverfahren ändert sich insofern, als von dem grundsätzlich bestehenden Antragserfordernis abgesehen wird.[223] Der Grund für das Absehen vom Antragserfordernis ist in der Eigenschaft des Antrags als an *einen anderen* gerichtete Willenserklärung zu sehen.[224] Ist die Gemeinde als Antragstellerin zugleich Veranstalterin und Festsetzungsbehörde, wäre ein Festhalten am Antragserfordernis bloßer Formalismus. Auch der Sinn und Zweck des Antragserfordernisses gebietet keine andere Beurteilung. Es soll einzig verhindert werden, dass dem Inhaber einer geeigneten Fläche eine Veranstaltung aufgezwungen wird.[225] Die Festsetzungsbehörde soll nicht von sich aus einen Markt festsetzen. Diesem Gesetzeszweck wird in den Fällen der Identität von Veranstalterin und

---

Darmstadt, GewArch 2007, S. 384. Zu der sich daraus ergebenen Konkurrenzsituation zwischen Gemeinde und privatem Dritten vgl. 3. Kapitel, C.II.2.

221 *Pielow*, in: ders., (Hrsg.), Gewerbeordnung, § 69 a/Überblick.

222 Siehe die Zusammenstellung der auf Grund von § 155 II GewO ergangenen Zuständigkeiten bei *Schönleiter*, in: v. Landmann/Rohmer (Hrsg.), GewO, Band I, § 155 Rn. 16–31. Im Allgemeinen sind für Märkte und Volksfeste die Gemeinden zuständig.

223 *Wagner*, in: Friauf (Hrsg.), Kommentar zur GewO, § 69 Rn. 15; *Wirth*, Marktverkehr, Marktfestsetzung, Marktfreiheit, S. 155.

224 *Wagner*, in: Friauf (Hrsg.), Kommentar zur GewO, § 69 Rn. 15; *Wirth*, Marktverkehr, Marktfestsetzung, Marktfreiheit, S. 139.

225 *Wagner*, in: Friauf (Hrsg.), Kommentar zur GewO, § 69 Rn. 15.

Festsetzungsbehörde jedoch auch ohne Antragserfordernis Rechnung getragen, weil innerhalb einer Gemeinde allenfalls verschiedene *Organe* für die Klärung der unterschiedlichen Fragen, ob, wann und wie eine Veranstaltung stattfinden soll, zuständig sind.[226] Es handelt sich bei diesen Entscheidungen dann aber nur um Teilakte eines Verfahrens innerhalb derselben Behörde.[227] Die Entscheidung, ob ein Markt oder Volksfest stattfinden soll, muss in einem solchen Fall von dem zuständigen Organ, dem Gemeinderat, getroffen werden.[228] Dieser fasst den Beschluss zur Durchführung eines Marktes oder Volksfestes mit den Mitteln der Festsetzung.[229] Nach Beschlussfassung und Planung des Marktes oder Volksfestes erfolgt die nähere Ausgestaltung durch die zuständigen Ämter der Gemeindeverwaltung.[230] Bei diesem Verfahrensablauf besteht jedoch nicht die Gefahr, dass ein Markt ohne die notwendige Abstimmung festgesetzt würde und dem Gemeinderat dadurch ohne eine entsprechende Erklärung eine Veranstaltung aufgezwungen wird.

Die Festsetzung hat schriftlich zu erfolgen.[231] Dies gilt wegen der unterschiedlichen Funktionen der Festsetzung, insbesondere wegen ihrer Rechtsfolgen für die Beschicker, auch in den Fällen, in denen Veranstalterin und Festsetzungsbehörde identisch sind (vgl. B.IV.2).

III. Rechtsfolgen der Festsetzung

1. Rechtsfolgen für den Veranstalter

Zunächst begründet die Festsetzung für den Veranstalter ein Durchführungs*recht*, das ihm einen umfassenden Bestandsschutz für seine Veranstaltung garantiert.[232] Die Behörde kann lediglich in besonderen Fällen von der Festsetzung abweichen, sie widerrufen oder zurücknehmen. Beispielsweise kann sie gem. § 69 b Abs. 1 GewO in dringenden Fällen die Zeit, die Öffnungszeiten und den Platz der Veranstaltung abweichend von der Festsetzung regeln. § 69 b Abs. 2

---

226 *Wirth*, Marktverkehr, Marktfestsetzung, Marktfreiheit, S. 155.

227 *Wirth*, Marktverkehr, Marktfestsetzung, Marktfreiheit, S. 155.

228 Zur Frage der Zuständigkeit zur Festlegung von Vergabekriterien und Standplatzvergabe vgl. BayVGH, NVwZ-RR 2004, S. 599 (600).

229 *Wagner*, in: Friauf (Hrsg.), Kommentar zur GewO, § 69 Rn. 15; *Wirth*, Marktverkehr, Marktfestsetzung, Marktfreiheit, S. 155.

230 *Wagner*, in: Friauf (Hrsg.), Kommentar zur GewO, § 69 Rn. 15; *Wirth*, Marktverkehr, Marktfestsetzung, Marktfreiheit, S. 155.

231 *Schönleiter*, in: v. Landmann/Rohmer (Hrsg.), GewO, Band I, § 69 Rn. 15.

232 *Wagner*, in: Friauf (Hrsg.), Kommentar zur GewO, § 69 Rn. 39.

GewO ermöglicht es der Behörde außerdem, die Festsetzung zurückzunehmen. Dies ist aber nur möglich, wenn bereits bei ihrer Erteilung ein Ablehnungsgrund gem. § 69 a Abs. 1 Nr. 3 GewO vorgelegen hat. Andernfalls kann sie die Festsetzung nur zurücknehmen, wenn nachträglich Tatsachen bekannt werden, die eine Ablehnung der Festsetzung gerechtfertigt hätten. Ein Widerruf der Festsetzung muss erfolgen, wenn nachträglich ein Ablehnungsgrund nach § 69 a Abs. 1 Nr. 3 GewO eintritt und kann erfolgen, wenn nachträglich Tatsachen eintreten, die eine Ablehnung der Festsetzung rechtfertigen würden.

Darüber hinaus begründet die Festsetzung für den Veranstalter auch eine Durchführungs- bzw. Anzeige*pflicht* gem. § 69 Abs. 2 und Abs. 3 GewO. Auf Antrag hat die zuständige Behörde die Festsetzung allerdings zu ändern oder aufzuheben, § 69 a Abs. 3 S. 1 und S. 2 GewO, die Festsetzung eines Jahrmarktes, Wochenmarktes oder Volksfestes jedoch nur, wenn die Durchführung der Veranstaltung dem Veranstalter nicht zugemutet werden kann.

Im Übrigen trifft den Veranstalter die Pflicht zur sachgerechten Auswahl der Beschicker gem. § 70 Abs. 1 GewO[233] und seine Vergütungsmöglichkeiten werden durch § 71 GewO begrenzt.

2. *Rechtsfolgen für die Beschicker*

Für die Beschicker löst die Festsetzung zunächst die sogenannten *Marktprivilegien* aus. Unter den Marktprivilegien sind bestimmte Begünstigungen zu verstehen, die den Teilnehmern einer festgesetzten Veranstaltung im Gegensatz zu den Teilnehmern einer nicht festgesetzten Veranstaltung zu Gute kommen.[234] So werden festgesetzte Veranstaltungen von den Vorschriften des Titels II und III der GewO freigestellt.[235] Die Beschicker profitieren von für sie günstigeren Ladenschlusszeiten.[236] Zudem gelten nur eingeschränkte Jugendarbeits- und Mutterschutzvorschriften[237] sowie günstigere Arbeitszeitregelungen[238] und

233 Zur Auswahlentscheidung siehe 4. Kapitel, B.III.1.

234 *Wagner*, in: Friauf (Hrsg.), Kommentar zur GewO, § 69 Rn. 41.

235 *Wagner*, in: Friauf (Hrsg.), Kommentar zur GewO, Vorbem. vor Titel IV Rn. 30.

236 § 2 III Nr. 1 HLÖG, § 11 I S. 3 LadöffnG RP, § 10 LadÖG BW, § 1 II Nr. 2 NLoffVZG, § 1 II SächsLadÖffG, § 11 I BremLSchlG, § 4 III LÖG NRW. Eine Ausnahme nur für Volksbelustigungen, die den Vorschriften des Titels III unterliegen, sehen § 10 III LöffZG SH und § 4 II 2. HS ThürLadÖffG vor. Die anderen Bundesländer sehen keine Sonderregelungen für Titel IV Veranstaltungen mehr vor.

237 § 8 MuSchG, der allerdings nicht an eine Festsetzung anknüpft.

238 § 10 I Nr. 9 ArbZG.

Sonderregeln für das Gaststättenrecht[239]. Besondere Bedeutung kommt dem Teilnahmerecht aus § 70 Abs. 1 GewO zu.[240] Der Grund für die Privilegierung solcher Veranstaltungen wird darin gesehen, dass derartige Veranstaltungen der Markttransparenz und dem wirksamen Wettbewerb dienen und die Veranstaltungen daher volkswirtschaftlich von besonderer Bedeutung und deshalb förderungsbedürftig sind.[241]

3. *Keine Konzentrationswirkung der Festsetzung*

Der Festsetzung kommt allerdings keine Konzentrationswirkung in der Form zu, dass sie anderweitig notwendige Genehmigungen ersetzen würde.[242] So bedarf es zusätzlich einer Baugenehmigung, falls im Zusammenhang mit Messen oder Märkten eine nach Bauordnungsrecht genehmigungspflichtige Anlage errichtet werden soll.[243] Auch bedarf es einer straßenrechtlichen Sondernutzungserlaubnis, sofern die beabsichtigte Veranstaltung auf öffentlichen Wegen oder Plätzen stattfinden soll.[244]

IV. Rechtsnatur der Festsetzung

Um die Rechtsnatur der Festsetzung bestimmen zu können, muss zunächst danach unterschieden werden, wer Adressat der Festsetzung ist. Sie kann von der Gemeinde gegenüber einem privaten Veranstalter oder gegenüber der Gemeinde für einen von ihr selbst veranstalteten Markt erlassen werden. Obgleich

---

239 § 68 a GewO, der allerdings seiner privilegierenden Wirkung dadurch verlustig gegangen ist, dass das Verabreichen von alkoholfreien Getränken und zubereiteter Speisen zum Verzehr an Ort und Stelle generell ohne Gaststättenerlaubnis möglich ist.

240 Zum Teilnahmerecht siehe 5. Kapitel, A.I.

241 Siehe Gesetzesbegründung BT-Drucks. 7/3859, S. 9.

242 *Wagner*, in: Friauf (Hrsg.), Kommentar zur GewO, § 69 Rn. 37.

243 *Wagner*, in: Friauf (Hrsg.), Kommentar zur GewO, § 69 Rn. 37.

244 *Wagner*, in: Friauf (Hrsg.), Kommentar zur GewO, § 69 Rn. 37. In Fällen der Festsetzung muss lediglich der Veranstalter eine Sondernutzungserlaubnis beantragen. Anders liegen die Fälle, in denen eine Gemeinde das sog. „Straßenrechtliche Modell" wählt. Hier erteilt die zuständige Gemeinde an jeden Beschicker Sondernutzungserlaubnisse und muss das Einhalten der gewerberechtlichen Vorschriften für die Veranstaltungsteilnehmer „punktuell" beachten – HessVGH, NVwZ-RR 2005, S. 425 (426). Hierzu auch *Meßmer*, Marktveranstaltungen auf der Grundlage straßenrechtlicher Sondernutzungserlaubnisse und zulässige Auswahlkriterien, GewArch 2002, S. 409.

sich die vorliegende Arbeit schwerpunktmäßig mit Fragen der Gemeinde als Veranstalterin eines Marktes beschäftigt, bedarf es zur Klärung der Rechtsnatur der Festsetzung gem. § 69 Abs. 1 GewO zunächst der Klärung der allgemeinen Rechtsnatur, um sodann im Anschluss daran die Rechtsnatur im Sonderfall der „In-Sich-Festsetzung“[245], also der Festsetzung zu Gunsten der Gemeinde, die zugleich Festsetzungsbehörde ist, zu bestimmen.

1. *Festsetzung gegenüber einem antragstellenden privaten Veranstalter*

Im Grundsatz sind Literatur[246] und Rechtsprechung[247] darüber einig, dass es sich bei der Festsetzung um einen Verwaltungsakt i.S.d. § 35 VwVfG handelt. Eine frühere Meinung, welche die Festsetzung als einen Akt der Rechtsetzung qualifiziert hatte, kann als überholt angesehen werden[248]. Streit besteht jedoch weiterhin, ob es sich um einen Verwaltungsakt i.S.d. § 35 S. 1[249] oder S. 2[250] VwVfG handelt und ob der Festsetzung ein Doppelcharakter als Verwaltungsakt

---

245 *Steinweg*, Verwaltungsaktscharakter einer zugunsten des eigenen Verwaltungsträgers vorgenommenen marktverkehrsrechtlichen Festsetzung nach § 69 I GewO, GewArch 2004, S. 101 (103) spricht insofern von einer Selbstfestsetzung.

246 *Ehlers*, in: ders./Fehling/Pünder (Hrsg.), Besonderes Verwaltungsrecht, Band I, § 18 Rn. 78; *Frotscher/Kramer*, Wirtschaftsverfassungs- und Wirtschaftsverwaltungsrecht, § 14 Rn. 338; *Pielow*, in: ders. (Hrsg.), Gewerbeordnung, § 69 Rn. 15; *Schönleiter*, in: v. Landmann/Rohmer (Hrsg.), GewO, Band I, § 69 Rn. 22; *Wagner*, in: Friauf (Hrsg.), Kommentar zur GewO, § 69 Rn. 35; *Wirth*, Das Institut der Festsetzung nach § 69 Gewerbeordnung, GewArch 1986, S. 46 (48); *ders.*, Marktverkehr, Marktfestsetzung, Marktfreiheit, S. 111.

247 Statt vieler BVerwG, GewArch 1987, S. 201.

248 OVG Lüneburg, GewArch 1958, S. 178; 1961, S. 113; *Brocki*, Die Festsetzung von Wochenmärkten, GewArch 1963, S. 217, der im Verhältnis zur Allgemeinheit eine Rechtsnorm annahm.

249 *Ehlers*, in: ders./Fehling/Pünder (Hrsg.), Besonderes Verwaltungsrecht, Band I, § 18 Rn. 78; *Frotscher/Kramer*, Wirtschaftsverfassungs- und Wirtschaftsverwaltungsrecht, § 14 Rn. 338; *Hösch*, Rechtsschutz gegen die Nichtzulassung zu festgesetzten Märkten, GewArch 1996, S. 402 (403); *Hilderscheid*, Die Zulassung zu Messen und Ausstellungen, S. 42.

250 *Schönleiter*, in: v. Landmann/Rohmer (Hrsg.), GewO, Band I, § 69 Rn. 25; *Wagner*, in: Friauf (Hrsg.), Kommentar zur GewO, § 69 Rn. 36; *Wirth*, Das Institut der Festsetzung nach § 69 Gewerbeordnung, GewArch 1986, S. 46 (48); *ders.*, Marktverkehr, Marktfestsetzung, Marktfreiheit, S. 135; zweifelnd *Stober/Eisenmenger*, Besonderes Wirtschaftsverwaltungsrecht, S. 94.

gegenüber dem Veranstalter und als Organisationsakt gegenüber der Allgemeinheit[251] zukommt.

a) Doppelcharakter der Festsetzung

Zwar ist der Ansicht zuzustimmen, dass es sich bei der Festsetzung jedenfalls um einen Verwaltungsakt handelt, jedoch vermag die Zuerkennung eines Doppelcharakters der Festsetzung als Organisationsakt gegenüber der Allgemeinheit (oder den Beschickern und Besuchern) nicht zu überzeugen. Voraussetzung für diese Zuerkennung wäre nämlich die Bejahung der rechtlichen Existenz eines „relativen Verwaltungsaktes"[252], d.h. eines Verwaltungsaktes, der nur in Bezug auf eine bestimmte Person oder einen bestimmten Personenkreis eine Regelung intendiert. Diese Auffassung widerspricht aber dem grundlegenden Verständnis von der Handlungsform des Verwaltungsaktes.[253] Denn ein Verwaltungsakt wird mit der Bekanntgabe an *eine* betroffene Person rechtlich existent.[254] Diese rechtliche Existenz wirkt also absolut.[255] Der Verwaltungsakt, der Person A bekanntgegeben wurde, entfaltet seinen Charakter als Verwaltungsakt auch gegenüber Person B, auch wenn diese nicht Adressat des Verwaltungsaktes ist. Eine andere Argumentation vermischt Form und Inhalt der Maßnahme.[256] Die Frage, wem gegenüber der Hoheitsakt ergeht, bezieht sich nur auf die Anspruchs- oder

---

251 *Roth*, Rechtliche Probleme der Zulassung von Schaustellern zu Volksfesten, Spezialmärkten und Jahrmärkten, WiVerw 1985, S. 46 (47); *Schönleiter*, in: v. Landmann/Rohmer (Hrsg.), GewO, Band I, § 69 Rn. 25.

252 Zum Begriff vgl. *Voßkuhle*, Der „relative Verwaltungsakt" – eine unzulässige Handlungsform, SächsVBl. 1995, S. 54.

253 Ausführlich zur Begründung der Ablehnung der Konstruktion des „relativen Verwaltungsaktes" vgl. *Laubinger*, Zur Rechtsnatur der „Bezeichnung" eines Vorhabens nach dem Landbeschaffungsgesetz und zur Doppelnatur hoheitlicher Maßnahmen, VerwArch 1986, S. 421 ff.

254 *Ehlers*, in: ders./Schoch (Hrsg.), Rechtsschutz im öffentlichen Recht, § 22 Rn. 12; *Kopp/Ramsauer*, VwVfG, § 41 Rn. 15; *U. Stelkens*, in: Stelkens/Bonk/Sachs (Hrsg.), VwVfG, § 35 Rn. 19.

255 *Kopp/Ramsauer*, VwVfG, § 41 Rn. 15; *U. Stelkens*, in: Stelkens/Bonk/Sachs (Hrsg.), VwVfG, § 35 Rn. 19.

256 So *Steinweg*, Verwaltungsaktscharakter einer zugunsten des eigenen Verwaltungsträgers vorgenommenen marktverkehrsrechtlichen Festsetzung nach § 69 I GewO, GewArch 2004, S. 101 (103) mit Fn. 20, der das treffende Beispiel aufführt, dass *„ein Verwaltungsakt mit einem auf einen bestimmten Personenkreis beschränkten Regelungsgehalt gegenüber außenstehenden Personen ebenso wenig etwas anderes als ein Verwaltungsakt ist, wie das Handelsgesetzbuch gegenüber Nichtkaufleuten etwas anderes als ein Gesetz ist".*

Anfechtungsberechtigung, nicht jedoch auf den einheitlichen Charakter der Maßnahme als Verwaltungsakt.[257] Die Konstruktion eines relativen Verwaltungsaktes kann daher nicht überzeugen. Gibt es jedoch keinen relativen Verwaltungsakt, kann auch die Festsetzung nicht von einem Doppelcharakter geprägt sein. Sie kann nur Verwaltungsakt oder Organisationsakt sein. Da sie jedoch jedenfalls ein Verwaltungsakt ist, bedarf es nur noch der Klärung, ob es sich um einen Fall des § 35 S. 2 (*b*) oder des S. 1 (*c.*) VwVfG handelt.

b) Festsetzung als Allgemeinverfügung i.S.d. § 35 S. 2 VwVfG?

Noch nicht abschließend geklärt ist, ob die Festsetzung ein Verwaltungsakt i.S.d. § 35 S. 1 VwVfG ist oder ob es sich um eine Allgemeinverfügung nach S. 2 handelt. Um als Allgemeinverfügung eingestuft werden zu können, müsste die Festsetzung ein Verwaltungsakt sein, der sich an einen nach allgemeinen Merkmalen bestimmten oder bestimmbaren Personenkreis richtet oder die öffentlich-rechtliche Eigenschaft einer Sache oder ihre Benutzung durch die Allgemeinheit betrifft. *Wirth*[258] sieht diese Voraussetzungen bei der Festsetzung als gegeben an und ordnet sie daher als eine adressatenlose, sachbezogene dingliche Allgemeinverfügung i.S.d. § 35 S. 2, 2. Alt. VwVfG ein. Dies folge aus der Tatsache, dass die Festsetzung eine unmittelbare Rechtsfolge weder gegenüber den Veranstaltern noch den Marktbeschickern auslöse, sondern Rechtswirkungen gegenüber dem Markt entfalte. Dieser Ansatz vermag jedoch nicht zu überzeugen. Da die Festsetzung auf Antrag des zukünftigen Veranstalters ergeht, kann sie schon nicht adressatenlos sein. Sie weist mithin jedenfalls *auch* einen personenbezogenen Regelungsgehalt auf.[259] Zudem ist die Festsetzung nicht sachbezogen dinglich, weil sie sich nicht auf die festzusetzende Veranstaltung als solche

---

257 *Ehlers*, in: ders./Schoch (Hrsg.), Rechtsschutz im öffentlichen Recht, § 22 Rn. 12; *Happ*, in: Eyermann, VwGO, § 42 Rn. 9; *U. Stelkens*, in: Stelkens/Bonk/Sachs (Hrsg.), VwVfG, § 35 Rn. 19.

258 Marktverkehr, Marktfestsetzung, Marktfreiheit, S. 135.

259 *Ehlers*, in: ders./Fehling/Pünder (Hrsg.), Besonderes Verwaltungsrecht, Band I, § 18 Rn. 78, der auch darauf hinweist, dass der Antrag auf Festsetzung gem. § 69 a I Nr. 1 abzulehnen ist, wenn Tatsachen die Annahme rechtfertigen, dass der Antragsteller oder eine mit der Leitung der Veranstaltung beauftragte Person die für die Durchführung der Veranstaltung erforderliche Zuverlässigkeit nicht besitzt. Das Erfordernis der persönlichen Zuverlässigkeit verhindert auch die Fortgeltung der Festsetzung für den Rechtsnachfolger, so dass auch die Durchführungspflicht gem. § 69 II GewO entfällt. Läge jedoch eine dingliche Allgemeinverfügung vor, müsste man wohl von einer fortgeltenden Durchführungspflicht für den Rechtsnachfolger ausgehen.

bezieht, sondern dem Veranstalter Rechte einräumt und Pflichten auferlegt.[260] Sie hat eine veranstalter- und mittelbar teilnehmerbezogene Funktion, jedoch keine veranstaltungsmodifizierende Funktion.[261] Der Veranstalter ist mit Erteilung der Festsetzung zur Durchführung unter Inanspruchnahme der Marktprivilegien berechtigt und, wenn sie sich auf einen Wochenmarkt, Jahrmarkt oder Spezialmarkt bezieht, verpflichtet, § 69 Abs. 2 GewO. Aus § 70 Abs. 1 GewO ergibt sich darüber hinaus auch ein privatrechtlicher Kontrahierungszwang[262] zu Gunsten der Beschicker, der lediglich auf Grund von sachlich gerechtfertigten Gründen in Fällen der Kapazitätserschöpfung entfallen kann.[263] Der Markt als solcher hingegen entspricht entweder den Merkmalen der §§ 64 bis 68 GewO oder er entspricht ihnen nicht, durch die Festsetzung wird jedoch die Eigenschaft als Markt nicht verändert.[264] Daher geht auch die von Teilen der Literatur[265] gezogene Parallele mit der Widmung fehl. Eine Marktveranstaltung kann

---

260 *Schönleiter*, in: v. Landmann/Rohmer (Hrsg.), GewO, Band I, § 69 Rn. 22; so aber *Wagner*, in: Friauf (Hrsg.), Kommentar zur GewO, § 69 Rn. 36; *Wirth*, Marktverkehr, Marktfestsetzung, Marktfreiheit, S. 125 ff., die zwar alle die Begründung von Rechten und Pflichten als entscheidendes Kriterium der Festsetzung anerkennen, aber ihr einen Doppelcharakter in der Form zuweisen, dass sie auch veranstaltungsbezogene Funktion habe.

261 So auch *Roth*, Rechtliche Probleme der Zulassung von Schaustellern zu Volksfesten, Spezialmärkten und Jahrmärkten, WiVerw 1985, S. 46 (47); a.A. *Schönleiter*, in: v. Landmann/Rohmer, (Hrsg.), GewO, Band I, § 69 Rn. 22; *Wagner*, in: Friauf (Hrsg.), Kommentar zur GewO, § 69 Rn. 36; *Wirth*, Marktverkehr, Marktfestsetzung, Marktfreiheit, S. 125 ff. Nur *mittelbar* deswegen, weil die Festsetzung nicht unmittelbar darauf gerichtet ist, den Rechtskreis Dritter über den § 70 GewO zu erweitern, sondern den Rechtskreis des Veranstalters zu modifizieren, vgl. auch *Ehlers*, in: ders./Fehling/Pünder (Hrsg.), Besonderes Verwaltungsrecht, Band I, § 18 Rn. 78.

262 So ausdrücklich *U. Stelkens*, Materialien zur Vorlesung Wirtschaftsverwaltungsrecht an der DHVW Speyer, abrufbar unter: http://www.dhv-speyer.de/stelkens/Wirtschaftsverwaltungsrecht/2_E_Marktgewerbe.pdf.

263 Näher zu § 70 GewO 5. Kapitel, A.I.

264 A.A. *Wirth*, Marktverkehr, Marktfestsetzung, Marktfreiheit, S. 122, der davon ausgeht, dass die Maßnahme der Festsetzungsbehörde eine Rechtsgestaltung auf die Veranstaltung selbst ausübt. Der Charakter verändere sich durch die Festsetzung vom Privatmarkt hin zu einer öffentlich zugänglichen Veranstaltung, in deren Folge ein Anspruch auf Teilnahme bestehe und gesetzliche Privilegien zur Anwendung kommen. Die Festsetzung unterwerfe den Marktverkehr einer bestimmten Rechtsordnung, nämlich den Vorschriften des Titels IV der GewO.

265 *Wirth*, Marktverkehr, Marktfestsetzung, Marktfreiheit, S. 137.

zwar durch Widmung zu einer öffentlichen Einrichtung werden.[266] Durch die Festsetzung erlangt der Markt aber keinen öffentlich-rechtlichen Sonderstatus.[267] Der Markt wird nicht zu einem „öffentlichen Markt".[268] Es handelt sich weiterhin um eine private Veranstaltung, die privaten Veranstalter und Teilnehmer unterliegen lediglich anderen gewerberechtlichen Vorschriften. Hierfür spricht auch die Tatsache, dass der antragstellende Veranstalter gem. § 69 Abs. 1 GewO einen gebundenen Anspruch auf Festsetzung seiner Veranstaltung hat, soweit keine Versagungsgründe gem. § 69 a GewO vorliegen.[269] Denn die Begründung einer öffentlich-rechtlichen Sache oder die Unterstellung eines Sachverhalts unter das Rechtsregime des öffentlichen Rechts wird durch hoheitlichen Rechtsakt bewirkt, ein Privater hat jedoch kein subjektiv-öffentliches Recht auf Schaffung einer bestimmten öffentlich-rechtlichen Sache oder auf Einbeziehung dieser Sache in das Rechtsregime des öffentlichen Rechts.[270] Hätte die Festsetzung veranstaltungsbezogene Funktion in Form einer Allgemeinverfügung, so stünde es im Belieben des privaten Veranstalters, ob er die Veranstaltung in einen öffentlich-rechtlichen Bezugsrahmen stellen möchte. Die im beliebigen Ermessen stehende Entscheidung eines Privaten über den Geltungsbereich des öffentlichen Rechts ist unserer Rechtsordnung jedoch fremd.[271] Vielmehr unterliegt der Veranstalter, wenn er einen gewerblichen Markt veranstalten will, generell den Vorschriften der Gewerbeordnung. Dann müssen die Vorschriften der Gewerbeordnung punktuell für jeden Beschicker beachtet werden.[272] Er kann lediglich die Festsetzung beantragen, um in den Genuss der mit der Festsetzung verbundenen Privilegien zu kommen, wobei er zugleich auch die mit ihr verbundenen Nachteile tragen muss. Die Vorschriften des Titels IV der GewO begründen daher keine

266 Siehe die Ausführungen unter 1. Kapitel, B. I.

267 A.A. *Wirth*, Marktverkehr, Marktfestsetzung, Marktfreiheit, S. 122. Wer wie *Hilderscheid*, Die Zulassung zu Messen und Ausstellungen, S. 42 und *Wagner*, in: Friauf (Hrsg.), Kommentar zur GewO, § 64 Rn. 4 die Marktveranstaltung als *Ereignis* definiert, wird dem i. E. wohl folgen müssen, da die Begründung eines öffentlich-rechtlichen Sonderstatus von Ereignissen bereits am Sachbegriff scheitern muss.

268 Zum Begriff des öffentlichen Marktes vgl. *Wirth*, Marktverkehr, Marktfestsetzung, Marktfreiheit, S. 121.

269 BVerwG, GewArch 1987, S. 124; *Ruthig/Storr*, Öffentliches Wirtschaftsrecht, § 3 Rn. 365; *Stober/Eisenmenger*, Besonderes Wirtschaftsverwaltungsrecht, S. 94.

270 Für die straßenverkehrsrechtliche Widmung *Papier*, in: Erichsen/Ehlers, Allgemeines Verwaltungsrecht, § 41 Rn. 62.

271 Das folgt bereits grundsätzlich aus dem bestehenden Über-/Unterordnungsverhältnis.

272 HessVGH, NVwZ-RR 2005, S. 425 (426).

gestaltende Rechtsänderung der Veranstaltung, sondern modifizieren allein die Rechte und Pflichten der Veranstalter und Teilnehmer. Die Festsetzung ist daher keine Allgemeinverfügung i.S.d. § 35 S. 2, 2. Alt. VwVfG. Dies gilt im Übrigen auch für die Allgemeinverfügung in Form der benutzungsregelnden Variante in § 35 S. 2, 3. Alt.[273] Durch die Festsetzung wird nicht die Benutzung der Veranstaltung geregelt, sondern die Rechte und Pflichten der Veranstalter, Beschicker und Besucher modifiziert. Die Regelung der Benutzung erfolgt vielmehr durch eine etwaige Benutzungsordnung oder Teilnahmebedingungen.[274]

c) Festsetzung als Verwaltungsakt gem. § 35 S. 1 VwVfG

In Betracht kommt somit nur noch die Einordnung der Festsetzung als klassischen Fall des Verwaltungsaktes gem. § 35 S. 1 VwVfG. Erörterungsbedürftig ist hierbei insbesondere das Merkmal der Regelung mit Außenwirkung. Denn von einem Verwaltungsakt i.S.d. § 35 S. 1 VwVfG kann nur dann ausgegangen werden, wenn die Festsetzung auf das Setzen einer *Außenrechtsfolge* gerichtet ist.[275] Zu klären gilt also, welche Rechtsfolgen von der Festsetzung überhaupt herbeigeführt werden und ob und welche Personen von diesen Rechtsfolgen im Sinne einer *Außen*rechtsfolge betroffen werden. Im Fall der Festsetzung zu Gunsten eines privaten Veranstalters kommen als Personen, an die die Außenwirkungsfinalität anknüpfen könnte, zum einen der Veranstalter, zum anderen die Teilnehmer, also die Beschicker und Besucher, in Betracht. In Bezug auf den antragstellenden Veranstalter wird das Vorliegen einer Außenrechtsfolge allgemein bejaht.[276] Dem ist auch zuzustimmen. Hierbei kann jedoch nicht auf die durch die Festsetzung ausgelöste gesetzliche Durchführungspflicht, § 69 Abs. 2 GewO, die Anzeigepflicht, § 69 Abs. 3 GewO, die Beschränkung der Vergütung, § 71 GewO oder aber auf die sich aus § 70 GewO ergebende Pflicht zur sachgerechten Vergabe der Standplätze abgestellt werden. Diese Rechtsfolgen werden von

---

273 A.A. *Wagner*, in: Friauf (Hrsg.), Kommentar zur GewO, § 69 Rn. 36.

274 *Hösch*, Rechtsschutz gegen die Nichtzulassung zu festgesetzten Märkten, GewArch 1996, S. 402 (403); *Wagner*, in: Friauf (Hrsg.), Kommentar zur GewO, § 69 Rn. 36.

275 Vgl. statt vieler *Kopp/Ramsauer*, VwVfG, § 35 Rn. 126.

276 BVerwG, GewArch 1987, S. 201; *Ehlers*, in: ders./Fehling/Pünder, Besonderes Verwaltungsrecht, Band I, § 18 Rn. 78; *Frotscher/Kramer*, Wirtschaftsverfassungs- und Wirtschaftsverwaltungsrecht, § 14 Rn. 338; *Pielow*, in: ders. (Hrsg.), Gewerbeordnung, § 69 Rn. 15; *Schönleiter*, in: v. Landmann/Rohmer (Hrsg.), GewO, Band I, § 69 Rn. 22; *Wagner*, in: Friauf (Hrsg.), Kommentar zur GewO, § 69 Rn. 35; *Wirth*, Das Institut der Festsetzung nach § 69 Gewerbeordnung, GewArch 1986, S. 46 (48); *ders.*, Marktverkehr, Marktfestsetzung, Marktfreiheit, S. 111.

der Festsetzung nämlich nicht beabsichtigt, vielmehr zieht die Festsetzung diese Rechtsfolgen nur bei Gelegenheit nach sich.[277] Es handelt sich um sogenannte *akzidentielle*, kraft Gesetzes bestehende Rechtsfolgen, die nicht durch den Verwaltungsakt selbst, sondern quasi gelegentlich durch einen weiteren, außerhalb des Verwaltungsaktes stehenden Rechtsakt angeordnet werden.[278]

Die beabsichtigte Außenrechtsfolge ist daher in der gegenüber dem Veranstalter bestehenden gestaltenden[279] und feststellenden Wirkung der Festsetzung zu sehen. Die gestaltende Wirkung gegenüber dem Veranstalter realisiert sich in der Veränderung des Rechtsverhältnisses zwischen Veranstalter und Behörde.

Die Festsetzung begründet für den Veranstalter einen weitreichenden Bestandsschutz für seine Veranstaltung.[280] Die Behörde kann nach Erteilung der Festsetzung nur noch in eingeschränktem Maße die Durchführung der Veranstaltung verhindern.[281] Die Festsetzung begründet gegenüber dem Veranstalter mithin nicht nur die Durchführungspflicht in Form einer gelegentlichen Rechtsfolge, sondern auch unmittelbar ein Recht zur Durchführung der Veranstaltung unter Geltung der Vorschriften des Titels IV der GewO. Das Recht zur Durchführung ist deshalb beabsichtigte Rechtsfolge, weil es nicht durch einen irgendwie gearteten Rechtsakt außerhalb des Verwaltungsaktes angeordnet wird, sondern die Festsetzung, die auf Antrag des Veranstalters ergeht, dieses Recht unmittelbar begründet. Dem Veranstalter steht mit Erteilung der Festsetzung ein Rechtsanspruch auf Durchführung der Veranstaltung zu.[282] Sollte die Behörde zum Beispiel gegen eine festgesetzte Veranstaltung ordnungsbehördlich mit der Begründung vorgehen, die Veranstaltung verstoße gegen Ladenschlusszeiten, so kann sich der Veranstalter ihr gegenüber unmittelbar auf die ihm erteilte Festsetzung berufen.

277 *Steinweg*, Verwaltungsaktscharakter einer zugunsten des eigenen Verwaltungsträgers vorgenommenen marktverkehrsrechtlichen Festsetzung nach § 69 I GewO, GewArch 2004, S. 101 (105).

278 Zu Begriff und Einordnung der akzidentiellen Rechtsfolgen vgl. *Steinweg*, Zeitlicher Regelungsgehalt des Verwaltungsaktes, S. 67 ff.

279 So auch *Steinweg*, Verwaltungsaktscharakter einer zugunsten des eigenen Verwaltungsträgers vorgenommenen marktverkehrsrechtlichen Festsetzung nach § 69 I GewO, GewArch 2004, S. 101 (106).

280 *Wagner*, in: Friauf (Hrsg.), Kommentar zur GewO, § 69 Rn. 39.

281 Vgl. § 69 a GewO.

282 *U. Stelkens*, Materialien zur Vorlesung Wirtschaftsverwaltungsrecht an der DHVW Speyer, Stand Juni 2013; abrufbar unter: http://www.dhv-speyer.de/stelkens/Wirtschaftsverwaltungsrecht/2_E_Marktgewerbe.pdf.

Zudem ist der Festsetzung auch ein feststellender Charakter zuzuerkennen. Dieser Feststellungscharakter äußert sich in der Feststellung der Vereinbarkeit der Veranstaltung mit den Vorschriften des Titels IV der GewO, insbesondere des § 69 a GewO.

Im Verhältnis zu den einzelnen Teilnehmern des Marktes ist eine beabsichtigte Außenrechtsfolge hingegen abzulehnen.[283] Zwar werden die Marktteilnehmer von der Festsetzung nicht nur rein faktisch betroffen.[284] Denn die Marktprivilegien, die in Folge der Festsetzung für die Marktteilnehmer gelten, stellen sich als Rechtsfolge der Festsetzung dar.[285] Allerdings handelt es sich bei dem Eintritt der Marktprivilegien nicht um eine beabsichtigte Rechtsfolge, die Marktprivilegien treten nur bei Gelegenheit oder als Rechtsreflex ein.[286] Es handelt sich mithin auch hier nur um akzidentielle Rechtsfolgen.[287] Unbeachtlich ist, ob die Festsetzung auch gegenüber den Teilnehmern *irgendeine* beabsichtigte Rechtsfolge auslösen muss, um die Marktprivilegien als gelegentliche Rechtsfolgen auslösen zu können.[288] Denn der Kreis der nur von den gelegentlichen Rechtsfolgen Betroffenen kann durchaus weiter sein als der Kreis derjenigen, gegenüber denen der Eintritt der Rechtsfolge von dem Verwaltungsakt beabsichtigt ist.[289] Im Übrigen spricht gegen die Außenwirkungsfinalität

---

283 *Steinweg*, Verwaltungsaktscharakter einer zugunsten des eigenen Verwaltungsträgers vorgenommenen marktverkehrsrechtlichen Festsetzung nach § 69 I GewO, GewArch 2004, S. 101 (103).

284 *Steinweg*, Verwaltungsaktscharakter einer zugunsten des eigenen Verwaltungsträgers vorgenommenen marktverkehrsrechtlichen Festsetzung nach § 69 I GewO, GewArch 2004, S. 101 (103).

285 *Steinweg*, Verwaltungsaktscharakter einer zugunsten des eigenen Verwaltungsträgers vorgenommenen marktverkehrsrechtlichen Festsetzung nach § 69 I GewO, GewArch 2004, S. 101 (103).

286 Gesetzesbegründung BT-Drucks. 7/3859, S. 13 re. Sp.; *Wagner*, in: Friauf (Hrsg.), Kommentar zur GewO, § 69 Rn. 42. Siehe auch: *Ennuschat*, in: Tettinger/Wank/ders., Gewerbeordnung, § 69 Rn. 29; *Pielow*, in: ders. (Hrsg.), Gewerbeordnung, § 69 Rn. 30; *Schönleiter*, in: v. Landmann/Rohmer (Hrsg.), GewO, Band I, § 69 Rn. 24.

287 *Steinweg*, Verwaltungsaktscharakter einer zugunsten des eigenen Verwaltungsträgers vorgenommenen marktverkehrsrechtlichen Festsetzung nach § 69 I GewO, GewArch 2004, S. 101 (104).

288 *Steinweg*, Verwaltungsaktscharakter einer zugunsten des eigenen Verwaltungsträgers vorgenommenen marktverkehrsrechtlichen Festsetzung nach § 69 I GewO, GewArch 2004, S. 101 (104).

289 *Steinweg*, Verwaltungsaktscharakter einer zugunsten des eigenen Verwaltungsträgers vorgenommenen marktverkehrsrechtlichen Festsetzung nach § 69 I GewO, GewArch 2004, S. 101 (104).

gegenüber den Marktteilnehmern die Tatsache, dass es sich bei dem Veranstalter um den Adressaten der Festsetzung handelt, sie also gem. § 43 Abs. 1 S. 1, 41 Abs. 1 VwVfG nur ihm und nicht den anderen Teilnehmern bekannt gegeben wird.[290] Wäre eine Außenrechtsfolge zu Gunsten der Teilnehmer von der Festsetzung beabsichtigt, so liefe diese regelmäßig ins Leere, denn damit die Regelung auch gegenüber den anderen Teilnehmern Wirksamkeit erlangen kann, müsste diese ihnen auch bekannt gegeben werden.[291] Es erscheint aber fernliegend, dass der Gesetzgeber eine Regelung schaffen wollte, die gegenüber ihren Adressaten niemals Wirksamkeit erlangen kann.

d) Inhaltliche Konkretisierung des Regelungsgehaltes

Als Zwischenergebnis lässt sich feststellen, dass die Festsetzung ein Verwaltungsakt i.S.d. § 35 S. 1 VwVfG ist, der sowohl gestaltenden als auch feststellenden Charakter hat. Bemüht man sich um eine enge und zugleich am materiellen Recht ausgerichtete Kategorisierung, so kommt zunächst eine Einordnung der Festsetzung als gewerberechtliche Genehmigung in Betracht (*aa*). Diese Einordnung ist rein dogmatischer Natur und hat zunächst keine weiteren praktischen Konsequenzen. Hingegen ist für die Frage des Rechtsschutzes von Bedeutung, ob es sich bei der Festsetzung um einen begünstigenden oder belastenden Verwaltungsakt handelt. Diese Kategorisierung ist beispielsweise für die Klagebefugnis relevant, da ein belastender Verwaltungsakt in Grundrechte des Adressaten, zumindest in die allgemeine Handlungsfreiheit gemäß Art. 2 Abs. 1 GG, eingreift. Zudem existieren Verwaltungsakte mit Doppelwirkung, die sowohl belastende als auch begünstigende Elemente haben sowie die in §§ 80, 80 a VwGO aufgeführten Verwaltungsakte mit Drittwirkung. Bei dieser Art verteilen sich die belastenden und begünstigenden Wirkungen auf den Adressaten und einen Dritten. Die gewerberechtliche Genehmigung stellt einen begünstigenden

290 *Ehlers*, in: ders./Fehling/Pünder (Hrsg.), Besonderes Verwaltungsrecht, Band I, § 18 Rn. 76; *Schönleiter*, in: v. Landmann/Rohmer (Hrsg.), GewO, Band I, § 69 Rn. 22; *Steinweg*, Verwaltungsaktscharakter einer zugunsten des eigenen Verwaltungsträgers vorgenommenen marktverkehrsrechtlichen Festsetzung nach § 69 I GewO, GewArch 2004, S. 101 (104).

291 *Steinweg*, Verwaltungsaktscharakter einer zugunsten des eigenen Verwaltungsträgers vorgenommenen marktverkehrsrechtlichen Festsetzung nach § 69 I GewO, GewArch 2004, S. 101 (103), der auch darauf hinweist, dass § 69 GewO nicht vom Erfordernis personenbezogener Bekanntgabe befreien kann.

Verwaltungsakt dar.[292] Daher soll die Beurteilung der anderen Kategorisierungsmerkmale im Rahmen der Beurteilung der Festsetzung als gewerberechtliche Genehmigung erfolgen. Ist sie als gewerberechtliche Genehmigung einzuordnen, ist damit inzident der Charakter als begünstigender Verwaltungsakt festgestellt. Ist die Festsetzung hingegen kein rein begünstigender Verwaltungsakt, ist umgekehrt auch die Einordnung als (klassische) gewerberechtliche Genehmigung problematisch. Darüber hinaus findet sich in der neueren Rechtsprechung[293] und Literatur[294] die Auffassung, in der Festsetzungsentscheidung läge zugleich die Entscheidung über die Erteilung einer Dienstleistungskonzession. Auch hierauf soll im Weiteren eingegangen werden (*bb*).

aa) Festsetzung als gewerberechtliche Zulassungsentscheidung

Im Wirtschaftsverwaltungsrecht spielt die Zulassung in Form von Erlaubnissen, Genehmigungen, Lizenzen oder Konzessionen eine bedeutende Rolle.[295] Grund dafür ist, dass der Gesetzgeber zahlreiche Tätigkeiten in diesem Bereich unter ein präventives Verbot mit Erlaubnisvorbehalt gestellt hat.[296] Hierbei handelt es sich um das Verbot eines grundsätzlich erlaubten Verhaltens, das zum Zwecke der vorherigen Überprüfung der Einhaltung der gesetzlichen Voraussetzungen ausgesprochen wurde.[297] Bei der Festsetzung könnte es sich um eine derartige Zulassungsentscheidung handeln.

(1) Historische Entwicklung

Historisch betrachtet oblag das Recht, Märkte und Messen abzuhalten, zunächst dem König, später auch dem jeweiligen Landesherren.[298] Dieses Marktrecht konnte an Dritte in Form einer Erlaubnis, dem sogenannten Marktregal,

---

292 Zur Einteilung der Wirtschaftsverwaltungsakte vgl. *Stober*, Allgemeines Wirtschaftsverwaltungsrecht, S. 254.

293 OVG Berlin-Brandenburg, NVwZ-RR 2009, S. 293; OLG Naumburg, NZBau 2002, S. 235; VG Hamburg, GewArch 2013, S. 121; VG Köln, NVwZ-RR 2009, S. 327.

294 *Braun*, Zulassung auf Märkten und Veranstaltungen, NVwZ 2009, S. 747; unklar *Donhauser*, Neue Akzentuierungen bei der Vergabe von Standplätzen auf gemeindlichen Volksfesten und Märkten, NVwZ 2010, S. 931 (935) mit Fn. 44 aber wohl auch bejahend.

295 Vgl. zu den wirtschaftsverwaltungsrechtlichen Genehmigungen *Stober*, Allgemeines Wirtschaftsverwaltungsrecht, S. 254 ff.

296 *Stober*, Allgemeines Wirtschaftsverwaltungsrecht, S. 254.

297 *Ruffert*, in: Erichsen/Ehlers (Hrsg.), Allgemeines Verwaltungsrecht, § 21 Rn. 55.

298 *Wolf*, Grundstrukturen des Marktrechts, S. 17.

übertragen werden.[299] Mit der Einführung der GewO im Jahre 1869 wurde auch das Institut der Marktfestsetzung in das Gesetz aufgenommen, mit dem Ziel, diese Veranstaltungen von den bestehenden gewerberechtlichen Beschränkungen zu befreien.[300] Zunächst herrschte auf Grund der früher bestehenden Erlaubnisbedürftigkeit Streit über die Frage der Zulässigkeit von Märkten ohne Festsetzung und dem Genehmigungscharakter der Festsetzung. Dieser Streit wurde jedoch vom *BVerwG*[301] zu Gunsten der Zulässigkeit sogenannter Privatmärkte entschieden, also Märkten, die nicht gewerberechtlich festgesetzt worden sind. Auch nach der Neufassung der GewO im Jahre 1976 besteht weitgehend Einigkeit darüber, dass Märkte auch ohne behördliche Festsetzung in rechtlich zulässiger Weise betrieben werden können.[302] Die historische Entwicklung, insbesondere der Wechsel von der ausdrücklichen Erlaubnisbedürftigkeit hin zum Institut der Marktfestsetzung, spricht gegen den Charakter der Erlaubnis. Die Einführung des neuen Instituts der Festsetzung wäre schlicht überflüssig gewesen, hätte man an der ursprünglichen Form der Erlaubnisbedürftigkeit festhalten wollen.

(2) Festsetzung im Regelungszusammenhang der GewO

Um die oben genannten Voraussetzungen einer Vorschrift mit Erlaubnischarakter zu erfüllen, müsste die Festsetzung den Antragsteller von einem Verbot befreien und ihm das zuvor verbotene Verhalten nunmehr gestatten. Für diese Einordnung spricht zunächst die Gesetzesbegründung zur Neufassung des Titels IV der GewO. Darin heißt es: Durch die Festsetzung wird dem Veranstalter *erlaubt*, die beabsichtigte Veranstaltung unter den im Allgemeinen Teil genannten Privilegien durchzuführen.[303] Überdies entspricht auch die Gesetzestechnik dem üblichen Muster für Formulierungen von (gewerberechtlichen) Genehmigungen.[304] Die zuständige Behörde hat die Festsetzung zu erteilen, wenn nicht einer der Versagungsgründe des § 69 a GewO vorliegt. In § 69 a GewO wiederum finden sich Anforderungen an die persönliche Zuverlässigkeit des Antragstellenden, § 69 a Abs. 1 Nr. 2 GewO, sowie sachliche Anforderungen an die Veranstaltung, § 69 a Abs. 1 Nr. 1 und 3 GewO. Derartige gesetzliche Konstruktionen

299 *Wirth*, Marktverkehr, Marktfestsetzung, Marktfreiheit, S. 114.

300 *Wirth*, Marktverkehr, Marktfestsetzung, Marktfreiheit, S. 115.

301 BVerwG, DVBl. 1965, S. 522 (523).

302 Vgl. *Laubinger*, Die gewerberechtliche Unzuverlässigkeit und ihre Folgen, Teil 3, VerwArch 89 (1998), S. 609 (624).

303 BT-Drucks. 7/3859, S. 13.

304 So auch *Wirth*, Marktverkehr, Marktfestsetzung, Marktfreiheit, S. 117.

finden sich üblicherweise bei der Ausgestaltung von Genehmigungsverfahren.[305] Zudem hat die Festsetzung für den Veranstalter begünstigende Wirkung.[306] Die Festsetzung begründet für den Veranstalter zunächst die genannten Rechte und Pflichten sowie für die Marktteilnehmer das Entstehen der Marktprivilegien. Sie entfaltet für den Veranstalter mithin in Bezug auf die Bestandschutzwirkung eine direkte begünstigende Wirkung, in Bezug auf die Durchführungspflicht allerdings belastende Wirkung und im Zusammenhang mit dem Entstehen der Marktprivilegien für die Beschicker nur mittelbar begünstigende Wirkung. Allerdings muss der Veranstalter in seiner Funktion als Veranstalter nicht mehr für die Einhaltung der sonstigen, ohne das Eintreten der Marktprivilegien bestehenden gewerberechtlichen Vorschriften Sorge tragen, wenn er sich zur Durchführung einer Veranstaltung entscheidet. So kann beispielsweise ein Veranstalter, der nicht darauf achtet, dass die Beschicker bei nicht festgesetzten Märkten eine Reisegewerbekarte besitzen, möglicherweise als unzuverlässig angesehen werden, wenn keine Befreiung gem. § 55 a Abs. 2 GewO vorliegt. Denn er muss bei nicht festgesetzten Veranstaltungen dafür Sorge tragen, dass die gewerberechtlichen Anforderungen punktuell, also für jeden Teilnehmer erfüllt sind.[307] Die Festsetzung weist somit grundsätzlich sowohl begünstigende als auch belastende Merkmale auf. Dennoch ist die Festsetzung insgesamt als begünstigender Verwaltungsakt einzustufen, denn wenn eine isolierte Betrachtung der einzelnen Merkmale nicht möglich ist, wird ein gemischter Verwaltungsakt als begünstigend angesehen.[308]

Zwar hat nicht jeder begünstigende Verwaltungsakt auch Zulassungscharakter; Erlaubnisse, Genehmigungen oder Konzessionen gehören aber zu den klassischen Beispielen der begünstigenden Verwaltungsakte.[309] Folglich spricht diese

---

305 Vgl. z.B. § 4 GastG. Im Übrigen spricht die Tatsache, dass § 6 II GewO auch auf das Festsetzungsverfahren Anwendung findet, für den Genehmigungscharakter. Maßgeblich war hier aber der weitere, unionsrechtliche Genehmigungsbegriff, wonach eine Genehmigungsregelung jedes Verfahren ist, das einen Dienstleistungserbringer oder -empfänger verpflichtet, bei einer zuständigen Behörde eine förmliche oder stillschweigende Entscheidung über die Aufnahme oder Ausübung einer Dienstleistungstätigkeit zu erwirken, Art. 4 Nr. 6 RL 2006/123/EG – Dienstleistungsrichtlinie.

306 A.A. *Wirth*, Marktverkehr, Marktfestsetzung, Marktfreiheit, S. 145.

307 HessVGH, NVwZ-RR 2005, S. 425 (426); OVG LSA, Urteil vom 17.02.2011 – 2 L 126/09 – abrufbar unter www.juris.de.

308 *Sachs*, in: Stelkens/Bonk/ders. (Hrsg.), VwVfG, § 48 Rn. 120.

309 *Stober*, Allgemeines Wirtschaftsverwaltungsrecht, S. 254.

Einordnung zunächst für den Erlaubnischarakter der Festsetzung. Es handelt sich allerdings keineswegs um eine zwingende Schlussfolgerung.

Denn entscheidend gegen die Einordnung der Festsetzung als Zulassung spricht die Tatsache, dass eine Zulassung im gewerberechtlichen Sinn verlangt, dass das zuzulassende Verhalten ohne Zulassungsentscheidung unzulässig, mithin verboten ist.[310] Das Abhalten eines Marktes ohne Festsetzung ist jedoch nicht verboten, vielmehr kann jeder Veranstalter auch ohne Festsetzung einen Privatmarkt veranstalten. So heißt es auch ausdrücklich in der Gesetzesbegründung: Messen und Märkte, die nicht behördlich festgesetzt worden sind, dürfen zwar außerhalb der Vorschriften des Titels IV der GewO veranstaltet werden, sie erhalten jedoch keine Privilegien.[311]

Will der Veranstalter einen privaten Markt abhalten, muss er, wenn dieser Markt auf privatem Gelände stattfinden soll, die Veranstaltung nur als Ausübung eines stehenden Gewerbes gem. § 14 GewO anzeigen; wenn er auf einem öffentlichen Platz stattfinden soll, muss er zudem eine Sondernutzungserlaubnis vorweisen können. Dieses Recht, auch ohne behördliche Festsetzung einen Markt veranstalten zu können, folgt aus der in § 1 GewO normierten Gewerbefreiheit. Danach ist der Betrieb eines Gewerbes jedermann gestattet, soweit nicht durch die Gewerbeordnung Ausnahmen oder Beschränkungen vorgeschrieben oder zugelassen sind. Nun finden sich zwar in der GewO in den §§ 29 ff. Vorschriften über die besondere Genehmigungsbedürftigkeit bestimmter Gewerbearten, die im stehenden Gewerbe ausgeübt werden. Die Festsetzung steht jedoch unter dem Titel IV der Gewerbeordnung. Eine Erlaubnis zum Veranstalten von Märkten befände sich daher gesetzessystematisch im Titel IV an jedenfalls unüblicher Stelle. Hätte der Gesetzgeber eine Erlaubnisregelung für das Veranstalten von Märkten und Volksfesten schaffen wollen, so hätte diese sinnvollerweise bei den Vorschriften über das stehende Gewerbe angesiedelt werden müssen, nicht jedoch im Rahmen der Vorschriften über das Marktgewerbe, weil ein Marktgewerbe, wenn man diese Gewerbeform noch als eigenständige Gewerbeform anerkennen will[312], nur die Marktbeschicker ausüben, nicht jedoch der Veranstalter. Dieser übt nach allgemeiner Auffassung[313] ein stehendes Gewerbe aus.

---

310 So auch *Wirth*, Marktverkehr, Marktfestsetzung, Marktfreiheit, S. 120.

311 BT-Drucks. 7/3859, S. 9.

312 Hierzu unten.

313 Statt vieler *Wagner*, in: Friauf (Hrsg.), Kommentar zur GewO, Vorbem. vor Titel IV Rn. 31 m.w.N.

Daneben spricht auch die Verwendung des Begriffs Festsetzung gegen den Charakter einer Erlaubnis.[314] Die GewO selbst fasst unter den Oberbegriff der Zulassung die Begriffe Erlaubnis, Genehmigung, Konzession und Bewilligung, § 15 Abs. 2 GewO. Hätte die Festsetzung, wenn auch nicht Erlaubnis-, dann doch zumindest generellen Zulassungscharakter, so ist davon auszugehen, dass die Festsetzung in der Aufzählung der gewerberechtlichen Zulassungsinstrumente enthalten wäre. Andernfalls müsste man von einem redaktionellen Versehen ausgehen.

Die Einordnung der Festsetzung als Erlaubnis kann daher zwar historisch erklärt werden, ist aber mir der heutigen Gesetzesfassung nicht in Einklang zu bringen. Der Titel IV der GewO soll nach verbreiteter Auffassung[315] eine besondere Form der Gewerbeausübung darstellen, nämlich das Marktgewerbe in Abgrenzung zum stehenden und Reisegewerbe. Tatsächlich regelt die Festsetzung jedoch durch Begründung der für den Veranstalter bestehenden Durchführungspflicht, des Durchführungsrechts sowie der Pflicht zur sachgerechten Teilnehmerauswahl die Ausübung seines *stehenden* Gewerbes sowie die Voraussetzungen, unter denen die Beschicker einem (Markt-)Gewerbe nachgehen können. Die Festsetzung modifiziert durch das Entstehen der Marktprivilegien die gesetzlichen Regelungen für die Beschicker. Die Tätigkeit an sich bleibt jedoch dieselbe, die Beschicker könnten dasselbe Gewerbe auf einem Privatmarkt ausüben, müssten dann nur z. B. eine Reisegewerbekarte besitzen. Durch die Festsetzung wird deswegen aber in materieller Hinsicht keine besondere Gewerbeart bzw. die Ausübung des Marktgewerbes geregelt.[316] Auch die anderen in Titel IV der GewO geregelten Vorschriften begründen keine andere Art der Gewerbeausübung.[317] Hierfür spricht im Übrigen auch, dass den Marktbeschickern kein subjektives Recht auf Festsetzung zugesprochen wird, da sich die an die Festsetzung anknüpfenden Begünstigungen lediglich als Rechtsreflexe darstellen, die Festsetzung selbst jedoch keine Drittwirkung gegenüber den Beschickern entfaltet.[318] Die Marktbeschicker könnten daher nicht einmal in eigener

---

314 So auch *Wirth*, Marktverkehr, Marktfestsetzung, Marktfreiheit, S. 118.

315 Siehe *Wagner*, in: Friauf (Hrsg.), Kommentar zur GewO, Vorbem. vor Titel IV Rn. 29 m.w.N., der jedoch selbst die gegenteilige Auffassung vertritt.

316 *Wagner*, in: Friauf (Hrsg.), Kommentar zur GewO, Vorbem. vor Titel IV Rn. 31.

317 *Wagner*, in: Friauf (Hrsg.), Kommentar zur GewO, Vorbem. vor Titel IV Rn. 31.

318 *Pielow*, in: ders. (Hrsg.), Gewerbeordnung, § 69 Rn. 30; *Schönleiter*, in: v. Landmann/Rohmer (Hrsg.), GewO, Band I, § 69 Rn. 24; *Wagner*, in: Friauf (Hrsg.), Kommentar zur GewO, Vorbem. vor Titel IV Rn. 31.

Verantwortung darüber entscheiden, welche Art von Gewerbe sie ausüben[319], sondern wären von der Entscheidung des Veranstalters abhängig. Da durch die Festsetzung aber keine neue, vorher verbotene Gewerbeart, weder für den Veranstalter noch für die Beschicker, begründet wird, kann sie auch nicht als Erlaubnis zum Durchführen eines Marktes i.S.d. Titels IV der GewO angesehen werden. Vielmehr modifiziert die Festsetzung lediglich auf Antrag die Art und Weise, *wie* Veranstalter und Beschicker ihr Gewerbe ausüben. Sie hat Privilegierungs- bzw. Freistellungscharakter, erlaubt jedoch nicht eine Tätigkeit, die als solche oder in der Art einem Verbot unterlegen hätte.

bb) Festsetzungsentscheidung als Entscheidung über die Erteilung einer Dienstleistungskonzession

Die Beauftragung eines privaten Unternehmens mit der Durchführung eines Marktes oder Volksfestes kann als Dienstleistungskonzession eingestuft werden.[320] Davon zu unterscheiden ist jedoch die Frage, ob die Entscheidung über *die Festsetzung* eines Marktes als Dienstleistungskonzession zu qualifizieren ist. Das *VG Köln*[321] geht davon aus, dass mit der Entscheidung über die Festsetzung *auch* eine Entscheidung über die Vergabe einer Dienstleistungskonzession getroffen wird. Der Veranstalter erbringe gegenüber der festsetzenden Gemeinde eine Dienstleistung, in dem entschiedenen Fall nämlich die Ausrichtung und Organisation des Weihnachtsmarktes, an dessen Gelingen und reibungsloser Funktion die Gemeinde ein hohes Interesse habe. Die Umstände, dass eine Bezahlung des Veranstalters nicht durch eine öffentliche Stelle erfolge, sondern aus den Beträgen, die Dritte entrichten, und das Betriebsrisiko der Erbringer trage, seien typische Merkmale für eine Dienstleistungskonzession. *Weyand*[322] und *Donhauser*[323] schließen aus diesen Ausführungen des Gerichts gar, dass es sich bei der Festsetzung von Märkten nach § 69 GewO um eine Dienstleistungskonzession handelt. *Braun*[324] formuliert vorsichtiger, geht davon aus, dass es sich um eine Dienstleistungskonzession handeln *kann*. Auch das *OLG Naumburg*[325] sieht

319 *Wagner*, in: Friauf (Hrsg.), Kommentar zur GewO, Vorbem. vor Titel IV Rn. 31.

320 Siehe 1. Kapitel, E.I.2.

321 NVwZ-RR 2009, S. 327.

322 Vergaberecht, Teil 1, GWB, § 99 Rn. 1854.

323 Neue Akzentuierungen bei der Vergabe von Standplätzen auf gemeindlichen Volksfesten und Märkten, NVwZ 2010, S. 931 (936).

324 Zulassung zu Märkten und Veranstaltungen, NVwZ 2009, S. 747 f.

325 NZBau 2002, S. 235 (236).

in dem vom ihm entschiedenen Fall in der Festsetzung eine Dienstleistungskonzession.

Der vorgenannten Ansicht, es handele sich bei der Festsetzungsentscheidung um eine Dienstleistungskonzession, kann jedoch aus verschiedenen Gründen nicht gefolgt werden. Hier werden zwei unterschiedliche Rechtsfiguren unzulässigerweise vermischt. Richtig ist, dass mit der Entscheidung über eine Festsetzung *auch* eine Entscheidung über die Vergabe einer Dienstleistungskonzession verbunden sein kann. Beide Entscheidungen sind jedoch an unterschiedlichen Anforderungen zu messen und dienen unterschiedlichen rechtlichen Zwecksetzungen. Die Ansicht, die Festsetzung sei als Dienstleistungskonzession anzusehen, mag von der Vorstellung geprägt sein, bei der Festsetzung handele es sich um eine Form der Erlaubnis bzw. verwaltungsrechtlichen Konzession.[326] So wenig wie die Festsetzung jedoch eine Erlaubnis in Form einer gewerberechtlichen Genehmigung ist, so wenig hat sie auch den Charakter einer verwaltungsrechtlichen Konzession. Hierbei handelt es sich nach allgemeiner Auffassung generell um ein Instrument der staatlichen Aufsicht gegenüber der Privatwirtschaft.[327] Die verwaltungsrechtliche Konzession diene typischerweise als Handlungsmittel der Verwaltung in Knappheitssituationen und unterliege einem Bewirtschaftungs-, Lenkungs- oder Bedürfnisvorbehalt.[328]

Die Entscheidung über die Verteilung in Knappheitssituationen[329] wird im Rahmen einer Festsetzungsentscheidung jedoch bereits durch die vorgelagerte Erteilung der Sondernutzungserlaubnis oder sonstigen Platzzuweisung gefällt. Soweit man den Fall, dass nur ein Marktplatz vorhanden ist, dieser aber von mehreren Bewerbern genutzt werden möchte, als eine Knappheitssituation qualifizieren möchte, wird eben diese Entscheidung mit Erteilung der Sondernutzung oder der Platzzuweisung gelöst. Die Festsetzungsentscheidung als solche hat keinen verteilenden Inhalt mehr.

Unabhängig davon muss eine Unterscheidung zwischen Festsetzung und Dienstleistungskonzession allein deswegen vorgenommen werden, weil die

326 Die Begriffe werden in Schrifttum und Rechtsprechung nicht einheitlich verwandt. So wird das Institut der Erlaubnis teilweise als Oberbegriff für die verwaltungsrechtliche Konzession und die gewerberechtliche Genehmigung benutzt.

327 *Jarass*, Die Genehmigungspflicht für wirtschaftliche Tätigkeiten – Ein systematischer Überblick, GewArch 1980, S. 177; *Ruhland*, Die Dienstleistungskonzession, S. 27.

328 *Ruhland*, Die Dienstleistungskonzession, S. 27; *Koenig*, Die öffentlich-rechtliche Verteilungslenkung, S. 106; *Wieland*, Die Konzessionsabgaben, S. 89 ff., S. 124 ff.

329 Siehe hierzu 4. Kapitel, A.

Festsetzung, wie im Übrigen auch die verwaltungsrechtliche Konzession, kein Privatisierungsinstrument ist.[330] Sie dient lediglich dazu, Veranstaltern und Beschickern den Anwendungsbereich des Titels IV der GewO zu eröffnen. Es findet mit der Entscheidung über die Erteilung der Festsetzung jedoch keine Aufgabenübertragung auf einen Dritten statt. Ein Privater soll nicht in die staatliche Aufgabenerfüllung einbezogen werden. Dies folgt schon allein daraus, dass die Festsetzung auf Antrag eines Dritten ergehen kann, ohne dass die Gemeinde in irgendeiner Form im Voraus an der Veranstaltung beteiligt war, denn das Veranstalten von Märkten oder Volksfesten kann sowohl von einer Gemeinde als auch von einem privaten Dritten wahrgenommen werden. Die Gemeinde tritt in diesem Fall nicht als Veranstalter oder Initiator auf, sondern nimmt nur die ihr obliegenden gewerberechtlichen Pflichten wahr.

Um das Vorliegen einer Dienstleistungskonzession neben der Entscheidung über die Festsetzung bejahen zu können, muss die Gemeinde die Aufgabe Marktveranstaltung auf einen privaten Dritten übertragen. Schwierig kann die Abgrenzung zwischen Erteilung der Festsetzung und Erteilung einer Dienstleistungskonzession deswegen werden, weil ein Markt sowohl nur von einem Dritten veranstaltet werden kann als auch von einer Gemeinde als Veranstalterin oder Initiatorin. Aber nur, wenn auch die Aufgabenübertragung von der Gemeinde auf den Dritten beabsichtigt ist, kann von einer Dienstleistungskonzession gesprochen werden. Nun könnte man – insbesondere wegen des Charakters der Dienstleistungskonzession als Privatisierungsinstrument – verlangen, dass eine Gemeinde zunächst einen Markt veranstaltet haben muss, um diesen überhaupt an einen Dritten im Wege der Erteilung einer Dienstleistungskonzession übertragen zu können. Dann ergäben sich auch keine Abgrenzungsprobleme, weil der zuvor kommunale Markt nunmehr auf einen Dritten übertragen würde. Das *OVG Berlin-Brandenburg*[331] lässt hingegen ausreichen, dass die Gemeinde zur Verfolgung kommunaler Interessen, nämlich Erhöhung der Attraktivität der Innenstadt und Stärkung der Einzelhandels- und Dienstleistungsstruktur für eine ortsnahe Versorgung der Bevölkerung, lediglich initiativ tätig wird, um private Veranstalter zu interessieren und mit dem Veranstalter Eckpunkte hinsichtlich der Zusammenarbeit zu regeln, um die Wahrung der von ihm mit der Errichtung des Wochenmarktes verfolgten öffentlichen Interessen sicherzustellen.

330 Zur Abgrenzung von verwaltungsrechtlicher Konzession und Dienstleistungskonzession vgl. *Ruhland*, Die Dienstleistungskonzession, S. 26 ff.

331 NVwZ-RR 2011, S. 293 (294).

Obwohl hier zwei Fragestellungen vermischt werden bzw. die vom *OVG Berlin-Brandenburg*[332] herangezogenen Argumente primär nur belegen, dass die Gemeinde im Rahmen ihres Selbstverwaltungsrechts einen Markt betreiben darf, und nicht, dass es sich deswegen auch um eine Dienstleistungskonzession handelt, ist der Entscheidung im Ergebnis zuzustimmen. Unabhängig von der Tatsache, dass das *BVerwG*[333] bei länger bestehenden, traditionellen Veranstaltungen generell eine (materielle) Privatisierung ablehnt, ist es sinnwidrig, zu fordern, die Gemeinde müsse sich zunächst zur Durchführung eines Marktes in öffentlich-rechtlicher Organisationsform entscheiden, um sodann diesen Markt privatisieren zu dürfen. Sie kann vielmehr auch die Entscheidung treffen, ihre kommunale Aufgabe durch Erteilung von Dienstleistungskonzessionen wahrzunehmen. Insofern handelt es sich dann nicht um einen *Privatisierungsvorgang*, sondern um eine Entscheidung zur Aufgabenwahrnehmung unter Einbeziehung Privater mittels der Erteilung von Dienstleistungskonzessionen; die staatliche Aufgabe wird also direkt mit privater Hilfe erfüllt.

2. Festsetzung gegenüber dem eigenen Verwaltungsträger

Wird eine Gemeinde im Marktwesen tätig, so kann sie ihre eigene Veranstaltung wie ein privater Veranstalter auch dem Institut der Festsetzung unterwerfen. Problematisch kann in diesem Zusammenhang jedoch die Frage der Rechtsnatur der Festsetzung sein, weil die Gemeinde in derartigen Konstellationen auf Grund von Zuständigkeitsregelungen[334] für die Erteilung der Festsetzung ihrer eigenen Veranstaltung zuständig ist. Während Einigkeit darüber besteht, dass es sich bei der Festsetzung im Normalfall der Antragstellung durch einen privaten Dritten jedenfalls um einen Verwaltungsakt handelt[335], ist der Verwaltungsaktcharakter der Festsetzung zu Gunsten des eigenen Verwaltungsträgers umstritten. Der Streit entzündet sich an dem für das Vorliegen eines Verwaltungsaktes erforderlichen Merkmal der Außenwirkung. Zum Teil wird das Erfordernis der Außenwirkung auch bei Identität von Festsetzungsbehörde und Veranstalter als gegeben angesehen (*a*).[336] Andere nehmen an, dass es in diesen Fällen an der

332 NVwZ-RR 2011, S. 293 (294).

333 NVwZ 2009, S. 1305; siehe hierzu die Ausführungen unter 1. Kapitel, E.II.

334 Vgl. zu den jeweiligen, die zuständigen Festsetzungsbehörden bestimmenden Zuständigkeitsverordnungen der Länder die Übersicht bei *Wagner*, in: Friauf (Hrsg.), Kommentar zur GewO, Vorbem. vor Titel IV Rn. 59.

335 Siehe 2. Kapitel, IV.1.c).

336 HessVGH, NVwZ-RR 2003, S. 345; *Schönleiter*, in: v. Landmann/Rohmer (Hrsg.), GewO, Band I, § 69 Rn. 26; *Steinweg*, Verwaltungsaktscharakter einer zugunsten

Außenwirkung fehle und es sich daher nur um einen internen Organisationakt handele (*b*).[337]

a) Verwaltungsakt-Charakter der In-Sich-Festsetzung

Insbesondere die Rechtsprechung[338] nimmt in den Fällen, in denen eine Behörde gegenüber ihrem eigenen Rechtsträger eine Maßnahme erlässt, bei Vorliegen der anderen Merkmale an, dass die erforderliche Außenwirkung gegeben ist. Ausgangspunkt aller Überlegungen ist die Frage, wann das Merkmal „auf unmittelbare Rechtswirkung nach außen gerichtet" erfüllt ist. Nach allgemeiner Ansicht ist eine Regelung mit Außenwirkung zu bejahen, wenn die Maßnahme auf Setzung einer Rechtsfolge für eine natürliche oder juristische Person in der Weise gerichtet ist, dass sie ihren Rechtskreis erweiternd, verringernd oder feststellend gestaltet.[339] Es muss sich allerdings nicht zwingend um eine Person des Privatrechts handeln. Vielmehr ist ausreichend, grundsätzlich aber auch notwendig, dass die Rechtswirkung nach außen einen anderen Rechtsträger betrifft.[340] Lediglich Adressaten-Rechtsträger und Rechtsträger der handelnden Behörde müssen verschieden sein.[341] In den Fällen, in denen ein Verwaltungsakt gegenüber dem eigenen Rechtsträger ergeht, ist diese Voraussetzung jedoch nicht gegeben. Die Rechtsprechung und die ihr folgenden Literaturansichten verzichten hier auf das Erfordernis eines anderen Rechtsträgers, weil die erlassende Stelle und der Adressat der Maßnahme in diesen Fällen demselben Rechtsträger angehören. Begründung für diese Ausnahme sei die Tatsache, dass in diesen Spezialfällen die handelnde Behörde die Maßnahme nicht gegen eine andere Behörde desselben

---

des eigenen Verwaltungsträgers vorgenommenen marktverkehrsrechtlichen Festsetzung nach § 69 I GewO, GewArch 2004, S. 101; *Stober/Eisenmenger*, Besonderes Wirtschaftsverwaltungsrecht, S. 94; *Wagner*, in: Friauf (Hrsg.), Kommentar zur GewO, § 69 Rn. 36.1; *Wirth*, Marktverkehr, Marktfestsetzung, Marktfreiheit, S. 154.

337 *Ehlers*, in: ders./Fehling/Pünder (Hrsg.), Besonderes Verwaltungsrecht, Band I, § 18 Rn. 79; *Roth*, Rechtliche Probleme der Zulassung von Schaustellern zu Volksfesten, Spezialmärkten und Jahrmärkten, WiVerw 1985, S. 46 (48).

338 BVerwG, NVwZ 1998, S. 737; OVG NRW, NVwZ 1992, S. 186; VG Chemnitz, VIZ 1996, S. 159; VG Schwerin, VIZ 1996, S. 161 (162); a.A. VG Dessau, LKV 1996, S. 342.

339 *Kopp/Ramsauer*, VwVfG, § 35 Rn. 124; *U. Stelkens*, in: Stelkens/Bonk/Sachs (Hrsg.), § 35 Rn. 146.

340 *Janßen*, in: Obermayer, VwVfG, § 35 Rn. 112; *Jungkind*, Verwaltungsakte zwischen Hoheitsträgern, S. 38.

341 *Janßen*, in: Obermayer, VwVfG, § 35 Rn. 112; *Jungkind*, Verwaltungsakte zwischen Hoheitsträgern, S. 38.

Rechtsträgers richte, sondern gegen den Rechtsträger selbst.[342] Hierdurch werde der Adressaten-Rechtsträger in seiner Eigenschaft als selbständige juristische Person betroffen.[343] Zudem entstünden solche Konstellationen nur, weil es sich bei der zu treffenden Maßnahme um eine staatliche Auftragsangelegenheit oder eine Pflichtaufgabe zur Erfüllung nach Weisung handele.[344] Dann unterläge die handelnde Behörde aber der Fach- oder Sonderaufsicht einer von ihrem Rechtsträger verschiedenen Aufsichtsbehörde.[345] Dass die erlassende Behörde dem Adressaten-Rechtsträger angehöre, sei lediglich Konsequenz des Verzichts auf einen unabhängig von den Selbstverwaltungskörperschaften organisierten staatlichen Verwaltungsaufbaus.[346] Der *HessVGH*[347] weist für den Fall der Selbstfestsetzung zudem explizit darauf hin, dass die Stadt eine Aufgabe wahrnehme, die, wenn sie sich ihrer nicht freiwillig auf der Grundlage ihres Selbstverwaltungsrechts annähme, ebenso gut durch einen privaten Dritten erfüllt werden könnte. Von Teilen der Literatur[348] wird die Frage nach dem Verwaltungsaktcharakter der Selbstfestsetzung mit unterschiedlichen Gründen bejaht. Diejenigen, die davon ausgehen, dass es sich bei der Festsetzung um eine dingliche Allgemeinverfügung handelt, können den Verwaltungsaktcharakter der Selbstfestsetzung mit relativ geringem Begründungsaufwand bejahen. So verweist *Wirth*[349] auf die bestehende eigenständige Bedeutung der Festsetzung auch in diesem Fall, da sie keine Regelungen hinsichtlich des Veranstalters, sondern hinsichtlich der Veranstaltung treffe, ein interner Organisationsakt diese Rechtsfolgen aber nicht auslösen könne. *Steinweg*[350] verweist auf die Intention von Außenrechtsfolgen in den Beziehungen zwischen dem Veranstalter und der Allgemeinheit. Mit der Festsetzung zu Gunsten des eigenen Verwaltungsträgers werde ebenfalls eine gestaltende Außenrechtsfolge intendiert. Dem Erfordernis der Bekanntgabe könne durch einen Vermerk in den Behördenakten oder eine vergleichbare sinnlich

---

342 *Jungkind*, Verwaltungsakte zwischen Hoheitsträgern, S. 47.

343 OVG NRW, NVwZ 1992, S. 186; VGH Kassel, NVwZ-RR 2003, S. 345 (346).

344 HessVGH, NVwZ-RR 2003, S. 345 (346); *Jungkind*, Verwaltungsakte zwischen Hoheitsträgern, S. 47.

345 *Jungkind*, Verwaltungsakte zwischen Hoheitsträgern, S. 47.

346 *Jungkind*, Verwaltungsakte zwischen Hoheitsträgern, S. 47.

347 NVwZ-RR 2003, S. 345 (346).

348 *Schönleiter*, in: v. Landmann/Rohmer (Hrsg.), GewO, Band I, § 69 Rn. 26; *Wagner*, in: Friauf (Hrsg.), Kommentar zur GewO, § 69 Rn. 36.1.

349 Marktverkehr, Markfestsetzung, Marktfreiheit, S. 154.

350 Verwaltungsaktscharakter einer zugunsten des eigenen Verwaltungsträgers vorgenommenen marktverkehrsrechtlichen Festsetzung nach § 69 I GewO, GewArch 2004, S. 101 (105, 106).

wahrnehmbare Manifestation des Festsetzungswillens genüge getan werden. Im Übrigen verweist er auf zwingende Gründe des Rechtsschutzes, die die Qualifikation als Verwaltungsakt erforderten.

b) Interner Organisationsakt

Diejenigen Auffassungen in der Literatur, die das Vorliegen eines Verwaltungsaktes ablehnen, begründen ihre Meinung damit, dass die erlassende Stelle und der Adressat der Maßnahme demselben Rechtsträger zugeordnet seien und es sich daher nur um einen behördeninternen Mitwirkungsakt handele.[351] Sie lehnen mithin die Ausnahme vom Erfordernis der Verschiedenheit des Adressaten-Rechtsträgers vom Rechtsträger der handelnden Behörde ab. *Ehlers*[352] weist darüber hinaus darauf hin, dass die Annahme eines Verwaltungsaktes in solchen Fällen nur dann möglich sei, wenn man § 35 S. 1 VwVfG entweder teleologisch reduziere oder von einem eigenen Verwaltungsaktbegriff des Fachrechts ausginge sowie die Zulässigkeit einer „Selbstbekanntgabe" bejahe, hält diese Möglichkeiten jedoch für rechtlich äußerst fraglich. *Pielow*[353] geht davon aus, dass in den Fällen, in denen die Gemeinde in Form einer Eigengesellschaft oder sogar eines gemischt-wirtschaftlichen Unternehmens die Veranstaltung organisiert, die Festsetzung gegenüber dieser Gesellschaft zu erfolgen habe. Dann existiere jedoch auch ein eigenständiger Rechtsträger, demgegenüber Außenwirkung bestehen könne, mithin also in diesen Fällen auch ein Verwaltungsakt vorliegen müsse. Er will das Problem der Selbstfestsetzung wohl auf die Fälle der öffentlich-rechtlichen Organisation verkürzen, geht hier dann aber von fehlender Außenwirkung auf Grund funktionaler Aufgabenidentität aus.[354]

---

351 *Ehlers*, in: ders./Fehling/Pünder (Hrsg.), Besonderes Verwaltungsrecht, Band I, § 18 Rn. 77; *Frotscher/Kramer*, Wirtschaftsverfassungs- und Wirtschaftsverwaltungsrecht, § 14 Rn. 338; *Pielow*, in ders. (Hrsg.), Gewerbeordnung, § 69 Rn. 21. Für die gegenüber dem eigenen Rechtsträger erlassene Baugenehmigung *Brohm*, Öffentliches Baurecht, § 30 Rn. 26.

352 Rechtsfragen der Existenz, der Wirksamkeit und der Bestandskraft von Verwaltungsakten, in: Liber amicorum Hans-Uwe Erichsen, S. 4 f.

353 In: ders. (Hrsg.), Gewerbeordnung, § 69 Rn. 23 f.

354 Zu dem Problem, wer bei Organisationsprivatisierung als Veranstalter anzusehen ist, siehe 5. Kapitel, A.I.2.

c) Stellungnahme

In Bezug auf die Notwendigkeit der Einordnung der Festsetzung als Verwaltungsakt auf Grund ansonsten bestehender Rechtsschutzlücken[355] ist darauf hinzuweisen, dass allein das praktische Bedürfnis der Einordnung nicht das Erfordernis einer dogmatischen Begründung ersetzen kann. Im Übrigen kann effektiver Rechtsschutz auch ohne die Qualifizierung als Verwaltungsakt gewährleistet werden.[356] Die Lösung des Bekanntgabe-Problems über das Erfordernis einer „Selbst-Bekanntgabe" kann ebenfalls nicht überzeugen. Der Vorschlag, es bedürfe eines Aktenvermerks oder einer vergleichbaren sinnlich wahrnehmbaren Manifestation des Festsetzungswillen[357], wirkt konstruiert und ist ersichtlich vom Wunsch geprägt, die Verwaltungsakteigenschaft zu bejahen. Die Entscheidung der Gemeinde, eine Festsetzung für ihre Veranstaltung vorzunehmen, dürfte sowieso in irgendeiner Form aktenkundig gemacht werden, ob man nun von einem internen Organisationsakt oder einem Verwaltungsakt ausgeht. Mithin könnte aus dem internen Aktenvermerk gar nicht geschlossen werden, ob es sich um die Bekanntgabe (nach außen an die eigene Behörde) des Verwaltungsaktes Festsetzung oder den internen Vermerk des Organisationsaktes Festsetzung handeln soll. Dieses Problem betrifft die Bekanntgabe in allen Fällen der In-Sich-Verwaltungsakte. Wer trotz des Fehlens verschiedener Rechtsträger eine Außenwirkung annimmt, müsste vom Erfordernis der Bekanntgabe in diesem Ausnahmefall absehen, und zwar schon deswegen, weil sich ein Unterschied zwischen Erklärung (Erlass) und Zugang (Bekanntgabe) des Verwaltungsaktes nicht feststellen lassen wird. Dann aber kann auch nicht festgestellt werden, ob überhaupt eine Bekanntgabe stattgefunden hat, mithin der Verwaltungsakt tatsächlich rechtlich existent geworden ist.

Soweit zur Begründung angeführt wird, es komme darauf an, ob die Gemeinde eine vergleichbare Maßnahme auch gegenüber einem Privaten hätte erlassen können[358], ist dieses Argument für die Bejahung der Außenwirkung belanglos, da gerade kein Fall vorliegt, in dem eine Maßnahme an einen Dritten ergangen ist, bei der Außenwirkung vorliegt, sondern eine Maßnahme gegenüber dem

355 *Steinweg*, Verwaltungsaktscharakter einer zugunsten des eigenen Verwaltungsträgers vorgenommenen marktverkehrsrechtlichen Festsetzung nach § 69 I GewO, GewArch 2004, S. 101 (106).

356 Siehe 6. Kapitel.

357 *Steinweg*, Verwaltungsaktscharakter einer zugunsten des eigenen Verwaltungsträgers vorgenommenen marktverkehrsrechtlichen Festsetzung nach § 69 I GewO, GewArch 2004, S. 101 (106).

358 So ausdrücklich HessVGH, NVwZ-RR 2003, S. 345 (346).

eigenen Rechtsträger und diese Maßnahme beurteilt werden muss. Ebensowenig kann das Argument überzeugen, die Behörde handele bei der Marktfestsetzung auf Grund einer ihr als Pflichtaufgabe übertragenen gesetzlichen Zuständigkeit.[359] Diese Aussage ist zwar richtig, rechtfertigt aber keine andere Beurteilung der Außenwirkungsproblematik. Maßgeblich ist die Frage nach der *funktionalen Identität* der Aufgabenerfüllung.[360] Die Behörde unterliegt zwar *nach* Erlass der Festsetzung als Tätigkeit im Rahmen staatlicher Auftragsangelegenheit oder Pflichtaufgabe zur Erfüllung nach Weisung entweder der Fach- oder Sonderaufsicht, nicht jedoch *bei* Erlass der Festsetzung. Diese Entscheidung ergeht auf Grund ihres Selbstverwaltungsrechts. So erscheint es kaum vorstellbar, dass der Beschluss der Gemeinde zur Festsetzung eines gemeindlichen Marktes seitens ihrer Behörde abgelehnt wird, zumal auch der Gemeinde der gebundene Anspruch aus § 69 Abs. 1 GewO zusteht. Bei der Fremdverwaltung werden *den Gemeinden* Angelegenheiten aufgegeben[361], die der Sache nach (funktional) Aufgaben des Staates bleiben, die Aufgaben werden nicht den Behörden zur Erfüllung aufgegeben, die Behörde handelt lediglich für die Gemeinde. Insofern kann in den Fällen des In-Sich-Verwaltungsaktes auch nicht von einer fehlenden funktionalen Identität der Aufgaben gesprochen werden, weswegen der Adressaten-Rechtsträger auch nicht in seiner Qualität als eigenständige Rechtspersönlichkeit[362] in Anspruch genommen wird, sondern bei Erlass der Festsetzung mir der Erfüllung seiner Aufgaben betraut ist. Nimmt er aber eine ihm obliegende Aufgabe wahr, kann die Erfüllung dieser Aufgabe nicht ihm gegenüber zugleich eine Betroffenheit in eigenen Selbstverwaltungsrechten bedeuten, mithin keine Außenwirkung vorliegen. Etwas anderes kann auch nicht aus § 20 Abs. 1 Nr. 5 VwVfG a.E. hergeleitet werden.[363] Diese Vorschrift trifft keine Aussage über die Außenwirksamkeit einer Maßnahme, sondern soll allein verhindern, dass eine gesamte Behörde von einer Aufgabenwahrnehmung gegenüber ihrer

---

359 HessVGH, NVwZ-RR 2003, S. 345 (346); *Jungkind*, Verwaltungsakte zwischen Hoheitsträgern, S. 47.

360 HessVGH, NVwZ-RR 2003, S. 345.

361 Allg. zur kommunalen Aufgabenerfüllung vgl. *Röhl*, in: Schoch (Hrsg.), Besonderes Verwaltungsrecht, 1. Kapitel Rn. 59 ff.

362 Zu dem Kriterium der Inanspruchnahme des Adressaten-Rechtsträgers gerade in seiner Qualität als eigenständige Rechtspersönlichkeit vgl. *Jungkind*, Verwaltungsakte zwischen Hoheitsträgern, S. 50 ff.

363 So aber *Brandt*, in: ders./Sachs (Hrsg.), Handbuch Verwaltungsverfahren und Verwaltungsprozess, Kapitel D, Handlungsformen und Entscheidungen im Verwaltungsverfahren, Rn. 69.

Anstellungskörperschaft ausgeschlossen wird.[364] Über diese fehlende Außenwirkung im Falle der Selbstfestsetzung kann auch nicht der Versuch hinweghelfen, auf Außenrechtsfolgen zwischen dem Veranstalter und der Allgemeinheit abzustellen.[365] Die Festsetzung hat grundsätzlich veranstalterbezogene Funktion und gestaltet dessen Rechtsbeziehungen zur Behörde. Fehlt ein privater Dritter, fehlt auch das Anknüpfungssubjekt für die Außenwirkung. Aus welchen Gründen gerade im Fall der Selbstfestsetzung auf die Allgemeinheit abgestellt und dadurch ein und derselben gewerberechtlichen Festsetzung unterschiedliche Außenrechtsfolgen beigemessen werden sollen, erschließt sich nicht. Vielmehr muss die Selbstfestsetzung wegen mangelnder Außenwirkung als rein interner Organisationsakt angesehen werden. Die Gemeinde entscheidet sich zur Durchführung einer Veranstaltung unter Anwendung der gewerberechtlichen Vorschriften, damit den Teilnehmern die Marktprivilegien zu Gute kommen. Dieses Auslösen der Marktprivilegien muss aber nicht zwingend an den Erlass eines Verwaltungsaktes geknüpft werden. Die Marktprivilegien entstehen als Rechtsfolgen der Festsetzung kraft Gesetzes, nicht zwingend als Rechtsfolgen eines Verwaltungsaktes. Ein interner Organisationsakt kann diese kraft Gesetzes bestehenden Rechtsfolgen ebenso auslösen. Gleiches gilt für die dem Veranstalter obliegenden Durchführungs- und Anzeigepflichten. Diese Pflichten sind zwar im Fall eines privaten Dritten mit dem Eintritt einer beabsichtigten, gestaltenden Außenrechtsfolge verknüpft. Zwingend ist dies aber nicht.[366] Daher bedarf es im Falle der Selbstfestsetzung keiner Konstruktion als Verwaltungsakt, vielmehr ist sie als interner Organisationsakt anzusehen.

C. Konkurrenzverhältnis zwischen gewerberechtlichen, kommunalrechtlichen und straßenrechtlichen Vorschriften

Die Veranstaltung von Märkten und Volksfesten bewegt sich im Rahmen der zwei voneinander zu trennenden Rechtsgebiete des Kommunalrechts und des Gewerberechts. Darüber hinaus besteht die Möglichkeit, Märkte ausschließlich

---

364 *Bonk/Schmitz*, in: Stelkens/Bonk/Sachs (Hrsg.), VwVfG, § 20 Rn. 38.

365 *Steinweg*, Verwaltungsaktscharakter einer zugunsten des eigenen Verwaltungsträgers vorgenommenen marktverkehrsrechtlichen Festsetzung nach § 69 I GewO, GewArch 2004, S. 101 (105).

366 So kann sich eine Gemeinde zur Organisationsprivatisierung entscheiden und ist dann z. B. an das GmbH-Gesetz gebunden. Entscheidet sich die Gemeinde zur internen Festsetzung, ist sie an den Titel IV der GewO gebunden.

mittels einer Sondernutzungserlaubnis zu gestalten.[367] Ein Konkurrenzverhältnis zu den kommunalrechtlichen oder gewerberechtlichen Vorschriften tritt in diesen Konstellationen nicht auf. Allerdings bedarf es der Sondernutzungserlaubnis auch bei kommunalrechtlicher oder gewerberechtlicher Gestaltung. Es handelt sich lediglich um ein „weniger" an Organisation. Anders sieht es hingegen bei der Abgrenzung der kommunalrechtlichen und der gewerberechtlichen Vorschriften aus. Beide Rechtsgebiete verfolgen unterschiedliche Zielsetzungen.[368] Während die Gemeindeordnungen die Einwohner der jeweiligen Gemeinde berechtigen, hat die gewerberechtliche Festsetzung zur Folge, dass über § 70 Abs. 1 GewO jedermann berechtigt ist, an der Veranstaltung teilzunehmen.[369] Im Übrigen haben die kommunalrechtlichen Vorschriften Regelungen der Infrastruktur und Daseinsvorsorge zum Inhalt, sie sollen jedoch keine gewerberechtlichen Ziele verfolgen.[370] Die Gemeinde kann mithin frei zwischen den beiden Rechtsregimen wählen, weder das Kommunal- noch das Gewerberecht verbieten ihr diese Wahlfreiheit.[371] Allerdings überlagert das bundesrechtliche Gewerberecht, wenn es einschlägig ist, die kommunalrechtlichen Vorschriften der einzelnen Länder.[372] Begründet wird dies mit dem zwischen den bundesrechtlichen Bestimmungen des Gewerberechts und den landesrechtlichen Bestimmungen des Kommunalrechts bestehenden Über-/Unterordnungsverhältnis.[373] Diese Begründung ist zwar insofern problematisch, als die bisherige Bundesgesetzgebungskompetenz für den Titel IV der GewO im Rahmen der Föderalismusreform auf die Landesgesetzgeber übergegangen ist. Mit Ausnahme von Rheinland-Pfalz[374] hat noch kein Land von seiner Gesetzgebungskompetenz im Bereich des Marktwesens

367 *Meßmer*, Marktveranstaltungen auf der Grundlage straßenrechtlicher Sondernutzungserlaubnisse und zulässige Auswahlkriterien, GewArch 2002, S. 409; *Stober/Eisenmenger*, Besonderes Wirtschaftsverwaltungsrecht, S. 91.

368 Ähnlich *Stober/Eisenmenger*, Besonderes Wirtschaftsverwaltungsrecht, S. 90.

369 *Stober/Eisenmenger*, Besonderes Wirtschaftsverwaltungsrecht, S. 90.

370 *Stober/Eisenmenger*, Besonderes Wirtschaftsverwaltungsrecht, S. 90.

371 *Stober/Eisenmenger*, Besonderes Wirtschaftsverwaltungsrecht, S. 90.

372 Statt vieler vgl. *Wagner*, in: Friauf (Hrsg.), Kommentar zur GewO, § 70 Rn. 11 m.w.N. aus Literatur und Rechtsprechung. Kritisch *Frotscher/Kramer*, Wirtschaftsverfassungs- und Wirtschaftsverwaltungsrecht, § 14 Rn. 369 m.w.N.

373 *Ennuschat*, in: Tettinger/Wank/ders., GewO, § 70 Rn. 5.

374 Dort ist das rheinland-pfälzische Landesgesetz über Messen, Ausstellungen und Märkte vom 03.04.2014 am 18.04.2014 in Kraft getreten (Gesetz- und Verordnungsblatt für das Land Rheinland-Pfalz vom 17.04.2014, S. 40).

Gebrauch gemacht, so dass das Bundesrecht über Art. 125 a GG fortgilt.[375] Sollte jedoch in Zukunft ein Land das Recht der Messen, Märkte und Ausstellungen eigenständig regeln, wäre der Vorrang des Gewerberechts jedenfalls nicht mehr mit dem Über-/Unterordnungsverhältnis zu rechtfertigen.[376]

Eine kommunalrechtliche Widmung wiederum kann nicht, auch nicht konkludent, die Festsetzung nach § 69 GewO ersetzen.[377] Dies folgt bereits daraus, dass der von der Gemeinde veranstaltete Markt eine öffentliche Einrichtung bleibt, auch wenn er nicht (mehr) festgesetzt wird.[378]

---

375 *Höfling/Rixen*, Die Landesgesetzgebungskompetenzen im Gewerberecht nach der Föderalismusreform, GewArch 2008, S. 1 ff.

376 So auch *Ennuschat*, in: Tettinger/Wank/ders., Gewerbeordnung, § 70 Rn. 5.

377 *Wagner*, in: Friauf (Hrsg.), Kommentar zur GewO, § 69 Rn. 37 m.w.N.

378 *Hurst*, Anmerkung zum Urteil des BVerwG vom 21.07.1964, DVBl. 1965, S. 523 (524); *Wagner*, in: Friauf (Hrsg.), Kommentar zur GewO, § 69 Rn. 37.

3. Kapitel: Konkurrenzverhältnisse

A. Bedeutung und Begriff des Konkurrenzverhältnisses

Um einen Markt durchführen zu können, bedarf der Veranstalter zumindest eines geeigneten Veranstaltungsplatzes und der Beschicker eines geeigneten Standplatzes, um seine Waren und Dienstleistungen anbieten zu können. Zum einen ist jedoch der hierfür in jeder Gemeinde zur Verfügung stehende Platz begrenzt, zum anderen werden aus wirtschaftlichen Gründen nur begrenzt Veranstaltungen durchgeführt oder aus konzeptionellen Gründen nur bestimmte Arten von Beschickern zugelassen. Häufig müssen Veranstalter oder Beschicker abgelehnt werden bzw. einem ihrer Konkurrenten wird der Platz zugeteilt. Für den einzelnen Beschicker oder Veranstalter kann eine solche Ablehnung von existentieller Bedeutung sein. Sie verlangen daher nach effektivem *Konkurrenzschutz.* Damit es in diesen Fällen allerdings überhaupt eines *Konkurrenzschutzes* bedarf, muss ein irgendwie geartetes *Konkurrenzverhältnis* zwischen zwei natürlichen oder juristischen Personen bestehen, die des Schutzes bedürfen und die öffentliche Hand, mithin hier die Gemeinde, muss an diesem Konkurrenzverhältnis in irgendeiner Form beteiligt sein.[379] *Konkurrenzschutz* bedeutet nämlich vordringlich gerichtlicher[380] Schutz gegen die Einwirkung der öffentlichen Hand in die Stellung eines Konkurrenten.[381] Streitgegenstand ist immer die Beteiligung der öffentlichen Hand an einer Konkurrenzsituation.[382] In der vorliegenden Arbeit wird im Folgenden die Frage beantwortet, in welchen Situationen eine Gemeinde in im Marktwesen bestehende Konkurrenzverhältnisse eingreift oder diese begründet und wie in diesen Situationen gerichtlicher Schutz in Anspruch genommen werden kann.

Für die Entstehung eines Konkurrenzverhältnisses ist stets Wettbewerb erforderlich.[383] Unter Wettbewerb wird nach allgemeiner Ansicht „das Streben

379 *Huber*, Konkurrenzschutz im Verwaltungsrecht, S. 30.

380 Zur prozessualen Gestaltung und Geltendmachung solcher Konkurrenzschutzsituationen siehe 6. Kapitel.

381 *Huber*, Konkurrenzschutz im Verwaltungsrecht, S. 76.

382 *Huber*, Konkurrenzschutz im Verwaltungsrecht, S. 79.

383 *Huber*, Konkurrenzschutz im Verwaltungsrecht, S. 30; *Pietzcker*, in: Schoch/Schneider/Bier (Hrsg.), VwGO, § 42 Abs. 1 Rn. 141. Der Begriff Konkurrenz wird auch synonym mit dem Begriff Wettbewerb verwendet, vgl. *Köhler*, in: Köhler/Bornkamm, Gesetz gegen den unlauteren Wettbewerb, Einl. Rn. 1.1.

mehrerer nach einem Ziel, das nicht alle erreichen können" verstanden.[384] Daraus ergibt sich, dass mindestens zwei Personen am Wettbewerbs- oder Konkurrenzverhältnis beteiligt sein müssen. Eine nähere Definition des Begriffs Wettbewerb existiert schon deshalb nicht[385], weil Wettbewerb kein feststehender Rechtsbegriff ist; es handelt sich vielmehr – wie beim Markt –, um ein tatsächliches Phänomen.[386] Möglich ist daher nur eine Beschreibung dieses tatsächlichen Phänomens. Gleiches gilt für das Konkurrenzverhältnis.[387] Auch das Konkurrenzverhältnis ist zunächst nur ein tatsächliches Geschehnis, das nur in seinen im Einzelfall existierenden Erscheinungen beschrieben werden kann. Die Summe dieser Einzelfälle lässt jedoch Gemeinsamkeiten erkennen, die es herauszufiltern und zu analysieren gilt. Zu diesen Gemeinsamkeiten gehört beispielsweise die Tatsache, dass zwischen zwei natürlichen und/oder juristischen Personen eine Wechselbeziehung besteht, die den Vorteil, der für den einen erstrebt wird, zwangsläufig zum Nachteil des anderen macht.[388] Weitere Gemeinsamkeit ist, dass dieser erstrebte Vorteil nicht für jeden verfügbar sein darf.[389] Die fehlende Verfügbarkeit wiederum ergibt sich daraus, dass der erstrebte Vorteil aus einem Gut oder einer Ressource besteht, die knapp bemessen ist, also nicht jeder erdenkliche Interessent in den Genuss des Vorteils kommen kann.[390] Der Vorteil ist regelmäßig in einer von der öffentlichen Hand zu vergebenen Leistung oder in einer von dem Bewerber zu besetzenden Position zu sehen.[391] In Konkurrenzverhältnissen geht es mithin um die rechtmäßige Verteilung dieser knappen Leistungen.[392] Ein Konkurrent ist folglich ein Mitbewerber um die zu vergebende Leistung oder Position, die nicht allen Mitbewerbern zuteil werden kann.[393]

---

384 *Köhler*, in: ders./Bornkamm, Gesetz gegen den unlauteren Wettbewerb, Einl. Rn. 1.6, unter Hinweis auf *I. Schmidt*, Wettbewerbspolitik und Kartellrecht, S. 1.

385 *Köhler*, in: ders./Bornkamm, Gesetz gegen den unlauteren Wettbewerb, Einl. Rn. 1.6.

386 *Zimmer*, in: Immenga/Mestmäcker, GWB, § 1 Rn. 114.

387 *Huber*, Konkurrenzschutz im Verwaltungsrecht, S. 31.

388 *Huber*, Konkurrenzschutz im Verwaltungsrecht, S. 32. Für den Wettbewerbsbegriff so auch *I. Schmidt*, Wettbewerbspolitik und Kartellrecht, S. 1.

389 *Huber*, Konkurrenzschutz im Verwaltungsrecht, S. 34.

390 *Huber*, Konkurrenzschutz im Verwaltungsrecht, S. 34.

391 *Brohm*, Die Konkurrentenklage, in: System des verwaltungsgerichtlichen Rechtsschutzes, Festschrift für Christian-Friedrich Menger zum 70. Geburtstag, S. 235; *Huber*, Konkurrenzschutz im Verwaltungsrecht, S. 34.

392 *Huber*, Konkurrenzschutz im Verwaltungsrecht, S. 34.

393 *Brohm*, Die Konkurrentenklage, in: System des verwaltungsgerichtlichen Rechtsschutzes, Festschrift für Christian-Friedrich Menger zum 70. Geburtstag, S. 235; *Huber*, Konkurrenzschutz im Verwaltungsrecht, S. 34.

Für das hier interessierende Marktwesen handelt es sich bei der zu verteilenden Position entweder um den jeweiligen Standplatz (C.I.). Konkurrenten sind dann die jeweiligen Beschicker. Es können jedoch auch Konkurrenzprobleme in Bezug auf die gesamte Veranstaltung entstehen. Die zu verteilende Position ist dann die zu erlangende Veranstaltereigenschaft für eine beabsichtigte Veranstaltung oder der jeweilige Veranstaltungsplatz. Hier können entweder zwei oder mehr Private um die Festsetzung und Erteilung einer Dienstleistungskonzession durch die Gemeinde zur Durchführung der Veranstaltung konkurrieren (C.II.), oder die Gemeinde tritt selbst als Veranstalterin in Konkurrenz zu einem privaten Dritten (C.III.). Zwischen diesen beteiligten Personen entsteht ein Konkurrenzverhältnis um die Verteilung der erstrebten Position Standplatz, Veranstaltungsplatz oder Veranstaltereigenschaft.

Allen in Betracht kommenden Konkurrenzverhältnissen ist überdies gemein, dass an ihnen die öffentliche Hand beteiligt ist.[394] Diese Tatsache ist insbesondere für die Frage des Schutzes dieser Konkurrenzverhältnisse relevant. Denn die Frage nach dem Konkurrenzschutz (gegenüber der Gemeinde) stellt sich nur dann, wenn Veränderungen in einem Konkurrenzverhältnis der Gemeinde zugerechnet werden können.[395] Eine Gemeinde beteiligt sich an einem Konkurrenzverhältnis, indem sie eine Verteilungs- oder Verteilungslenkungsentscheidung trifft.[396] Diese Entscheidung entfaltet sodann Doppelwirkung.[397] Sie führt auf der einen Seite zu einer Begünstigung in der Form, dass ein Mitbewerber den erstrebten Vorteil erlangt. Zugleich folgt aus dieser Entscheidung, dass der andere Mitbewerber den erstrebten Vorteil nicht erlangt. Es entsteht das für diese Konkurrenzverhältnisse typische Drei-Personen-Verhältnis.[398]

---

394 *Frenz*, Verwaltungsgerichtlicher Rechtsschutz in Konkurrenzsituationen, S. 13; *Huber*, Konkurrenzschutz im Verwaltungsrecht, S. 49.

395 *Erichsen*, Konkurrentenklagen im Öffentlichen Recht, JURA 1994, S. 385; *Huber*, Konkurrenzschutz im Verwaltungsrecht, S. 50.

396 *Huber*, Konkurrenzschutz im Verwaltungsrecht, S. 34. Zum Begriff Verteilungslenkung vgl. auch *Martini*, Der Markt als Instrument hoheitlicher Verteilungslenkung, S. 6.

397 *Schenke*, Rechtsprobleme des Konkurrentenrechtsschutzes im Wirtschaftsverwaltungsrecht, NVwZ 1993, S. 718 (720).

398 *Scherer*, Öffentlich-rechtliche Konkurrentenklagen im Wirtschafts- und Beamtenrecht, JURA 1985, S. 11.

Die Gemeinde entscheidet über die Verteilung der Standplätze, die Festsetzung einer Veranstaltung bei konkurrierenden Anträgen oder die Erteilung einer Dienstleistungskonzession bei mehreren Bewerbern.

Die einzelnen, faktisch bestehenden Konkurrenzverhältnisse lassen sich nach Anspruchszielen differenzieren.[399] Diese Differenzierung dient vor allem der dogmatischen Einordnung sogenannter „Konkurrentenklagen"[400], hilft jedoch auch dabei, die bestehenden Konkurrenzverhältnisse zu kategorisieren. Daher soll an dieser Stelle zunächst eine Darstellung der üblichen Systematisierung erfolgen (B.), um sodann die einzelnen bestehenden Konkurrenzsituationen im Marktwesen in dieses System einzuordnen (C.).

B. Systematisierung der Konkurrenzverhältnisse und Konkurrenzschutzbegehren nach Anspruchszielen

Ein Konkurrenzverhältnis ist grundsätzlich gegeben, wenn bei der Verteilung eines knappen Gutes (oder einer nur begrenzt zur Verfügung stehenden Position) die Zuteilung an den einen zwangsläufig den Nachteil des anderen zur Folge hat.[401] Bei genauer Betrachtung einzelner Konkurrenzsituationen wird deutlich, dass der jeweilige Konkurrent dabei auf unterschiedliche Weise betroffen sein kann. Diese unterschiedliche Betroffenheit ergibt sich aus den verschiedenen Möglichkeiten, die sich der öffentlichen Hand eröffnen, um auf ein Konkurrenzverhältnis einzuwirken oder es zu begründen. Die unterschiedliche Art der Einwirkung der öffentlichen Hand auf ein Konkurrenzverhältnis beeinflusst auch die

399 Umfassend hierzu *Huber*, Konkurrenzschutz im Verwaltungsrecht, S. 79 ff.

400 Konkurrentenklagen lassen sich gemeinhin in negative, positive und „ausschließende" oder verdrängende Konkurrentenklagen einteilen. Im Einzelnen variiert die Bezeichnung. *Pitschas*, Verwaltungsgerichtlicher Erwerbsschutz im Personbeförderungsrecht durch Konkurrentenklage?, GewArch 1981, S. 216 ff. will neben positiven und negativen Klagen noch zwischen defensiven und offensiven Klagen unterscheiden. Die differenziertesten Aufstellungen finden sich bei *Scherer*, Öffentlich-rechtliche Konkurrentenklagen im Wirtschafts- und Beamtenrecht, JURA 1985, S. 11 und *Huber*, Konkurrenzschutz im Verwaltungsrecht, S. 79 ff.

401 *Huber*, Konkurrenzschutz im Verwaltungsrecht, S. 34 und für das Beamtenrecht *Siegmund-Schultze*, Zur Konkurrentenklage im Beamtenrecht aus der Sicht der Verwaltungspraxis, VerwArch 73 (1982), S. 137 (139). Ähnlich auch *Schenke*, Rechtsprobleme des Konkurrenzschutzes im Wirtschaftsverwaltungsrecht, NVwZ 1993, S. 718 (720).

(prozessualen)[402] Möglichkeiten zum Schutz der Konkurrenten.[403] In der Literatur[404] sind daher verschiedentlich Versuche unternommen worden, die einzelnen Konkurrenzverhältnisse und die sich daraus ergebenden Konkurrenzschutzbegehren zu kategorisieren. Üblicherweise werden drei Konkurrenzsituationen unterschieden. Ein Konkurrent wendet sich entweder gegen die Begünstigung seines Mitbewerbers (Konkurrentenabwehrbegehren), er verlangt die Gleichstellung mit einem schon begünstigten Mitbewerber (Konkurrentengleichstellungsbegehren) oder er verlangt die Vergünstigung *an Stelle* des ursprünglich begünstigten Mitbewerbers (Konkurrentenverdrängungsbegehren).[405]

I. Konkurrentenabwehrbegehren

Dieser Fall beschreibt die Situation, in der ein Konkurrent dagegen vorgehen möchte, dass die öffentliche Verwaltung ihn durch ihr Eingreifen einem neuen Konkurrenzverhältnis ausgesetzt hat, also ein neues Konkurrenzverhältnis mit einem Dritten begründet.[406] Typisch für diese Art von Konkurrenzverhältnis ist, dass ein am Markt ansässiger Altunternehmer dadurch beeinträchtigt wird, dass ein neuer Bewerber nun ebenfalls Zugang zu dem zuvor dem Altunternehmer allein, oder mit bekannten Konkurrenten, „gehörenden" Markt hat.[407] Es soll demnach das Auftreten neuer Konkurrenten abgewehrt werden.[408] Da der Konkurrent hier nur die Beseitigung der Begünstigung des Dritten verlangt, durch die er sich benachteiligt fühlt, gehört diese Kategorie zu den Fällen der

402 Siehe hierzu 6. Kapitel.

403 *Huber*, Konkurrenzschutz im Verwaltungsrecht, S. 50.

404 Statt vieler vgl. *Fehling*, Die Konkurrentenklage bei der Zulassung privater Rundfunkveranstalter, S. 264 ff. mit umfassenden weiteren Nachweisen zum Meinungsstand in der Literatur.

405 *Rennert*, Konkurrentenklagen bei begrenztem Kontingent, DVBl. 2009, S. 1333 m.w.N.

406 *Huber*, Konkurrenzschutz im Verwaltungsrecht, S. 81; *Rennert*, Konkurrentenklagen bei begrenztem Kontingent, DVBl. 2009, S. 1333; *Scherer*, Öffentlich-rechtliche Konkurrentenklagen im Wirtschafts- und Beamtenrecht, JURA 1985, S. 11 (12).

407 *Huber*, Konkurrenzschutz im Verwaltungsrecht, S. 81; *Scherer*, Öffentlich-rechtliche Konkurrentenklagen im Wirtschafts- und Beamtenrecht, JURA 1985, S. 11 (12).

408 *Huber*, Konkurrenzschutz im Verwaltungsrecht, S. 81; *Scherer*, Öffentlich-rechtliche Konkurrentenklagen im Wirtschafts- und Beamtenrecht, JURA 1985, S. 11 (12).

sogenannten negativen Konkurrenzschutzbegehren.[409] Übertragen auf die Konkurrenzsituation im Marktwesen, könnte in den Fällen, in denen einem Neubewerber anstelle eines alteingesessenen Beschickers der Standplatz zur Verfügung gestellt wird oder ein neuer Veranstalter mit der Durchführung des Marktes oder Volksfestes beauftragt wird, ein solches Konkurrentenabwehrbegehren angenommen werden.

Ebenfalls zu den Fällen der negativen Konkurrenzschutzbegehren zählen die Fiskusabwehransprüche.[410] Im Gegensatz zu den Konkurrentenabwehransprüchen geht es dem Konkurrenten in diesen Fällen nicht darum, die Beeinträchtigung durch das Erscheinen eines neuen privaten Dritten auf dem relevanten Markt zu verhindern.[411] Vielmehr werden hiervon Fälle erfasst, in denen die öffentliche Hand selbst dem „Altunternehmer" Konkurrenz macht.[412] Die Besonderheit dieser Fälle liegt darin, dass hier nicht das typische Dreipersonenverhältnis vorliegt, sondern es sich um ein lediglich bipolares Verhältnis zwischen öffentlicher Hand und Konkurrent handelt.[413] Aus diesem Grund will *Huber*[414] diese Kategorie auch nicht zu den „Konkurrentenabwehrklagen" zählen. Es läge insoweit ein struktureller Unterschied vor, der die Gleichbehandlung verbiete. Er weist zudem darauf hin, dass sich in diesen Fällen der etablierte Unternehmer oft nicht gegen die Konkurrenz der öffentlichen Hand als solche wendet, sondern nur gegen die Art und Weise ihrer konkurrenzwirtschaftlichen Betätigung. Ob man diese Kategorie aus dogmatischen Gründen auch zu den „Konkurrentenklagen" zählt, kann im Ergebnis dahinstehen, obgleich gewichtige

---

409 *Huber*, Konkurrenzschutz im Verwaltungsrecht, S. 81; *Scherer*, Öffentlich-rechtliche Konkurrentenklagen im Wirtschafts- und Beamtenrecht, JURA 1985, S. 11 (12); *Schenke*, Rechtsprobleme des Konkurrentenrechtsschutzes im Wirtschaftsverwaltungsrecht, NVwZ 1993, S. 718 (719).

410 *Huber*, Konkurrenzschutz im Verwaltungsrecht, S. 82; *Scherer*, Öffentlich-rechtliche Konkurrentenklagen im Wirtschafts- und Beamtenrecht, JURA 1985, S. 11 (13).

411 *Huber*, Konkurrenzschutz im Verwaltungsrecht, S. 82; *Scherer*, Öffentlich-rechtliche Konkurrentenklagen im Wirtschafts- und Beamtenrecht, JURA 1985, S. 11 (13).

412 *Frenz*, Verwaltungsgerichtlicher Rechtsschutz in Konkurrenzsituationen, S. 14; *Huber*, Konkurrenzschutz im Verwaltungsrecht, S. 82.

413 *Brohm*, Die Konkurrentenklage, in: System des verwaltungsgerichtlichen Rechtsschutzes, Festschrift für Christian-Friedrich Menger zum 70. Geburtstag, S. 236; *Huber*, Konkurrenzschutz im Verwaltungsrecht, S. 83.

414 Konkurrenzschutz im Verwaltungsrecht, S. 82.

Gründe dagegen sprechen.[415] Um einen privaten Konkurrenten umfassend vor Konkurrenz zu schützen – und nur darauf kann es bei der Frage des *Konkurrenzschutzes* ankommen – muss dieser aber vor jeder (rechtswidrigen) Intervention der öffentlichen Hand, die ein Konkurrenzverhältnis hervorruft oder in ein solches eingreift, geschützt werden. Daher ist im Rahmen dieser Arbeit auch auf diese Fälle einzugehen. In Betracht kommen können hier die Fälle der „Rekommunalisierung"[416] oder auch Fälle, in denen eine Gemeinde zeitgleich mit einem privaten Veranstalter einen Markt oder ein Volksfest veranstalten will, und der private Veranstalter sich gegen die Konkurrenz der Gemeinde mit dem Vortrag wehrt, die Veranstaltung der Gemeinde sei schon aus kommunalwirtschaftsrechtlicher Sicht unzulässig.[417]

Darüber hinaus wird die Kategorie der Begünstigungsabwehransprüche genannt.[418] Hierunter fallen diejenigen Fälle, in denen sich der in seinen Interessen verletzte Konkurrent gegen eine, auf eine Einwirkung der öffentlichen Hand zurückführbare, für ihn negative Beeinflussung des Konkurrenzverhältnisses wendet.[419] Im Unterschied zu den zuvor genannten Kategorien ist das Konkurrenzverhältnis jedoch nicht erst durch die Intervention der öffentlichen Hand entstanden, sondern es bestand bereits zuvor.[420] Es werden lediglich durch die Einwirkung der öffentlichen Hand „die marktmäßigen Ausgangspositionen der beteiligten Konkurrenten verändert"[421]. Daher geht es dem Abwehr suchenden Mitbewerber auch nur darum, die ihn belastende Begünstigung des Konkurrenten zu beseitigen, nicht jedoch darum, das bestehende Konkurrenzverhältnis zu beenden.[422] Auch diese Abwehransprüche werden in prozessualer Hinsicht zu den negativen Konkurrentenklagen gezählt.[423] Es handelt sich vor allem um solche Konstellationen, in denen Wettbewerber die Gewährung von Beihilfen und

---

415 *Huber*, Konkurrenzschutz im Verwaltungsrecht, S. 83.

416 VG Minden, Urteil vom 26.04.2007 – 3 K 660/06 – abrufbar unter www.juris.de.

417 Zur Konkurrenz von Gemeinde und privatem Veranstalter vgl. BVerwG, GewArch 2006, S. 164 ff.; VG Darmstadt, GewArch 2007, S. 384 ff.

418 *Huber*, Konkurrenzschutz im Verwaltungsrecht, S. 84; *Scherer*, Öffentlich-rechtliche Konkurrentenklagen im Wirtschafts- und Beamtenrecht, JURA 1985, S. 11 (14).

419 *Huber*, Konkurrenzschutz im Verwaltungsrecht, S. 84.

420 *Huber*, Konkurrenzschutz im Verwaltungsrecht, S. 84.

421 *Huber*, Konkurrenzschutz im Verwaltungsrecht, S. 84.

422 *Huber*, Konkurrenzschutz im Verwaltungsrecht, S. 84.

423 *Huber*, Konkurrenzschutz im Verwaltungsrecht, S. 84; *Scherer*, Öffentlich-rechtliche Konkurrentenklagen im Wirtschafts- und Beamtenrecht, JURA 1985, S. 11 (14).

Subventionen an ihre Mitkonkurrenten angreifen.[424] Für das Marktwesen sind solche Konstellationen schwer vorstellbar. Es ließe sich zwar an Fälle denken, in denen eine Gemeinde unterschiedlich hohe Standplatzvergütungen verlangt. Praktisch relevant sind solche Konstellationen bisher – soweit ersichtlich – allerdings nicht geworden.

II. Konkurrentengleichstellungsbegehren

Unter Konkurrentengleichstellungsbegehren sind diejenigen Konstellationen zu verstehen, in denen ein Konkurrent die Gleichstellung mit einem Mitbewerber fordert.[425] Im Anschluss an die Gleichstellung soll eine Situation eintreten, in der sich der Konkurrent „auf gleicher Höhe“ bzw. *neben* dem Mitbewerber wieder findet. Es handelt sich damit um Fälle sogenannter *„positiver Konkurrentenklagen“*[426], bei denen der Konkurrent über die Abwehr der mit belastender Doppelwirkung verbundenen Begünstigung seines Mitbewerbers hinaus dieselbe Begünstigung für sich begehrt.[427] Hier stellt sich ebenfalls die Frage, ob diese Fälle tatsächlich ein typisches Konkurrenzproblem darstellen. Denn strukturell weisen diese Klagen zumeist keinen Unterschied zu normalen Verpflichtungssituationen auf.[428] Ein Bewerber verlangt in diesen Fällen die Gleichstellung mit einem Konkurrenten. Hierzu muss er jedoch nur – bei ausreichendem Kontingent – die eigene Ablehnung angreifen, es fehlt jedoch an der

---

424 *Huber*, Konkurrenzschutz im Verwaltungsrecht, S. 84.

425 *Erichsen*, Konkurrentenklagen im öffentlichen Recht, JURA 1994, S. 385 (388); *Huber*, Konkurrenzschutz im Verwaltungsrecht, S. 86.

426 *Huber*, Konkurrenzschutz im Verwaltungsrecht, S. 86; *Pitschas*, Verwaltungsgerichtlicher Erwerbsschutz im Personenbeförderungsrecht durch Konkurrentenklage?, GewArch 1981, S. 216 (217); *Schenke*, Rechtsprobleme des Konkurrentenrechtsschutzes im Wirtschaftsverwaltungsrecht, NVwZ 1993, S. 718 (719); *Scherer*, Öffentlich-rechtliche Konkurrentenklagen im Wirtschafts- und Beamtenrecht, JURA 1985, S. 11 (16); *Erichsen*, Konkurrentenklagen im öffentlichen Recht, JURA 1994, S. 385 (388) spricht von „Partizipativer Konkurrentenklage“.

427 *Huber*, Konkurrenzschutz im Verwaltungsrecht, S. 86; *Erichsen*, Konkurrentenklagen im öffentlichen Recht, JURA 1994, S. 385 (388).

428 *Huber*, Konkurrenzschutz im Verwaltungsrecht, S. 87. Davon abzugrenzen sind aber die „eigentlichen“ Konkurrentengleichstellungsansprüche, bei denen sich der Konkurrent die Interventionsmöglichkeit der öffentlichen Hand zunutze machen möchte, um seine Position im Konkurrenzverhältnis zu verbessern, bei denen also das Unterlassen von Einwirkung die belastende Wirkung hervorruft.

typischen Situation der Doppelwirkung des Verwaltungshandelns.[429] Gegenstand der Klage oder des Anspruch ist hier primär die Intervention der Verwaltung und nicht die Begünstigung des Mitbewerbers.[430] Das Konkurrenzverhältnis tritt hinter den gegenüber der öffentlichen Hand bestehenden Leistungsanspruch zurück.[431] Sofern der Konkurrent also nur Parallelität mit seinem Mitkonkurrenten verlangt, kann von einem klassischen Konkurrenzverhältnis nicht gesprochen werden.[432] Dies ergibt sich bereits aus dem Erfordernis des „Ziels, das nicht jeder erreichen kann“[433]. Kann Gleichheit mit dem anderen Bewerber hergestellt werden, fehlt es daran, denn in diesem Fall *kann* jeder das Ziel erreichen.

Scherer[434] will die Fälle, in denen ein Konkurrent die Zulassung zu einer öffentlichen Einrichtung erstrebt, zu dieser Kategorie zählen. Daher kommt diese Art von Begehren, obwohl es kein klassisches Konkurrenzschutzbegehren ist, auch in dem hier interessierenden Rahmen des Markt- und Volksfestwesens in Betracht. Denn die Zulassung zu einem Volksfest oder Markt wird zuweilen mit dem Anspruch auf Zulassung zu einer kommunalen öffentlichen Einrichtung verglichen.[435] Der Markt sei eine öffentliche Einrichtung und die Beschicker seine Benutzer.[436] Dass der Markt oder das Volksfest eine öffentliche Einrichtung sein kann, wurde bereits erörtert.[437] Ob die Beschicker auch als Benutzer qualifiziert werden können und eine Vergleichbarkeit daher besteht, wird noch zu erörtern sein.[438] Fraglich ist allerdings zunächst bereits, ob – wie *Scherer* meint – die Zulassungsfälle reine Gleichstellungsfälle sind. Sind sie schon

---

429 *Huber*, Konkurrenzschutz im Verwaltungsrecht, S. 88; *Scherer*, Öffentlich-rechtliche Konkurrentenklagen im Wirtschafts- und Beamtenrecht, JURA 1985, S. 11 (16).

430 *Huber*, Konkurrenzschutz im Verwaltungsrecht, S. 88.

431 *Huber*, Konkurrenzschutz im Verwaltungsrecht, S. 88.

432 *Huber*, Konkurrenzschutz im Verwaltungsrecht, S. 88; *Scherer*, Öffentlich-rechtliche Konkurrentenklagen im Wirtschafts- und Beamtenrecht, JURA 1985, S. 11 (16).

433 *Köhler*, in: ders./Bornkamm, Gesetz gegen den unlauteren Wettbewerb, Einl. Rn. 1.6 unter Hinweis auf *I. Schmidt*, Wettbewerbspolitik und Kartellrecht, S. 1.

434 Öffentlich-rechtliche Konkurrentenklagen im Wirtschafts- und Beamtenrecht, JURA 1985, S. 11 (16).

435 Tatsächlich soll den Beschickern auch der Zulassungsanspruch aus z.B. § 8 GO NRW zukommen, vgl. *Wagner*, in: Friauf (Hrsg.), Kommentar zur GewO, § 70 Rn. 10.1.

436 A.A. *U. Stelkens*, in: Stelkens/Bonk/Sachs (Hrsg.), VwVfG, § 35 Rn. 121.

437 1. Kapitel, B.

438 4. Kapitel, D.III.

keine Gleichstellungsfälle, kann ein Vergleich mit ihnen auch nicht die Fälle der Markt- und Volksfestzulassung zu solchen der Gleichstellung werden lassen.

III. Konkurrentenverdrängungsbegehren

Bei den Konkurrentenverdrängungsbegehren verlangt ein Konkurrent ebenfalls die Gleichstellung mit einem Mitbewerber.[439] Voraussetzung für die Möglichkeit der Gleichstellung ist in diesem Fall jedoch, dass ein anderer Mitbewerber zunächst aus seiner Position verdrängt werden muss.[440] Es handelt sich mithin um Fälle begrenzter Kontingente.[441] Hier ist das zu erreichende Ziel aus tatsächlichen Gründen nicht für alle erreichbar, es liegt daher ein klassisches Konkurrenzverhältnis vor. Der Unterschied zu den weiteren Konkurrenzverhältnissen, die zwar ebenfalls der Verteilung eines knappen Gutes (oder einer begrenzten Position) als entscheidendes Merkmal bedürfen, liegt in der unmittelbaren Vergabe des knappen Gutes (oder der nur begrenzt zur Verfügung stehenden Position) durch die öffentliche Hand, während in den anderen Fällen lediglich eine Verteilungs*lenkung* durch die öffentliche Hand vorgenommen wird.[442] Der Konkurrent wendet sich hier nicht gegen eine Maßnahme, durch die er sich in seinem Konkurrenzverhältnis zu einem Dritten verletzt fühlt, sondern er verlangt eine konkrete Position, die nur unter Ausschluss eines anderen erlangt werden kann.[443] Diese Auswahlentscheidung trifft die öffentliche Hand direkt.[444] Lehnt sie den Bewerber ab, wird er durch die Ablehnung unmittelbar benachteiligt. Für das Markt und Volksfestwesen könnte es sich sowohl bei der Verteilung der

---

439 *Huber*, Konkurrenzschutz im Verwaltungsrecht, S. 94; *Scherer*, Öffentlich-rechtliche Konkurrentenklagen im Wirtschafts- und Beamtenrecht, JURA 1985, S. 11 (16).

440 *Fehling*, Die Konkurrentenklage bei der Zulassung privater Rundfunkveranstalter, S. 265; *Huber*, Konkurrenzschutz im Verwaltungsrecht, S. 94; *Scherer*, Öffentlich-rechtliche Konkurrentenklagen im Wirtschafts- und Beamtenrecht, JURA 1985, S. 11 (16).

441 *Brohm*, Die Konkurrentenklage, in: System des verwaltungsgerichtlichen Rechtsschutzes, Festschrift für Christian-Friedrich Menger zum 70. Geburtstag, S. 237; *Huber*, Konkurrenzschutz im Verwaltungsrecht, S. 94; *Schenke*, Rechtsprobleme des Konkurrentenrechtsschutzes im Wirtschaftsverwaltungsrecht, NVwZ 1993, S. 718 (720).

442 *Huber*, Konkurrenzschutz im Verwaltungsrecht, S. 94.

443 *Brohm*, Die Konkurrentenklage, in: System des verwaltungsgerichtlichen Rechtsschutzes, Festschrift für Christian-Friedrich Menger zum 70. Geburtstag, S. 235; *Huber*, Konkurrenzschutz im Verwaltungsrecht, S. 94.

444 *Huber*, Konkurrenzschutz im Verwaltungsrecht, S. 94.

Standplätze als auch bei der Vergabe der „Veranstaltertätigkeit" um einen Konkurrentenverdrängungsanspruch handeln.

C. Einzelne Konkurrenzverhältnisse im kommunalen Marktwesen

Während unter B. eine allgemeine Übersicht zu der vorherrschenden Einteilung von Konkurrenzschutzbegehren gegeben wurde, sollen nun im Einzelfall die im Marktwesen bestehenden Konkurrenzverhältnisse dargestellt werden, um sie sodann den einzelnen Kategorien zuzuordnen.

I. Konkurrenzsituationen der Beschicker

Wenn eine Gemeinde einen Markt veranstaltet, muss sie regelmäßig die nur in begrenzter Anzahl zur Verfügung stehenden Standplätze an die interessierten Beschicker verteilen. Diese Standplatzvergabe ist bereits Inhalt zahlreicher verwaltungsgerichtlicher Entscheidungen gewesen, denn nicht selten ist die Teilnahme an einem bestimmten Markt oder einem bestimmten Volksfest für den jeweiligen Beschicker von existentieller Bedeutung. Wird ein Beschicker, vielleicht sogar mehrfach, abgelehnt, kann er seinen Beruf nicht mehr ausüben und ihm droht die Insolvenz. Diese Situation veranlasst die abgelehnten Beschicker regelmäßig, gerichtlichen Rechtsschutz in Anspruch zu nehmen. Ob ein Beschicker zu einem Markt oder Volksfest zugelassen wird, hängt dabei von verschiedenen Kriterien ab. Zum einen kann eine Gemeinde ein bestimmtes Veranstaltungskonzept oder eine bestimmte Angebotssparte bevorzugen.[445] Ist das Angebot eines Beschickers nicht mit diesem Konzept vereinbar, wird er abgelehnt. Will er dennoch eine Zulassung erreichen, weil er der Meinung ist, er gehöre zum Kreis der Teilnahmeberechtigten, so muss er der Ablehnung mit der Behauptung entgegentreten, sein Angebot sei durchaus mit dem Konzept der Gemeinde vereinbar. Er muss sich hingegen nicht gegen einen anderen Bewerber wenden, der an seiner Stelle einen Platz erhalten hat. Die Ablehnung ergibt sich hier nicht aus einem begrenzten Kontingent, sondern weil der Beschicker zuvor festgelegte Voraussetzungen nicht erfüllt. Diese Fälle können daher als

445 Für gewerberechtliche Veranstaltungen räumt § 70 II GewO die Möglichkeit ein, den durch den Typus der Veranstaltung und den Festsetzungsgegenstand konkretisierten Teilnehmerkreis weiter zu beschränken. Im Übrigen werden allein durch die Festsetzung diejenigen Antragsteller von vorneherein ausgeschlossen, die nicht zum Themenkreis der Veranstaltung gehören. Liegt eine rein kommunalrechtliche Veranstaltung vor, wird der Teilnehmerkreis durch den Satzungsumfang begrenzt.

Gleichstellungsbegehren eingestuft werden, die keine echten Konkurrenzsituationen darstellen.[446] Ihnen soll daher im Folgenden nicht weiter nachgegangen werden.

Anders stellt es sich jedoch dar, wenn ein Beschicker, obwohl er wie ein Mitbewerber die Voraussetzungen zur Zulassung erfüllt, abgelehnt werden muss, weil nicht genügend Standplätze vorhanden sind, um allen Bewerbern gerecht zu werden und einem anderen Bewerber der Vorzug gegeben worden ist. Hierbei handelt es sich um ein Problem der staatlichen Verteilung knapper Güter bzw. die nur einmal zu vergebende Position ist begrenzt.[447] Der Raum, auf dem der Markt oder das Volksfest stattfinden soll, stellt insofern das knappe Gut dar, das es zu verteilen gilt und die Möglichkeit, die Beschickertätigkeit aufzunehmen, die begrenzte Position.[448] Gelingt es aber dem abgelehnten Beschicker nicht, einen Standplatz zu erhalten, kann er mit den Besuchern der Veranstaltung nicht in Kontakt treten und nicht seinem Gewerbe nachgehen.[449] Bei diesen Konstellationen könnte es sich um Fälle des Konkurrentenverdrängungsbegehrens handeln. Zwar ist in der älteren Rechtsprechung das Vorliegen eines rechtlich erheblichen Konkurrenzverhältnisses abgelehnt worden. So führte der *VGH BW*[450] aus, dass der Zulassung zu einer Veranstaltung die notwendige Doppelwirkung fehle. Die Zulassungsansprüche der Bewerber zielten nur auf die Teilnahme als solche, nicht aber auf einen bestimmten Platz ab und seien als rechtlich selbständig und voneinander unabhängig zu bewerten. Die Zulassung eines Bewerbers schließe nicht rechtlich, sondern nur tatsächlich die Zulassung eines weiteren Bewerbers auf demselben Platz aus. Mit diesem Argument lehnte der *VGH BW* bereits die inhaltliche Auseinandersetzung mit den Begehren der abgelehnten Beschicker ab. Auch in der Literatur fand sich die Ansicht, dass es „auf Grund der Rechtsbeständigkeit der Vergabeentscheidung

---

446 Hierzu 3. Kapitel, B.II.

447 *Kupfer*, Die Verteilung knapper Ressourcen im Wirtschaftsverwaltungsrecht, S. 222, der von Ressourcen spricht.

448 Es handelt sich um einen Fall der gewillkürten Knappheit, da das Ausmaß des Marktplatzes keine einer Beeinflussung durch den menschlichen Willen grundsätzlich entzogene Größe ist, sondern auf dem Entschluss der Gemeinde beruht, vgl. *Kupfer*, Die Verteilung knapper Ressourcen im Wirtschaftsverwaltungsrecht, S. 222.

449 *Kupfer*, Die Verteilung knapper Ressourcen im Wirtschaftsverwaltungsrecht, S. 222.

450 NVwZ 1984, S. 254.

zum Rechtsuntergang komme".[451] Dies folge aus der Tatsache, dass Art. 14 Abs. 1 GG dem Schutz der geschlossenen Verträge diene bzw. die zivilrechtlichen Ansprüche schütze und die Rechtssicherheit im Wirtschaftsverkehr gewährleiste.[452] Erst die Entscheidung des *BVerfG*[453] führte zu einer Änderung der ständigen Rechtsprechung der Verwaltungsgerichte. Danach „*rechtfertige die Erschöpfung der Platzkapazität nicht die Versagung effektiven einstweiligen Rechtsschutzes. Das Fachgericht habe die entsprechende Verpflichtung gegenüber dem Veranstalter auszusprechen, dessen Aufgabe es sodann sei, die Umsetzung dieser Entscheidung zu verwirklichen. Hierfür stehe dem Veranstalter die Möglichkeit des Widerrufs, der Rücknahme und der außerordentlichen Kündigung zu. Es läge daher weder ein rechtliches noch ein faktisches Hindernis vor.*"[454] Dem folgen Rechtsprechung[455] und Literatur[456] heute zu weiten Teilen. Die Standplatzvergabe habe nach einem einheitlichen, gleichen Wettbewerbszugangsbedingungen genügenden Verfahren zu erfolgen.[457] Diese einheitlichen Bedingungen beträfen jeden Bewerber in gleicher Weise. Daher entstehe nicht nur ein rein tatsächliches, sondern zugleich auch ein rechtliches Konkurrenzverhältnis.[458] Die Rechtmäßigkeit der Auswahlentscheidung sei nämlich Bedingung für die Rechtmäßigkeit der Begünstigung

---

451 *Schmidt-Preuß*, Kollidierende Privatinteressen im Verwaltungsrecht, S. 492, der zwar das Vorliegen eines Konkurrenzverhältnisses und eines subjektiv-öffentlichen Rechts bejaht, aber im Ergebnis auch der Annahme der Rechtsbeständigkeit der Vergabeentscheidung folgt.

452 *Schmidt-Preuß*, Kollidierende Privatinteressen im Verwaltungsrecht, S. 492. Daher müsse hier eine Benachrichtigungspflicht eingeführt werden. Zur genauen verfahrensrechtlichen Gestaltung siehe 4. Kapitel.

453 NJW 2002, S. 3691.

454 A.A. *Wahl/Schütz*, in: Schoch/Schneider/Bier (Hrsg.), VwGO, § 42 Abs. 2 Rn. 311. *Ehlers*, in: ders./Fehling/Pünder (Hrsg.), Besonderes Verwaltungsrecht, Band I, § 18 Rn. 89 geht davon aus, dass der mit dem zu Unrecht bevorzugten Bewerber geschlossene Vertrag gem. §§ 134, 138 BGB als nichtig angesehen werden muss.

455 OVG Lüneburg, NVwZ-RR 2010, S. 208 ff.; BayVGH, BayVBl. 2011, S. 23.

456 *Hilderscheid*, Erzwungene Doppelvergabe von Standflächen auf festgesetzten Veranstaltungen, GewArch 2007, S. 129 (133); *Huber*, Konkurrenzschutz im Verwaltungsrecht, S. 96; *Rennert*, Konkurrentenklagen bei begrenztem Kontingent, DVBl. 2009, S. 1333 (1338); *Ruthig/Storr*, Öffentliches Wirtschaftsrecht, § 3 Rn. 383; *Wagner*, in: Friauf (Hrsg.), Kommentar zur GewO, § 70 Rn. 63.2; a.A. *Schönleiter*, in: v. Landmann/Rohmer (Hrsg.), GewO, Band I, § 70 Rn. 28; *Storr*, in: Pielow (Hrsg.), Gewerbeordnung, § 70 Rn. 55.1. Eine andere Frage betrifft die richtige Klageart; siehe hierzu 6. Kapitel.

457 Siehe 4. Kapitel, D.III.4.

458 *Wahl/Schütz*, in: Schoch/Schneider/Bier (Hrsg.), VwGO, Teil 1, § 42 Abs. 2 Rn. 311.

des Konkurrenten.[459] Die Auswahlentscheidung selbst beruhe dann aber wiederum auf Vorschriften, die dem Schutz aller Mitkonkurrenten dienen sollen.[460] Und selbst wenn die einfach-gesetzlichen Vorschriften nicht dem Schutze des Klägers zu dienen bestimmt seien, so läge zumindest eine mittelbar-faktische Grundrechtsbeeinträchtigung vor.[461]

Festgehalten werden kann an dieser Stelle, dass es sich bei dem Verhältnis der Beschicker untereinander um ein nicht nur tatsächlich bestehendes, sondern auch rechtlich relevantes Konkurrenzverhältnis handelt. Noch zu klären gilt es, auf welche Art und Weise der gerichtliche Rechtsschutz und in welchem Umfang dieser gewährleistet werden kann. Die Beantwortung dieser Frage hängt davon ab, ob die Standplatzvergabe tatsächlich mit den Fällen der Zulassung zu einer öffentlichen Einrichtung vergleichbar ist oder ob es sich nicht vielmehr um die Erteilung einer Dienstleistungskonzession handelt. Wäre dies der Fall, so könnte für die Beurteilung des Rechtsschutzes auf die hierzu ergangene Judikatur zurückgegriffen werden und sich aus einem Vergleich mit der in diesem Bereich vertretenen Ansichten möglicherweise eine andere Beurteilung ergeben. Bei der Vergabe von Dienstleistungskonzessionen wird ein Konkurrentenverdrängungsanspruch nämlich überwiegend abgelehnt. Dies gilt jedenfalls für die Situation nach Vertragsabschluss mit dem Konkurrenten, weil nach Vertragsschluss kein erfolgreicher Primärrechtsschutz mehr möglich sein soll, da der Vertrag zwischen dem Konkurrenten und der vergebenden Behörde wirksam zustande gekommen und durch die unterlegenen Bewerber nicht mehr angreifbar sei.[462] Eine Übertragung der Rechtsprechung des *BVerfG*[463] zum vorläufigen Rechtsschutz bei der Konkurrenz um die Beschickung eines Marktes soll in diesen Fällen gerade nicht vorgenommen werden.[464]

---

459 *Rennert*, Konkurrentenklagen bei begrenztem Kontingent, DVBl. 2009, S. 1333 (1338).

460 Für die Güterfernverkehrsgenehmigung vgl. BVerwG, NVwZ 1984, S. 507 ff. und für die Krankenhausfinanzierung BVerwG, NVwZ 2009, S. 525 ff. So auch *Rennert*, Konkurrentenklagen bei begrenztem Kontingent, DVBl. 2009, S. 1333 (1338). Zu den subjektiven Rechten der Beschicker siehe 5. Kapitel.

461 *Rennert*, Konkurrentenklagen bei begrenztem Kontingent, DVBl. 2009, S. 1333 (1338).

462 OVG Berlin-Brandenburg, NVwZ-RR 2011, S. 293 (294); *Ruhland*, Verfahren und Rechtsschutz bei der Vergabe von Dienstleistungskonzessionen, WiVerw 2007, S. 203 (208 f.); für das Vergaberecht: BVerfG, NVwZ 2004, S. 1224.

463 NJW 2002, S. 3691.

464 So ausdrücklich das OVG Berlin-Brandenburg, NVwZ-RR 2011, S. 293 f., das sich allerdings zu der Frage nach der Einordung von Standplätzen als Dienstleistungskonzession nicht verhält.

II. Konkurrenzsituationen konkurrierender Veranstalter

Neben der Konkurrenzsituation der Beschicker kommt es regelmäßig zu Verteilungsproblemen, wenn es um die Durchführung einer Veranstaltung geht. Hier muss systematisch unterschieden werden, ob es sich um eine Konkurrenzsituation zweier privater Veranstalter im Zuge der Übertragung einer Veranstaltung seitens der Gemeinde handelt oder ob ein Privater gleichzeitig mit einer Gemeinde um die Durchführung einer Veranstaltung konkurriert. Ausgenommen werden sollen hier die Fälle, in denen Private um die Festsetzung einer (rein) privaten Veranstaltung konkurrieren und die Gemeinde nur in ihrer Funktion als Festsetzungsbehörde in Erscheinung tritt, weil es sich hier schon begrifflich nicht um eine *kommunale Marktveranstaltung* handelt.[465]

1. Konkurrenzsituationen zwischen privaten Veranstaltern um die Durchführung einer kommunalen Veranstaltung

Hierbei handelt es sich um diejenigen Fälle, in denen eine Gemeinde beabsichtigt, eine von ihr bisher durchgeführte Veranstaltung auf einen privaten Dritten zu übertragen. So hatte das *VG Köln*[466] einen Sachverhalt zu entscheiden, in dem die beklagte Gemeinde an einen privaten Dritten jeweils Sondernutzungserlaubnisse und für einen längeren Zeitraum geltende Festsetzungen nach §§ 69 Abs. 1 GewO erteilte. Die Ausrichtung des Weihnachtsmarktes wurde im Amtsblatt der Beklagten öffentlich ausgeschrieben. Die Klägerin wandte sich gegen die Ablehnung ihrer Bewerbung zu Gunsten eines Mitbewerbers. In einem anderen, vom *OVG Berlin-Brandenburg*[467] entschiedenen Sachverhalt hatte die Gemeinde die Durchführung des Wochenmarktes nach Auslaufen des bisherigen Vertrages mit der Antragstellerin an eine Konkurrentin der Antragstellerin vergeben. In beiden Fällen begehrten die privaten Konkurrenten die Erteilung einer Dienstleistungskonzession an Stelle ihrer Mitbewerber. In einem weiteren, vom *VG Halle*[468] entschiedenen Sachverhalt ging es ebenfalls um die Erteilung von Festsetzungen an Konkurrenten. Das *VG Halle* geht jedoch, obwohl es ausdrücklich von „Privatisierung der kommunalen Wochenmärkte" spricht, nicht auf die Möglichkeit der Erteilung einer Dienstleistungskonzession ein, sondern bejaht einen Konkurrentenverdrängungsanspruch in den Fällen der Konkurrenz um die Festsetzung mit Hinweis auf die zu den Beschickern ergangene

---

465 So beispielsweise der Beschluss des NdsOVG, NVwZ-RR 2008, S. 776.

466 NVwZ-RR 2009, S. 327 f.

467 NVwZ-RR 2011, S. 293 f.

468 Urteil vom 27.08.2010 – 4 A 15/10 – abrufbar unter www.juris.de.

Rechtsprechung. Es sieht die Fälle also als vollständig vergleichbar an. Müsste man an dieser Stelle allerdings von der Erteilung einer Dienstleistungskonzession ausgehen, wird man mit der Argumentation der Gerichte zum Rechtsschutz bei der Erteilung einer Dienstleistungskonzession einen Konkurrentenverdrängungsanspruch deswegen ablehnen müssen, weil die Verträge nach Abschluss nicht mehr rückgängig gemacht werden können.[469]

2. *Konkurrenzsituation zwischen einer Gemeinde und einem privaten Dritten um die Festsetzung einer Veranstaltung*

Die dritte zu untersuchende Konkurrenzsituation betrifft das Konkurrenzverhältnis zwischen einer veranstaltenden Gemeinde und einem privaten Dritten. So hatte das *VG Minden*[470] einen Sachverhalt zu entscheiden, in dem der Kläger gleichzeitig und am selben Ort wie die Beigeladene, eine 100%ige Tochtergesellschaft der veranstaltenden Gemeinde, einen Wochenmarkt durchführen wollte. Ähnlich gestalteten sich auch die Sachverhalte, die der *HessVGH*[471] und das *OVG LSA*[472] zu beurteilen hatten. Die Kläger stützten ihr Begehren in diesen Fällen jeweils auf § 69 a Abs. 1 Nr. 3 GewO. Danach kann der Antrag auf Festsetzung abgelehnt werden, wenn die Durchführung der Veranstaltung dem öffentlichen Interesse widerspricht. Die Kläger rügen hier die fehlerhafte Auswahlentscheidung der Gemeinde. Die Gerichte nehmen an, es läge ein Fall des begrenzten Kontingents vor, denn zum fraglichen Zeitpunkt könnten nicht beide Bewerber, die Gemeinde und der private Veranstalter, die Veranstaltung durchführen. Die Festsetzung für die private Veranstaltung müsse jedoch abgelehnt werden, weil ihr ein öffentliches Interesse entgegen stehe. Dieses entgegenstehende öffentliche Interesse ergebe sich aus der Tatsache, dass es sich bei der Konkurrenzveranstaltung um eine gemeindliche Veranstaltung handele und diese einem öffentlichen Zweck diene. Innerhalb der sich aus § 69 a Abs. 1 Nr. 3 GewO ergebenen Problematik hatten das *OVG LSA*[473] und der *HessVGH*[474] auch

---

469 So explizit das OVG Berlin-Brandenburg, NVwZ-RR 2011, S. 293 f. Zum Problem der Stabilität solcher Verträge vgl. auch *Knöbl*, Rechtsschutz bei der Vergabe von Aufträgen unterhalb der Schwellenwerte, S. 56 f.

470 Urteil vom 26.04.2007 – 3 K 660/06 – abrufbar unter www.juris.de.

471 GewArch 2004, S. 482 ff.

472 Urteil vom 17.02.2011 – 2 L 126/09 – abrufbar unter www.juris.de.

473 Urteil vom 17.02.2011 – 2 L 126/09 – abrufbar unter www.juris.de.

474 GewArch 2004, S. 482 ff.

über die kommunalwirtschaftsrechtlichen Subsidiaritätklauseln[475] entscheiden müssen. Denn aus § 69 GewO ergibt sich die Pflicht zur sachgerechten Auswahl zwischen konkurrierenden Veranstaltern. Die Entscheidung über die Erteilung einer Festsetzung ist zwar grundsätzlich eine gebundene Entscheidung. Entsteht jedoch auf Grund der Tatsache, dass zur selben Zeit und am selben Ort Beteiligte eine Veranstaltung durchführen möchten, ein tatsächliches Konkurrenzverhältnis, wandelt sich der gebundene Anspruch in einen Anspruch auf ermessensfehlerfreie Entscheidung.[476] Ist eine dieser Beteiligten eine Gemeinde, die sowohl als Festsetzungsbehörde als auch als Konkurrentin auftritt, muss bei der Frage des öffentlichen Interesses die beabsichtigte Marktveranstaltung der Gemeinde mit in die sachgerechte Auswahlentscheidung einfließen, wenn die Veranstaltungstätigkeit der Gemeinde rechtlich zulässig ist.[477] Unterliegt die Veranstaltertätigkeit den Regeln über die wirtschaftliche Betätigung der Gemeinde, so muss die wirtschaftliche Betätigung der Gemeinde zulässig sein, damit die Veranstaltung als Konkurrenzveranstaltung in die Auswahlentscheidung mit einbezogen werden kann.[478] Insofern hat das *OVG LSA* inzident über einen eigentlich als Fiskusabwehranspruch zu qualifizierenden Sachverhalt entschieden, denn es geht dem Mitbewerber zumindest auch darum, das von der Gemeinde als Konkurrenz empfundene Verhalten zu verhindern. Dennoch sollten auch diese Fälle in die Kategorie der Konkurrentenverdrängungsklagen eingeordnet werden, denn dem benachteiligten Mitbewerber geht es hier nicht in erster Linie darum, sich der Konkurrenz durch die Gemeinde als solcher zu erwehren, sondern der Konkurrenz durch die Gemeinde zu einem bestimmten Zeitpunkt an einem bestimmten Ort. Diese Situation entspricht eher den Fällen der Verteilung knapper Güter, in denen ein Bewerber auf Grund des erschöpften Kontingents abgelehnt wird. Ob ein solcher Anspruch mit Blick auf eine mögliche Stabilität der Auswahlentscheidung auch besteht, ist eine andere Frage, deren Beantwortung im Folgenden noch zu leisten sein wird.

---

475 Zur Zulässigkeit kommunaler Wirtschaftstätigkeit durch das Veranstalten von Märkten siehe 1. Kapitel, C. Das Problem erwächst aus einer landesrechtlichen Besonderheit, da in den meisten Ländern Tätigkeiten im Bereich der Daseinsvorsorge von den Subsidiaritätsklauseln ausgenommen sind. Auch dazu 1. Kapitel, C.

476 *Ennuschat*, in: Tettinger/Wank/ders., Gewerbeordnung, § 69 Rn. 7.

477 So das BVerwG, GewArch 2006, S. 164; OVG LSA, Urteil vom 17.02.2011 – 2 L 126/09 – abrufbar unter www.juris.de; HessVGH, GewArch 2004, S. 482 (483).

478 BVerwG, GewArch 2006, S. 164; OVG LSA, Urteil vom 17.02.2011 – 2 L 126/09 – abrufbar unter www.juris.de; HessVGH, GewArch 2004, S. 482 (483).

4. Kapitel: Verteilungsverfahren und Verteilungsentscheidung

A. Erfordernis einer Verteilungsentscheidung

Durch die Entscheidung der öffentlichen Hand, zum Beispiel einer Gemeinde, einen Standplatz oder eine Dienstleistungskonzession an einen Bewerber zu vergeben, greift sie in bestehende Konkurrenzverhältnisse ein oder lässt sie entstehen. Die Notwendigkeit einer Verteilungsentscheidung beruht dabei auf unterschiedlichen Ursachen. Zunächst bedarf jede Verteilungsentscheidung einer Knappheitssituation, die eine Verteilung erfordert, das heißt eine Situation, in der ein begehrtes Gut oder eine bestimmte Position nicht in ausreichender Anzahl für alle Interessierten zur Verfügung steht. Diese Knappheitskonstellationen wiederum können auf unterschiedliche Ursachen zurück geführt werden. Daher soll in Parallele zur Kategorisierung der Konkurrenzsituationen eine kurze, generelle Einordnung der möglichen Knappheitskonstellationen erfolgen und die bereits beschriebenen Konkurrenzsituationen den einzelnen Knappheitskonstellationen, soweit dies an hiesiger Stelle bereits möglich ist, zugeordnet werden. Diese Kategorisierung dient dazu, aus ihr Rückschlüsse auf das erforderliche Verteilungsverfahren und die zulässigen Verteilungskriterien, die zur Verteilungsentscheidung führen, zu ziehen. Denn nur soweit ein Konkurrent auf Grund eines rechtmäßigen Verfahrens und eines zulässigen Verteilungskriteriums abgelehnt wurde, kann die Verteilungsentscheidung Bestand haben. Umgekehrt kann ein fehlerhaftes Verteilungskriterium oder eine in einem fehlerhaften Verfahren zu Stande gekommene Entscheidung dem unterlegenen Konkurrenten Anlass zum erfolgversprechenden Vorgehen gegen die Verteilungsentscheidung geben. Verteilungsprobleme können sich insbesondere bei der staatlicherseits verfügten Verteilung von Gütern oder Ressourcen ergeben, sie können aber auch notwendig werden, wenn von staatlicher Seite aus keine Güter angeboten werden, sondern der Staat als Nachfrager auf dem Markt auftritt. Im Bereich des kommunalen Marktwesens treten beide Konstellationen auf, wobei die Unterscheidung über die Ursachen der Knappheit erfolgt.

Ursache für bestehende Verteilungsprobleme in Bezug auf die Verteilung von Gütern oder Ressourcen können sowohl natürliche als auch gewillkürte Faktoren sein. Man spricht deswegen auch von natürlicher oder gewillkürter Knappheit.[479] Bei ersterer liegt die Knappheit in der physikalisch-technischen Natur des betreffenden Gutes[480] begründet, bei letzterer in einem Willensentschluss desjenigen, der über das Gut verfügt oder die Verfügung lenkt.

I. Natürliche Knappheit

In den Fällen der natürlichen Knappheit kann das zu verteilende Gut aus rein tatsächlichen Gründen nicht vermehrt werden und die vorhandene Menge genügt nicht, um alle Bewerber gleichermaßen teilhaben zu lassen. In diesen Fällen ist die Ursache der Mangelkonstellation der Rechtsordnung vorgelagert[481] und kann nicht – auch nicht theoretisch – durch eine Kapazitätserweiterung umgangen werden. *Zuck*[482] nennt als Beispiel die Größe eines Festplatzes. Er müsste folglich das Standplatzvergabeproblem unter der Prämisse der Zuordnung zu den Fällen der staatlichen Güterverteilung zu den Fällen der natürlichen Knappheit zählen, wie es auch von *Mösinger*[483] vertreten wird. Dieser Ansicht kann jedoch nicht gefolgt werden. Weder die Fälle der Standplatzvergabe noch jene, die die Benutzung des Veranstaltungsplatzes zum Gegenstand haben, beruhen auf einer natürlichen Knappheit. Wenn es für die Fälle der natürlichen

---

479 *Kupfer*, Die Verteilung knapper Ressourcen im Wirtschaftsverwaltungsrecht, S. 103, dessen Kategorisierung hier gefolgt werden soll und *Zuck*, Auswahl- und Verteilungsentscheidungen beim Bewerberüberhang, S. 10, der anstelle der gewillkürten Knappheit von Beschränkungen durch oder auf Grund Gesetzes spricht. A.A. *Mösinger*, Auswahlkriterien der Standplatzvergabe unter rechtlicher und ökonomischer Analyse, der zwischen begrenzten Kapazitäten und begrenztem Bedarf unterscheidet. Umfassend hierzu auch *Malaviya*, Verteilungsentscheidungen und Verteilungsverfahren, die zum einen zwischen hoheitlich bereit gestellten Gütern, Zulassung zu reglementierten Berufen und Dienstleistungen sowie natürlichen Ressourcen unterscheidet und zum anderen eine Abgrenzung staatlicher Güterverteilung von den Bereichen monetäre Umverteilung, Auftragsvergabe und Beamtenauswahl vornimmt. Die Unterscheidung zwischen Knappheit auf Grund natürlicher Ressourcen oder technischer Kapazitäten sowie die Möglichkeit der „normativen Verknappung" werden auch in Art. 12 I Dienstleistungsrichtlinie genannt, bzw. ergibt sich aus der Präambelerwägung Nr. 62 der Dienstleistungsrichtlinie.

480 *Kupfer*, Die Verteilung knapper Ressourcen im Wirtschaftverwaltungsrecht, spricht anstelle des Gutes von Ressourcen.

481 *Kupfer*, Die Verteilung knapper Ressourcen im Wirtschaftsverwaltungsrecht, S. 105.

482 Auswahl- und Verteilungsentscheidungen beim Bewerberüberhang, S. 9.

483 Auswahlkriterien der Standplatzvergabe unter rechtlicher und ökonomischer Analyse, S. 7.

Knappheit von entscheidender Bedeutung ist, dass eine Kapazitätserweiterung auch bei entsprechendem Bedürfnis und Wunsch nicht möglich ist, so ist dieses Merkmal in den genannten Fällen nicht erfüllt. Bei einem Festplatz, einem Marktplatz oder einem sonstigen Veranstaltungsgelände handelt es sich zumeist um kommunale öffentliche Einrichtungen.[484] Diese sind durch Widmung in ihrer konkreten Gestalt existent geworden und bei dieser Widmung handelt es sich um eine Willenserklärung der Gemeinde.[485] Sie bestimmt den Umfang der öffentlichen Einrichtung.[486] Es ist einer Gemeinde jedoch durchaus möglich, den Umfang eines Veranstaltungsgelände oder Marktplatzes zu erweitern, indem sie beispielsweise die umliegenden Straßen ebenfalls zur Nutzung als Marktveranstaltungsort widmet und auf diese Weise die vorhandenen Kapazitäten erweitert. Dass es tatsächlich aus rein natürlichen Gründen zu einer Knappheitskonstellation kommt, dürfte daher die absolute Ausnahme sein. Jeder der Veranstaltungen liegt dabei nämlich ein den Umfang festlegendes Konzept oder eine bestimmte Widmung zu Grunde. Die Hauptursache der Knappheit in diesen Konstellationen ist die Entscheidung eines Veranstalters, keine Ausweitung der Fläche vorzunehmen. Diese Entscheidung rechtfertigt es, von einer gewillkürten Knappheit zu sprechen.[487]

II. Gewillkürte Knappheit

Den Fällen der gewillkürten Knappheit ist gemein, dass die Mangelsituation von demjenigen verursacht wird, der auch über die Verteilung entscheidet. Es geht der Mangelsituation demnach eine Entscheidung voraus, die den Mangel begründet. Zu unterscheiden sind innerhalb dieser Konstellationen die Fälle der künstlichen Verknappung (*1.*) sowie diejenigen, in denen Verteilungsgüter nur begrenzt bereit gestellt werden (*2.*).

---

484 Siehe 1. Kapitel, B.

485 *Axer*, Die Widmung als Grundlage der Nutzung kommunaler öffentlicher Einrichtungen, NVwZ 1996, S. 114 (116).

486 *Axer*, Die Widmung als Grundlage der Nutzung kommunaler öffentlicher Einrichtungen, NVwZ 1996, S. 114 (116).

487 Ähnlich auch *Malaviya*, Verteilungsentscheidungen und Verteilungsverfahren, S. 94.

1. *Künstliche Verknappung*

In den Fällen der künstlichen Verknappung wird ein bestimmtes Gut, dass eigentlich unbegrenzt verfügbar ist, von Seiten des Staates künstlich begrenzt.[488] Hierunter sind zum Beispiel die Fälle zu zählen, in denen nur begrenzt Genehmigungen für eine bestimmte Tätigkeit erteilt werden.[489] Der Staat greift dabei in einen bestehenden Markt ein, um die Entwicklung dieses Marktes in die politisch, wirtschaftlich oder rechtlich gewollte Richtung zu lenken, indem er lediglich begrenzte Kontingente schafft.[490] Auch diese Konstellation beschreibt die Fälle der Konkurrenzsituationen im Marktwesen nicht passend. Weder der Standplatzvergabe noch der Festsetzung oder der Entscheidung über die Erteilung einer Dienstleistungskonzession geht eine Entscheidung der Gemeinde über eine künstliche Verknappung des generell unbegrenzt zur Verfügung stehenden Gutes voraus. Das in Frage stehende Verhalten, einen Markt zu veranstalten oder einen Standplatz zu betreiben, bleibt weiterhin erlaubt und kann auch ohne eine Verteilungsentscheidung der Gemeinde vorgenommen werden. Sie greift daher weder in einen bestehenden Markt ein noch lenkt sie diesen, sondern sie wird als Anbieter eines Gutes oder als Nachfrager auf einem bestehenden Markt tätig. Allenfalls bei der Erteilung der Dienstleistungskonzession könnte die oben beschriebene Situation insoweit in Betracht kommen, als die Möglichkeit, einen kommunalen Markt zu veranstalten, kontingentiert wird. Allerdings besteht auch hier weiterhin die Möglichkeit, einen privaten Markt zu veranstalten. Die Gemeinde hat nicht das gesamte Marktwesen unter einen Konzessionsvorbehalt gestellt und so zur Verknappung beigetragen. Dass sie nur eine begrenzte Anzahl an Konzessionen – regelmäßig eine einzige – für einen bestimmten Zeitraum und eine bestimmte Veranstaltung erteilt, ist nicht Folge einer künstlichen Verknappung eines unbegrenzt bestehenden Kontingents. Zwar kann eine Gemeinde theoretisch eine unbegrenzte Anzahl an Konzessionen erteilen. Als rechtliches Gut kann sie, wie zum Beispiel eine Reisegewerbekarte, unbegrenzt verteilt werden. Sie ist jedoch stets an den Bedarf gekoppelt, konkret an die zu vergebende Veranstaltung. Existiert keine zu vergebende Veranstaltung, kann auch sinnvollerweise keine Dienstleistungskonzession erteilt werden. Darüber hinaus werden mit den Fällen der künstlichen Verknappung

---

488 *Kupfer*, Die Verteilung knapper Ressourcen im Wirtschaftsverwaltungsrecht, S. 108; *Malaviya*, Verteilungsentscheidungen und Verteilungsverfahren, S. 102.

489 *Koenig*, Die öffentlich-rechtliche Verteilungslenkung, S. 108; *Kupfer*, Die Verteilung knapper Ressourcen im Wirtschaftsverwaltungsrecht, S. 108.

490 *Kupfer*, Die Verteilung knapper Ressourcen im Wirtschaftsverwaltungsrecht, S. 108.

Situationen beschrieben, in denen es um die Verteilung staatlicher Güter im weitesten Sinne geht. Die Dienstleistungskonzession ist jedoch kein Instrument zur Güterverteilung, vielmehr dient sie dazu, die Nachfrage des Staates nach privaten Dienstleistungen zu befriedigen.[491] In Fällen der künstlichen Verknappung – zum Beispiel Taxikonzession – nimmt die öffentliche Hand hingegen Aufgaben der Gefahrenabwehr wahr.[492] Sie zielt nicht darauf ab, die konzessionierte Leistung auch tatsächlich zur Verfügung stellen zu wollen.[493] Die Konstellation der Erteilung einer Dienstleistungskonzession dürfte daher als Situation der begrenzten Nachfrage einzuordnen sein.[494]

2. *Begrenzte Bereitstellung von Verteilungsgütern*

Des Weiteren existiert die Situation der begrenzten Bereitstellung von Verteilungsgütern. Der Staat greift hier nicht in einen bestehenden Markt ein, indem er den Zugang zu diesem Markt vollständig begrenzt, sondern er betätigt sich in diesen Fällen als Anbieter eines Gutes.[495] Bleibt das Angebot des Staates hinter der Nachfrage zurück, entstehen die beschriebenen Konkurrenzsituationen. In den Fällen der um Standplätze konkurrierenden Beschicker könnte der begehrte Standplatz das begrenzte Gut sein. Gleiches gilt für die Fälle der Konkurrenz zwischen Gemeinde und privatem Dritten um die Benutzung eines kommunalen Veranstaltungsplatzes. In diesem Zusammenhang ist die Konstellation der begrenzten Bereitstellung von Verteilungsgütern von der Situation der begrenzten Nachfrage abzugrenzen. Für die Standplatzvergabeproblematik ist daher vorrangig zu klären, ob es sich um die Erteilung einer Dienstleistungskonzession handelt. Ist dies der Fall, läge ein Fall der begrenzten Nachfrage und nicht der begrenzten Bereitstellung von Verteilungsgütern vor. Der Unterschied vollzieht sich am Vorliegen eines Beschaffungsvorgangs. Jedenfalls die Fälle der

---

491 Zum Unterschied zwischen Kontingentgenehmigungen und Dienstleistungskonzessionen siehe auch *Walz*, Die Bau- und Dienstleistungskonzession im deutschen und europäischen Vergaberecht, S. 104 ff.

492 *Walz*, Die Bau- und Dienstleistungskonzession im deutschen und europäischen Vergaberecht, S. 113.

493 *Walz*, Die Bau- und Dienstleistungskonzession im deutschen und europäischen Vergaberecht, S. 113.

494 Hierzu sogleich unter 3.

495 *Kupfer*, Die Verteilung knapper Ressourcen im Wirtschaftsverwaltungsrecht, S. 113. Hierin ist auch der Unterschied zur öffentlichen Auftragsvergabe zu sehen, bei der die Gemeinde als Nachfragerin auftritt. Vgl. dazu auch die Konstellation bei der Vergabe von Dienstleistungskonzessionen.

Konkurrenz zwischen Gemeinde und Privatem um die Durchführung einer Veranstaltung gehören aber zu der Kategorie der begrenzten Bereitstellung von Verteilungsgütern. Denn die Konkurrenz von Gemeinde und privatem Dritten hat letztlich die Verteilung der kommunalen öffentlichen Einrichtung zur Nutzung zum Gegenstand. Hier fragen Gemeinde und Privater das Gut kommunaler Veranstaltungsplatz zur gleichen Zeit nach. Die Gemeinde fragt jedoch nicht die Leistung eines Dritten auf dem Markt nach. Vielmehr stellt sie die kommunale öffentliche Einrichtung Veranstaltungsplatz zur Verfügung. Dass sie diese auch selbst in Anspruch nehmen kann und will, führt nicht zu einer anderen Bewertung, denn um ihren Charakter als kommunale öffentliche Einrichtung beibehalten zu können, muss sie sie zumindest *auch* den Einwohnern zur Verfügung stellen.

3. *Begrenzte Nachfrage*

Von den Verteilungsentscheidungen bei der Verteilung staatlicher Güter ist die Situation der begrenzten Nachfrage abzugrenzen.[496] Hierzu zählen die Fälle der Erteilung einer Dienstleistungskonzession, denn in dieser Konstellation tritt die Gemeinde als Nachfrager auf dem Markt auf, während sie in den zuvor beschriebenen Konstellationen als Anbieter auftritt.[497] Von einem öffentlichen Auftrag, bei dem der Staat jedenfalls als Nachfrager auftritt[498], unterscheidet sich die Dienstleistungskonzession nur dadurch, dass die Gegenleistung für die Erbringung der Dienstleistung ausschließlich in dem Recht zur Nutzung der Dienstleistung oder in diesem Recht zuzüglich der Zahlung eines Preises besteht.[499] Die Knappheit liegt hier in der begrenzten Nachfrage, nicht in einem staatlicherseits nur begrenzt zur Verfügung gestellten Gut. Auch wenn die Fälle der begrenzten Nachfrage und der staatlichen Güterverteilung in der Literatur bisweilen abgegrenzt und die begrenzte Nachfrage nicht in die Diskussion um

496 Vgl. *Malaviya*, Verteilungsentscheidungen und Verteilungsverfahren, S. 124 f.

497 Grundlegend zum Unterschied BVerwG, GewArch 1976, S. 379 (380); *Pache*, Der Staat als Kunde – System und Defizite des neuen deutschen Vergaberechts, DVBl. 2001, S. 1781, spricht – wie bereits dem Titel der Veröffentlichung zu entnehmen – auch vom Staat als Kunden.

498 *Schliesky*, Öffentliches Wirtschaftsrecht, S. 189.

499 Art. 1 IV der Richtlinie 2004/18/EG des Europäischen Parlaments und des Rates vom 31.03.2004 über die Koordinierung der Verfahren zur Vergabe öffentlicher Bauaufträge, Lieferaufträge und Dienstleistungsaufträge.

Verteilungsverfahren[500] und Verteilungsentscheidung mit eingebunden werden[501], ist in beiden Fällen eine Verteilungsentscheidung notwendig, die eine zuvor zu treffende Auswahl voraussetzt; die Ursache der Knappheit hat auf die Notwendigkeit der Verteilungsentscheidung keinen Einfluss, die zudem in einem Verteilungsverfahren ergeht.[502] Da jedenfalls die Fälle, in denen private Veranstalter um die Erteilung einer Dienstleistungskonzession zur Durchführung einer Veranstaltung konkurrieren, der begrenzten Nachfrage zuzuordnen sind und auch die Frage noch nicht geklärt ist, ob es sich bei der Standplatzvergabe um ein Problem des Zugangs zu einer öffentlichen Einrichtung oder um ein Problem der Vergabe von Dienstleistungskonzessionen handelt, wird die begrenzte Nachfrage hier als Referenzgebiet zur Darstellung notwendiger Verteilungsentscheidungen behandelt. Dies ist insbesondere deswegen möglich, weil den rechtlichen Voraussetzungen, die für Verteilungsentscheidungen bei der staatlichen Güterverteilung Geltung beanspruchen, ebenso Bedeutung bei Verteilungsverfahren im Kontext begrenzter Nachfrage zukommt.

B. Rechtliche Vorgaben für das Verteilungsverfahren und die Verteilungsentscheidung

Sofern die bestehende Knappheitssituation die Gemeinde zu einer Verteilungsentscheidung zwingt, ist fraglich, wie diese ausgestaltet sein muss und wie sich der Entscheidungsprozess gestaltet. Sowohl das Verteilungsverfahren als auch die Entscheidung muss sich an verschiedenen rechtlichen Vorgaben aus unterschiedlichen Rechtsquellen messen lassen. Es lassen sich sowohl aus dem Unionsrecht, dem Verfassungsrecht als auch dem einfachen Gesetzesrecht einheitliche Vorgaben für diesen Verfahrenstyp entnehmen. Diese Vorgaben sollen zunächst im Einzelnen dargestellt werden, um sodann ihre Auswirkungen auf

500 Zum Verteilungsverfahren als eigenständigen Verfahrenstyp auch *Schmidt-Aßmann*, in: Hoffmann-Riem/ders./Voßkuhle (Hrsg.), Grundlagen des Verwaltungsrechts, Band II, § 27 Rn. 78.

501 So z. B. *Malaviya*, Verteilungsentscheidungen und Verteilungsverfahren, S. 127; die öffentliche Aufgabe als Referenzgebiet nennend aber *Wollenschläger*, Verteilungsverfahren, S. 197 ff. und *Röhl*, in: Hoffmann-Riem/Schmidt-Aßmann/Voßkuhle (Hrsg.), Grundlagen des Verwaltungsrechts, Band II, § 30 Rn. 13.

502 *Malaviya*, Verteilungsentscheidungen und Verteilungsverfahren, S. 127; *Wollenschläger*, Verteilungsverfahren, S. 197, beide für die öffentliche Auftragsvergabe. Für das Verfahren auf Erteilung einer Dienstleistungskonzession kann jedoch aus o.g. Gründen nichts anderes gelten.

das Verfahren und die Entscheidung innerhalb der drei spezifischen, bereits herausgearbeiteten Konkurrenzsituationen aufzuzeigen (D.).

I. Unionsrechtliche Vorgaben

Rechtliche Vorgaben ergeben sich zum einen aus dem europäischen Primärrecht. Hier kommen als Maßstab die Unionsgrundrechte respektive die EMRK (1.), die Grundfreiheiten (2.), aber auch Vorgaben des europäischen Beihilfe-, Wettbewerbs- und Kartellrechts (3.) in Betracht. Darüber hinaus ergeben sich auf Sekundärrechtsebene[503] sektorenspezifische Regelungen, die Verteilungsmaßstäbe enthalten, wobei vor allem auf mögliche Vorgaben der Dienstleistungsrichtlinie (4.) und der Konzessionsrichtlinie (5.) eingegangen werden soll.

1. Unionsgrundrechte und EMRK

Art. 6 Abs. 1 EUV verweist auf die Charta der Grundrechte der Europäischen Union. Danach erkennt die Union die in der Charta niedergelegten Rechte, Freiheiten und Grundsätze an. Daraus lässt sich zunächst einmal eine Bindung der Europäischen Union an die Europäischen Grundrechte ableiten.[504] Verteilungsverfahren werden jedoch in vielen, und vor allem in den hier relevanten Fällen, von nationalen Behörden durchgeführt. Inwieweit die nationalen Behörden hierbei an die Unionsgrundrechte gebunden sind, wird unterschiedlich beurteilt. Der *EuGH* geht davon aus, dass nationale Stellen dann an die Unionsgrundrechte gebunden sind, wenn sie im *„Anwendungsbereich des Gemeinschaftsrechts handeln“*.[505] Dies ist dann der Fall, wenn sie entweder Sekundärrecht in nationales Recht umsetzen oder es vollziehen[506] oder wenn sie durch eine nationale Maßnahme die Grundfreiheiten beschränken.[507] Die Unionsgrundrechte fungieren

---

503 Richtlinie 2006/123/EG des Europäischen Parlaments und des Rates vom 12.12.2006 über Dienstleistungen am Binnenmarkt und Richtlinie 2014/23/EU des Europäischen Parlaments und des Rates vom 26.02.2014 über die Konzessionsvergabe.

504 Vgl. Art. 51 I 1 GRCh.

505 C-260/89, Slg 1991, I-2925 Rn. 42 ff. – ERT; kritisch zu dieser Rechtsprechung *Huber*, Auslegung und Anwendung der Charta der Grundrechte, NJW 2011, S. 2385.

506 *Brosius-Gersdorf*, Bindung der Mitgliedstaaten an die Gemeinschaftsgrundrechte, S. 13 ff.; *dies.*, Grundfälle zur Bindung der Mitgliedstaaten an die Gemeinschaftsgrundrechte, JA 2007, S. 873 ff.; *Ehlers*, in: ders. (Hrsg.), Europäische Grundrechte und Grundfreiheiten, § 14 Rn. 50.

507 *Bungenberg*, Vergaberecht im Wettbewerb der Systeme, S. 232; *Ehlers*, in: ders. (Hrsg.), Europäische Grundrechte und Grundfreiheiten, § 14 Rn. 50; a.A. *Kingreen*, in: Callies/Ruffert (Hrsg.), EUV/AEUV, Art. 51 GRCh Rn. 16 f.

in letzterer Konstellation als Schranken-Schranke der Grundfreiheiten.[508] Während die Unionsgrundrechte bei Vollzug und Umsetzung von Sekundärrecht betreffend Verteilungsverfahren zwar unmittelbar herangezogen werden können, fehlt ihnen auf Grund der oftmals detaillierten Regelungen jedoch die praktische Bedeutung.[509] Sofern sie als Schranken-Schranke der Grundfreiheiten herhalten, ist die eigentliche Kernfrage jedoch, ob eine bestimmte nationale Maßnahme, also die bestimmte Ausgestaltung eines Verteilungsverfahrens, in rechtmäßiger Weise in die Grundfreiheiten eingreift.[510] Den Unionsgrundrechten kommt insofern nur begrenzte Bedeutung zu.[511] Dennoch sei darauf hingewiesen, dass der allgemeine Gleichheitsgrundsatz gemäß Art. 20 GrCh die Festlegung sachgerechter Verteilungskriterien und eine deren Umsetzung im Verfahrensergebnis sicherstellende Gestaltung des Verteilungsverfahrens erfordert.[512]

Die Bedeutung der EMRK als zusätzliche Grundrechtsebene ist im hier interessierenden Kontext ebenfalls nur gering. Zum einen kommt ihr als völkerrechtlicher Vertrag nur eingeschränkte Bindungswirkung zu, zum anderen beansprucht sie keinen Anwendungsvorrang vor dem nationalen Recht.[513] Sofern ihr materielle Vorgaben für ein etwaiges Verteilungsverfahren entnommen werden können, ist deren Relevanz im Vergleich zu den Vorgaben der anderen Rechtsregime von untergeordneter Rolle[514] und soll daher hier nicht näher beleuchtet werden.

2. *Europäische Grundfreiheiten*

Von entscheidender Bedeutung auch für Verteilungsprobleme im Marktwesen sind hingegen die europäischen Grundfreiheiten.[515] Eröffnet ein Verteilungsverfahren für den jeweiligen Bewerber die Möglichkeit der wirtschaftlichen

---

508 *Ehlers*, in: ders. (Hrsg.), Europäische Grundrechte und Grundfreiheiten, § 14 Rn. 52; a.A. *Kingreen*, in: Callies/Ruffert (Hrsg.), EUV/AEUV, Art. 51 GRCh Rn. 13.

509 *Wollenschläger*, Verteilungsverfahren, S. 105.

510 *Wollenschläger*, Verteilungsverfahren, S. 106.

511 *Wollenschläger*, Verteilungsverfahren, S. 106.

512 Vgl. hierzu *Wollenschläger*, Verteilungsverfahren, S. 107.

513 Weil sie in Deutschland als einfaches Bundesgesetz gilt, vgl. *Ehlers*, in: ders. (Hrsg.), Europäische Grundrechte und Grundfreiheiten, § 2 Rn. 12.

514 *Wollenschläger*, Verteilungsverfahren, S. 109.

515 Zur Bedeutung der Grundfreiheiten für andere Verteilungsverfahren, z. B. für nicht von den EU-Vergaberichtlinien erfassten Beschaffungsvorgängen siehe *Frenz*, Allgemeine Grundsätze des Vergaberechts – das EuGH-Urteil ANAV/Comune di Bari, EWS 2006, S. 347 (350).

Betätigung, so unterliegt es den Anforderungen der Grundfreiheiten.[516] Hierzu zählen namentlich die Dienstleistungsfreiheit (Art. 56 ff. AEUV)[517], die Niederlassungsfreiheit (Art. 49 ff. AEUV)[518], die Warenverkehrsfreiheit (Art. 28 ff. AEUV)[519], die Arbeitnehmerfreizügigkeit (Art. 45 ff. AEUV)[520] sowie die Kapitalverkehrsfreiheit (Art. 63 ff. AEUV)[521]. Regelmäßig dürften sich die entscheidenden Fragen in Bezug auf die Dienstleistungsfreiheit und die Niederlassungsfreiheit stellen. Während erstere Leistungen betrifft, die in der Regel gegen Entgelt erbracht werden, Art. 57 AEUV, und das Verbot von Beschränkungen des freien, grenzüberschreitenden Verkehrs mit diesen Dienstleistungen regelt, umfasst die Niederlassungsfreiheit die Aufnahme und Ausübung selbständiger Erwerbstätigkeiten sowie die Gründung und Leitung von Unternehmen. Die Abgrenzung zwischen beiden erfolgt regelmäßig über das Kriterium der Dauerhaftigkeit und das Vorliegen einer festen Infrastruktur.[522] Die nur vorübergehende Tätigkeit ohne feste Infrastruktur gilt als wesentliche Eigenschaft der Dienstleistung.[523]

Damit für die im Marktwesen zu treffenden Verteilungsentscheidungen jedoch überhaupt der Anwendungsbereich der Marktfreiheiten eröffnet ist, muss das Erfordernis eines grenzüberschreitenden Moments gegeben sein.[524] Hieran könnte es in Bezug auf Markt- oder Volksfestveranstaltungen fehlen. Denn nicht bei jeder Veranstaltung, sei es in Bezug auf die Gruppe der Beschicker oder

---

516 *Wollenschläger*, Verteilungsverfahren, S. 115.

517 Allg. hierzu *Pache*, in: Ehlers (Hrsg.), Europäische Grundrechte und Grundfreiheiten, § 11.

518 Allg. hierzu *Tietje*, in: Ehlers (Hrsg.), Europäische Grundrechte und Grundfreiheiten, § 10.

519 Allg. hierzu *Epiney*, in: Ehlers (Hrsg.), Europäische Grundrechte und Grundfreiheiten, § 8.

520 Allg. hierzu *Becker*, in: Ehlers (Hrsg.), Europäische Grundrechte und Grundfreiheiten, § 9.

521 Allg. hierzu *Wilmowsky*, in: Ehlers (Hrsg.), Europäische Grundrechte und Grundfreiheiten, § 12.

522 *Pache*, in: Ehlers (Hrsg.), Europäische Grundrechte und Grundfreiheiten, § 11 Rn. 43.

523 EuGH, C-55/94, Slg 1995, I-4165 Rn. 26 – Gebhardt.

524 Vgl. z. B. EuGH, C-175/78, Slg 1979, 1129 Rn. 11 – Saunders; C-332/90, Slg 1992, I-341 Rn. 9 – Steen; C-132/93, Slg 1994, I-2715 Rn. 9 – Steen; C-29/94, Slg 1995, I-301 Rn. 10 ff. – Aubertin u. a.; C-143/90, Slg 1997, I-195 Rn. 19 ff. – USSL No 47 di Biella; auch *Ehlers*, in: ders. (Hrsg.), Europäische Grundrechte und Grundfreiheiten, § 7 Rn. 23; *Gundel*, Die Inländerdiskriminierung zwischen Verfassungs- und Europarecht: Neue Ansätze in der Rechtsprechung, DVBl. 2007, S. 269 (270 f.).

die Gruppe der Veranstalter, wird ein Mitbewerber aus einem Mitgliedstaat an dem Verteilungsverfahren beteiligt sein. Gleichwohl sind die unionsrechtlichen Grundfreiheiten auch für solche Verteilungsverfahren relevant. Denn grundsätzlich muss zwischen zwei Fragestellungen unterschieden werden. Zum einen geht es um die konkrete Ausgestaltung des Verteilungsverfahrens, zum anderen um die Betroffenheit inländischer Bieter in eigenen Rechten.[525] Sind an einem Verteilungsverfahren nur inländische Bewerber beteiligt, so können sie sich gegen eine unionsrechtswidrige Ausgestaltung des Verteilungsverfahrens mangels grenzüberschreitenden Sachverhalts nicht auf die Grundfreiheiten berufen.[526] Daraus kann jedoch nicht gefolgert werden, dass die Grundfreiheiten keine Auswirkungen auf die Ausgestaltung des Verfahrens hätten.[527] Denn der Grund für das Fehlen jeglicher ausländischer Bieter kann gerade in der Verletzung aus dem Unionsrecht folgender Anforderungen liegen, zum Beispiel des Transparenzgebots.[528] Die maßgebliche Funktion der Grundfreiheiten liegt in ihrem Bestreben, einen einheitlichen Binnenmarkt zu realisieren.[529] Daher zielen sie darauf ab, die Marktzugangsinteressen der ausländischen Bewerber zu schützen.[530] Für die Verfahrensgestaltung stellt sich also die Frage, unter welchen Umständen ausländische Mitbewerber ein Marktzugangsinteresse haben und damit ein grenzüberschreitender Sachverhalt gegeben ist. Der *EuGH*[531] geht davon aus, dass ein grenzüberschreitendes Interesse insbesondere dann anzunehmen ist, wenn ein Auftragswert von gewisser Bedeutung in Verbindung mit dem Ort der Ausführung der Arbeiten gegeben ist. Eine nur sehr geringe wirtschaftliche Bedeutung kann im Umkehrschluss einem grenzüberschreitenden Sachverhalt ausschließen, es sei denn, es handelt sich um ein grenznahes Gebiet.[532] In diesen Fällen können auch Verteilungsverfahren mit geringer wirtschaftlicher Bedeutung einen grenzüberschreitenden Bezug aufweisen.

---

525 *Wollenschläger*, Verteilungsverfahren, S. 117.

526 *Wollenschläger*, Verteilungsverfahren, S. 117; auch *Ehlers*, in: ders. (Hrsg.), Europäische Grundrechte und Grundfreiheiten, § 7 Rn. 23; a.A. speziell zur Ausgestaltung des Verteilungsverfahren: *Kallerhoff*, Zur Begründetheit von Rechtsschutzbegehren unterhalb der Schwellenwerte, NZBau 2008, S. 97 (102); *Ortner*, Vergabe von Dienstleistungskonzession, S. 180.

527 *Wollenschläger*, Verteilungsverfahren, S. 117.

528 Schlussanträge der GAin Stix-Hackl, in: EuGH, C-231/03, Slg 2005, I-7287 Rn. 27 – Coname. Zum Transparenzgebot siehe B.I.2.b) bb).

529 *Ehlers*, in: ders. (Hrsg.), Europäische Grundrechte und Grundfreiheiten, § 7 Rn. 21.

530 *Ehlers*, in: ders. (Hrsg.), Europäische Grundrechte und Grundfreiheiten, § 7 Rn. 23.

531 C-147/06 und C-148/06, Slg 2008, I-3565 Rn. 24 – SECAP u. a.

532 EuGH, C-147/06 und C-148/06, Slg 2008, I-3565 Rn. 24 – SECAP u. a.

Die Ausführungen des *EuGH* zeigen, dass es zur Beurteilung der Frage eines grenzüberschreitenden Bezugs maßgeblich auf die Verhältnisse im Einzelfall ankommt. Es ist allerdings nicht ausgeschlossen, dass auch im Markt- und Volksfestwesen Verteilungsentscheidungen mit hoher wirtschaftlicher Bedeutung oder in grenznahen Gebieten getroffen werden. So ist zwar nicht bei jeder Veranstaltung zwingend Primärrecht zu beachten, die jeweilige Gemeinde tut jedoch gut daran, ihre beabsichtigte Veranstaltung vor der Durchführung auf unionsweite Auswirkungen zu überprüfen. Denn liegt ein grenzüberschreitender Sachverhalt vor, so folgen aus den Marktfreiheiten, namentlich aus der Niederlassungs- und Dienstleistungsfreiheit, Diskriminierungs- und Beschränkungsverbote[533], die bei der Verteilungsentscheidung und im Verteilungsverfahren zu beachten sind. Im Einzelnen handelt es sich um folgende Anforderungen, denen die veranstaltende Gemeinde gerecht werden muss:

a) Anforderungen an die Verteilungskriterien

Für die Verteilungskriterien lassen sich, soweit es in diesem Abschnitt der Arbeit um die Absteckung des allgemeinen Rahmens für die Verteilungsentscheidungen im Marktwesen geht, nur grobe Maßstäbe bilden. Denn die zulässigen Verteilungskriterien hängen in hohem Maße von der jeweiligen im Einzelfall zu treffenden Verteilungsentscheidung ab. So können für die Erteilung einer Dienstleistungskonzession andere Kriterien maßgeblich sein als für den Zugang zu einer kommunalen Einrichtung. Welche Kriterien für den Zugang zu einer kommunalen öffentlichen Einrichtung geeignet sind, hängt wiederum auch von der Art der Einrichtung und der spezifischen Verteilungsentscheidung ab. Selbstredend sind solche Kriterien, die ausländische Bewerber offen oder versteckt diskriminieren, unionsrechtlich unzulässig. In diesem Zusammenhang sei bereits auf das Problem der Ortsansässigkeit, welches sich aus dem kommunalrechtlichen Zulassungsanspruch ergibt, hingewiesen.[534] Hierbei handelt es sich um ein Kriterium, das zwar nicht direkt an die Staatsangehörigkeit anknüpft, regelmäßig aber von ausländischen Mitbewerbern nicht erfüllt werden kann. Hierzu wird im Rahmen der einzelnen Verteilungsentscheidungen noch genauer eingegangen werden. Für den generellen Rahmen lässt sich zunächst festhalten, dass die Verteilung jedenfalls auf *„objektiven, transparenten, nichtdiskriminierenden*

---

533 Zum Charakter der Grundfreiheiten als Diskriminierungs- und Beschränkungsverbote vgl. *Ehlers*, in: ders. (Hrsg.), Europäische Grundrechte und Grundfreiheiten, § 7 Rn. 22 und 28.

534 Genauer hierzu 5. Kapitel, B.I.3.

und angemessenen Kriterien beruhen muss".[535] Die Gebote der Objektivität und Nichtdiskriminierung untersagen jedenfalls die Anwendung von Kriterien, die bestimmte Anbieter von vorneherein ausschließen sollen.[536] Aus dem Transparenzerfordernis folgt die Forderung nach klar formulierten und aussagekräftigen Verteilungsvorgaben.[537] Hierdurch sollen Zugangsbarrieren für Bewerber verhindert so wie die Behörde an Willkürentscheidungen gehindert werden, indem ihre Entscheidungsfreiheit insoweit begrenzt und die Nachprüfbarkeit der Verteilungsentscheidung ermöglicht wird.[538] Das Angemessenheits- oder Verhältnismäßigkeitskriterium schließlich fordert einen sachlichen Zusammenhang zwischen dem zu verteilenden Gut und den hierfür maßgeblichen Kriterien.[539]

b) Anforderungen an das Verteilungsverfahren

Während die Frage nach den sich aus den Grundfreiheiten ergebenden Anforderungen an die Verteilungskriterien ohne konkrete Verteilungssituation nur generell beantwortet werden kann, handelt es sich bei den Anforderungen an das Verteilungsverfahren um Anforderungen, die in weiten Teilen einer Verallgemeinerung zugänglich sind. Dies folgt schon aus dem Charakter des Verteilungsverfahrens als eigenständigen Verfahrenstyp.[540] Es handelt sich bei diesen Anforderungen um Anforderungen an die Gleichbehandlung, insbesondere die Chancengleichheit (*aa*) sowie Anforderungen an die Transparenz- und Ausschreibungspflichten (*bb*).

aa) Grundsatz der Gleichbehandlung und Chancengleichheit

Der *EuGH* hat in seiner *Parking Brixen*[541]-Entscheidung ein auf das Unionsgrundrecht des allgemeinen Gleichheitssatzes gestütztes Recht der Chancengleichheit konstruiert. Ob und inwieweit dies mit der oben dargestellten Funktion der Unionsgrundrechte lediglich als Schranken-Schranke der

---

535 So der EuGH, C-380/05, Slg 2008, I-349 Rn. 103 f. – Centro Europa 7 zur Verteilung knapper Rundfunkfrequenzen.

536 *Wollenschläger*, Verteilungsverfahren, S. 125.

537 *Wollenschläger*, Verteilungsverfahren, S. 125; EuGH, C-199/07, Slg 2009, I-10669 Rn. 35 ff. – Europäische Kommission/Griechenland.

538 Siehe insoweit EuGH, C-199/07, Slg 2009, I-10669 Rn. 35 ff. – Europäische Kommission/Griechenland.

539 *Huerkamp*, Gleichbehandlung und Transparenz als gemeinschaftsrechtliche Prinzipien der staatlichen Auftragsvergabe, S. 226 f.

540 Hierzu *Schmidt-Aßmann*, in: Hoffmann-Riem/ders./Voßkuhle (Hrsg.), Grundlagen des Verwaltungsrechts, Band II, § 27 Rn. 77.

541 EuGH, C-458/03, Slg 2005, I-8585 Rn. 48 – Parking Brixen.

Grundfreiheiten vereinbar ist, kann an dieser Stelle offen bleiben.[542] Denn jedenfalls erfordern auch die Grundfreiheiten eine die Marktzugangschancen wahrende Verfahrensgestaltung[543]. Inhaltlich verdichtet sich der Grundsatz der Gleichbehandlung zum Erfordernis, allen Bewerbern gleiche Chancen zu gewähren, das heißt, dass alle den gleichen Bedingungen unterworfen sein müssen.[544] Den Bewerbern muss gleichmäßiger Zugang zu Informationen im Zusammenhang um die Verteilungsentscheidung gewährt werden[545]; ebenso muss die Geltung gleicher und angemessener Fristen garantiert sein[546]. Zudem ist es der verteilenden Stelle untersagt, *„ein den Anforderungen der Ausschreibung genügendes Angebot unter Berufung auf Gründe abzulehnen, die nicht in der Ausschreibung vorgesehen sind und die nach Einreichung des Angebots angeführt werden"*.[547]

bb) Transparenz- und Ausschreibungspflichten

Das Erfordernis der Transparenz hat der *EuGH* aus dem unionsrechtlichen Diskriminierungsverbot hergeleitet.[548] Es soll dazu dienen, das Zustandekommen der Verteilungsentscheidung so zu gestalten, dass sie mit den Grundfreiheiten in Einklang steht.[549] Inhaltlich verpflichtet das Transparenzgebot daher dazu, zu Gunsten potentieller Bewerber einen angemessenen Grad an Öffentlichkeit sicher zu stellen.[550] So hat der EuGH für die Vergabe öffentlicher Aufträge entschieden, dass die Vergabe hinreichend publik gemacht werden muss.[551] Art

542 Hierzu *Wollenschläger*, Verteilungsverfahren, S. 129.

543 *Wollenschläger*, Verteilungsverfahren, S. 129.

544 EuGH, C-496/99, Slg 2004, I-3801 Rn. 110 – CAS Succhi di frutta.

545 EuGH, C-21/03, Slg 2005, I-1559 Rn. 29 – Fabricom u. a.; so auch die Mitteilung der Europäischen Kommission zu Auslegungsfragen in Bezug auf das Gemeinschaftsrecht, das für die Vergabe öffentlicher Aufträge gilt, die nicht oder nur teilweise unter die Vergaberichtlinien fallen, ABL. 2006/C 179/02, 2.1.

546 Mitteilung der Europäischen Kommission zu Auslegungsfragen in Bezug auf das Gemeinschaftsrecht, das für die Vergabe öffentlicher Aufträge gilt, die nicht oder nur teilweise unter die Vergaberichtlinien fallen, ABL. 2006/C 179/02, 2.2.1.

547 EuGH, C-6/05, Slg 2007, I-4557 Rn. 54 – Medipac – Kazantzidis; *Frenz*, VergabeR 2007, S. 1 (8).

548 EuGH, C-275/98, Slg 1999, I-8291 Rn. 31 – Unitron Scandinavia.

549 *Kaelble*, Vergabeentscheidung und Verfahrensgerechtigkeit, S. 236.

550 EuGH C-324/98, Slg 2000, I-10745 Rn. 62 – Telaustria; C-458/03, Slg 2005, I-8612 Rn. 49 – Parking Brixen.

551 EuGH, C-458/03, Slg 2005, I-8585 Rn. 49 – Parking Brixen.

und Umfang der Ausschreibungspflicht hängen vom jeweiligen Einzelfall ab.[552] Allerdings verlangt der *EuGH*[553] nicht in jedem Fall eine förmliche Ausschreibung, solange auch auf andere Weise der *„angemessene Grad an Öffentlichkeit sichergestellt werden kann“*. Nicht zulässig ist danach der vollständige Verzicht auf eine Bekanntmachung.[554] Inhaltlich muss sich die Bekanntmachung der „Verteilungsabsicht“ darauf erstrecken, den interessierten Bewerber über den Verteilungsgegenstand, die maßgeblichen Kriterien und das beabsichtigte Verfahren zu informieren.[555]

3. Sonstiges Primärrecht: Beihilfe-, Wettbewerbs- und Kartellrecht

An dieser Stelle sei darauf auch hingewiesen, dass sich aus den Vorschriften über die Beihilfe, Art. 107 ff. AEUV, sowie des Wettbewerbs- und Kartellrechts, Art. 101 ff. AEUV, ebenfalls Anforderungen an das Verteilungsverfahren ergeben können. Während das Beihilfenverbot untersagt, staatliche oder aus staatlichen Mitteln gewährte Beihilfen gleich welcher Art zu gewähren, die durch die Begünstigung bestimmter Unternehmen oder Produktionszweige den Wettbewerb verfälschen oder zu verfälschen drohen, soweit sie den Handel zwischen Mitgliedstaaten beeinträchtigen, bezieht sich das wettbewerbsrechtliche Missbrauchsverbot des Art. 102 AEUV auf das Verbot der Ausnutzung einer beherrschenden Stellung auf dem Binnenmarkt oder auf einem wesentlichen Teil desselben durch ein oder mehrere Unternehmen, soweit dies dazu führen kann, den Handel zwischen Mitgliedstaaten zu beeinträchtigen. Auswirkungen können diese Regelungen für das Verfahren über die Erteilung von Dienstleistungskonzessionen haben, müssen also dann – wenn eine Beihilfe vorliegt bzw. die Gemeinde in marktbeherrschender Stellung auftritt – Beachtung finden, wenn eine Gemeinde die Durchführung eines Marktes oder Volksfestes auf einen privaten Dritten übertragen möchte.

Auch die reine Standplatzvergabe könnte, wenn sie als unternehmerisches Handeln der Gemeinde in marktbeherrschender Stellung zu qualifizieren wäre, dem Missbrauchsverbot unterliegen. Derartige Konstellationen dürften

552 EuGH, C-485/03, Slg 2005, I-8585 Rn. 50 – Parking Brixen; C-231/03, Slg 2005, I-7287 Rn. 21 – Coname.

553 EuGH, C-324/07, Slg 2008, I-8457 Rn. 25 – Coditel Brabant.

554 EuGH, C-458/03, Slg 2005, I-8612 Rn. 49 – Parking Brixen; C-231/03, Slg 2005, I-7287 Rn. 21 – Coname; C-410/04, Slg 2006, I-3303 Rn. 22 – ANAV.

555 *Huerkamp*, Gleichbehandlung und Transparenz als gemeinschaftsrechtliche Prinzipien der staatlichen Auftragsvergabe, S. 324 f.

allerdings wohl eher theoretischer Natur sein, sind sie – soweit ersichtlich – bisher doch noch nicht Gegenstand der einschlägigen Rechtsprechung gewesen.[556] Dies mag vor allem daran liegen, dass das Erfordernis der Beeinträchtigung des Handels zwischen den Mitgliedstaaten in vielen Fällen nicht gegeben sein wird. Denn zum einen klammert das Merkmal „Beeinträchtigung des Handels zwischen den Mitgliedstaaten" im Rahmen der Beihilfevorschriften Auswirkungen auf den rein innerstaatlichen Dienstleistungsverkehr aus.[557] Im Rahmen der Wettbewerbsvorschriften sind negative Auswirkungen auf den Handel zwischen den Mitgliedstaaten nur dann zu erwarten, wenn die Tätigkeit zur Aufteilung des gemeinsamen Marktes und damit zu einer Behinderung der Freiheit des Waren- oder Dienstleistungsverkehrs führt.[558] Kleinere Märkte oder Stadtfeste, die von einer Gemeinde veranstaltet werden, dürften solche Auswirkungen jedoch kaum haben. Lediglich Veranstaltungen in der Größenordnung beispielsweise des Münchener Oktoberfestes können dazu geeignet sein, eine derartige Beeinträchtigung hervorzurufen. Sollten die Vorschriften allerdings tatsächlich einmal einschlägig sein, so ergäben sich für das Verfahren auch hier die aufgeführten Anforderungen der Transparenz und Objektivität mit ihren Folgen für Verteilungsverfahren und Verteilungskriterien.

4. Sekundärrecht: Dienstleistungsrichtlinie

Neben den primärrechtlichen Anforderungen an das Verteilungsverfahren lassen sich auch aus sekundärrechtlichen Vorschriften Anforderungen entnehmen. Hierzu zählt insbesondere die Dienstleistungsrichtlinie.[559] Grundsätzlich erstreckt sich der Anwendungsbereich der Dienstleistungsrichtlinie auf alle Verteilungssituationen, in denen die Möglichkeit einer selbständig ausgeübten wirtschaftlichen Betätigung besteht.[560] Die Vorschriften der Dienstleistungsrichtlinie könnten zum einen für die Fälle der Auswahl unter mehreren Beschickern bei

---

556 Vgl. allg. zu den Anforderungen des Beihilfe-, Wettbewerbs- und Kartellrechts an Verteilungsverfahren *Wollenschläger*, Verteilungsverfahren, S. 134 ff.

557 *Cremer*, in: Calliess/Ruffert (Hrsg.), EUV/AEUV, Art. 107 AEUV Rn. 37.

558 *Weiß*, in: Callies/Ruffert (Hrsg.), EUV/AEUV, Art. 102 AEUV Rn. 72.

559 Richtlinie 2006/123/EG des Europäischen Parlaments und des Rates vom 12.12.2006 über Dienstleistungen im Binnenmarkt, ABl. L 776/36 v. 27.12.2006.

560 *Wollenschläger*, Verteilungsverfahren, S. 156. Zum Anwendungsbereich auch *Schliesky/Luch/Schulz*, Überlegungen zum Anwendungsbereich der Dienstleistungsrichtlinie, WiVerw 2008, S. 151.

der Vergabe eines Standplatzes relevant werden.[561] Bei der Konstellation der Vergabe einer Dienstleistungskonzession zur Durchführung einer Veranstaltung hingegen ist die Dienstleistungsrichtlinie nicht anwendbar. Ihre Vorschriften beziehen sich auf Genehmigungsverfahren im weitesten Sinne, nicht jedoch auf Privatisierungsvorgänge. Daher muss zur abschließenden Bewertung der Standplatzvergabeproblematik auch für die Frage der Anwendbarkeit der Dienstleistungsrichtlinie zunächst entschieden werden, ob es sich bei der Vergabe von Standplätzen um die Erteilung einer Dienstleistungskonzession handelt. Wird hingegen zusätzlich eine Festsetzung begehrt, kann das Festsetzungsverfahren wieder als Genehmigungsverfahren im weiteren Sinne an den Vorgaben der Dienstleistungsrichtlinie zu messen sein.[562] Ob und inwieweit sich die Vorgaben der Dienstleistungsrichtlinie an die Verteilungsentscheidung von Standplätzen mit denen des *EuGH* zur Erteilung von Dienstleistungskonzessionen decken[563] bzw. an welchen Maßstäben die Standplatzvergabe zu messen sein wird, wird an anderer Stelle Gegenstand der Erörterungen sein. Hier sollen zunächst nur die generellen Anforderungen der Dienstleistungsrichtlinie an Verteilungsverfahren behandelt werden. Sollte es sich bei der Standplatzvergabe um ein Problem der Erteilung einer Dienstleistungskonzession handeln, bleibt für den Anwendungsbereich der Dienstleistungsrichtlinie weiterhin das Verfahren über die Erteilung einer Festsetzung für den Veranstalter als Beispielsfall erhalten. Daher, und um eventuelle Unterschiede aufzeigen zu können, wird folgende Darstellung der Anforderungen der Dienstleistungsrichtlinie vorgenommen.

Die Dienstleistungsrichtlinie trennt grundsätzlich zwischen der Aufnahme einer Tätigkeit unter Berufung auf die Niederlassungsfreiheit (Kapitel III, Art. 9 bis Art. 15) oder auf die Dienstleistungsfreiheit (Kapitel IV, Art. 16 bis Art. 21). So regelt Art. 9 Dienstleistungsrichtlinie für Genehmigungsregelungen, die im Rahmen der Ausübung der Niederlassungsfreiheit Anwendung finden, dass

561 So auch *Hissnauer*, Auswirkungen der Dienstleistungsrichtlinie auf das deutsche Genehmigungsverfahrensrecht, S. 280; *Wollenschläger*, Verteilungsverfahren, S. 156.

562 Vgl. *Wagner*, in: Friauf (Hrsg.), Kommentar zur GewO, § 69 Rn. 35, der allerdings Zweifel daran äußert, ob es sich bei der Festsetzung um eine Genehmigung im Sinne der Dienstleistungsrichtlinie handelt.

563 So *Hissnauer*, Auswirkungen der Dienstleistungsrichtlinie auf das deutsche Genehmigungsverfahrensrecht, S. 207; *Krajewski*, Anforderungen der Dienstleistungsrichtlinie an Genehmigungsregelungen und ihre Umsetzung im deutschen Recht, NVwZ 2009, S. 929 (935); *Wagner*, in: Friauf (Hrsg.), Kommentar zur GewO, § 69 Rn. 34; *Ziekow*, Die Auswirkungen der Dienstleistungsrichtlinie auf das deutsche Genehmigungsverfahrensrecht, GewArch 2007, S. 217 (220).

die Genehmigungsregelungen nicht diskriminierend sein dürfen, durch zwingende Gründe des Allgemeininteresses gerechtfertigt sein müssen und das angestrebte Ziel nicht durch ein milderes Mittel erreicht werden kann. Art. 10 Dienstleistungsrichtlinie regelt explizit die Anforderungen an Auswahlkriterien für ein Genehmigungsverfahren. So müssen gem. Art. 10 Abs. 1 Dienstleistungsrichtlinie die Genehmigungsregelungen auf Kriterien beruhen, die eine willkürliche Ausübung des Ermessens der zuständigen Behörde verhindern, insbesondere müssen sie nicht-diskriminierend sein, durch einen zwingenden Grund des Allgemeininteresses gerechtfertigt sein, in Bezug auf diesen Grund des Allgemeininteresses verhältnismäßig, klar, unzweideutig und objektiv sein, im Voraus bekannt gemacht werden sowie transparent und zugänglich sein, vgl. Art. 10 Abs. 2 Dienstleistungsrichtlinie. Für die Auswahl zwischen mehreren Bewerbern regelt Art. 12 Abs. 1 Dienstleistungsrichtlinie explizit, dass, wenn die Zahl der für eine bestimmte Dienstleistungstätigkeit verfügbaren Genehmigungen aufgrund der Knappheit der natürlichen Ressourcen oder der verfügbaren technischen Kapazitäten begrenzt ist, ein neutrales und transparentes Verfahren zur Auswahl der Bewerber angewandt und die Eröffnung, der Ablauf und der Ausgang des Verfahrens angemessen bekannt gemacht werden muss. Quantitative Beschränkungen sind darüber hinaus auch auf Grund zwingender Gründe des Allgemeinwohls zulässig. Diese Form der „normativen Verknappung“ wird zwar nicht ausdrücklich erwähnt, sie ergibt sich jedoch daraus, dass die Beschränkungsmöglichkeit von Genehmigungen allgemein anerkannt ist.[564] Für das Genehmigungsverfahren normiert Art. 13 Dienstleistungsrichtlinie, dass die Formalitäten im Voraus bekannt gemacht und so ausgestaltet sein müssen, dass eine objektive und unparteiische Behandlung der Anträge der Antragsteller gewährleistet ist. Sie dürfen weder abschreckend sein noch die Erbringung der Dienstleistung in unangemessener Weise erschweren oder verzögern, Art. 12 Abs. 2 Dienstleistungsrichtlinie. Im Falle der Knappheit natürlicher Ressourcen oder technischer Kapazitäten verlangt Art. 12 Abs. 2 Dienstleistungsrichtlinie überdies, dass die Genehmigung nur für einen angemessenen Zeitraum befristet gewährt und nicht automatisch verlängert werden darf. Konkretisierend wirkt der Erwägungsgrund 62, nach dem der Genehmigungszeitraum nicht über das

---

564 Siehe auch Erwägungsgrund 62: Art. 12 *„soll die Mitgliedstaaten nicht daran hindern, die Zahl der Genehmigungen aus anderen Gründen als der Knappheit der natürlichen Ressourcen oder der technischen Kapazitäten zu begrenzen* und *Krajewski*, Anforderungen der Dienstleistungsrichtlinie an Genehmigungsregelungen und ihre Umsetzung im deutschen Recht, NVwZ 2009, S. 929 (932).

für die Amortisation der Investitionen und die Erwirtschaftung einer angemessenen Investitionsrendite notwendige Maß hinausgehen soll. Für die Bestimmung der zulässigen Entscheidungskriterien in Verteilungsverfahren ist darüber hinaus Art. 12 Abs. 3 Dienstleistungsrichtlinie von Bedeutung. Danach dürfen Mitgliedstaaten bei der Entscheidung auch auf vergabefremde Kriterien[565] zurückgreifen, z. B. gesundheits-, sozial-, arbeits-, umwelt- und kulturpolitische Ziele.

Im Rahmen von Tätigkeiten, die den freien Dienstleistungsverkehr berühren, bestimmt Art. 16 Abs. 1 Dienstleistungsrichtlinie, dass Mitgliedstaaten die Aufnahme oder Ausübung einer Tätigkeit im Wege der Dienstleistungsfreiheit nicht von Anforderungen abhängig machen dürfen, die gegen die Grundsätze der Nicht-Diskriminierung, Erforderlichkeit und Verhältnismäßigkeit verstoßen. Erforderlich sind sie nur dann, wenn die Anforderungen aus Gründen der öffentlichen Ordnung, der öffentlichen Sicherheit, der öffentlichen Gesundheit oder des Schutzes der Umwelt gerechtfertigt sind. Entgegen den Vorschriften über Tätigkeiten, die in den Anwendungsbereich der Niederlassungsfreiheit fallen, finden sich jedoch keine vergleichbaren Regelungen in Bezug auf die Bewältigung von Knappheitsproblemen.[566]

An dieser Stelle sei festgehalten, dass die Dienstleistungsrichtlinie jedenfalls die dargestellten Anforderungen – generell – an Verteilungsverfahren stellt.

5. *Sekundärrecht: Konzessionsrichtlinie*

Am 17.04.2014 sind drei neue EU-Vergaberichtlinien in Kraft getreten. Neben der Richtlinie über die Vergabe öffentlicher Aufträge[567] und der Richtlinie über die Vergabe von Aufträgen durch Auftraggeber im Bereich der Wasser-, Energie- und Verkehrsversorgung sowie der Postdienste[568] auch eine neue

---

565 *Frenz*, Handbuch Europarecht, Band 3, Beihilfe- und Vergaberecht, Kapitel 13, § 4 Rn. 2950.

566 So auch *Wollenschläger*, Verteilungsverfahren, S. 157, der dieses Ergebnis für schwerlich von der Richtlinie intendiert und im Übrigen für unhaltbar hält.

567 Richtlinie 2014/24/EU des europäischen Parlaments und des Rates vom 26. Februar 2014 über die öffentliche Auftragsvergabe und zur Aufhebung der Richtlinie 2004/18/EG.

568 Richtlinie 2014/25/EU des europäischen Parlaments und des Rates vom 26. Februar 2014 über die Vergabe von Aufträgen durch Auftraggeber im Bereich der Wasser-, Energie- und Verkehrsversorgung sowie der Postdienste und zur Aufhebung der Richtlinie 2004/17/EG.

Konzessions-Richtlinie.[569] Die Richtlinie enthält detaillierte Regelungen für die Vergabe von Dienstleistungskonzessionen, sowohl in Bezug auf das Auswahlverfahren als auch die Auswahlkriterien.

In Art. 3 finden sich die Grundsätze der Gleichbehandlung, Nichtdiskriminierung und Transparenz. Ausdrücklich wird für die Konzessionsvergabe auch die Wahrung des Verhältnismäßigkeitsgrundsatzes niedergelegt.

In Bezug auf das Verfahren legt Art. 29 Abs. 2 fest, dass die Kommunikationsmittel generell verfügbar sein müssen und nicht diskriminierend sein dürfen. Das Zuschlagsverfahren muss gem. Art. 30 Abs. 2 den Grundsätzen der Gleichbehandlung, Transparenz und Nichtdiskriminierung sowie dem Verhältnismäßigkeitsgrundsatz genügen, insbesondere dürfen Informationen nicht in diskriminierender Weise erteilt werden, so dass einem Bewerber hieraus Vorteile erwachsen. Die Ausschreibung muss die in Anhang IV der Richtlinie genannten Informationen enthalten. Dies sind unter anderem der Name, die Adresse, die Telefon- und Faxnummer, die Email- und Internet-Adresse der ausschreibenden Stelle, die Art der ausschreibenden Stelle und deren Hauptaufgaben. Ferner bedarf es einer Beschreibung der zu vergebenden Konzession in Bezug auf Art und Umfang der Dienstleistung, die jeweilige Größenordnung, die beabsichtigte Dauer sowie die Bedingungen für die Teilnahme am Ausschreibungsverfahren, insbesondere eine Beschreibung der Auswahlkriterien sowie der benötigten Unterlagen und Informationen. Überdies bedarf es der Angabe einer zeitlichen Grenze zur Abgabe eines Angebots sowie der Angabe, wo Angebote eingereicht werden können.

Art. 34 Abs. 4 legt eine zeitliche Grenze von 48 Tagen fest, innerhalb derer das Ergebnis der Ausschreibung mitgeteilt werden soll. Hierbei müssen unter anderem folgende Informationen bereit gestellt werden: Der Name, die Adresse, die Telefon- und Faxnummer, die Email- und Internet-Adresse der ausschreibenden Stelle, die Art der ausschreibenden Stelle sowie deren Hauptaufgaben. Ferner bedarf es einer Beschreibung der zu vergebenden Konzession in Bezug auf Art und Umfang der Dienstleistung, die jeweilige Größenordnung, die beabsichtigte Dauer sowie eine Beschreibung des Auswahlverfahrens und der angewandten Kriterien, das Datum der Entscheidung, die Anzahl der Angebote und deren Herkunft, den Wert und die maßgeblichen finanziellen Bedingungen sowie die Methode zur Festlegung des Wertes der Ausschreibung.

---

569 Richtlinie 2014/23/EU des europäischen Parlaments und des Rates vom 26. Februar 2014 über die Konzessionsvergabe. Der Text ist unter http://www.bmwi.de/BMWi/Redaktion/PDF/P-R/richtlinie-konzessionsvergabe,property=pdf,bereich=bmwi2012,sprache=de,rwb=true.pdf abrufbar.

Die Ausschreibung muss gem. Art. 34 im Amtsblatt der Europäischen Union erfolgen.

Art. 37 legt zwingende Maßstäbe für das Vergabeverfahren fest. Gemäß Art. 37 Abs. 1 darf die Konzession nur auf Grundlage der zuvor veröffentlichten Vergabekriterien vergeben werden. Art. 39 Abs. 3 legt ein grundsätzliches zeitliches Minimum von 30 Tagen für die Abgabe von Angeboten fest.

Art. 40 bestimmt, dass die beteiligten Bieter zeitnah über getroffene Entscheidungen zu informieren sind, insbesondere über den Namen des erfolgreichen Bewerbers und die Gründe für eine etwaige Ablehnung.

Gem. Art. 41 Abs. 1 müssen die Auswahlkriterien objektiv sein und den Grundsätzen der Gleichbehandlung, Transparenz und Nichtdiskriminierung genügen. Sie müssen einen Bezug zum Gegenstand der Konzession aufweisen und dürfen der vergebenden Stelle keine unbegrenzte Wahlfreiheit belassen. Sie sollen absteigend ihrer Bedeutung nach aufgeführt werden.

Insgesamt stellt die Richtlinie eine umfassende Regelung zur Vergabe von Konzessionen dar. Sollte die Vergabe von Standplätzen als Erteilung einer Dienstleistungskonzession eingestuft werden können, so würde die Richtlinie auch Geltungsanspruch für die Vergabe von Standplätzen haben. Zu beachten ist allerdings, dass sie gem. Art. 6 der Richtlinie nur für Konzessionen mit einem Wert von 5.186.000 € oder mehr Anwendung findet. Während eine Dienstleistungskonzession zur Durchführung einer Veranstaltung je nach Größe der Veranstaltung den Schwellenwert erreichen könnte, dürfte der Schwellenwert bei der Standplatzvergabe im Regelfall nicht erreicht werden. Dennoch stellt sich die Frage, inwieweit die Vorgaben der Konzessionsrichtlinie auch Einfluss auf Konzessionen unterhalb des Schwellenwertes haben können.

II. Verfassungsrechtliche Vorgaben

Zu den verfassungsrechtlichen Vorgaben gehören insbesondere solche, die sich aus den Grundrechten ergeben.[570] Gem. Art. 1 Abs. 3 GG binden die Grundrechte die Gesetzgebung, die vollziehende Gewalt und die Rechtsprechung als unmittelbar geltendes Recht. Jedwede öffentlich-rechtliche Tätigkeit einer

570 Zwar können auch aus dem Sozialstaatsprinzip, dem Demokratiegebot oder dem Rechtsstaatsprinzip Anforderungen abgeleitet werden. Diese treten aber in ihrer Bedeutung für die hier relevanten Verteilungskonstellationen in den Hintergrund und sollen nicht weiter beachtet werden. Zu den Mindestanforderungen, die das Rechtsstaatprinzip an das Verwaltungsverfahren stellt siehe *Wollenschläger*, Verteilungsverfahren, S. 101.

Gemeinde muss sich daher an den Grundrechten messen lassen, so auch die Verteilungstätigkeit im Rahmen kommunaler Veranstaltungen. Anders stellt sich die Situation auch dann nicht dar, wenn eine Gemeinde in privatrechtlichen Handlungs- oder Organisationsformen ihrer Veranstaltertätigkeit nachkommt. Auch staatliches Handeln in Privatrechtsform muss sich an den Grundrechten messen lassen.[571] Jedwede Verteilungstätigkeit setzt die Auswahl zwischen mehreren Bewerbern voraus. Bei der Konkurrenz von mindestens zwei Bewerbern um lediglich eine Ressource drängt sich die Frage nach der Anwendung und Ausgestaltung von Gleichheitsrechten nahezu auf. Möglich erscheint aber auch, dass sich die staatliche Verteilungstätigkeit an Freiheitsrechten messen lassen muss, insbesondere an Art. 12 GG. Denn die interessierenden Konstellationen betreffen die Bewerber stets auch oder sogar maßgeblich in der Ausübung ihres Berufes. Verteilungsentscheidungen sind mithin in verfassungsrechtlicher Sicht einem Spannungsverhältnis von freiheits-, insbesondere berufsfreiheitsrechtlichen und gleichheitsrechtlichen Maßstäben ausgesetzt.[572] Das *BVerfG* stellt für die Bestimmung des Prüfungsmaßstabes in Fällen, in denen die Schutzbereiche beider Grundrechte betroffen sind, auf die stärkere rechtliche Betroffenheit ab. Es ist jeweils der Prüfungsmaßstab des Grundrechts anzuwenden, dessen Schutzbereich betroffen ist. Das andere Grundrecht ist aber weiterhin im Rahmen der Prüfung des vorrangigen Grundrechts zu berücksichtigen. Fehlt es an der eindeutig stärkeren rechtlichen Betroffenheit, besteht eine unverbundene Idealkonkurrenz, so dass beide Grundrechte getrennt voneinander geprüft werden müssen.[573] Die exakte Abgrenzung zwischen den Gleichheitsgrundrechten des Art. 3 GG und den verschiedenen Freiheitsrechten soll an dieser Stelle nicht weiter vertieft werden. Festzuhalten bleibt jedoch, dass sich für Verteilungsentscheidungen und Verfahren jedenfalls aus Art. 3 GG und Art. 12 GG als typischerweise einschlägiges Freiheitsgrundrecht bestimmte Anforderungen ergeben. Soweit hier Anforderungen an das Verteilungsverfahren untersucht werden, werden beide Grundrechte in ihrer prozedural-organisatorischen Komponente

571 *Dreier*, in: ders. (Hrsg.), Grundgesetz Kommentar, Art. 1 III Rn. 66 f.; *Ehlers*, Verwaltung in Privatrechtsform, S. 212 ff.; *Höfling*, in: Sachs (Hrsg.), Grundgesetz, Art. 1 Rn. 102.

572 *Malaviya*, Verteilungsentscheidungen und Verteilungsverfahren, S. 190 ff.

573 BVerfGE 64, 229 (238 f.); 75, 348 (357), 98, 49 (62 ff.). So auch Teile der Literatur: *Gubelt*, in: v. Münch/Kunig (Hrsg.), Grundgesetz, Band I, Art. 3 Rn. 105; *Heun*, in: Dreier (Hrsg.), Grundgesetz Kommentar, Art. 3 Rn. 140; *Jarass*, in: ders./Pieroth (Hrsg.), Grundgesetz, Art. 3 Rn. 3.

erfasst.[574] Soweit den Grundrechten Abwehr- oder Leistungsrechte[575] entnommen werden können, kommt diesen Funktionen maßgebliche Bedeutung für die im 5. Kapitel behandelten Zulassungsansprüche zu. Für die Gestaltung des auf eine Verteilungsentscheidung gerichteten Verfahrens sowie die anzuwendenden Verteilungskriterien kann ihnen nur insofern ein Gehalt entnommen werden, als durch die Gestaltung des Verteilungsverfahrens unmittelbar Einfluss auf das Ergebnis der Verteilungsentscheidung genommen wird.[576] Der verfahrensrechtliche Aspekt ist dem Anspruch auf Teilhabe am Verfahren als Voraussetzung der Verwirklichung des Teilhabeanspruchs immanent.[577]

1. *Gleichheitsrecht als Maßstab: Art. 3 GG*

Dem in Art. 3 GG verorteten Recht auf Chancengleichheit ist als Ausprägung der prozedural-organisatorischen Komponente die Pflicht des Staates zu einer gleiche Zugangschancen garantierenden Verfahrensgestaltung zu entnehmen.[578] Dementsprechend ergeben sich folgende Anforderungen an Verteilungskriterien und Verteilungsverfahren.

a) Anforderungen an Verteilungskriterien

Verteilungskriterien legen bestimmte Merkmale fest, an denen verschiedene Bewerber gemessen werden und nach denen sodann die Auswahlentscheidung getroffen wird. Verteilungskriterien rufen mithin eine Ungleichbehandlung zwischen zwei Bewerbern hervor, die es im Hinblick auf die Anforderungen des Art. 3 Abs. 1 GG zu rechtfertigen gilt.[579] Welche Anforderungen an die sachliche Rechtfertigung zu stellen sind, hängt davon ab, ob man lediglich auf die traditionelle Willkürformel abstellen oder die „neue Formel" des Ersten Senats des *BVerfG*[580] heranziehen möchte. Hinter diesen auf den ersten Blick nur bedingt aussagekräftigen Titulierungen verbirgt sich im Wesentlichen folgende Unterscheidung: Zunächst wurde allgemein angenommen, dass der Gleichheitssatz erst dann verletzt sei, wenn sich ein vernünftiger, sich aus der Natur der Sache ergebender oder sonstwie sachlich einleuchtender Grund für die gesetzliche

574 Zur prozedural-organisatorischen Komponente siehe BVerfGE, 53, 30 (65, 72 f.).
575 Hierzu 5. Kapitel, A.III, B.I.5.
576 BVerfGE 73, 280 (296) (für die Verteilung von Notarstellen).
577 *Malaviya*, Verteilungsentscheidungen und Verteilungsverfahren, S. 222.
578 Zum Grundrechtsschutz durch Verfahren siehe *Malaviya*, Verteilungsentscheidungen und Verteilungsverfahren, S. 221 f.
579 *Malaviya*, Verteilungsentscheidungen und Verteilungsverfahren, S. 225.
580 BVerfGE 55, 72 (88); danach st. Rspr.

Differenzierung oder Gleichbehandlung nicht finden lässt.[581] Es kommt also, mit anderen Worten, darauf an, ob eine gesetzliche Regelung evident unsachlich gleich oder ungleich behandelt.[582] Mit dem Übergang zur neuen Formel erfolgte ein Paradigmenwechsel dahingehend, dass sich ein Verstoß gegen Art. 3 Abs. 1 GG nicht mehr nach der Evidenz beurteilte, sondern als Problem der verfassungsrechtlichen Abwägung darstellt.[583] Art. 3 GG ist verletzt, wenn eine Gruppe von Normadressaten im Vergleich zu anderen Normadressaten anders behandelt wird, obwohl zwischen beiden Gruppen keine Unterschiede von solcher Art und solchem Gewicht bestehen, dass sie die ungleiche Behandlung rechtfertigen können.[584] Die Ungleichbehandlung muss in diesem Fall einer strengen Verhältnismäßigkeitsprüfung standhalten. Freilich muss sich hingegen nicht jede Ungleichbehandlung an diesen strengen Maßstäben messen lassen. Vielmehr wendet das *BVerfG* die strengeren Maßstäbe zum einen an, wenn der Normgeber Personengruppen unterschiedlich behandelt bzw. Sachverhalte ungleich behandelt, wenn sie mittelbar eine Ungleichbehandlung von Personengruppen zur Folge hat.[585] Zum anderen bedarf es der strengen Verhältnismäßigkeitsprüfung, wenn sich die Ungleichbehandlung auf die Ausübung grundrechtlich geschützter Freiheiten auswirkt.[586] Aus den Anforderungen des Gleichheitssatzes lassen sich bei Anwendung der neuen Formel allerdings nur geringe Vorgaben für Verteilungskriterien ableiten.[587] Denn dem Gesetzgeber kommt noch immer ein weiter Spielraum insbesondere in Bezug auf das Differenzierungsziel zu.[588] Immerhin lässt sich aber ableiten, dass Verteilungskriterien jedenfalls sachgerecht im Hinblick auf den Verteilungszweck sein müssen.[589] Zu beachten ist das Teilhabeinteresse aller Beteiligten an der Nutzung des begehrten Gutes.[590] Überdies

581 BVerfGE 1, 14 (52).

582 BVerfGE 12, 326 (333); 14, 142 (150); 19, 101 (115); 23, 135 (143); 52, 277 (281); 55, 72 (90); 89, 132 (142).

583 *Osterloh*, in: Sachs (Hrsg.), Grundgesetz, Art. 3 Rn. 14.

584 So ausdrücklich das BVerfG in BVerfGE 55, 72 (88).

585 BVerfGE 55, 72 (88 f.); zum Fall der mittelbaren Ungleichbehandlung siehe BVerfGE 101, 54 (101).

586 BVerfGE 37, 342 (353 f.).

587 *Martini*, Der Markt als Instrument hoheitlicher Verteilungslenkung, S. 81.

588 *Wollenschläger*, Verteilungsverfahren, S. 37.

589 BVerwG, NJW 1975, S. 891 (892 f.); BayVGH, NJW 1984, S. 680 (681); *Frenz*, Unterschwellenvergaben, VergabeR 2007, S. 1 (7).

590 *Wollenschläger*, Verteilungsverfahren, S. 38 mit den Nachweisen in Fn. 34.

muss als Mindestanforderung sichergestellt sein, dass die Verteilungskriterien der verteilenden Stelle nicht eine willkürliche Entscheidung ermöglichen.[591]

b) Anforderungen an das Verteilungsverfahren

Das Verteilungsverfahren muss so ausgestaltet sein, dass es eine den Gleichheitsanforderungen des Art. 3 Abs. 1 GG entsprechende Entscheidung ermöglicht. Hierzu dient vor allem die Konzeptpflicht, d.h. die verteilende Stelle muss Verteilungsgegenstand und Verteilungskriterien sowie den Ablauf des Verteilungsverfahrens verbindlich festlegen.[592] Ob man eine solche für alle im Marktwesen auftretenden Fälle befürworten möchte, kann zunächst dahinstehen. Sofern allerdings eine Festlegung erfolgt, muss diese bindend für den weiteren Verlauf des Verfahrens sein.[593] Des Weiteren lässt sich aus dem Gleichheitsgrundsatz das Erfordernis der adäquaten Bekanntgabe ableiten[594], ohne die eine Chancengleichheit nicht garantiert werden kann. Die Anforderungen dürften im Ergebnis mit den Transparenz- und Ausschreibungsanforderungen, die sich bereits aus den Grundfreiheiten ableiten lassen, gleichlaufen.[595]

2. *Freiheitsrechte als Maßstab*

Nicht nur dem allgemeinen Gleichheitssatz lässt sich eine prozedural-organisatorische Komponente entnehmen. Vielmehr gilt dieser Aspekt auch für Freiheitsrechte.[596] Denn auch zur Verwirklichung eines Freiheitsgrundrechtes ist eine angemessene Verfahrensgestaltung erforderlich.[597] Überdies wird auch den Freiheitsrechten bisweilen eine Teilhabefunktion zugesprochen.[598] Wer den Teilhabeanspruch als auch freiheitsrechtlich motiviert ansieht, wird demgemäß

---

591 *Wollenschläger*, Verteilungsverfahren, S. 38.

592 BVerfGE 57, 295 (327); BVerwGE 104, 220 (223); *Burgi*, Die künftige Bedeutung der Freiheitsgrundrechte für staatliche Verteilungsentscheidungen, WiVerw 2007, S. 173.

593 *Wollenschläger*, Verteilungsverfahren, S. 39.

594 BayVGH, NVwZ-RR 1993, S. 552 (556); *Otting/Olgemöller*, Verfassungsrechtliche Rahmenbedingungen für Direktvergaben im Verkehrssektor nach Inkrafttreten der Verordnung (EG) Nr. 1370/2007, DÖV 2009, S. 364 (370).

595 *Wagner*, in: Friauf (Hrsg.), Kommentar zur GewO, § 70 Rn. 53.

596 *Mann*, in: Sachs (Hrsg.), Grundgesetz, Art. 12 Rn. 25.

597 *Mann*, in: Sachs (Hrsg.), Grundgesetz, Art. 12 Rn. 25 mit dem Verweis in Fn. 80 auf die einschlägige Rechtsprechung.

598 Gegen die Anerkennung von Teilhaberechten auch aus Freiheitsrechten *Wieland*, in: Dreier (Hrsg.), Grundgesetz Kommentar, Art. 12 Rn. 167 ff.

auch aus den Freiheitsrechten folgern müssen, dass sich insofern Anforderungen an Verfahren und Kriterien ergeben, als der Anspruch auf Teilhabe nur dann verwirklicht werden kann, wenn auch ein Anspruch auf Teilnahme an einem diskriminierungsfreien Verfahren als „minus“ zu dem auf Grund der Knappheit nicht zu verwirklichenden Teilhabeanspruch besteht. Verteilungskriterien und Verfahren müssen sich daher an diesem Teilhabeanspruch messen lassen.[599] Inhaltlich unterschieden wird zwischen dem freiheitsrechtlich und gleichheitsrechtlich ausgestalteten Teilhaberecht derart, dass ersterem das Kapazitätserschöpfungsgebot entnommen, es mithin als Maßstab für die Knappheit angesehen wird und an letzterem die Vergabe an sich zu messen sei.[600] Die Freiheitsrechte stellen mithin einen absoluten Maßstab für Verteilungskriterien und Verteilungsentscheidungen dar.[601] Im Gegensatz dazu kann dem gleichheitsrechtlichen Teilhabeanspruch naturgemäß nur ein relativer Maßstab entnommen werden.[602] Verteilungskriterien können nur insofern überprüft werden, als ihnen eine Ungleichbehandlung innewohnt; die Verteilungsentscheidung ist nur insofern gleichheitsrelevant, als sie andere begünstigt.[603] Ein gleichheitsrechtlich ausgestalteter Teilhabeanspruch kommt folglich in jeder Verteilungssituation zum Zuge, ein (auch) freiheitsrechtlich ausgestalteter Anspruch nur in Ausnahmefällen.[604]

Im konkreten Einzelfall können sich aus dem freiheitsrechtlichen Aspekt erhöhte Rechtfertigungsanforderungen ergeben, z. B. in den Fällen, in denen eine staatliche Monopolstellung oder ein besonderes Angewiesensein auf die Leistung vorliegt.[605]

---

599 *Wollenschläger*, Verteilungsverfahren, S. 70.

600 *Rottmann/Breinersdorfer*, Neues zur Kontrolle zahlenförmiger Normen des Kapazitätsverordnungsrechts, NVwZ 1987, S. 666 (667 m. Fn. 6); *Schoch*, Der Gleichheitssatz, DVBl. 1988, S. 863 (867 f.); *Wollenschläger*, Verteilungsverfahren, S. 72.

601 A.A. *Mösinger*, Auswahlkriterien der Standplatzvergabe, S. 17 der auf den Unterschied zwischen Ob und Wie der Knappheit abstellt. Wie hier aber *Wollenschläger*, Verteilungsverfahren, S. 74.

602 *Wollenschläger*, Verteilungsverfahren, S. 74.

603 *Mösinger*, Auswahlkriterien der Standplatzvergabe unter rechtlicher und ökonomischer Analyse, S. 17, der allerdings in Bezug auf Kriterien nur den Gleichheitssatz für anwendbar hält, einen absoluten Maßstab aus Freiheitsrechten für Verteilungskriterien mithin ablehnt; *Wollenschläger*, Verteilungsverfahren, S. 74.

604 *Wollenschläger*, Verteilungsverfahren, S. 75.

605 *Wollenschläger*, Verteilungsverfahren, S. 71.

III. Einfachgesetzliche Vorgaben

Neben den unions- und verfassungsrechtlichen Vorschriften ergeben sich auch aus einfachgesetzlichen Normen Vorgaben an das Verteilungsverfahren und die Verteilungsentscheidung. Die umfassendsten Vorgaben finden sich auf einfachgesetzlicher Ebene im Vergaberecht. Für die hier in Rede stehenden Verteilungsentscheidungen kann das Vergaberecht jedoch weder konkrete noch allgemeine Kriterien aufstellen. Denn der sachliche Anwendungsbereich des Vergaberechts knüpft an das Vorliegen eines öffentlichen Auftrages an, § 99 Abs. 1 GWB. Weder die Zuteilung von Standplätzen noch die Verteilungsentscheidung bzgl. der Vergabe von Dienstleistungskonzessionen oder der Benutzung eines kommunalen Veranstaltungsortes erfüllen jedoch die Voraussetzungen des § 99 Abs. 1 GWB; die Fälle der Dienstleistungskonzessionserteilung auf Grund der fehlenden Entgeltlichkeit nicht, die beiden anderen Verteilungssituationen auf Grund des fehlenden Beschaffungsvorgangs nicht.[606] Von Bedeutung für die Vorgaben an Verteilungskriterien und Verfahren kann jedoch das (nationale) Wettbewerbs- und Kartellrecht sein (*2.*). Für festgesetzte Veranstaltungen ist überdies § 70 Abs. 3 GewO zu beachten (*1.*).

1. Gewerberechtliches Diskriminierungsverbot: § 70 Abs. 3 GewO

Vorgaben für Verteilungskriterien und Verfahren ergeben sich zunächst aus dem gewerberechtlichen Diskriminierungsverbot. Zwingende Voraussetzung ist dabei, dass es sich um eine festgesetzte Veranstaltung handelt.[607] Aus dem rechtlichen Rahmen der Veranstaltung können sich ebenfalls Anforderungen ergeben. Wird eine Veranstaltung festgesetzt, so muss der Veranstalter eine Auswahl unter den Bewerbern treffen. Diese Auswahl muss dem Grundsatz der Marktfreiheit gerecht werden. Dieser Grundsatz ist in § 70 Abs. 1 GewO verankert. Danach kann jedermann, der dem Teilnehmerkreis der festgesetzten Veranstaltung angehört, nach Maßgabe der für alle geltenden Teilnahmebestimmungen an der (festgesetzten) Veranstaltung teilnehmen. Allerdings kann ein Veranstalter, wenn es für die Erreichung des Veranstaltungszwecks erforderlich ist, die Ausstellung auf bestimmte Ausstellergruppen, Anbietergruppen und Besuchergruppen beschränken, soweit dadurch gleichartige Unternehmen nicht ohne sachlich gerechtfertigten Grund unmittelbar oder mittelbar unterschiedlich behandelt werden, § 70 Abs. 2 GewO. Diese Vorschrift ist eng an das

---

606 Vgl. 4. Kapitel, D.III.3.d).

607 Zur Bedeutung der Festsetzung vgl. 2. Kapitel, B.III.

kartellrechtliche Diskriminierungsverbot angelehnt.[608] Gem. § 70 Abs. 3 GewO besteht darüber hinaus die Möglichkeit, aus sachlich gerechtfertigten Gründen einzelne Aussteller, Anbieter oder Besucher von der Teilnahme auszuschließen. Abs. 2 und Abs. 3 des § 70 GewO betreffen mithin unterschiedliche Verteilungsfragen. Abs. 2 stellt auf ganze Gruppen von Ausstellern, Anbietern oder Gruppen ab. Diese Ausschlussmöglichkeit findet ihre Rechtfertigung darin, dass es dem Veranstalter obliegt, über den Charakter der Veranstaltung zu entscheiden, da er das Investitionsrisiko der Veranstaltung trägt.[609] Das wirtschaftliche Konzept einer Veranstaltung muss in das Ermessen des Veranstalters gestellt werden.[610] § 70 Abs. 2 GewO betrifft mithin die Frage nach einer (sachgerechten) Konzeptgestaltung. Diese freie Konzeptgestaltung wird nur durch das Verbot der sachlich nicht gerechtfertigten Ungleichbehandlung eingeschränkt. Der maßgebliche Rahmen für die Beurteilung der sachlichen Rechtfertigung muss dabei das Ziel der Verwirklichung des Grundsatzes der Marktfreiheit sein.[611] Für die hier zu beurteilenden Konstellationen kommt Abs. 2 nur für die Frage der Probleme der Standplatzvergabe in Betracht und dabei auch nur insoweit, als ein abgelehnter Bewerber vorträgt, nicht zur ausgeschlossenen Personengruppe zu gehören. Die Konkurrenz ergibt sich in diesem Fall aber nicht aus einer Knappheitsproblematik, sondern beruht ausschließlich auf der Veranstaltungskonzeption. Die Konkurrenzsituationen um die Vergabe einer Dienstleistungskonzession zur Durchführung einer Veranstaltung oder die Konkurrenz zwischen Gemeinde und privatem Dritten betreffen aber gerade Konstellationen, in denen es um eine Entscheidung zwischen Veranstaltern geht, nicht um eine Entscheidung zwischen Teilnehmern. § 70 Abs. 2 enthält mithin inhaltliche Anforderungen an die Konzeption einer Veranstaltung, also eine der hier zu untersuchenden Fälle vorgelagerte Situation. § 70 Abs. 2 GewO begründet insofern ein Konzept*recht* des Veranstalters.[612] Es geht hingegen nicht um die notwendige Auswahl zwischen prinzipiell gleichen Bewerbern, sondern um die vorherige Festlegung derer, die überhaupt zugelassen werden können. Insofern können aus § 70 Abs. 2 GewO auch keine Anforderungen für die Verteilungsentscheidung

608 Hierzu siehe 4. Kapitel, B.III.2.

609 *Wagner*, in: Friauf (Hrsg.), Kommentar zur GewO, § 70 Rn. 18.

610 *Storr*, in: Pielow (Hrsg.), Gewerbeordnung, § 70 Rn. 16.

611 Für das kartellrechtliche Diskriminierungsverbot vgl. *Nothdurft*, in: Langen/Bunte (Hrsg.), Kommentar zum deutschen und europäischen Kartellrecht, Band I, § 20 Rn. 129.

612 Vgl. auch hierzu die Ausführungen zum kartellrechtlichen Diskriminierungsverbot, 4. Kapitel, B.III.2.

zwischen zwei Bewerbern abgeleitet werden, weil § 70 Abs. 2 GewO überhaupt erst die Festlegung der maßgeblichen Vergleichsgruppe betrifft. Freilich muss diese Festlegung ebenfalls diskriminierungsfrei erfolgen.[613]

Anders stellt sich das Diskriminierungsverbot aus § 70 Abs. 3 GewO dar. Dieses betrifft den Ausschluss einzelner Aussteller, Anbieter oder Besucher von der Teilnahme. Dieser Ausschluss darf nur aufgrund sachlich gerechtfertigter Gründe erfolgen. Als einen sachlich gerechtfertigten Grund nennt das Gesetz den Fall, dass der zur Verfügung stehende Platz nicht ausreicht. Diese Situation entspricht der hier zu untersuchenden Konstellationen der Standplatzvergabe zwischen konkurrierenden Beschickern. Weder für die Auswahlkriterien noch das Verfahren als solches lassen sich auf den ersten Blick aus § 70 Abs. 3 GewO bestimmte Anforderungen entnehmen. Die Auswahl muss nach dem Wortlaut der Vorschrift lediglich aus sachlich gerechtfertigten Gründen geschehen. Die Erwähnung des Platzmangels als sachlich gerechtfertigter Grund ist insofern problematisch, als es sich weniger um einen sachgerechten Grund, sondern vielmehr um eine tatsächliche Notwendigkeit handelt. Ein sachlich gerechtfertigter Grund i.S.d. § 70 Abs. 3 GewO ist aber jedenfalls gegeben, wenn nachprüfbare Kriterien vorhanden sind, aus denen sich die Sachgerechtigkeit des Ausschlusses oder der Nichtzulassung nach dem Sinn und Zweck der Veranstaltung herleiten lässt.[614] Insofern lässt sich § 70 Abs. 3 GewO auch die Pflicht zur Auswahl anhand sachgerechter Kriterien entnehmen.[615] Die Auswahl muss sich überdies zwingend an dem zuvor festgelegten Konzept orientieren.[616]

2. *Kartellrechtliches Diskriminierungsverbot*

Gem. § 19 Abs. 1 GWB ist die missbräuchliche Ausnutzung einer marktbeherrschenden Stellung durch ein oder mehrere Unternehmen verboten. Gem. § 19 Abs. 2 S. 1 Nr. 1 GWB liegt ein Missbrauch insbesondere vor, wenn ein marktbeherrschendes Unternehmen als Anbieter oder Nachfrager einer bestimmten Art von Waren oder gewerblichen Leistungen ein anderes Unternehmen unmittelbar oder mittelbar unbillig oder ohne sachlich gerechtfertigten Grund unmittelbar oder mittelbar anders behandelt als gleichartige Unternehmen. Aus diesen

---

613 *Wagner*, in: Friauf (Hrsg.), Kommentar zur GewO, § 70 Rn. 18.

614 *Ennuschat*, in: Tettinger/Wank/ders., Gewerbeordnung, § 70 Rn. 31.

615 So auch VGH BW, DÖV 2010, S. 147; VG Stuttgart, GewArch 2002, S. 330 (331).

616 OVG NRW, GewArch 1991, S. 435; VG Minden, Urteil vom 06.05.2009 - 3 K 772/09 - abrufbar unter www.juris.de; *Ennuschat*, in: Tettinger/Wank/ders., Gewerbeordnung, § 70 Rn. 41.

Verpflichtungen lassen sich damit ebenfalls Anforderungen an Verteilungskriterien und Verfahren ableiten.[617] Denn wird ein Mitbewerber in einer Verteilungssituation nicht wunschgemäß berücksichtigt, so kann darin eine unterschiedliche Behandlung liegen.[618] Diese wiederum müsste, um nicht kartellrechtswidrig zu sein, sachlich gerechtfertigt sein. Um eine sachlich gerechtfertigte Auswahlentscheidung treffen zu können, müssen jedoch Vergabekriterien Anwendung finden, die jedem Bewerber prinzipiell gleiche Wettbewerbschancen einräumen.[619] Hierzu bedarf es einer Abwägung der beiderseitigen Interessen unter Berücksichtigung der auf die Freiheit des Wettbewerbs gerichteten Zielsetzung des Gesetzes.[620] Grundsätzlich zulässig ist, ein Veranstaltungskonzept zu entwerfen und den Teilnehmerkreis entsprechend festzulegen.[621] Hierdurch werden zwar auch möglicherweise gleichartige Unternehmen unterschiedlich behandelt. Diese Vorgehensweise steht allerdings jedem Unternehmer auf Grund seiner unternehmerischen Freiheit zu.[622] Besondere Bedeutung erlangt das Diskriminierungsverbot bei der Frage der Zulassung von Neubewerbern, denen ebenfalls die Chance zum Zugang gewährt werden muss. Auswahlkriterien, die eine Zulassung von Neubewerbern vollständig ausschließen, sind daher mit dem kartellrechtlichen Diskriminierungsverbot nicht zu vereinen.[623] In verfahrensrechtlicher Hinsicht ergibt sich auch aus dem Diskriminierungsverbot eine Transparenzpflicht.[624] Ist eine Verteilungsentscheidung ohne die erforderliche Beteiligung der Mitkonkurrenten ergangen, weil diese einem Informationsdefizit unterlagen, so kann in dieser Nichtbeteiligung eine sachlich nicht gerechtfertigte Ungleichbehandlung liegen.[625] Die erforderliche Beteiligung wird im Rahmen des Diskriminierungsverbots als Pflicht zur Ausschreibung verstanden, und zwar unter vorheriger Offenlegung der Entscheidungskriterien.[626] Insbesondere wenn das verteilende Unternehmen einen Auftrag oder eine Leistung nur einmal und nur an einen Mitkonkurrenten vergeben kann, muss es die Auswahl unter angemessenen und

617 *Wollenschläger*, Verteilungsverfahren, S. 187.
618 *Wollenschläger*, Verteilungsverfahren, S. 187.
619 *Ley*, Rechtshandbuch der Märkte und Volksfeste, Rn. 406.
620 St. Rspr., vgl. etwa BGH, NJW 2007, S. 2184 f.
621 *Ley*, Rechtshandbuch der Märkte und Volksfeste, Rn. 406.
622 Siehe OLG Düsseldorf, WRP 1987, S. 734.
623 BGH, NJW 2003, S. 2684 (2685); *Kupfer*, Die Verteilung knapper Ressourcen im Wirtschaftsverwaltungsrecht, S. 247.
624 *Wollenschläger*, Verteilungsverfahren, S. 189.
625 *Wollenschläger*, Verteilungsverfahren, S. 189.
626 BGH, NJW 2007, S. 2184 f.; *Bechtold*, in: ders., GWB, § 19 Rn. 23.

fairen Bedingungen treffen.[627] Diese Auswahl muss zudem begründet werden, um die Nachprüfung der Entscheidung zu ermöglichen.[628]

Für die hier in Rede stehenden Verteilungsentscheidungen sei allerdings noch darauf hingewiesen, dass die Voraussetzungen des kartellrechtlichen Diskriminierungsverbotes nur selten erfüllt sein dürften. Zum einen muss die Gemeinde als Unternehmer auftreten, zum anderen muss sie eine marktbeherrschende Stellung inne haben. Für die Anwendbarkeit des kartellrechtlichen Diskriminierungsverbotes ist dabei auf den weiten Unternehmensbegriff des GWB abzustellen.[629] Dieser erfasst jedwede Tätigkeit im geschäftlichen Verkehr.[630] Maßgeblich ist allein, ob der Staat als Anbieter oder Nachfrager nach Leistungen auf dem Markt auftritt.[631] Hoheitliche Tätigkeiten auf Grund öffentlich-rechtlicher Normen sollen hingegen nicht unter den Unternehmensbegriff fallen.[632] Unter welchen Voraussetzungen eine hoheitliche Tätigkeit in Abgrenzung zur unternehmerischen Tätigkeit anzunehmen ist, ist häufig schwer zu bestimmen. Jedenfalls unterliegt ein Hoheitsträger aber dem kartellrechtlichen Diskriminierungsverbot, wenn er sich bei der Erfüllung seiner Aufgaben der von der Privatrechtsordnung bereitgestellten Mittel bedient.[633] In diesen Fällen kann eine veranstaltende Gemeinde also an die Vorgaben des kartellrechtlichen Diskriminierungsverbotes gebunden sein. Allerdings muss darüber hinaus dem Unternehmer auch eine marktbeherrschende Stellung zukommen. Unter welchen Voraussetzungen eine marktbeherrschende Stellung vorliegt, lässt sich der Legaldefinition des § 18 Abs. 1 GWB entnehmen. Danach ist ein Unternehmen marktbeherrschend, soweit es als Anbieter oder Nachfrager einer bestimmten

---

627 *Bechtold*, in: ders., GWB, § 19 Rn. 22.

628 OLG Frankfurt, NJW-RR 1990, S. 1069 (1071). A.A. *Hilderscheid*, Die Zulassung zu Messen und Ausstellungen, S. 221.

629 *Nothdurft*, in: Langen/Bunte (Hrsg.), Kommentar zum deutschen und europäischen Kartellrecht, Band I, Deutsches Kartellrecht, § 20 Rn. 19.

630 *Bechtold*, in. ders., GWB, § 19 Rn. 2; *Nothdurft*, in: Langen/Bunte (Hrsg.), Kommentar zum deutschen und europäischen Kartellrecht, Band I, Deutsches Kartellrecht, § 20 Rn. 19.

631 *Bechtold*, in: ders., GWB, § 1 Rn. 7.

632 *Bechtold*, in: ders., GWB, § 1 Rn. 14; *Nothdurft*, in: Langen/Bunte (Hrsg.), Kommentar zum deutschen und europäischen Kartellrecht, Band I, Deutsches Kartellrecht, § 20 Rn. 20.

633 St. Rspr., vgl. BGHZ 163, 296 (297). Der EuGH vertritt eine andere Auffassung. Nach seiner FENIN-Rspr. ist Art. 102 AEUV auf die Beschaffungstätigkeit der öffentlichen Hand nicht anwendbar, wenn die erworbenen Güter im Rahmen der Erledigung des öffentlichen Auftrages Anwendung finden.

Art von Waren oder gewerblichen Leistung auf dem sachlich und räumlich relevanten Markt entweder ohne Wettbewerber ist oder keinem wesentlichen Wettbewerb ausgesetzt ist oder eine im Verhältnis zu seinen Mitbewerbern überragende Marktstellung hat. Für die hier in Rede stehenden Konstellationen wurde zum Teil eine zumindest marktstarke Stellung angenommen.[634] Für das Markt- und Volksfestwesen kommt es auch hier auf eine Einzelfallbetrachtung an. Nicht jede veranstaltende Gemeinde nimmt durch ihre Veranstaltertätigkeit eine marktbeherrschende Stellung ein. Dennoch sollte bei größeren Veranstaltungen auch das kartellrechtliche Diskriminierungsverbot stets im Auge behalten werden.

C. Gemeinsame Strukturmerkmale

Im obigen Abschnitt sind die unions-, verfassungs- und einfachgesetzlichen Anforderungen an das Verteilungsverfahren und die Verteilungsentscheidung herausgearbeitet worden. Diesen Anforderungen lassen sich gemeinsam Strukturmerkmale entnehmen, die hier aufgezeigt werden sollen, um ausgehend von dieser generellen Umschreibung das Verfahren und die Entscheidung in den drei zu untersuchenden Konstellationen darzustellen. Gemeinsame Strukturmerkmale lassen sich hinsichtlich der Gestaltung des Verfahrens (I.), der zu beachtenden Auswahlkriterien (II.) sowie hinsichtlich der rechtlichen Qualifizierung der Verteilungsentscheidung finden (III.).

I. Gestaltung des Verfahrens

Zusammenfassend lässt sich feststellen, dass sich aus den Anforderungen des Unions-, des Verfassungs- und auch des einfachen Rechts das Erfordernis eines transparenten, fairen und die Chancengleichheit wahrenden Verfahrens ergibt. Ein derartiges Verfahren gliedert sich in verschiedene Verfahrensabschnitte, die gemeinsam der Erfüllung dieses Erfordernisses dienen. So lassen sich – jedenfalls bei genereller Betrachtung – ein Konzeptionsabschnitt, ein „Veröffentlichungsabschnitt", ein Bewerbungsabschnitt sowie ein Entscheidungsabschnitt unterscheiden.[635] In ersterem legt die Gemeinde fest, was und auf welche Weise sie es verteilen möchte. Sie legt die Vergabekriterien und den Ablauf des

634 OLG Düsseldorf, WuW/E DE-R, S. 994; *Hilderscheid*, Die Zulassung zu Messen und Ausstellungen, S. 198 ff.; *Spannowsky*, Vergabe von Standplätzen auf Volksfesten, Messen und Märkten an EU-ausländische Anbieter, GewArch 1995, S. 265 (270); offen gelassen OLG Frankfurt, GewArch 2007, S. 87.

635 Siehe *Wollenschläger*, Verteilungsverfahren, S. 536 ff.

Vergabeverfahrens fest. Der zweite Abschnitt umfasst die Bekanntmachung der beabsichtigten Verteilung an die interessierten Bewerber. Im Bewerbungsabschnitt gehen die einzelnen Bewerbungen innerhalb einer – sinnvollerweise – zuvor gesetzten Frist ein. Der Entscheidungsabschnitt umfasst die Bewertung der Bewerbungen durch das zuständige Organ der Gemeinde und schließt mit der Entscheidungsfindung und ihrer Kommunikation nach außen ab. Alle vier Abschnitte bedürfen einer mehr oder weniger konkreten Ausgestaltung seitens der Gemeinde. So kann fraglich sein, in wessen Verantwortung die Erstellung des Konzepts, insbesondere die Festlegung der Vergabekriterien und die rechtliche Ausgestaltung des Konzepts fällt. Von grundlegender Bedeutung ist auch die Frage, ob überhaupt eine rechtliche Verpflichtung zur Konzeptionierung besteht oder auf welche Art und Weise die Bekanntgabe zu erfolgen hat. Die Beantwortung dieser Fragen soll aber der Untersuchung der einzelnen Verteilungssituationen vorbehalten bleiben.

II. Auswahlkriterien

Die zuvor genannten Anforderungen beziehen sich auch auf die Wahl der Auswahlkriterien. Welche Kriterien in concreto den einzelnen Situationen angemessen sind, soll ebenfalls der Untersuchung der Einzelfälle vorbehalten bleiben. An dieser Stelle soll aber bereits eine grobe Kategorisierung möglicher Auswahlkriterien vorgenommen werden. Sie dient dazu, die noch zur diskutierenden Kriterien zuordnen zu können.

Zunächst ist zwischen formellen und materiellen Auswahlkomponenten zu unterscheiden[636], wobei der grundlegende Unterschied im wertenden Charakter der materiellen Auswahlkomponenten liegt. Zwar lässt sich überdies danach differenzieren, ob die Anwendung einer Auswahlkomponente eine wertende

---

636 *Meßmer*, Marktveranstaltungen auf der Grundlage von Sondernutzungserlaubnissen und zulässige Auswahlkriterien, GewArch 2002, S. 409 (410); *Heitsch*, Der gewerberechtliche Zulassungsanspruch zu Volksfesten, GewArch 2004, S. 225 (228 f.); *Roth*, Rechtliche Probleme der Zulassung von Schaustellern zu Volksfesten, Spezialmärkten und Jahrmärkten, WiVerw 1985, S. 46 (53 f.); *Wollenschläger*, Verteilungsverfahren, S. 554. Mittelbare Kriterien zielen darauf ab, die Mangelsituation zu vermeiden, sind also für die zu untersuchenden Fälle irrelevant, vgl. hierzu auch *Malaviya*, Verteilungsentscheidungen und Verteilungsverfahren, S. 133, die überdies zwischen (objektiven und subjektiven)Verfahren und (formellen und materiellen) Kriterien unterscheidet. Diese Unterscheidung ist jedenfalls sprachlich misslich gewählt, da im Zusammenhang mit Auswahlkriterien auch immer das Auswahlverfahren bis zur eigentlichen Auswahlentscheidung Bedeutung erlangt.

Entscheidung verlangt[637] oder aber mit Blick auf den Bewerber und die Veranstaltung diese einer persönlichen Wertung unterzogen wird[638]. Beide Varianten stellen aber auf sachlich-inhaltliche Aspekte ab.[639] Zu den materiellen Auswahlkomponenten zählt die Auswahl nach dem Merkmal „bekannt und bewährt“, nach der Attraktivität oder der Ortsansässigkeit. Die materiell-wertenden Auswahlkomponenten sollen sich nach verschiedentlich geäußerter Ansicht[640] rechtlich zumeist unbedenklich mit dem Gebot der sachgerechten Verteilung vereinbaren lassen. Die Auswahl zwischen zwei Bewerbern auf Grund inhaltlicher Maßstäbe nach vergleichender Bewertung genüge den dargestellten Anforderungen.[641] Daher soll diesen Auswahlkomponenten grundsätzlich der Vorrang gewährt werden.[642] Dem kann in dieser Konsequenz nicht ohne weiteres gefolgt werden. Beispiel für eine möglicherweise nicht sachgerechte Verteilung auf Grund materieller Auswahlkomponenten könnten z. B. die Kriterien „bekannt und bewährt“ sowie das Kriterium der Ortsansässigkeit sein. Beide stellen auf ein inhaltlich wertendes Merkmal ab, ihre Zulässigkeit kann aber durchaus zweifelhaft sein.[643] Die Formulierung *Wollenschlägers*[644] “*Ein Gut demjenigen zuzuteilen, der dieses aufgrund eines wertenden Vergleichs mit anderen anhand sachgerechter Kriterien verdient, erscheint kaum zu beanstanden*“ ist zwar richtig, kann aber nicht als Argument für die Überlegenheit materiell-wertender Kriterien herangezogen

---

637 *Schmidt-Preuß*, Kollidierende Privatinteressen im Verwaltungsrecht, S. 35; *Wollenschläger*, Verteilungsverfahren, S. 554.

638 *Bumke*, Frequenzvergabe nach dem Telekommunikationsgesetz, S. 215; *Kupfer*, Die Verteilung knapper Ressourcen im Wirtschaftsverwaltungsrecht, S. 417; *Martini*, Der Markt als Instrument hoheitlicher Verteilungslenkung, S. 112; *Wollenschläger*, Verteilungsverfahren, S. 554.

639 *Malaviya*, Verteilungsentscheidungen und Verteilungsverfahren, S. 136; *Meßmer*, Marktveranstaltungen auf der Grundlage von Sondernutzungserlaubnissen und zulässige Auswahlkriterien, GewArch 2002, S. 409 (410).

640 *Wollenschläger*, Verteilungsverfahren, S. 555.

641 *Gethmann/Kloepfer/Reinert*, Verteilungsgerechtigkeit im Umweltstaat, S. 47 (70); *Kupfer*, Die Verteilung knapper Ressourcen im Wirtschaftsverwaltungsrecht, S. 417.

642 *Gethmann/Kloepfer/Reinert*, Verteilungsgerechtigkeit im Umweltstaat, S. 47 (70); *Kupfer*, Die Verteilung knapper Ressourcen im Wirtschaftsverwaltungsrecht, S. 417.

643 Hierzu *Frenz*, Handbuch Europarecht, Band 3, Beihilfe- und Vergaberecht, Kapitel 9, § 3 Rn. 1887 ff.; *Mösinger*, Auswahlkriterien der Standplatzvergabe unter rechtlicher und ökonomischer Analyse, S. 137 ff. und S. 163 ff.

644 Verteilungsverfahren, S. 555.

werden. Dass die jeweiligen Auswahlkomponenten sachgerecht sein müssen, ist unbestritten. Diese Feststellung lässt jedoch nicht den Rückschluss darüber zu, ob etwas sachgerecht ist. Denn nicht jede wertende Auswahlkomponente muss zwingend sachgerecht sein. So hat das Beispiel „bekannt und bewährt" eine Benachteiligung neuer Bewerber zur Folge. Die Frage muss daher vielmehr umgekehrt gestellt werden, nämlich ob die anzuwendende Auswahlkomponente sachgerecht ist. Diese Beurteilung wiederum hängt maßgeblich von der jeweiligen Verteilungssituation ab und soll infolgedessen auch unter dieser Fragestellung beantwortet werden.

Formelle Auswahlkomponenten hingegen berücksichtigen individuelle Unterschiede zwischen den Bewerbern nicht. Daher wohnt ihnen das Risiko der Gleichbehandlung von wesentlich Ungleichem inne.[645] Rein formale Komponenten genügen daher regelmäßig nicht dem Erfordernis einer sachgerechten Auswahl, können aber gleichwohl hilfsweise in Erwägung gezogen werden.[646] Alleinige Auswahlkomponente sollten sie nur in den Fällen sein, in denen es an wertenden Komponenten fehlt, die Auswahl danach unstatthaft, mit unverhältnismäßigem Aufwand verbunden oder ausnahmsweise entbehrlich ist.[647] Zu den formellen Auswahlkomponenten zählt das Prioritätsprinzip, das Losverfahren, die Versteigerung, das Pro-Rata-Verfahren bzw. die Verteilung nach Köpfen, das rollierende System, der Losentscheid sowie die Entscheidung nach Wartezeit.[648]

III. Verteilungsentscheidung

Neben Auswahlverfahren und Auswahlkriterien lässt sich auch die Verteilungsentscheidung überblicksartig zusammenfassen. Denn auch die Verteilungsentscheidung weist gewisse rechtliche Strukturmerkmale und Gestaltungsmöglichkeiten auf, die – jedenfalls bei genereller Betrachtung – Beachtung in allen drei zu untersuchenden Konstellationen finden. Hierzu zählen zum einen die unterschiedlichen Handlungsformen der Verwaltung, in der sie ihre Verteilungsentscheidung treffen kann. Daher soll hier zunächst ein Überblick über die Handlungsformen der Verwaltung gegeben werden (*1.*). Denn wenn die

---

645 *Gethmann/Kloepfer/Reinert*, Verteilungsgerechtigkeit im Umweltstaat, S. 47 (70); *Martini*, Der Markt als Instrument hoheitlicher Verteilungslenkung, S. 111; *Schmidt-Preuß*, Kollidierende Privatinteressen im Verwaltungsrecht, S. 420; *Zuck*, Auswahl- und Verteilungsentscheidungen beim Bewerberüberhang, S. 202.

646 *Wollenschläger*, Verteilungsverfahren, S. 559 m.w.N. in Fn. 128.

647 *Wollenschläger*, Verteilungsverfahren, S. 559 m.w.N.

648 Zu den einzelnen formellen Kriterien vgl. *Wagner*, in: Friauf (Hrsg.), Kommentar zur GewO, § 70 Rn. 56.1 ff.

öffentliche Hand respektive die Gemeinde eine Verteilungsentscheidung trifft, muss sie dies in einer der ihr rechtlich möglichen Handlungsformen tun. Für den weiteren Gang der Arbeit ist die Darstellung und Strukturierung der möglichen Handlungsformen insbesondere deswegen von Bedeutung, weil der gerichtliche Rechtsschutz in Bezug auf die Frage des Rechtswegs maßgeblich von der Einordnung des Handelns der öffentlichen Hand in öffentlich-rechtliche oder privatrechtliche Handlungsformen der Verwaltung abhängt.[649] In dieser Aussage klingt sodann auch bereits die Möglichkeit an, dass die Gemeinde grundsätzlich wählen kann, in welcher Rechtsform sie ihre Verteilungsentscheidung treffen möchte (*2.*). Dabei steht der Gemeinde im Übrigen möglicherweise nicht nur in horizontaler Sicht die Wahl zwischen verschiedenen Handlungsformen, sondern auch in vertikaler Sicht die Wahl zwischen der Gestaltung der Verteilungsentscheidung in ein ein- oder zweistufiges Konstrukt zu (*3.*).

1. Bestehende Handlungsformen der Verwaltung

Handlungsformen der Verwaltung können, wie oben angedeutet, zunächst in öffentlich-rechtliche und privatrechtliche Handlungsformen unterteilt werden.[650] Unter der Geltung beider Rechtsregime muss sodann zwischen von der Verwaltung vorgenommenen Realakten[651] und Entscheidungen differenziert werden. Entscheidung definiert sich dabei als interner Willensbildungsprozess, der sich als Wahl zwischen verschiedenen Alternativen begreifen lässt.[652] Sie hat keine unmittelbaren Auswirkungen auf die Realität.[653] Die Realakte wiederum sind im hiesigen Zusammenhang zu vernachlässigen, weil eine Verteilungsentscheidung – wie der Name bereits indiziert – als Entscheidung zu qualifizieren sein wird. Die Gemeinde trifft eine Entscheidung, z. B. den Beschicker B zum gemeindlichen Markt zuzulassen. Da diese Entscheidung regelnden Charakter aufweist und im Außenverhältnis ergeht, kommen als Handlungsformen auf privatrechtlicher Ebene von der Verwaltung abgeschlossene privatrechtliche Verträge in Betracht.[654] Geht es um öffentlich-rechtliches Handeln, kommt

---

649 *Huber*, Konkurrenzschutz im Verwaltungsrecht, S. 52.

650 Zum ganzen *Remmert*, in: Erichsen/Ehlers (Hrsg.), Allgemeines Verwaltungsrecht, § 17.

651 Hierzu *Remmert*, in: Erichsen/Ehlers (Hrsg.), Allgemeines Verwaltungsrecht, § 27 Rn. 5.

652 *Remmert*, in: Erichsen/Ehlers (Hrsg.), Allgemeines Verwaltungsrecht, § 17 Rn. 1.

653 *Remmert*, in: Erichsen/Ehlers (Hrsg.), Allgemeines Verwaltungsrecht, § 17 Rn. 1.

654 *Remmert*, in: Erichsen/Ehlers (Hrsg.), Allgemeines Verwaltungsrecht, § 17 Rn. 4.

sowohl ein öffentlich-rechtlicher *Vertrag*[655] als auch ein *Verwaltungsakt*[656] in Betracht.

2. *Wahlfreiheit der Verwaltung*

Bei der Darstellung der Handlungsformen ist die Frage, ob die Verwaltung zwischen öffentlich-rechtlichen und privatrechtlichen Handlungsformen wählen darf, nicht näher behandelt worden. Vielmehr sind sie gleichrangig nebeneinander dargestellt worden. Dies entspricht der Lehre von der Wahlfreiheit[657] der Verwaltung. Danach steht es der Verwaltung grundsätzlich frei, zwischen den Handlungs- und Organisationsformen des Privatrechts und des öffentlichen Rechts zu wählen, soweit nicht die Rechtsordnung eine dieser Formen ausdrücklich verbietet oder anordnet.[658] Hat sich die Verwaltung allerdings für eine privatrechtliche Organisationsform entschieden, so ist sie infolgedessen auch im Weiteren an privatrechtliche Handlungsformen gebunden.[659] Verbleibt sie im öffentlich-rechtlichen Rechtskreis, bleibt es ihr unbenommen, zwischen beiden Formen zu wählen.[660] Entscheidet sie sich für ein Handeln in privatrechtlicher Form, bedeutet dies allerdings nicht, dass sie sich damit ihrer öffentlich-rechtlichen Bindungen entledigen kann. Vielmehr bleibt sie z. B. an die Grundrechte

---

655 Zum öffentlich-rechtlichen Vertrag siehe *Gurlit*, in: Erichsen/Ehlers (Hrsg.), Allgemeines Verwaltungsrecht, § 29 Rn. 1 ff.

656 Zum Verwaltungsakt siehe *Ruffert*, in: Erichsen/Ehlers (Hrsg.), Allgemeines Verwaltungsrecht, § 21 ff.

657 Hierzu *Sodan*, in: ders./Ziekow (Hrsg.), Verwaltungsgerichtsordnung, § 40 Rn. 312. Zur Kritik an der Lehre der Wahlfreiheit *Ehlers*, Verwaltung in Privatrechtsform, S. 66 f. und *ders.*, in: Erichsen/Ehlers (Hrsg.), Allgemeines Verwaltungsrecht, § 3 Rn. 42 ff.

658 So z. B. BVerwG, NJW 1994, S. 1169; *Dietlein*, Rechtsfragen des Zugangs zu kommunalen Einrichtungen, JURA 2002, S. 445 (451); *Maurer*, Allgemeines Verwaltungsrecht, § 3 Rn. 25; *Roth*, Die kommunalen öffentlichen Einrichtungen, 1998, 33 ff.; *Becker/Sichert*, Einführung in die kommunale Rechtsetzung am Beispiel gemeindlicher Benutzungssatzungen, JuS 2000, S. 144 (145); *Röhl*, in: Schoch (Hrsg.), Besonderes Verwaltungsrecht, 1. Kapitel Rn. 161.

659 Vgl. statt vieler *Ehlers*, in: Erichsen/Ehlers (Hrsg.), Allgemeines Verwaltungsrecht, § 3 Rn. 35.

660 Vgl. *Ossenbühl*, Öffentliches Recht und Privatrecht in der Leistungsverwaltung, DVBl. 1974, S. 541.

gebunden, es herrscht dann das sogenannte *Verwaltungsprivatrecht*[661], d.h. es gilt Privatrecht, das von öffentlich-rechtlichen Bindungen überlagert wird.[662]

Für die Gemeinde im Marktwesen bedeutet dies, dass sie bei ihrer Entscheidung über die Vergabe eines Standplatzes oder die Übertragung der Durchführung einer Veranstaltung an einen Dritten frei darüber entscheiden kann, in welcher Form sie dies tut. Sie kann, wenn sie sich nicht bereits für eine privatrechtliche Organisationsform entschieden hat, die Vergabe eines Standplatzes mittels eines Verwaltungsaktes vornehmen.[663] Sie kann aber auch mit den interessierten Beschickern privatrechtliche Standplatzmiet- oder -konzessionsverträge abschließen.[664] In bestimmten Fällen kann der abgeschlossene Vertrag auch als öffentlich-rechtlich qualifiziert werden.[665] Gleiches gilt für die Vergabe der Durchführung einer Veranstaltung. Sie kann mit den privaten Veranstaltern Verträge über die Übertragung einer Dienstleistungskonzession abschließen.[666] Sie kann aber auch eine Verteilungsentscheidung mittels Verwaltungsakt vornehmen.[667]

3. *Stufen der Verteilungsentscheidung*

Die Tatsache, dass die Gemeinde ihre Verteilungsentscheidung mittels Verträgen oder mittels eines Verwaltungsaktes vornehmen kann, darf nicht den Eindruck erwecken, die Gemeinde müsse zwingend die eine oder die andere Handlungsform wählen. Vielmehr ist dies nur der Fall, wenn ein einstufiges Verteilungsverfahren erfolgt (*a*). Daneben gibt es aber auch Fälle, in denen die Gemeinde eine Entscheidung mittels eines zweistufigen Verfahrens trifft (*b*).

---

661 Siehe hierzu *Ehlers*, in: Erichsen/Ehlers (Hrsg.), Allgemeines Verwaltungsrecht, § 3 Rn. 78 ff.

662 Zu den genauen Anforderungen vgl. *Ehlers*, Verwaltung in Privatrechtsform, S. 212 ff.

663 Siehe hierzu z.B. *Lässig*, Die Vergabe von Standplätzen auf kommunalen Volksfesten, NVwZ 1983, S. 18.

664 *Ruthig/Storr*, Öffentliches Wirtschaftsrecht, § 3 Rn. 379.

665 *Kopp/Ramsauer*, VwVfG, § 35 Rn. 79; *Schwarz*, in: Fehling/Kastner/Störmer (Hrsg.), Verwaltungsrecht, VwVfG, § 35 Rn. 86.

666 Z.B. OVG Berlin-Brandenburg, NVwZ-RR 2011, S. 293 (294).

667 VG Köln, NVwZ-RR 2009, S. 327 (328). Das Gericht geht nicht darauf ein, ob neben dem Erlass der Festsetzung und der Sondernutzungserlaubnis auch Verträge abgeschlossen wurden, sondern stellt nur auf die Erteilung der Festsetzung ab.

a) Einstufige Verteilungsentscheidung

Bei einer einstufigen Verteilungsentscheidung verteilt die öffentliche Hand das begehrte Gut an den erfolgreichen Bewerber und lehnt die Anträge der konkurrierenden Bewerber ab, ohne die Auswahlentscheidung im Außenverhältnis sichtbar zu machen.[668] Konkret bedeutet dies, dass im Fall der Verteilungsentscheidung durch Verwaltungsakt sich dessen Regelungsgehalt in der Zuteilung bzw. Ablehnung erschöpft.[669] Die Auswahlentscheidung selbst ist nur Vorfrage der Zuteilung oder Ablehnung und wird daher auch nur für die Begründung der Zuteilung oder Ablehnung relevant.[670] Gleiches gilt für vertragliches Handeln der Gemeinde, wenn sie die Auswahlentscheidung nicht in den Vertrag mit aufnimmt.[671] Diese einstufige Verfahrensweise darf als die in praxi häufigste Form der Verteilungsentscheidung bezeichnet werden.[672]

Daneben nennt *Wollenschläger*[673] die einstufige Verteilungsentscheidung mit Mitteilungspflicht. Hierbei handele es sich um eine Verteilungsentscheidung, die zwischen der ein- und der zweistufigen Entscheidung steht. Die Vorabmitteilung ergänze die einstufige Vergabe, auf Grund derer der eigentliche Zuteilungsakt ergehe. Ob sich ein derartiges Konstrukt auch für die Verteilungsentscheidungen im Marktwesen eignet, bedarf noch der Erörterung. Das Bedürfnis einer derart gestalteten Verteilungsentscheidung ergibt sich maßgeblich dann, wenn man von einer Stabilität der Verteilungsentscheidungen ausgeht, das heißt davon ausgeht, dass nach Abschluss des Verteilungsvertrages dieser nicht mehr rückgängig gemacht werden kann.[674] Dann könnte es, um den Grundsatz der Effektivität des Rechtschutzes gerecht zu werden, einer Vorabmitteilungspflicht bedürfen, um den betroffenen Konkurrenten die Möglichkeit zu geben, im Voraus

668 *Wollenschläger*, Verteilungsverfahren, S. 572.

669 *Wollenschläger*, Verteilungsverfahren, S. 572.

670 BVerwG, NVwZ 2009, S. 525 (527); *Rennert*, Konkurrentenklagen bei begrenztem Kontingent, DVBl. 2009, S. 1333 (1336); *U. Stelkens*, in: Stelkens/Bonk/Sachs (Hrsg.), VwVfG, § 35 Rn. 143 f.

671 *Wollenschläger*, Verteilungsverfahren, S. 572.

672 *Wollenschläger*, Verteilungsverfahren, S. 572.

673 Verteilungsverfahren, S. 574. Diese zweistufige Verfahrensweise darf nicht mit der bisweilen auch als zweistufig bezeichneten Unterscheidung zwischen der abstrakt-generellen Festlegung derjenigen, die überhaupt zum Kreis der möglichen Bewerber gehören und der konkret-individuellen Entscheidung über die einzelnen Bewerber verwechselt werden, vgl. *Malaviya*, Verteilungsentscheidungen und Verteilungsverfahren, S. 51.

674 Hierzu 6. Kapitel, B.II.

Rechtsschutz zu suchen.[675] Auch hierauf soll im weiteren Verlauf der Arbeit noch eingegangen werden.

b) Zweistufige Verteilungsentscheidung

Daneben existiert die Möglichkeit, Verteilungsentscheidungen zweistufig zu gestalten.[676] Diese Gestaltung der Verteilungsentscheidung bewegt sich Rahmen der „Zwei-Stufen-Theorie".[677] Klassischerweise wird hier die Entscheidung über das „Ob" der Zuteilung in einer dem eigentlichen Zuteilungsakt vorgeschalteten Entscheidung gefällt und nach außen kommuniziert.[678] Es liegt regelmäßig ein Verwaltungsakt vor, der das Ergebnis der Auswahlentscheidung mitteilt, ohne dass die konkrete Ausgestaltung, also das „Wie" der Verteilungsentscheidung bereits Gegenstand des Verwaltungsaktes ist.[679] Denkbar ist ferner auch, in dem Auswahlverwaltungsakt bereits einen Anspruch auf Zuteilung zu begründen. Dies gilt jedenfalls für die positive Zuteilungsentscheidung.[680] Die negative Zuteilungsentscheidung lässt sich hingegen nur schwerlich sinnvoll zweistufig ausgestalten.[681] Zwar kann dem erfolglosen Bewerber auch hier das Ergebnis der Auswahlentscheidung zunächst in Form eines feststellenden Verwaltungsaktes mitgeteilt werden, regelmäßig wird die alleinige Mitteilung der Ablehnung der Bewerbung jedoch ausreichen, so dass sich die Praxis damit begnügt.[682] Die Anwendung einer zweistufigen Verteilungsentscheidung ist für keine der im Marktwesen relevanten Verteilungsentscheidungen gesetzlich vorgesehen. Vielmehr obliegt auch hier der Gemeinde die Entscheidung, wie sie die Verteilungsentscheidung gestalten möchte. Diese freie Entscheidungsmöglichkeit ist auch

---

675 Anders das BVerfG, das für den unterschwelligen Vergabebereich einen Ausschluss des Primärrechtsschutzes akzeptiert hat, GewArch 2007, S. 31.

676 *Wollenschläger*, Verteilungsverfahren S. 572. Für die Zulassung zu einem Zirkusplatz *Hoffmann*, Die Zulassung zu kommunalen öffentlichen Einrichtungen dargestellt am Beispiel des Zirkusplatzes, S. 43 f.

677 Vgl. hierzu *Weißenberger*, Die Zweistufentheorie im Wirtschaftsverwaltungsrecht, GewArch 2009, S. 417 (418).

678 *U. Stelkens*, in: Stelkens Bonk/Sachs (Hrsg.), VwVfG § 35 Rn. 109. Allg. zur Zwei-Stufen-Theorie auch *Sodan*, in: ders./Ziekow (Hrsg.), Verwaltungsgerichtsordnung, § 40 Rn. 327.

679 *U. Stelkens*, in: Stelkens/Bonk/Sachs (Hrsg.), VwVfG § 35 Rn. 110; Allg. zur Zwei-Stufen-Theorie auch *Sodan*, in: ders./Ziekow (Hrsg.), Verwaltungsgerichtsordnung, § 40 Rn. 327.

680 *U. Stelkens*, in: Stelkens/Bonk/Sachs (Hrsg.), VwVfG § 35 Rn. 110.

681 *Wollenschläger*, Verteilungsverfahren, S. 573.

682 *Wollenschläger*, Verteilungsverfahren, S. 573.

der Grund für die bisweilen erhobene Kritik an der Zwei-Stufen-Theorie. Denn oftmals ist der Auswahlentscheidung der Gemeinde nicht zu entnehmen, ob sie eine ein- oder zweistufige Verteilungsentscheidung getroffen hat.[683] Hierzu wird im weiteren Verlauf der Arbeit noch Stellung bezogen, im hier maßgeblichen Rahmen genügt es allerdings, festzustellen, dass die Gemeinde jedenfalls die Möglichkeit hat, ihre Verteilungsentscheidung zweistufig zu gestalten.

D. Einzelne Verteilungsentscheidungen

An die obige allgemeine Darstellung von Verteilungsverfahren schließt sich nunmehr die konkrete Untersuchung der Verteilungs- und Konkurrenzsituationen im Marktwesen an. Hierbei soll zunächst auf den Fall der Konkurrenz zwischen privatem Veranstalter und Gemeinde eingegangen werden (I.). An die Darstellung dieser Verteilungssituation schließt sich die Erteilung der Dienstleistungskonzession zur Durchführung einer Veranstaltung an (II.). Im Anschluss daran soll auf die in Literatur und Rechtsprechung umfassend behandelten Fälle der Standplatzvergabe eingegangen werden (III.). Diese Situation wird dort zumeist parallel zur Konstellation des Zugangs zu öffentlichen Einrichtungen behandelt, sie wird als Standardproblem der Verteilung von staatlichen Gütern dargestellt. Wie bereits skizziert, sind in neuerer Zeit jedoch Auffassungen im Vordringen, die die Standplatzvergabe mit der Vergabe einer Dienstleistungskonzession gleichstellen wollen. Hierauf wird vertieft einzugehen sein, um aus dem Ergebnis dieser Analyse weitere Schlussfolgerungen für die rechtliche Beurteilung in Bezug auf das Verfahren, die zu treffende Verteilungsentscheidung und der sich in Konkurrenzsituationen stellenden Frage des Rechtsschutzes ziehen zu können.

I. Konkurrenz zwischen privatem Veranstalter und Gemeinde

Wenn private Veranstalter und eine Gemeinde konkurrieren, geht es in der Praxis zumeist um die Festsetzung eines begehrten Marktes.[684] Es ist bereits angedeutet worden, dass es sich in Bezug auf die Frage, welche Art von Knappheit besteht bzw. wie diese zu Stande kommt, nicht um die Verteilung von nur begrenzt zur Verfügung stehenden Festsetzungen, sondern um die Verteilung von nur begrenzt im Veranstaltungszeitraum bestehenden Raumes in Gestalt des

683 *Ehlers*, in: Schoch/Schneider/Bier (Hrsg.), § 40 Rn. 257.

684 Vgl. hierzu z. B. das Urteil des OVG LSA vom 17.02.2011 – 2 L 126/09 und nachgehend BVerwG, Beschluss vom 29.08.2011 – 8 B 52/11 – beide abrufbar unter www.juris.de.

Veranstaltungsplatzes handelt. Ist die Überlassung des Veranstaltungsraumes im fraglichen Zeitraum rechtmäßig an den Veranstalter erfolgt, muss die Festsetzung – bei Vorliegen der weiteren Voraussetzungen – erteilt werden. Es geht mithin – im Kontext der Frage der Zuteilung eines knappen Gutes – um die Frage der Zulassung zu einer kommunalen öffentlichen Einrichtung und weniger um die Frage der rechtmäßigen Festsetzung, auch wenn diese regelmäßig Anlass des jeweiligen Rechtsstreits ist.

Die Fälle, in denen ein privater Veranstalter und eine Gemeinde um die Festsetzung einer Veranstaltung konkurrieren, gestalten sich derart, dass ein privater Dritter die Festsetzung beantragt, diese jedoch gem. § 69 a Nr. 3 GewO abgelehnt wird, weil die Gemeinde den Veranstaltungsort zur selben Zeit in Anspruch nehmen möchte. Es besteht mithin eine Konkurrenz um das Benutzungsrecht an dem Veranstaltungsplatz. Die eigentliche Verteilungsproblematik ist dem Festsetzungsbegehren vorgelagert. Denn die Festsetzung kann nur dann zu Gunsten des privaten Dritten ergehen, wenn er zur Benutzung zugelassen ist.[685] Beabsichtigt aber die Gemeinde zur selben Zeit ihre öffentliche Einrichtung zu nutzen, muss sie das bestehende Konkurrenzverhältnis auch hier mittels einer sachgerechten Auswahlentscheidung auflösen.[686] Fraglich ist, wie diese Entscheidung über die Zulassung zu der kommunalen öffentlichen Einrichtung konkret ausgestaltet sein muss. In der Literatur[687] wird als Beispiel für die Auswahlentscheidung bei Zugang zu einer öffentlichen Einrichtung zumeist das Problem der Standplatzvergabe genannt. Diese Vorgehensweise kann hier jedoch nicht gewählt werden, da zum einen gerade die Frage geklärt werden soll, ob die Standplatzvergabe tatsächlich ein Problem des Zugangs zu öffentlichen Einrichtungen ist. Zum anderen stellen sich die klassische Zugangsproblematik zu einer öffentlichen Einrichtung und auch der Fall der Konkurrenz zwischen Gemeinde und privatem Dritten anders dar als die Fälle der Standplatzvergabe.[688] Bei den Fällen der Konkurrenz um den Zugang zu einer öffentlichen Einrichtung wie in den beschriebenen Situationen muss zum einen beachtet werden, dass die öffentliche Einrichtung „Veranstaltungsplatz“ dauerhaft besteht und nicht wie die öffentliche Einrichtung „Markt oder Volksfest“ nur vorübergehend. Die nur vo-

685 So weist auch *Wagner*, in: Friauf (Hrsg.), Kommentar zur GewO, § 69 Rn. 9.1 auf die „*…große und vorentscheidende Bedeutung der Geländezuweisung für die nachfolgende Festsetzungsentscheidung …*“ hin.

686 HessVGH, GewArch 2004, S. 482 (483).

687 Z. B. *Wollenschläger*, Verteilungsverfahren, S. 325.

688 Die Sonderstellung der Vergabe von Standplätzen erkennend auch *U. Stelkens*, in: Stelkens/Bonk/Sachs (Hrsg.), VwVfG, § 35 Rn. 121.

rübergehende Existenz des Marktes oder Volksfestes und die deutlich konkretere Nutzung könnten zudem ein auf diese Umstände zugeschnittenes Verfahren erfordern. Im Hinblick auf die zulässigen Auswahlkriterien können die Ansätze zur Standplatzvergabe ebenfalls nicht auf den Fall der Konkurrenz zwischen Gemeinde und privatem Dritten übertragen werden. Dies folgt bereits daraus, dass der Normalfall des Zugangs zu einer öffentlichen Einrichtung kein Verteilungsverfahren und keine Verteilungsentscheidung erfordert. Die Funktion des Verteilungsverfahrens erschöpft sich in der Distribution knapper Ressourcen.[689] Kapazitätsengpässe sind für den Bereich des Zugangs zu kommunalen öffentlichen Einrichtungen aber nicht typisch. Im Hinblick auf die insoweit einschlägigen Fälle des Besuchs eines Schwimmbads, eines Theaters oder der Anmietung einer kommunalen Stadthalle ergeben sich zumeist keine Knappheitsprobleme, da das zur Verfügung stehende Gut in ausreichendem Maße zur Verfügung steht oder wie in dem Schulbeispiel der Zulassung von Parteien zu kommunalen Stadthallen nicht mehrere konkurrierende Bewerber vorhanden sind, sondern die Ablehnung aus anderen Gründen erfolgen soll. Bei einer solchen Zulassung findet gerade keine von der Gemeinde bewusst getroffene Auswahl zwischen mehreren Bewerbern statt.[690] Konkurrenzsituationen treten nur in Ausnahmefällen auf. Zu Knappheitsproblemen kann es aber bei der Verteilung von Veranstaltungsplätzen kommen, wenn mehrere Bewerber gleichzeitig die Nutzung beanspruchen. Denn dann kann nur einem zum fraglichen Zeitpunkt die Nutzung erlaubt werden. Erst in diesem Fall bedarf es einer Verteilungsentscheidung. Für das erst dann notwendig werdende Verteilungsverfahren gilt im Wesentlichen Folgendes.

1. Rechtliche Vorgaben

Aus den kommunalrechtlichen Vorschriften der einzelnen Länder lassen sich keine konkreten Aussagen über die Lösung der Zugangsproblematik ableiten. Diese bestimmen – mit nahezu identischem Wortlaut – lediglich, dass den Einwohnern das Recht zusteht, die öffentlichen Einrichtungen der Gemeinde zu benutzen.[691] Da es sich bei der Entscheidung im Fall der Konkurrenz zwischen Gemeinde und privatem Dritten jedoch auf Grund der erforderlich werdenden Auswahl zwischen den beiden Bewerbern um ein Verteilungsverfahren mit

---

689 *Schmidt-Aßmann*, in: Hoffmann-Riem/ders./Voßkuhle (Hrsg.), Grundlagen des Verwaltungsrechts, Band II, § 27 Rn. 78.

690 *Malaviya*, Verteilungsentscheidungen und Verteilungsverfahren, S. 91.

691 Vgl. etwa § 8 II GO NRW.

anschließender Verteilungsentscheidung handelt, muss sich das Verfahren und die Entscheidung an den oben dargestellten rechtlichen Anforderungen messen lassen.[692]

2. *Auswahlverfahren*

Das Auswahlverfahren muss im Einklang mit den einschlägigen rechtlichen Rahmenbedingungen transparent ausgestaltet sein und die Chancengleichheit wahren.[693] Die Konkurrentenauswahl hat sachgerecht zu erfolgen.[694] Ob darüber hinaus der Zugang zur kommunalen öffentlichen Einrichtung „Veranstaltungsplatz" ein gegliedertes Auswahlverfahren mit den verschiedenen, für ein klassisches Verteilungsverfahren typischen Verfahrensabschnitten erfordert, ist fraglich. Die Durchführung eines Verfahrens mit den einzelnen Verfahrensschritten Konzeptphase, Ausschreibungsphase, Bewerbungsphase und Entscheidungsphase ist bei der Durchführung eines anlassabhängigen, d. h. von vorneherein auf Verteilung angelegten Verteilungsverfahrens notwendig, um eine den rechtlichen Anforderungen genügende Auswahlentscheidung treffen zu können. Geht es aber wie hier um den Zugang zu einer bestehenden kommunalen Einrichtung wie einem Veranstaltungsort, bei dem die Zulassung primär am Vorliegen der abstrakt-generellen Zulassungsvoraussetzungen geprüft wird, nicht jedoch im Bewusstsein der Konkurrenz und der Knappheit[695], gehen diese Anforderungen an dem, was in Hinblick auf die Notwendigkeit einer sachgerechten Auswahl erforderlich ist, vorbei.[696] Zum einen wird bei einer kommunalen öffentlichen Einrichtung bereits durch die notwendige Widmung der Umfang der Benutzung geregelt. Konkretere Bestimmungen ergehen in Form von Benutzungsregelungen. Insofern ließe sich von einem Konzept sprechen. Allerdings ergeht die Konzeption hier nicht mit Blick auf eine möglicherweise zu treffende Vergabe- oder Verteilungsentscheidung, sondern als notwendiges Merkmal zur Entstehung der kommunalen öffentlichen Einrichtung. Inwieweit eine Gemeinde verpflichtet ist, für zum Zeitpunkt der Schaffung der Einrichtung nur theoretisch auftretende Verteilungskonflikte ein Vergabekonzept zu entwickeln, hängt davon ab, ob

692 Siehe 4. Kapitel, B.

693 Dies ergibt sich aus dem Charakter als Verteilungsverfahren.

694 *Geis*, Kommunalrecht, § 10 Rn. 41.

695 *Malaviya*, Verteilungsentscheidungen und Verteilungsverfahren, S. 90.

696 A.A. *Wollenschläger*, Verteilungsverfahren, S. 328, der allerdings auch die Vergabe von Standplätzen auf Messen und Märkten als Musterbeispiel des Zugangs zu öffentlichen Einrichtungen darstellt, insofern also von einer anderen Ausgangssituation ausgeht.

man eine generelle Konzeptpflicht mit inhaltlicher Festlegung der Verteilungskriterien konstruieren möchte. Stellt man auf den Sinn und Zweck einer solchen Konzeptpflicht ab, so kann er nur in der Sicherstellung eines einheitlichen, alle Bewerber gleich behandelnden Verfahrens liegen. Auf Grund der Tatsache, dass die Zulassung zu kommunalen öffentlichen Einrichtungen im Regelfall jedoch lediglich an den abstrakt-generellen Zulassungsvoraussetzungen auf Grund fehlender Ausrichtung auf Konkurrenzsituationen zu messen ist, kann eine solche allgemeingültige, stets zu befolgende Konzeptpflicht nicht gefordert werden und ist für eine sachgerechte Auswahlentscheidung auch nicht notwendig.

In Bezug auf eine Ausschreibungs- bzw. Bewerbungsphase könnte diese nur dann sinnvoll sein, wenn es sich um ein anlassbedingtes Auswahlverfahren, d. h. ein Auswahlverfahren, das von vorneherein auf Konkurrenzauswahl gerichtet ist, handelt. Für den Fall des Zugangs zu einem Veranstaltungsplatz wird eine Gemeinde nicht zu einem bestimmten Zeitpunkt um Einreichung der Bewerbungen bitten, da dies zu einer unflexiblen Handhabung der vorhandenen Kapazitäten führen würde. Vielmehr steht die öffentliche Einrichtung ihren Einwohnern schon im Rahmen der Widmung zur Verfügung und private Veranstalter werden erst dann an eine Gemeinde herantreten, wenn sie beabsichtigen, dort eine Veranstaltung durchzuführen. Dieser Zeitpunkt kann aber nicht im Voraus bestimmt werden, ohne den generell bestehenden Zulassungsanspruch unangemessen einzuschränken. Vielmehr muss bei solchen, jedenfalls seitens einer Gemeinde anlassunabhängig zur Verfügung gestellten öffentlichen Einrichtungen wie einem Veranstaltungsplatz, eine jederzeitige theoretische Bewerbung und Inanspruchnahme gewährt werden. Dies bedeutet allerdings nicht, dass eine Gemeinde nicht vorab festlegen sollte, anhand welcher Kriterien sie eine Auswahl vornehmen möchte, wenn es zu einer Überschneidung und damit zu einem Verteilungsproblem kommen sollte. Dieser vorherigen Festlegung von Verteilungskriterien kommt insoweit Konzeptcharakter zu. Sie ist aber nicht zwingend notwendig, da, wie noch zu zeigen sein wird, die Auswahl in diesen Fällen am Prioritätsprinzip auszurichten ist.

Die Schaffung einer öffentlichen Einrichtung ist daher grundsätzlich nicht von vorneherein auf eine Verteilungssituation, und zwar weder aus Kapazitäts- noch aus anderen Gründen angelegt. Während es sich bei den Standplatzvergabefällen mithin um anlassabhängige Verteilungsverfahren handelt, d. h. auf Grund eines bestimmten Anlasses, nämlich des geplanten Marktes oder Volksfestes, muss eine Auswahlentscheidung getroffen werden, ist für die übliche Entscheidung über die Zulassung zu einer öffentlichen Einrichtung die Anlassunabhängigkeit charakteristisch. Daher kann auch kein ausdifferenziertes Verteilungsverfahren gefordert werden. Denn die Konkurrenzsituation tritt nicht bewusst ins Vorfeld der Entscheidung. Vielmehr entscheidet eine Gemeinde über den Zugang zu kommunalen öffentlichen Einrichtungen regelmäßig nicht in einer Verteilungsentscheidung, denn dazu müsste sie aus einer Mehrzahl von Bewerbern, die die Zulassungsvoraussetzungen erfüllen, einen in dem Bewusstsein auswählen, die anderen Bewerber für den konkreten Zeitraum ablehnen zu müssen.[697] Für den Fall der Konkurrenz zwischen privatem Veranstalter und Gemeinde ergibt sich eine Besonderheit nur daraus, dass auf Grund des eigenen Interesses zum Zeitpunkt der Antragstellung durch den privaten Dritten der Gemeinde das bestehende Konkurrenzverhältnis und die Notwendigkeit der Auswahlentscheidung bewusst sind. Hier muss sie nicht einen Bewerber auf Grund der zuvor vorgenommenen Zulassung eines anderen Bewerbers aus Kapazitätsgründen ablehnen, obwohl beide die abstrakt-generellen Zulassungsvoraussetzungen erfüllen, sondern sie muss vor Erlass der Entscheidung eine Auswahl treffen.

3. *Auswahlkriterien*

In den Fällen der Konkurrenz zwischen Gemeinde und privatem Dritten hat die Rechtsprechung[698] durchweg dem gemeindlichen Nutzungsanspruch als maßgebliches Auswahlkriterium den Vorrang eingeräumt. Zur Begründung wird auf § 69 a Abs. 1 Nr. 3 GewO verwiesen, in dem es heißt: *Der Antrag auf Festsetzung ist abzulehnen, wenn die Durchführung der Veranstaltung dem öffentlichen Interesse widerspricht, insbesondere der Schutz der Veranstaltungsteilnehmer vor Gefahren für Leben oder Gesundheit nicht gewährleistet ist oder sonstige erhebliche Störungen der öffentlichen Sicherheit oder Ordnung zu befürchten sind.*

Das ist insoweit richtig, als für den Fall, dass ein Veranstaltungsort zum vorgesehenen Zeitpunkt von einem anderen Veranstalter für einen gleichartigen Nutzungszweck in Anspruch genommen wird, eine positive Entscheidung über den Festsetzungsantrag nicht möglich ist, wenn die andere Veranstaltung ihrerseits rechtmäßig ist und ein öffentliches Interesse für sie streitet.[699] Diese Rechtmäßigkeit ergibt sich allerdings nicht zwangsläufig daraus, dass eine Gemeinde in Konkurrenz zu einem privaten Veranstalter tritt. Denn der Vorrang eigener

697 Zu diesem Verständnis der Verteilungsentscheidung vgl. *Malaviya*, Verteilungsentscheidungen und Verteilungsverfahren, S. 92.

698 HessVGH, GewArch 2004, S. 482; OVG LSA, Urteil vom 17.02.2011 – 2 L 126/09 – abrufbar unter www.juris.de.

699 BVerwG, GewArch 2006, S. 164 (165).

Reservierungswünsche ist nicht zulässig.[700] Hierin ist ein Verstoß gegen Art. 3 Abs. 1 GG zu sehen, da es sich nicht um ein sachgerechtes Differenzierungskriterium handelt, denn der Grundsatz der gleichen Zulassungsberechtigung wird hierdurch verletzt.[701] Gleichwohl kann das Ergebnis einer sachgerechten Auswahl sein, dass die Gemeinde vorrangig zur Benutzung einer gemeindlichen Einrichtung berechtigt ist. Sie hat jedoch den gleichen Kriterien zu folgen, die auch die Auswahl zwischen zwei privaten Dritten bestimmen. Von den erwähnten Auswahlkriterien kommt für den Regelfall des Zugangs zu öffentlichen Einrichtungen und auch für den Fall der Konkurrenz um einen Veranstaltungsort der Prioritätsgrundsatz in Betracht.[702] Zwar handelt es sich hierbei um ein formelles Kriterium, dessen Anwendbarkeit unter erhöhtem Rechtfertigungsdruck steht. Für die generelle, anlassunabhängige Zulassung zu einer öffentlichen Einrichtung ist dieses Kriterium dennoch zulässig und auch praktikabel.[703] Zwar führt dieses Kriterium zu einer Bevorzugung des „schnellsten" Bewerbers.[704] Allerdings kommt es, wie gesehen, in den Fällen der Nutzung einer kommunalen öffentlichen Einrichtung nicht typischerweise zu Konkurrenzsituationen, da die Zulassung nicht auf Konkurrenz ausgelegt ist. Notwendig ist bei Anwendung dieses Kriteriums selbstredend auch die verfahrensrechtliche Absicherung durch hinreichende Bekanntmachung der Nutzungsmöglichkeit und überschaubare Buchungszeiträume.[705] So wird eine Gemeinde nicht über Jahre hinaus einen Veranstaltungsplatz belegen dürfen, ohne dass private Veranstalter eine Nutzungsmöglichkeit haben. Dies würde schon dem generell bestehenden Zulassungscharakter zuwiderlaufen und den Charakter als öffentliche Einrichtung insgesamt in Frage stellen.

---

700 VGH BW, NVwZ-RR 1994, S. 111 (112); *Geis*, Kommunalrecht, § 10 Rn. 27.

701 VGH BW, NVwZ-RR 1994, S. 111 (112).

702 BayVGH, BayVBl. 1982, S. 658; *Geis*, Kommunalrecht, § 10 Rn. 41.

703 *Ley*, Rechtshandbuch der Märkte und Volksfeste, Rn. 226. Zur ausnahmsweisen Zulässigkeit des Prioritätsprinzips auch *Voßkuhle*, „Wer zuerst kommt, mahlt zuerst!" – Das Prioritätsprinzip als antiquierter Verteilungsmodus einer modernen Rechtsordnung, Die Verwaltung 1999, S. 21 (40).

704 *Wollenschläger*, Verteilungsverfahren, S. 334.

705 *Braun*, Zulassung auf Märkten und Veranstaltungen, NVwZ 2009, S. 747 (751); *Frotscher/Kramer*, Wirtschaftsverfassungs- und Wirtschaftsverwaltungsrecht, § 14 Rn. 357; *Wollenschläger*, Verteilungsverfahren, S. 334.

4. *Auswahlentscheidung*

Hat eine Gemeinde eine Auswahl getroffen, so muss sie diese Entscheidung nach außen kommunizieren. Ergeht die Entscheidung im Falle der Konkurrenz zwischen Gemeinde und privatem Dritten zu Gunsten der Gemeinde, so wird sie den Antrag des privaten Dritten ablehnen und selbst die öffentliche Einrichtung in Anspruch nehmen. Sie muss hier weder sich selbst gegenüber einen Zulassungsverwaltungsakt erlassen noch mit sich selbst einen Benutzungsvertrag abschließen. Ausnahmen von diesem Grundsatz können sich dann ergeben, wenn es um eine festgesetzte Veranstaltung geht. Beabsichtigt die Gemeinde ihre geplante Veranstaltung festsetzen lassen, so handelt es sich bei dieser Festsetzung zwar nicht um einen Verwaltungsakt[706], dennoch bedarf es der Festsetzung als internem Organisationsakt.

Fällt die Entscheidung zu Gunsten des privaten Dritten aus, muss die Gemeinde auch diese Entscheidung kommunizieren und das Benutzungsverhältnis mit dem privaten Dritten ausgestalten. Hier gelten die oben erörterten allgemeinen Grundsätze zur Wahlfreiheit bei der Ausgestaltung der Benutzungsverhältnisse. Problematisch ist in diesem Zusammenhang, ob die Gemeinde bei einer privatrechtlichen Ausgestaltung der Benutzung zwingend einen Zulassungsverwaltungsakt erlassen muss bzw. dies in praxi so gehandhabt wird. Es geht hierbei im Kern um die Frage der Anwendbarkeit der Zwei-Stufen-Theorie.[707] Da ihre Anwendbarkeit vor allem Auswirkungen auf die Rechtswegproblematik hat, soll auch erst im Rahmen der Erörterungen zum gerichtlichen Rechtsschutz darauf eingegangen werden.[708]

II. Konkurrenz mehrerer Veranstalter um die Erteilung einer Dienstleistungskonzession zur Durchführung einer Veranstaltung

Die zweite näher zu untersuchende Konstellation betrifft die Konkurrenz zweier Veranstalter um die Erteilung einer Dienstleistungskonzession zur Durchführung einer Veranstaltung. Wie bereits aufgezeigt, kann eine solche Übertragung der Durchführung eine Dienstleistungskonzession sein. Zu untersuchen ist daher im Folgenden, wie das Verfahren um die Erteilung einer Dienstleistungskonzession ausgestaltet sein muss, nach welchen Kriterien eine Entscheidung zu

---

706 Siehe 2. Kapitel, B.IV.2.c).
707 Siehe 6. Kapitel, A.I.1.
708 Siehe 6. Kapitel, A.I.1.

fällen ist und in welcher rechtlichen Form die Auswahlentscheidung getroffen wird. Auch die Vergabe von Dienstleistungskonzessionen ist ein Verteilungsverfahren im weitesten Sinne. Allerdings geht es im Kontext der Kategorisierung von Knappheitskonstellationen um einen Fall der begrenzten Nachfrage, und nicht, wie im Fall der Konkurrenz von Gemeinde und privatem Dritten, um einen Fall der Güterknappheit.

1. Rechtliche Vorgaben

Als Ausprägung eines Verteilungsverfahrens muss sich auch das Verfahren zur Erteilung einer Dienstleistungskonzession an den bereits oben dargestellten grundlegenden rechtlichen Anforderungen messen lassen. In Rechtsprechung und Literatur sind die rechtlichen Vorgaben für Verfahren und Kriterien zur Erteilung zwar umfassend, aber noch nicht abschließend, diskutiert worden. Insbesondere soll ein „Vergaberecht light"[709] Anwendung finden. Dieses „Vergaberecht light" leitet sich aus den Vorgaben des europäischen Gemeinschaftsrechts und des nationalen Verfassungsrechts ab.[710] Die Vorschriften des (Kartell-)Vergaberechts finden hingegen keine Anwendung. Zwar ist es durchaus auch denkbar, dass eine Gemeinde für die zu erbringende Leistung in Form der Veranstaltung eines Marktes oder Volksfestes ein Entgelt an den durchführenden Unternehmer zahlt und die Merkmale eines öffentlichen Auftrags gem. § 99 Abs. 1 GWB vorliegen. Regelmäßig wird sich die Situation jedoch so darstellen, dass sich der private Unternehmer über die von den Beschickern zu entrichtenden Entgelte refinanziert und so die Voraussetzungen einer Dienstleistungskonzession bejaht werden können. Explizit für das Verfahren zur Erteilung einer Dienstleistungskonzession sind folgende Aspekte zu beachten.

Die eine Dienstleistungskonzession erteilende Gemeinde muss sich an die Vorgaben des EU-Primärrechts und insbesondere der Grundfreiheiten aus Art. 49 AEUV (Niederlassungsfreiheit) und Art. 52 AEUV (Dienstleistungsfreiheit)

709 Hierzu *Burgi*, Die Vergabe von Dienstleistungskonzessionen: Verfahren, Vergabekriterien, Rechtsschutz, NZBau 2005, S. 610 f.; *Prieß/Marx/Hölzl*, Kodifizierung des europäischen Rechtes zur Vergabe von Dienstleistungskonzessionen nicht notwendig – Überlegungen am Beispiel der europäischen Regeln für die Trinkwasserversorgung, NVwZ 2011, S. 65 (68).

710 *Burgi*, Die Vergabe von Dienstleistungskonzessionen: Verfahren, Vergabekriterien, Rechtsschutz, NZBau 2005, S. 610 (613); *Nettesheim*, Die Dienstleistungskonzession – Privates Unternehmertum in Gemeinwohlverantwortung, EWS 2004, S. 145 (150 ff.).

halten.[711] Voraussetzung hierfür ist stets, dass der Dienstleistungskonzession Binnenmarktrelevanz zukommt.[712] Zur Beurteilung der Binnenmarktrelevanz ist insbesondere auf den geschätzten Wert der Dienstleistungskonzession, den Gegenstand der Konzession und den Grad der Komplexität der Dienstleistungskonzession abzustellen.[713] Aus den unionsrechtlichen Vorgaben leitet der *EuGH*[714] das Transparenzerfordernis und das Diskriminierungsverbot ab. Darüber hinaus statuiert der *EuGH*[715] die verfahrensrechtlichen Anforderungen in Form des Erfordernisses einer grundsätzlichen Ausschreibung und der damit verbundenen Wahrung der Chancengleichheit und Neutralität. Fehlt die Binnenmarktrelevanz, ergeben sich aus den verfassungsrechtlichen Anforderungen des Art. 3 Abs. 1 GG den europarechtlichen Anforderungen an Transparenz und Diskriminierungsfreiheit vergleichbare Anforderungen.[716] Art. 3 Abs. 1 GG gebietet nicht nur, dass die Bieter nicht ohne rechtfertigenden Grund ungleich behandelt werden, sondern verlangt auch, dass die Chancengleichheit durch eine bestimmte Verfahrensgestaltung abgesichert wird.[717] Hieraus folgt die Verpflichtung zur Beachtung sachbezogener, gleichbleibender Kriterien und deren Sicherung durch ein transparentes, faires und unparteiisches Verfahren.[718] Die

711 EuGH, C-324/98, Slg 2000, I-10745 Rn. 60 – Telaustria; C-458/03, Slg 2005, I-8585 Rn. 48 – Parking Brixen.

712 Diese ist dann gegeben, wenn ein in einem anderen Mitgliedstaat ansässiger Bewerber an der Erteilung der Dienstleistungskonzession interessiert sein kann – vgl. EuGH, C-91/08, Slg 2010, I-2815 Rn. 34 – Wall.

713 *Prieß/Marx/Hölzl*, Kodifizierung des europäischen Rechtes zur Vergabe von Dienstleistungskonzessionen nicht notwendig – Überlegungen am Beispiel der europäischen Regeln für die Trinkwasserversorgung, NVwZ 2011, S. 65 (68); für die Durchführung kleinerer Wochenmärkte wird man eine Binnenmarktrelevanz daher durchaus im Einzelfall verneinen können, bei der Veranstaltung großer, überregionaler Volksfeste hingegen wohl kaum. Die konkrete Ausgestaltung kann jedoch nur im Einzelfall entschieden werden.

714 EuGH, C-324/98, Slg 2000, I-10745 Rn. 62 – Telaustria.

715 EuGH, C-324/98, Slg 2000, I-10745 Rn. 60 – Telaustria; C-458/03, Slg 2005, I-8585 Rn. 46 ff. – Parking Brixen.

716 *Burgi*, Die Vergabe von Dienstleistungskonzessionen: Verfahren, Vergabekriterien, Rechtsschutz, NZBau 2005, S. 610 (613).

717 Vgl. zu den prozeduralen Voraussetzungen des allgemeinen Gleichheitssatzes *Pünder*, Zu den Vorgaben des grundgesetzlichen Gleichheitssatzes für die Vergabe öffentlicher Aufträge, VerwArch 95 (2004), S. 38 (49).

718 *Burgi*, Die Vergabe von Dienstleistungskonzessionen: Verfahren, Vergabekriterien, Rechtsschutz, NZBau 2005, S. 610 (613); zum Verfahren bei der Besetzung hauptamtlicher Notarstellen vgl. BVerfG, NJW 2002, S. 3090 f.; ebenso für die Vergabe

rechtlichen Anforderungen entsprechen mithin den bereits im allgemeinen Teil dargestellten Anforderungen.

Soweit der Wert der zu vergebenen Konzession über 5.186.000 € liegt, sind überdies die Anforderungen der Konzessionsrichtlinie[719] zu beachten. Auf welche Art und Weise der nationale Gesetzgeber die Richtlinie in nationales Recht umsetzen wird, bleibt abzuwarten. Die Anforderungen der Konzessionsrichtlinie bleiben jedenfalls nicht hinter den vom *EuGH* aufgestellten Anforderungen zurück.

2. *Auswahlverfahren*

Ein an diese rechtlichen Vorgaben angelehntes Verfahren verlangt von der Gemeinde zunächst die Sicherstellung eines angemessenen Grades an Öffentlichkeit[720], der den Dienstleistungsmarkt dem Wettbewerb öffnet und eine dahingehende Überprüfung ermöglicht, ob ein unparteiisches Vergabeverfahren durchgeführt worden ist. Das Transparenzerfordernis ist dann erfüllt, wenn die potentiellen Bewerber um eine Dienstleistungskonzession vor der Vergabe bereits Zugang zu angemessenen Informationen über die betreffende Leistung hatten, so dass sie gegebenenfalls ihr Interesse am Erhalt der Konzession bekunden konnten.[721] Konkret bekannt zu geben sind die Absicht, eine Dienstleistungskonzession einzuräumen, die Art der zu erbringenden Leistung und die dabei zu beachtenden Rahmenbedingungen.[722] Insbesondere müssen die zu Beginn des Erteilungsverfahrens festgelegten, für die Entscheidung maßgeblichen Kriterien unverändert und auf jeden Bewerber gleichermaßen Anwendung finden.[723] Verfahrensrechtlich müssen die aufgestellten Entscheidungskriterien gegenüber allen Bewerbern in gleicher Weise zur Anwendung gebracht werden, um echte

von Aufträgen BVerfG, NZBau 2004, S. 564 f.; bei der Aufnahme von Konkurrenten in den Krankenhausplan BVerfG, DVBl. 2004, S. 431 f. und hinsichtlich der Vorauswahl von Insolvenzverwalterkandidaten BVerfG, NJW 2004, S. 2725 f.

719 Vgl. 4. Kapitel, B.I.5.

720 St. Rspr. seit EuGH, C-324/98, Slg 2000, I-10745 Rn. 60 – Telaustria.

721 *Prieß/Marx/Hölzl*, Kodifizierung des europäischen Rechtes zur Vergabe von Dienstleistungskonzessionen nicht notwendig – Überlegungen am Beispiel der europäischen Regeln für die Trinkwasserversorgung, NVwZ 2011, S. 65 (68).

722 *Nettesheim*, Die Dienstleistungskonzession – Privates Unternehmertum in Gemeinwohlverantwortung, EWS 2007, S. 145 (151).

723 EuGH, C-458/03, Slg 2005, I-8585 Rn. 48 – Parking Brixen; *Groth*, Die Dienstleistungskonzession im europäischen Vergabe- und Beihilfenrecht, S. 121.

Chancengleichheit zu gewähren.[724] Die Vergabeentscheidung darf damit nur auf solche Kriterien gestützt werden, die zuvor als solche auch bekannt gemacht worden sind.[725] Umgekehrt dürfen auch nur solche Angebote berücksichtigt werden, die den aufgestellten Kriterien entsprechen.[726]

Da es sich im Gegensatz zu dem Verfahren bei der Zulassung zu einer öffentlichen Einrichtung bei dem Verfahren zur Erteilung einer Dienstleistungskonzession um ein anlassabhängiges Verteilungsverfahren handelt, d. h. die Gemeinde entscheidet sich dazu, für eine bestimmte Veranstaltung einen durchführenden Unternehmer auszusuchen, ist dieses Verfahren typischerweise auf eine Konkurrenzauswahl gerichtet. Die Bewerber wenden sich nicht aus eigenen Stücken an die Gemeinde, um die Zulassung zu einer generell bestehenden Einrichtung zu erlangen, sondern die Gemeinde sucht ausdrücklich Bewerber. Die Initiative für die entstehende Verteilungssituation liegt in diesen Fällen auf Seiten der Gemeinde. Dieser Initiativwechsel bleibt auch nicht ohne Wirkung auf die Ausgestaltung des Verfahrens. Während sich bei dem üblichen Verfahren zur Zulassung zu einer öffentlichen Einrichtung die Durchführung einer Ausschreibungs- und Bewerbungsphase aus den oben genannten Gründen[727] nicht anbietet, ist dieses Erfordernis bei der Erteilung einer Dienstleistungskonzession zwingend. Das Verfahren in seiner konkreten Ausgestaltung in Form der Übertragung der Durchführung einer kommunalen Veranstaltung erfolgt hier in den beschriebenen Verfahrensschritten. Es bedarf demnach zunächst der Erstellung eines Veranstaltungskonzeptes. Die Gemeinde muss also festlegen, welche Art von Veranstaltung sie von dem privaten Dritten durchführen lassen möchte. Hierbei kann sie auch spezielle Gestaltungselemente und den jeweiligen Zeitraum festlegen.[728] Zu bestimmen ist auch die eigenverantwortliche Organisation und Durchführung der Veranstaltung, insbesondere auch das Recht zur Erhebung

---

724 *Groth*, Die Dienstleistungskonzession im europäischen Vergabe- und Beihilfenrecht, S. 126.

725 EuGH, C-19/00, Slg 2001, I-7725 Rn. 40 – SIAC Construction; C-87/94, Slg 1996, I-2643 Rn. 74 – Europäische Kommission/Belgien; C-243/89, Slg 1993, I-3353 Rn. 37 ff. – Europäische Kommission/Dänemark.

726 EuGH, C-243/89, Slg 1993, I-3353 Rn. 37 ff. – Europäische Kommission/Dänemark.

727 Siehe 4. Kapitel, D.I.2.

728 *Ax*, Gestaltung der Ausschreibung einer Dienstleistungskonzession zum Betrieb eines Marktes, Verwaltungsrundschau 2010, S. 412.

eines Entgelts gegenüber Dritten als Merkmal der Dienstleistungskonzession.[729] Daneben müssen die Zulassungsvoraussetzungen niedergelegt werden.[730] Anschließend ist dieses Konzept in einer Ausschreibungsphase öffentlich bekannt zu machen. Eine Bekanntmachung muss allerdings nicht zwingend im Amtsblatt erfolgen, sie muss nicht einmal in jedem Fall europaweit erfolgen.[731] Etwas anderes fordert der Richtlinien-Entwurf nur für eine Dienstleistungskonzessionsvergabe mit einem Konzessionswert von mehr als 5 Mio. €.[732] In anderen Fällen ist dies nur erforderlich, wenn die wirtschaftliche Bedeutung nicht nur geringfügig ist und damit zu rechnen ist, dass ein grenzüberschreitender Handel für die betroffenen Bewerber überhaupt von Interesse ist.[733] Und auch dann kann eine europaweit zugängliche Veröffentlichung auf der Homepage des Auftraggebers im Internet ausreichen.[734] Dies wird insbesondere für die Vergabe von Dienstleistungskonzessionen im Markt- und Volksfestwesen zutreffen.[735] In der Bewerbungsphase fordert die konzessionserteilende Gemeinde sodann von allen Bewerbern die notwendigen Unterlagen an. Hierzu gehören ein Auf- und Abbau- sowie ein Finanzierungsplan.[736] Die Gemeinde kann und wird die Bewerbungsphase an eine bestimmte Frist knüpfen. Nach Ablauf dieser Frist wird

---

729 *Ax*, Gestaltung der Ausschreibung einer Dienstleistungskonzession zum Betrieb eines Marktes, Verwaltungsrundschau 2010, S. 412.

730 *Ax*, Gestaltung der Ausschreibung einer Dienstleistungskonzession zum Betrieb eines Marktes, Verwaltungsrundschau 2010, S. 412.

731 EuGH C-231/03, Slg 2005, I-7287 Rn. 20 f. – Coname.

732 Art. 6 des Richtlinien-Entwurfs.

733 EuGH C-231/03, Slg 2005, I-7287 Rn. 21 – Coname.

734 *Burgi*, Die Vergabe von Dienstleistungskonzessionen: Verfahren, Vergabekriterien, Rechtsschutz, NZBau 2005, S. 610 (616); *Jennert*, Öffentlich-Private Partnerschaft, einschließlich Dienstleistungs- und Baukonzession, in: Müller-Wrede (Hrsg.), Kompendium des Vergaberechts, Rn. 42; *Prieß/Marx/Hölzl*, Kodifizierung des europäischen Rechtes zur Vergabe von Dienstleistungskonzessionen nicht notwendig – Überlegungen am Beispiel der europäischen Regeln für die Trinkwasserversorgung, NVwZ 2011, S. 65 (68).

735 VG Köln, NVwZ-RR 2009, S. 327; *Donhauser*, Neue Akzentuierungen bei der Vergabe von Standplätzen auf gemeindlichen Volksfesten und Märkten, NVwZ 2010, S. 931 (936); *Nettesheim*, Die Dienstleistungskonzession – Privates Unternehmertum in Gemeinwohlverantwortung, EWS 2007, S. 145 (151). Ein Beispiel für die Gestaltung der Ausschreibung einer Dienstleistungskonzession zum Betrieb eines Marktes findet sich bei *Ax*, Gestaltung der Ausschreibung einer Dienstleistungskonzession zum Betrieb eines Marktes, Verwaltungsrundschau 2010, S. 412 ff.

736 *Ax*, Gestaltung der Ausschreibung einer Dienstleistungskonzession zum Betrieb eines Marktes, Verwaltungsrundschau 2010, S. 412.

sie sodann die erforderliche Auswahlentscheidung auf Grundlage der eingegangenen Bewerbungsunterlagen treffen.

Im Übrigen ist der private Konzessionsnehmer auch darauf hinzuweisen, dass er sich, wenn ihm die Dienstleistungskonzession erteilt wird, um die Erteilung einer Sondernutzungserlaubnis und einer eventuellen gewerberechtlichen Festsetzung selbständig bemühen muss.[737] Dies folgt zum einen bereits daraus, dass es sich bei der Festsetzung (und auch bei der Erteilung einer Sondernutzungserlaubnis) nicht um die Erteilung der Dienstleistungskonzession handelt, sondern diese selbständig daneben erteilt werden kann.[738] Zum anderen umfasst die Konzeptionsgestaltungsfreiheit der Gemeinde auch die Entscheidung über die gewerberechtliche Ausgestaltung einer Veranstaltung.[739] Man wird die Verpflichtung zur gewerberechtlichen Festsetzung insofern als zulässige Bedingung im Rahmen des Dienstleistungskonzessionsvertrages ansehen können.

3. *Auswahlkriterien*

Die genannten rechtlichen Anforderungen haben auch hier nicht nur Auswirkungen auf die Gestaltung des Verfahrens, sondern auch auf die festzulegenden Auswahlkriterien. Auch hier folgt aus den rechtlichen Anforderungen, dass es sich um sachbezogene, gleichbleibende Kriterien handeln muss.[740]

Inhaltlich darf bei der Festlegung der Kriterien jedenfalls nicht auf die Staatsangehörigkeit, die Ortsansässigkeit oder die Erfahrung im Gemeindegebiet abgestellt werden.[741] *Ax*[742] nennt beispielhaft die Kriterien der finanziellen Leistungsfähigkeit, der fachlichen Qualifikation zur Durchführung der

737 *Ax*, Gestaltung der Ausschreibung einer Dienstleistungskonzession zum Betrieb eines Marktes, Verwaltungsrundschau 2010, S. 412 (414).

738 Hierzu siehe 2. Kapitel, B.IV.1.d) bb).

739 *Ax*, Gestaltung der Ausschreibung einer Dienstleistungskonzession zum Betrieb eines Marktes, Verwaltungsrundschau 2010, S. 412 (414).

740 *Prieß/Marx/Hölzl*, Kodifizierung des europäischen Rechtes zur Vergabe von Dienstleistungskonzessionen nicht notwendig – Überlegungen am Beispiel der europäischen Regeln für die Trinkwasserversorgung, NVwZ 2011, S. 65 (68).

741 *Burgi*, Die Vergabe von Dienstleistungskonzessionen: Verfahren, Vergabekriterien, Rechtsschutz, NZBau 2005, S. 610 (616). Zum Kriterium der Ortsansässigkeit in vergaberechtlichen Kontexten vgl. *Müller-Wrede*, Örtliche Präsenz, Ortsnähe und Ortsansässigkeit als Wertungskriterien – eine Verletzung des Diskriminierungsverbotes?, VergabeR 2005, S. 32.

742 Gestaltung der Ausschreibung einer Dienstleistungskonzession zum Betrieb eines Marktes, Verwaltungsrundschau 2010, S. 412 (414).

ausgeschriebenen Veranstaltung sowie die Wirtschaftlichkeit und Attraktivität des Angebots. Gegen das Kriterium der Wirtschaftlichkeit bei der Vergabe von Dienstleistungskonzessionen lassen sich insofern Bedenken anbringen, als prägendes Merkmal der Dienstleistungskonzession gerade die Finanzierung durch erhobene Entgelte gegenüber einem Dritten ist, das wirtschaftliche Risiko also bei dem durchführenden Unternehmer liegt.[743] Wendet man auch in den Fällen der Erteilung einer Dienstleistungskonzession das Kriterium der Wirtschaftlichkeit an, so führte dies dazu, dass die Konzession an denjenigen zu vergeben wäre, der die Dienstleistungen später am kostengünstigsten an die jeweiligen Nutzer erbringt. Für das Markt- und Volksfestwesen bedeutete dies, dass die Dienstleistungskonzession an denjenigen Bewerber zu erteilen wäre, der letztlich die geringsten Standplatzentgelte von den Beschickern verlangte. Lässt man die Höhe der späteren Entgelte bei der Entscheidung über die Vergabe vollständig außer Acht, so laufen gerade kommunale Markt- und Volksfestveranstaltungen Gefahr, auf Grund überhöhter Standplatzentgelte für Beschicker nicht mehr interessant zu sein bzw. die Beschicker werden sich gezwungen sehen, die höheren Nutzungsentgelte an die Besucher weiterzugeben. Hierdurch könnte es zu einem Attraktivitätsverlust der kommunalen Veranstaltungen kommen, die als Veranstaltungen im Rahmen der Daseinsvorsorge einem breiten Publikum zugänglich sein sollen, weswegen ein angemessenes Preisniveau im Ergebnis unverzichtbar ist. Letztlich wird aber auch hier nur eine Zusammenschau sämtlicher zugelassener Kriterien zu einer sachgerechten Entscheidung führen können. Stellt man zunächst auf den Begriff der Wirtschaftlichkeit – wie er im Rahmen der Vergabe von öffentlichen Aufträgen verwandt wird – ab, so ist hier wirtschaftlich nicht mit „am kostengünstigsten" gleichzusetzen. Vielmehr bedeutet Wirtschaftlichkeit, dass der Zuschlag unter den zur Wertung zugelassenen Angeboten auf das Angebot zu erteilen ist, welches unter Berücksichtigung aller im konkreten Fall wesentlichen und zum Zeitpunkt der Bekanntmachung angegebenen Aspekte das beste Preis-/Leistungsverhältnis bietet bzw. welches die günstigste Relation zwischen dem verfolgten Zweck und dem einzusetzenden Mittel beinhaltet.[744]

743 *Burgi*, Die Vergabe von Dienstleistungskonzessionen: Verfahren, Vergabekriterien, Rechtsschutz, NZBau 2005, S. 610 (616).

744 *Bungenberg*, in: Loewenheim/Meessen/Riesenkampff, Kartellrecht, § 97 GWB Rn. 64 mit dem Verweis auf die Regierungsbegründung zum Vergaberechtsänderungsgesetz BT-Drucks. 13/9340, S. 1 und die Entscheidung des OLG Stuttgart vom 12.04.2000 – 2 Verg 3/00 – abrufbar unter www.juris.de.

In der EG-Vergabekoordinierungsrichtlinie[745] findet sich überdies eine beispielhafte Aufzählung von Kriterien, die im Wege einer Gesamtschau zur Bejahung der Wirtschaftlichkeit führen. Gem. Art. 53 der Richtlinie soll es sich hierbei um Qualität, Preis, technischer Wert, Ästhetik, Zweckmäßigkeit, Umwelteigenschaften, Betriebskosten, Rentabilität, Kundendienst und technische Hilfe, Lieferzeitpunkt und Lieferungs- oder Ausführungsfrist handeln. Zwar handelt es sich hierbei um Kriterien, die auf die Erteilung von öffentlichen Aufträgen zugeschnitten sind, dennoch lassen sich hieraus Rückschlüsse auf die zulässigen Kriterien bei der Vergabe von Dienstleistungskonzessionen ziehen. Obgleich sich für die Erteilung von Dienstleistungskonzessionen aus den Grundfreiheiten kein in gleicher Weise spezifizierter Auswahlmaßstab ableiten lässt, so erfordert jedenfalls das Transparenzgebot eine Entscheidung auf objektiver Bewertungsgrundlage.[746] Eine sachgerechte Entscheidung kann aber nur ergehen, wenn eine vergleichende Gegenüberstellung zum Zwecke der Auswahl des am besten geeigneten Bewerbers ergeht.[747] Ob es sich jedoch um das am besten geeignete Angebot handelt, muss auch unter finanziellen Gesichtspunkten ermittelt werden.[748] Denn mit einem erhöhten finanziellen Aufwand wird man zumeist auch eine Verbesserung in Bezug auf die Qualität der Leistung erzielen können.[749] Erst mit dem Kriterium des Entgelts können unterschiedliche Angebote in eine Relation gesetzt werden.[750] Monetäre Aspekte als Vergabekriterium können und müssen in bestimmtem Umfang daher auch berücksichtigt werden.[751] Dieses Erfordernis der vergleichenden Entscheidung verbietet es auch, bei der Vergabe von Dienstleistungskonzessionen auf formale Auswahlkomponenten wie das Prioritätsprinzip, das Rotationsverfahren oder ein Losverfahren abzustellen, da hierbei Preis-/Leistungsvergleiche nicht angestellt werden können. In Betracht

745 Richtlinie 2004/18/EG des Europäischen Parlaments und des Rates vom 31. März 2004 über die Koordinierung der Verfahren zur Vergabe öffentlicher Bauaufträge, Lieferaufträge und Dienstleistungsaufträge.

746 Vgl. zum Beispiel *Ruhland*, Die Dienstleistungskonzession, S. 246.

747 *Groth*, Die Dienstleistungskonzession im europäischen Vergabe- und Beihilfenrecht, S. 142.

748 *Groth*, Die Dienstleistungskonzession im europäischen Vergabe- und Beihilfenrecht, S. 142.

749 *Groth*, Die Dienstleistungskonzession im europäischen Vergabe- und Beihilfenrecht, S. 142.

750 *Groth*, Die Dienstleistungskonzession im europäischen Vergabe- und Beihilfenrecht, S. 142.

751 *Jennert*, Öffentlich-Private Partnerschaft, einschließlich Dienstleistungs- und Baukonzession, in: Müller-Wrede (Hrsg.), Kompendium des Vergaberechts, Rn. 51.

kommen daher nur materiell-wertende Kriterien. Das Kriterium der Ortsansässigkeit ist bereits mit dem Hinweis auf seine unzulässig diskriminierende Wirkung abgelehnt worden. Zu erörtern bleibt insbesondere, ob das bei der Vergabe von Standplätzen herangezogene Auswahlkriterium „bekannt und bewährt" auch für die Entscheidung über die Erteilung einer Dienstleistungskonzession in Betracht kommt. Hierzu ist zunächst die genaue Bedeutung dieses Begriffs zu klären. Während der Teilbegriff „bekannt" schlicht darauf abstellt, dass der Bewerber bereits an anderen Veranstaltungen teilgenommen hat, enthält das Teilmerkmal „bewährt" eine weitere, wertende Komponente. „Bewährt" wird sich derjenige haben, der die mit der Veranstaltung verbundenen Aufgaben zufriedenstellend erfüllt hat. Insofern beinhaltet das Merkmal „bewährt" einen Aspekt der Bestenauslese, wie er auch dem Vergaberecht innewohnt. Die eigentliche Problematik stellt sich daher bei dem Merkmal „bekannt", weil es Altbewerber bevorzugt; Neubewerbern wäre, auch wenn sie möglicherweise besser geeignet wären als die bekannten Bewerber, die Gelegenheit verwehrt, die begehrte Konzession zu erlangen. Für die Erteilung einer Konzession zur Durchführung eines Marktes oder Volksfestes kommt das Kriterium „bekannt und bewährt" daher nicht in Betracht. Die Grundsätze der Transparenz, Gleichbehandlung und Nichtdiskriminierung erlauben lediglich eine Ausrichtung an dem Merkmal der Bewährtheit in der Form, als der bewährte Bewerber im Wege einer Prognoseentscheidung bei Erfüllung der in der Konzeptbeschreibung aufgestellten Anforderungen als derjenige angesehen werden kann, der für die Durchführung der Veranstaltung als am besten geeignet erscheint. Hierzu muss er zunächst in der Lage sein, die von der Gemeinde gewünschte Leistung überhaupt und diese Leistung auch bei finanzieller Betrachtungsweise im Vergleich zu anderen Bewerbern am wirtschaftlichsten im oben genannten Sinne erbringen zu können.

Auch die Konzessionsrichtlinie[752] sieht in Art. 38 vor, dass auf die Fachkunde sowie die finanzielle und wirtschaftliche Leistungsfähigkeit der Bewerber abgestellt werden soll.

4. *Auswahlentscheidung*

Im Anschluss an die Bewerbungsphase muss die Gemeinde eine sich nach den oben dargestellten Kriterien richtende Auswahlentscheidung treffen. Hat sie sich für einen Bewerber entschieden, erteilt sie ihm die begehrte Konzession. Dies

752 4. Kapitel, B.I.5.

erfolgt üblicherweise im Wege des Abschlusses eines Konzessionsvertrages.[753] Fraglich ist, ob auch hier im Wege der Anwendung der Zwei-Stufen-Theorie eine Aufspaltung der Auswahlentscheidung auftreten kann, mithin dem Abschluss des Konzessionsvertrages eine als Verwaltungsakt zu qualifizierende öffentlich-rechtliche Vorentscheidung im Wege der dargestellten zweistufigen Entscheidung vorgeschaltet ist. Auch hier hat die Entscheidung dieser Frage, also ob es sich bei Konzessionsverträgen um zivilrechtliche Verträge, öffentlich-rechtliche Verträge oder aber um ein zweistufiges Verfahren im Sinne der Zwei-Stufen-Theorie handelt, maßgebliche praktische Auswirkungen auf die Rechtswegfrage. Daher ist die Klärung dieser Frage dem Kapitel über die prozessuale Geltendmachung von Konkurrenzschutzbegehren vorbehalten. Jedenfalls, das ergibt sich bereits aus der Definition der Dienstleistungskonzession als „Vertrag, der von öffentlichen Dienstleistungsaufträgen nur insoweit abweicht, als die Gegenleistung für die Erbringung der Dienstleistungen ausschließlich in dem Recht zur Nutzung der Dienstleistung besteht“[754], wird die Konzessionsvergabe durch den Abschluss eines Vertrages bewirkt.[755] Ob dieser Vertrag als zivilrechtlich oder als öffentlich-rechtlich einzustufen ist bzw. eine Zweistufung erfolgt, wird daher noch Thema der Arbeit sein.

III. Konkurrenz zwischen Beschickern um Standplatzvergabe

Die letzte zu untersuchende Situation betrifft den klassischen Fall der Standplatzvergabe. In diesem Zusammenhang stellen sich ebenfalls die Fragen nach den rechtlichen Anforderungen, dem Auswahlverfahren, den zulässigen Auswahlkriterien und der zu treffenden Auswahlentscheidung. Allerdings ist fraglich, welches der beschriebenen Verfahren mit dem Problem der Standplatzvergabe zu vergleichen ist. Eine überkommene Auffassung sieht in der Standplatzvergabe

---

753 *Nettesheim*, Die Dienstleistungskonzession – Privates Unternehmertum in Gemeinwohlverantwortung, EWS 2007, S. 145 (150).

754 Art. 1 IV VKR und Art. 1 III lit. b. SKR. Art. 5 I Nr. 1 b der Konzessionsrichtlinie definiert die Dienstleistungskonzession als entgeltlichen, schriftlich geschlossenen Vertrag, mit dem ein oder mehrere öffentliche Auftraggeber einen oder mehrere Wirtschaftsteilnehmer mit der Erbringung und der Verwaltung der Dienstleistung betrauen, wobei die Gegenleistung entweder allein in dem Recht zur Verwertung der vertragsgegenständlichen Dienstleistungen oder in diesem Recht zuzüglich einer Zahlung besteht.

755 *Nettesheim*, Die Dienstleistungskonzession – Privates Unternehmertum in Gemeinwohlverantwortung, EWS 2007, S. 145 (150).

ein Problem des Zugangs zu öffentlichen Einrichtungen.[756] Teilweise wird hingegen vertreten, es handele sich bei dem Problem der Standplatzvergabe keinesfalls um ein Problem des Zugangs zu einer öffentlichen Einrichtung.[757] Vielmehr sei die Standplatzvergabesituation mit der Situation der Vergabe eines öffentlichen Auftrages vergleichbar[758] bzw. es handele sich bei der Vergabe von Standplätzen rechtlich um die Erteilung einer Dienstleistungskonzession.[759]

1. *Die Standplatzvergabe als Problem des Zugangs zu öffentlichen Einrichtungen?*

Die Autoren, die das Standplatzvergabeproblem als Problem des Zugangs zu öffentlichen Einrichtungen verstehen, begründen ihre Auffassung maßgeblich damit, dass es sich bei einem Markt oder Volksfest insgesamt um eine öffentliche Einrichtung handele.[760] Die jeweiligen Beschicker seien sodann als Benutzer dieser gesamten öffentlichen Einrichtung Markt oder Volksfest anzusehen.[761] Diese Schlussfolgerung ist jedoch keinesfalls zwingend. Zum einen folgt aus der Tatsache, dass es sich bei einer derartigen Veranstaltung um eine einheitliche öffentliche Einrichtung handelt, nicht zwingend, dass auch die Beschicker als Benutzer dieser Einrichtung angesehen werden müssen. Denn Benutzer einer öffentlichen Einrichtung ist derjenige, der eine öffentliche Einrichtung entsprechend

---

756 So *Wollenschläger*, Verteilungsverfahren, S. 324 ff., der die Standplatzvergabe explizit als Problem des Zugangs zu öffentlichen Einrichtungen bearbeitet, aber auch diejenigen, die den Beschickern einen Zulassungsanspruch aus den kommunalrechtlichen Vorschriften zusprechen, vgl. statt vieler z. B. *Hilderscheid*, Die Zulassung zu Messen und Ausstellungen, S. 133 ff.; *Wagner*, in: Friauf (Hrsg.), Kommentar zur GewO, § 70 Rn. 10.1.

757 *Bauer/Böhle/Ecker*, Bayrische Kommunalgesetze, Art. 21 Rn. 21; *Fastenrath*, Die Zulassung ortsfremder (einschließlich EG-ausländischer) Schausteller und Anbieter zu Volksfesten und Märkten NWVBl. 1992, S. 51 (53 f.).; *U. Stelkens*, in: Stelkens/Bonk/Sachs (Hrsg.), VwVfG, § 35 Rn. 121.

758 *U. Stelkens*, in: Stelkens/Bonk/Sachs (Hrsg.), VwVfG, § 35 Rn. 121.

759 *Donhauser*, Neue Akzentuierungen bei der Vergabe von Standplätzen auf gemeindlichen Volksfesten und Märkten, NVwZ 2010, S. 931 (935).

760 BayVGH, NVwZ 1982, S. 120 (121); *Hösch*, Rechtsschutz gegen die Nichtzulassung zu festgesetzten Märkten, GewArch 1996, S. 402 (406); *Püttner/Lingemann*, Aktuelle Probleme der Zulassung zu öffentlichen Einrichtungen, Teil 1, JA 1984, S. 121 (122); *Spannowsky*, Vergabe von Standplätzen auf Volksfesten, Messen und Märkten an EU-ausländische Anbieter, GewArch 1995, S. 265 (268).

761 Hierzu *Fastenrath*, Die Zulassung ortsfremder (einschließlich EG-ausländischer) Schausteller und Anbieter zu Volksfesten und Märkten, NWVBl. 1992, S. 51 (53 f.).

ihrer Zweckbestimmung nutzt.[762] Die Beschicker nutzen jedoch allenfalls die öffentliche Fläche, auf der sie ihre Stände platzieren, sie nutzen jedoch nicht den Markt an sich.[763] Erst durch ihre Beteiligung entsteht die öffentliche Einrichtung Markt oder Volksfest als Gesamteinrichtung.[764] Ohne ihre Beteiligung könnte eine Gemeinde die von ihr bei einer Marktveranstaltung oder einem Volksfest verfolgten Zwecke gar nicht erreichen.[765] Sie ist auf die Mitarbeit der Beschicker angewiesen.[766] Dies widerspricht jedoch dem klassischen Bild eines Benutzers einer kommunalen öffentlichen Einrichtung. Die Besucher eines Schwimmbads oder einer Stadthalle sind keine notwendige Voraussetzung für die Entstehung der jeweiligen öffentlichen Einrichtung.

Im Übrigen spricht auch die Art der Verteilungssituation gegen einen Vergleich mit dem Zugang zu kommunalen öffentlichen Einrichtungen. Bei der dargestellten Situation der Konkurrenz zwischen Gemeinde und privatem Dritten um den Zugang zu einer öffentlichen Einrichtung handelt es sich um eine anlassunabhängige Verteilungssituation, das heißt, eine bestehende kommunale öffentliche Einrichtung, in diesem Fall der jeweilige Veranstaltungsplatz, soll einem der beiden Bewerber zugeteilt werden. Die Verteilungssituation ist aber nicht von vornherein auf eine Konkurrenzsituation angelegt.[767] Zudem muss der jeweilige Bewerber die bereits bestehende kommunale öffentliche Einrichtung nur im Rahmen des Widmungszweckes in Anspruch nehmen, er muss aber nicht zuvor aufgestellte Auswahlkriterien erfüllen, um überhaupt in die Auswahlentscheidung mit einbezogen zu werden. Bei der Standplatzvergabe erfolgt die Bewerbung auf einen Standplatz jedoch anlassabhängig, d.h. zu

---

762 *Axer*, Die Widmung als Grundlage der Nutzung kommunaler öffentlicher Einrichtungen, NVwZ 1996, S. 114 (116).

763 Eine andere Bewertung käme allenfalls dann in Betracht, wenn man den Veranstaltungen eine überwiegend wirtschaftsbelebende Funktion zuschreiben würde, vgl. *Kupfer*, Die Verteilung knapper Ressourcen im Wirtschaftsverwaltungsrecht, S. 237. Auch wenn die Beschicker von dieser Wirkung profitieren, führt diese nicht zu einer Qualifizierung der Beschicker als Benutzer der kommunalen öffentlichen Einrichtung. Sie sind nur Nutznießer der Einrichtung, vgl. *Bauer/Böhle/Ecker*, Bayrische Kommunalgesetze, Art. 21 Rn. 21.

764 *Fastenrath*, Die Zulassung ortsfremder (einschließlich EG-ausländischer) Schausteller und Anbieter zu Volksfesten und Märkten, NWVBl. 1992, S. 51 (53 f.).

765 *Fastenrath*, Die Zulassung ortsfremder (einschließlich EG-ausländischer) Schausteller und Anbieter zu Volksfesten und Märkten, NWVBl. 1992, S. 51 (53 f.).

766 *Fastenrath*, Die Zulassung ortsfremder (einschließlich EG-ausländischer) Schausteller und Anbieter zu Volksfesten und Märkten, NWVBl. 1992, S. 51 (53 f.).

767 Siehe 4. Kapitel, D.I.2.

einem bestimmten Zeitpunkt an einem bestimmten Ort soll eine Veranstaltung stattfinden und genau für diese Veranstaltung werden entsprechende Bewerber gesucht. Die Initiative für die Bewerberauswahl geht hier seitens der veranstaltenden Gemeinde aus, während sie beim Normalfall des Zugangs zu einer öffentlichen Einrichtung nur vom Bewerber ausgeht. Die die öffentliche Einrichtung betreibende Gemeinde hält hier die öffentliche Einrichtung vor, ist jedoch nicht zur Bewerberauswahl gezwungen, damit die öffentliche Einrichtung überhaupt erst existent wird.

2. *Die Standplatzvergabe als Problem der Erteilung einer Dienstleistungskonzession?*

Zum Teil wird das Problem der Standplatzvergabe unter dem Stichwort der Erteilung einer Dienstleistungskonzession diskutiert.[768] Wenn es sich um die Erteilung einer Dienstleistungskonzession handelt, müsse sich sowohl das Verfahren als auch der Rechtsschutz nach den für die Dienstleistungskonzession maßgeblichen Anforderungen richten.[769] Zur Begründung wird angeführt, dass es in Abgrenzung zum öffentlichen Auftrag an der Entgeltlichkeit fehle.[770] Dem Schausteller, Standbetreiber oder Festwirt werde aus der öffentlichen Aufgabe (Markt-)Veranstaltung ein Ausschnitt zur eigenverantwortlichen Erledigung übertragen.[771] Sie erhielten das ausschließliche Recht zum Anbieten von Waren und Vergnügungen und refinanzierten sich über die Einnahmen aus deren Vermarktung und haben die damit zusammenhängenden wirtschaftlichen Risiken zu tragen.[772] Der Einordnung als Dienstleistungskonzession stehe auch nicht der Abschluss einen zivilrechtlichen Pachtvertrages entgegen, da nicht die Verpachtung, sondern die Einräumung des Rechts zum Angebot von Waren und

768 *Braun*, Zulassung auf Märkten und Veranstaltungen, NVwZ 2009, S. 747; *Donhauser*, Neue Akzentuierungen bei der Vergabe von Standplätzen auf gemeindlichen Volksfesten und Märkten, NVwZ 2010, S. 931 (935).

769 Dies wird von den erwähnten Autoren nicht ausdrücklich gefordert, ergibt sich aber wohl zwingend aus der Einordnung der Standplatzvergabe als Dienstleistungskonzession.

770 *Donhauser*, Neue Akzentuierungen bei der Vergabe von Standplätzen auf gemeindlichen Volksfesten und Märkten, NVwZ 2010, S. 931 (935).

771 *Donhauser*, Neue Akzentuierungen bei der Vergabe von Standplätzen auf gemeindlichen Volksfesten und Märkten, NVwZ 2010, S. 931 (935).

772 *Donhauser*, Neue Akzentuierungen bei der Vergabe von Standplätzen auf gemeindlichen Volksfesten und Märkten, NVwZ 2010, S. 931 (935).

Dienstleistungen wirtschaftlich im Vordergrund stehe.[773] Zudem beinhalte die Ausgestaltung der Nutzungsverhältnisse regelmäßig auch eine Regelung zur vertraglichen Leistungserbringung.[774]

3. *Bewertung der Standplatzvergabe als Dienstleistungskonzession*

Ob die Standplatzvergabe als Zugang zu einer öffentlichen Einrichtung oder als Erteilung einer Dienstleistungskonzession einzuordnen ist, bedarf in jedem Fall der Entscheidung, da sich die Positionen gegenseitig ausschließen. Wer Benutzer einer kommunalen Einrichtung ist, kann nicht gleichzeitig Bestandteil der Einrichtung im Wege der Erbringung von Dienstleistungen als Dienstleistungskonzessionär sein. Daher soll die Auffassung, bei der Standplatzvergabe handele es sich um die Erteilung einer Dienstleistungskonzession, einer näheren Untersuchung unterzogen werden. Hierzu bedarf es zunächst einer Konkretisierung des Begriffs der Dienstleistungskonzession. Hierbei ist vorab auf den Charakter der Dienstleistungskonzession als Beschaffungsvorgang einzugehen (*a*). In diesem Zusammenhang ist zum einen zu problematisieren, ob für die Qualifizierung als Dienstleistungskonzession überhaupt der Beschaffungscharakter zwingend ist oder ob auch reine Verwertungshandlungen ausreichen und wie die Standplatzvergabe unter diesem Aspekt einzuordnen ist. Im Anschluss daran soll auf die Frage eingegangen werden, ob es notwendige Voraussetzung der Dienstleistungskonzession ist, dass eine öffentliche Aufgabe übertragen bzw. die Verpflichtung zu einer Leistung im Allgemeininteresse übernommen werden muss (*b*). In Bezug auf die von den Beschickern erbrachten Leistungen könnte die Qualifizierung als Dienstleistungskonzession scheitern, wenn man diese Voraussetzung als zwingend ansieht. Unter dieser Annahme wäre – vereinfacht dargestellt – der „Betrieb eines Autoscooters“ als öffentliche Aufgabe einzuordnen. In einem weiteren Schritt muss die Dienstleistungskonzession von den öffentlich-rechtlichen Genehmigungen abgegrenzt werden (*c*). Zuletzt soll die Subsumtion unter die weiteren Merkmale der Dienstleistungskonzession in Bezug auf die Standplatzvergabe erfolgen (*d*).

---

773 *Donhauser*, Neue Akzentuierungen bei der Vergabe von Standplätzen auf gemeindlichen Volksfesten und Märkten, NVwZ 2010, S. 931 (935).

774 *Donhauser*, Neue Akzentuierungen bei der Vergabe von Standplätzen auf gemeindlichen Volksfesten und Märkten, NVwZ 2010, S. 931 (935).

a) Beschaffungscharakter der Dienstleistungskonzession

Bei der Beschaffung erwirbt der öffentliche Auftraggeber eine Leistung auf vertraglichem Wege und tritt als Nachfrager auf dem Markt auf.[775] Im Gegensatz dazu ist unter einer reinen Verwertungshandlung eine Handlung zu verstehen, bei der die öffentliche Hand als Anbieter eines Gutes, z. B. einer wirtschaftlichen Betätigungsmöglichkeit, auftritt.[776] Diejenigen, die in der Erteilung einer Dienstleistungskonzession einen Verwertungsvorgang erblicken, begründen diese Ansicht damit, dass der öffentliche Auftraggeber die Übertragung des Rechts zur Nutzung anbiete.[777] Der Konzessionär erwerbe sodann dieses Recht und trete als Nachfrager auf.[778] Mithin seien die Rollen der Vertragspartner im Vergleich zum Beschaffungsvorgang ausgewechselt.[779] Hierfür spreche auch die fehlende Zahlung eines Entgeltes.[780] Diese Auffassung kann nicht überzeugen, vielmehr tritt die öffentliche Hand auch in den Fällen der Erteilung einer Dienstleistungskonzession als Nachfrager auf.[781] Denn die Übertragung des Rechts zur Nutzung ist als Gegenleistung für die Erfüllung der vertraglich vereinbarten Leistungspflicht anzusehen.[782] Der öffentliche Auftraggeber „bezahlt" den Konzessionsnehmer durch die Übertragung des Rechts zur Nutzung und tritt folglich als Nachfrager

775 *Walz*, Die Bau- und Dienstleistungskonzession im deutschen und europäischen Vergaberecht, S. 63 f.; *Ziekow*, in: ders./Völlink (Hrsg.), Vergaberecht, § 99 GWB Rn. 42.

776 *Groth*, Die Dienstleistungskonzession im europäischen Vergabe- und Beihilfenrecht, S. 78.

777 OLG Düsseldorf, NZBau 2000, S. 530; *Gröning*, Public Private Partnerships bei Dienstleistungskonzessionen – Vergaberechtliche Konsequenzen aus dem „Telaustria"-Urteil des EuGH, NZBau 2001, S. 123; *ders.*, Der Begriff der Dienstleistungskonzession, Rechtsschutz und Rechtsweg, VergabeR 2002, S. 24 (26.)

778 OLG Düsseldorf, NZBau 2000, S. 530; *Gröning*, Public Private Partnerships bei Dienstleistungskonzessionen – Vergaberechtliche Konsequenzen aus dem „Telaustria"-Urteil des EuGH, NZBau 2001, S. 123; *ders.*, Der Begriff der Dienstleistungskonzession, Rechtsschutz und Rechtsweg, VergabeR 2002, S. 24 (26).

779 *Gröning*, Public Private Partnerships bei Dienstleistungskonzessionen – Vergaberechtliche Konsequenzen aus dem „Telaustria"-Urteil des EuGH, NZBau 2001, S. 123.

780 Vgl. etwa OLG Düsseldorf, NZBau 2002, S. 530; *Ruhland*, Die Dienstleistungskonzession, S. 193.

781 *Walz*, Die Bau- und Dienstleistungskonzession im deutschen und europäischen Vergaberecht, S. 78.

782 OLG Düsseldorf, NZBau 2000, S. 530; *Walz*, Die Bau- und Dienstleistungskonzession im deutschen und europäischen Vergaberecht, S. 78.

auf.[783] Die für die Beschaffung typische Situation der Suche der öffentlichen Hand nach einer Leistung, für die sie sodann eine entsprechende Gegenleistung gibt, ändert sich durch den Austausch der Gegenleistung, die normalerweise in Geld besteht, in das Recht zur Nutzung nicht.[784] Hierzu muss das Recht zur Nutzung verwertbar sein, hingegen muss nicht die Dienstleistungskonzession selbst eine Verwertungshandlung sein.[785] Liegt eine verwertbare Leistung vor, so steht es der öffentlichen Hand frei, welche Art der Leistungserbringung sie wählen möchte. Sie kann die benötigte Leistung im Wege eines klassischen öffentlichen Auftrags einkaufen, sie kann aber auch die benötigte Leistung in Form der Dienstleistungskonzession von einem Dritten an die Bürger erbringen.[786] Bei der Dienstleistungskonzession handelt es sich mithin um eine Form der Beschaffung und nicht um eine (vergaberechtsfreie) Verwertung.[787] Hierfür spricht auch, dass die Definition der Dienstleistungskonzession in der Konzessionsrichtlinie[788] ausdrücklich neben der Übertragung des Rechts zur Nutzung auch eine daneben mögliche Bezahlung nennt.

Für die Fälle der Standplatzvergabe und die Qualifizierung als Dienstleistungskonzession bedeutet dies, dass die Vergabe von Standplätzen einen Beschaffungscharakter aufweisen muss. Unter der Prämisse, dass die öffentliche Einrichtung bei einem von einer Gemeinde betriebenen Markt- oder Volksfest nicht nur der Veranstaltungsplatz, sondern die gesamte Veranstaltung ist,

---

783 *Walz*, Die Bau- und Dienstleistungskonzession im deutschen und europäischen Vergaberecht, S. 78.

784 *Walz*, Die Bau- und Dienstleistungskonzession im deutschen und europäischen Vergaberecht, S. 79.

785 *Walz*, Die Bau- und Dienstleistungskonzession im deutschen und europäischen Vergaberecht, S. 79 mit dem Verweis auf die Entscheidung des BayObLG, VergabeR 2002, S. 305.

786 *Walz*, Die Bau- und Dienstleistungskonzession im deutschen und europäischen Vergaberecht, S. 80.

787 *Walz*, Die Bau- und Dienstleistungskonzession im deutschen und europäischen Vergaberecht, S. 76. A.A. z. B. *Byok/Bormann*, Aktuelle Rechtsfragen zu der öffentlichen Auftragsvergabe in der Entsorgungswirtschaft, NVwZ 2008, S. 842 (845).

788 Siehe 4. Kapitel, B.I.5. In der Konzessionsrichtlinie wird die Dienstleistungskonzession als *ein entgeltlich, schriftlich geschlossener Vertrag, mit dem ein oder mehrere öffentliche Auftraggeber einen oder mehrere Wirtschaftsteilnehmer mit der Erbringung und der Verwaltung von Dienstleistungen betrauen, die nicht in der Erbringung von Bauleistungen nach Buchstabe a bestehen, wobei die Gegenleistung entweder allein in dem Recht zur Verwertung der vertragsgegenständlichen Dienstleistungen oder in diesem Recht zuzüglich einer Zahlung besteht* definiert.

können die Beschicker nicht als Benutzer dieser Einrichtung angesehen werden. Vielmehr sind sie notwendiger Bestandteil, der der öffentlichen Einrichtung erst zu ihrer Existenz verhilft. Wenn sie jedoch nicht Benutzer der öffentlichen Einrichtung sind, muss die Frage aufgeworfen werden, auf welche Art und Weise eine Gemeinde sie in den Betrieb der öffentlichen Einrichtung einbindet. Zunächst würde sich vom Ansatz her jede Art der Verwaltungshilfe[789] anbieten. Es käme also grundsätzlich die Erteilung eines öffentlichen Auftrags in Betracht. Muss die Gemeinde aber, um ihre Veranstaltung überhaupt erst existent werden zu lassen, eine Leistung nachfragen, spricht dies für den Beschaffungscharakter der Standplatzvergabe. Nur wenn man die Standplatzvergabe als rein wirtschaftliche Betätigung und Verwertungshandlung ansähe, könnte der Charakter als Dienstleistungskonzession abgelehnt werden. Für die Fälle der Standplatzvergabe ist dies vor allem eine Frage des Blickwinkels. Auf der einen Seite lässt sich argumentieren, dass die Gemeinde als Anbieter von Standplätzen auftritt, für die sie Standplatzgebühren erhebt. In diesem Fall wäre in der Standplatzvergabe lediglich eine wirtschaftliche Verwertung zu sehen. Diese Sichtweise ist dann überzeugend, wenn man nicht den Markt insgesamt als öffentliche Einrichtung ansieht, sondern lediglich den Veranstaltungsplatz, mithin Märkten und Volksfesten den Charakter als öffentliche Einrichtung abspricht.[790] Anders kann die Situation jedoch betrachtet werden, wenn man einen Markt oder ein Volksfest als einheitliche öffentliche Einrichtung ansieht. In diesem Fall muss die Gemeinde, um ihren Bewohnern die einheitliche öffentliche Einrichtung überhaupt erst zur Verfügung stellen zu können, Beschicker nachfragen. Es lässt sich dieselbe Situation mithin auch als Nachfragesituation darstellen. Beabsichtigt eine Gemeinde nicht selbst Verkaufsstände und Unterhaltungsangebote zu betreiben, muss sie diese Dienstleistung nachfragen. Eine eindeutige Trennung von Nachfrage und Angebotssituation hängt daher davon ab, welchen Zweck eine Gemeinde mit dem Veranstalten eines Marktes verfolgt. Ein reiner Verwertungszweck käme für das Marktwesen nur dann in Betracht, wenn Sinn und Zweck kommunaler Markt- und Volksfestveranstaltungen ausschließlich die Möglichkeit der wirtschaftlichen Zusammenkunft der Beschicker zur Ausübung ihres Gewerbes wäre. Dann würde die Gemeinde lediglich die Ausübung des Gewerbes oder die Nutzung des Veranstaltungsplatzes in Form eines Angebots einer wirtschaftlichen Einnahmequelle zur Verfügung stellen. So etwa kann sich die Situation

789 Zum Begriff und der Einordnung als funktionale Privatisierung vgl. 1. Kapitel, E.I.2.

790 Siehe hierzu 1. Kapitel, B.

darstellen, wenn eine Gemeinde lediglich Sondernutzungserlaubnisse erteilt, damit Private auf öffentlichem Grund ihrem Gewerbe nachgehen können.[791] So gestaltet sich die Veranstaltung von kommunalen Märkten und Volksfesten jedoch nicht. Die Ermöglichung von Absatzchancen für die Beschicker ist nicht das maßgebliche Kriterium für die Durchführung. Diese Sichtweise lässt sich aus historischer Sicht erklären, weil einst Märkte die Haupt-, teilweise sogar ausschließlichen Absatzorte für Waren und Dienstleistungen waren. Die Versorgung mit den täglichen Gütern erfolgt für die Mehrzahl der Bürger in der heutigen Zeit jedoch nicht mittels des kommunalen Marktes, sondern über den Einzelhandel. Für das Volksfest kann erst recht nicht von dem alleinigen Sinn und Zweck der Ermöglichung der Gewerbeausübung durch die Schausteller ausgegangen werden. In der heutigen Zeit dienen Märkte und Volksfeste vielmehr überwiegend der Unterhaltung und Freizeitgestaltung der Gemeindebewohner. Stadtfeste werden veranstaltet, um den Gemeindeeinwohnern „etwas zu bieten" und auswärtiges Publikum in die Stadt zu locken. Legt eine Gemeinde jedoch diese Zwecke zu Grunde, so geht es ihr nicht allein um die wirtschaftliche Verwertung bestehender Nutzungsflächen, sondern sie verfolgt darüber hinaus eigene Interessen bei der Bereitstellung von Leistungen der Daseinsvorsorge. Veranstaltet sie aber aus diesem Interesse Märkte und Volksfeste, so ist sie auch für das Erreichen dieser Veranstaltungszwecke auf die Mitwirkung der Beschicker angewiesen und fragt deren Leistung nach. Die Einordnung der Standplatzvergabe als Dienstleistungskonzession scheitert daher jedenfalls nicht am fehlenden Beschaffungsvorgang.

b) Merkmal der Übertragung einer öffentlichen Aufgabe

Bisweilen wird gefordert, dass mit der Erteilung einer Dienstleistungskonzession eine öffentliche Aufgabe übertragen bzw. die Verpflichtung zu einer Leistung, die im Allgemeininteresse liegt, übernommen werden müsse.[792] Sofern dieses Merkmal als zwingend einzustufen wäre, könnte die Einordnung der

---

791 Das VG Hannover, Urteil vom 09.08.2011 – 7 A 5683/10 denkt im Übrigen auch in diesem Fall – es ging um Sondernutzungserlaubnisse für das Aufstellen von Alttextilsammelbehältern – über das Vorliegen einer Dienstleistungskonzession nach, lässt die Frage aber im Ergebnis offen.

792 Siehe für die deutsche Rechtsprechung etwa OLG Düsseldorf, NZBau 2000, S. 530; OLG Brandenburg, NZBau 2001, S. 645 (647), das davon spricht, dass sich der Staat bei der Vergabe der Dienstleistung von einer Aufgabe entlasten müsse. In der Literatur z. B. *Böckel*, Vergaberechtliche Behandlung von Dienstleistungskonzessionen, LKV 2003, S. 393 (395), der allerdings auch nur reine wirtschaftliche

Standplatzvergabe als Erteilung einer Dienstleistungskonzession bereits hieran scheitern. Denn das Marktveranstalten selbst kann als klassische Tätigkeit der Daseinsvorsorge und damit als öffentliche Aufgabe gewertet werden.[793] Die einzelne Beschickertätigkeit hingegen wird im Regelfall nicht von staatlicher Seite wahrgenommen. Forderte man die Wahrnehmung einer öffentlichen Aufgabe, so ließe sich dieses Erfordernis im Hinblick auf die Beschickertätigkeit allenfalls mit der Argumentation bejahen, dass dem Schausteller, Standbetreiber oder Festwirt aus der öffentlichen Aufgabe (Markt-)Veranstaltung ein Ausschnitt zur eigenverantwortlichen Erledigung übertragen wird.[794] Das Merkmal der öffentlichen Aufgabe im Allgemeininteresse ist hingegen nicht zwingend zu erfüllen, um die Voraussetzungen einer Dienstleistungskonzession bejahen zu können.[795] Zur Begründung des Erfordernisses einer öffentlichen Aufgabe wird auf die veraltete Definition der Dienstleistungskonzession im Richtlinien-Entwurf von 1992 und die Rechtfertigung der vergaberechtlichen Sonderstellung hingewiesen.[796] Die nunmehr geltende Definition enthält jedoch kein Merkmal mehr, das auf das Erfordernis einer öffentlichen Aufgabe hinweist.[797] Vielmehr formuliert auch die Kommissionsmitteilung zu Auslegungsfragen im Konzessionsbereich dahingehend, dass die übertragenen Aufgaben lediglich „üblicherweise Tätigkeiten zum Inhalt haben, die ihrer Natur, ihrem Gegenstand und nach den Vorschriften, denen sie unterliegen, in den Verantwortungsbereich des Staates fallen".[798] Zum anderen erforderte ein Tatbestandsmerkmal öffentliche Aufgabe eine einheitliche Definition solcher Aufgaben, die auf Grund der fehlenden Übereinstimmung in Bezug auf einen solchen Begriff in den einzelnen Mitgliedstaaten nicht zu erreichen wäre.[799] Demgemäß finden sich auch in der neueren Rechtsprechung

---

Verwertungsmaßnahmen am Merkmal öffentliche Aufgabe scheitern lassen will und *Knopp*, Papierverwertung via „Dienstleistungskonzession?", DÖV 2004, S. 604.

793 Siehe hierzu 1. Kapitel, A.II.1.

794 So *Donhauser*, Neue Akzentuierungen bei der Vergabe von Standplätzen auf gemeindlichen Volksfesten und Märkten, NVwZ 2010, S. 931 (935).

795 *Ziekow*, in: ders/Völlink (Hrsg.), Vergaberecht, § 99 GWB Rn. 43.

796 Hierzu auch *Walz*, Die Bau- und Dienstleistungskonzession im deutschen und europäischen Vergaberecht, S. 87 f.

797 Vgl. die Definition in Art. 1 III lit b. SKR und Art. 1 IV VKR und Art. 5 I Nr. 1 b der Konzessionsrichtlinie.

798 Mitteilung der Kommission zu Auslegungsfragen im Bereich Konzessionen im Gemeinschaftsrecht vom 12.04.2000, Nr. 2.2., ABl. 2000 C 121/2.

799 *Byok/Dierkes*, Dienstleistungskonzessionen in der Wasserwirtschaft, RdE 2011, S. 126 (131).

des *EuGH* keine Hinweise auf die Erforderlichkeit eines solchen Merkmals.[800] Vielmehr hatten die relevanten Entscheidungen die Errichtung von Fahrgastunterständen und werbliche Nutzung dieser Unterstände[801], die Bereitstellung von Parkplätzen[802], oder die Versorgung von Fahrgästen mit Fahrplaninformationen im öffentlichen Nahverkehr[803] zum Gegenstand, welche alle als Dienstleistungskonzession angesehen wurden. Soweit eine öffentliche Aufgabe unter Hinweis auf die anders nicht zu rechtfertigende vergaberechtlichen Sonderstellung gefordert wurde, ist darauf hinzuweisen, dass die Dienstleistungskonzession nunmehr ausdrücklich vom Anwendungsbereich ausgenommen ist, womit eine solche Argumentation nicht mehr notwendig ist.[804]

Besondere Anforderungen auch in Bezug auf die zu erbringende Aufgabe ergeben sich allerdings aus dem Charakter der Dienstleistungskonzession als Beschaffungsvorgang.[805] Aus der Definition lässt sich jedenfalls ableiten, dass der Unterschied zum öffentlichen Auftrag darin liegt, dass die Gegenleistung im Recht zur Nutzung der Dienstleistung liegt. Zwar wird im Gegensatz zum öffentlichen Auftrag die Leistung gegenüber Dritten erbracht, dennoch ist Sinn und Zweck der Dienstleistungskonzession die Inanspruchnahme Dritter.[806] Selbst wenn es sich bei der eigentlichen Dienstleistung also nicht um eine öffentliche Aufgabe handelt, muss gleichwohl ein unmittelbarer Bezug zu einer öffentlichen Aufgabe bestehen.[807] Dieser Bezug fehlt beispielsweise, wenn die Konzessionierung lediglich dazu dient, vereinbarte Konzessionsabgaben zu erhalten.[808] In den Fällen der Standplatzvergabe dient die „Konzessionierung" allerdings dazu, die Markt- oder Volksfestveranstaltung als Aufgabe der Daseinsvorsorge zu verwirklichen. Der notwendige Bezug zu einer öffentlichen Aufgabe ist mithin gegeben.

---

800 Z. B. EuGH, C-458/03, Slg 2005, I-8585 Rn. 38 ff. – Parking Brixen.

801 VK des Freistaates Sachsen, Beschluss vom 30.09.2002 – 1/SVK/087-02 – abrufbar unter www.juris.de.

802 EuGH, C-458/03, Slg 2005, I-8585 Rn. 38 ff. – Parking Brixen.

803 BayObLG, NZBau 2002, S. 233 (234).

804 So auch *Walz*, Die Bau- und Dienstleistungskonzession im deutschen und europäischen Vergaberecht, S. 95.

805 *Groth*, Die Dienstleistungskonzession im europäischen Vergabe- und Beihilfenrecht, S. 78.

806 *Groth*, Die Dienstleistungskonzession im europäischen Vergabe- und Beihilfenrecht, S. 78.

807 *Groth*, Die Dienstleistungskonzession im europäischen Vergabe- und Beihilfenrecht, S. 78.

808 *Groth*, Die Dienstleistungskonzession im europäischen Vergabe- und Beihilfenrecht, S. 78.

Die Standplatzvergabe kann also auch nicht wegen des fehlenden Merkmals der öffentlichen Aufgabe nicht als Dienstleistungskonzession eingestuft werden.

c) Abgrenzung zur verwaltungsrechtlichen Genehmigung

Die Dienstleistungskonzession muss überdies von der verwaltungsrechtlichen Genehmigung abgegrenzt werden.[809] Zu unterscheiden sind in diesem Bereich verwaltungsrechtliche Tätigkeitsgenehmigungen und reine Nutzungsgenehmigungen.[810] Bei den Tätigkeitsgenehmigungen handelt es sich um verwaltungsrechtliche Genehmigungen, die dem jeweiligen Interessenten entweder eine grundsätzlich erlaubte Tätigkeit gestatten oder aber eine verbotene Tätigkeit ausnahmsweise gestatten.[811] Im ersteren Fall unterliegt die Tätigkeit einem Anzeigenvorbehalt oder aber einem präventiven Verbot mit Erlaubnisvorbehalt.[812] In diesen Konstellationen fehlt es zumeist an einem vergaberechtlich relevanten Beschaffungsvorgang, welcher der Qualifizierung als Dienstleistungskonstellation entgegensteht, denn die öffentliche Hand nimmt in diesen Fällen Aufgaben der Gefahrenabwehr wahr.[813] Sie will hingegen nicht die tatsächliche Bereitstellung der jeweils erlaubten Tätigkeit sicherstellen. Die zweite Konstellation umfasst Fälle des repressiven Verbots mit Befreiungsvorbehalt.[814] Grund für diese Beschränkungen ist zumeist die Einschätzung der Tätigkeit als besonders sozial- bzw. wirtschaftsschädlich.[815] Hier kann in bestimmten Fällen ein vergaberechtlich relevanter Beschaffungsvorgang vorliegen und mithin auch eine Dienstleistungskonzession in Betracht kommen.[816]

---

809 *Walz*, Die Bau- und Dienstleistungskonzession im deutschen und europäischen Vergaberecht, S. 104 f.; a.A. *Pietzcker*, Grenzen des Vergaberechts, NVwZ 2007, S. 1225 (1231).

810 Zu dieser Unterscheidung siehe *Walz*, Die Bau- und Dienstleistungskonzession im deutschen und europäischen Vergaberecht, 3. Teil, Abschnitt 3. und 4.

811 Zu diesen Instrumenten der Wirtschaftsüberwachung *Stober*, Allgemeines Wirtschaftsverwaltungsrecht, S. 212 und *Ehlers*, in: Erichsen/ders. (Hrsg.), Allgemeines Verwaltungsrecht, § 1 Rn. 45.

812 *Stober*, Allgemeines Wirtschaftsverwaltungsrecht, S. 213 und *Ehlers*, in: Erichsen/ders. (Hrsg.), Allgemeines Verwaltungsrecht, § 1 Rn. 45.

813 *Walz*, Die Bau- und Dienstleistungskonzession im deutschen und europäischen Vergaberecht, S. 113.

814 Hierzu *Ehlers*, in: Erichsen/ders. (Hrsg.), Allgemeines Verwaltungsrecht, § 1 Rn. 45; *Stober*, Allgemeines Wirtschaftsverwaltungsrecht, S. 213.

815 *Stober*, Allgemeines Wirtschaftsverwaltungsrecht, S. 213.

816 Zu diesen Fallgestaltungen siehe *Walz*, Die Bau- und Dienstleistungskonzession im deutschen und europäischen Vergaberecht, S. 105 f.

Bei der Entscheidung über die Standplatzvergabe handelt es sich jedoch nicht um eine verwaltungsrechtliche Tätigkeitsgenehmigung. Denn mit der Zulassungsentscheidung wird nicht über die Erlaubnis der Tätigkeit als Marktbeschicker an sich entschieden, sondern nur über die Erlaubnis der Markt- oder Volksfestbeschickung auf der jeweiligen Veranstaltung. Ob dem Beschicker die ausgeübte Tätigkeit generell erlaubt ist und erlaubt werden muss, er also möglicherweise zuvor eine Reisegewerbekarte benötigt, ist eine Entscheidung, die im Vorfeld getroffen wird, nicht jedoch mit der Standplatzvergabe einhergeht. Insbesondere ersetzt die Zulassung zu einem Markt nicht anderweitig notwendige Tätigkeitsgenehmigungen. Insofern bedarf es für die Beantwortung der Frage, ob es sich bei der Standplatzvergabe um einen Fall der Erteilung einer Dienstleistungskonzession handelt, jedenfalls nicht der Abgrenzung zu den verwaltungsrechtlichen Tätigkeitsgenehmigungen. Neben den Tätigkeitsgenehmigungen existieren jedoch auch die sogenannten Nutzungsgenehmigungen.[817] In Fällen, in denen von der öffentlichen Hand nur begrenzt zur Verfügung stehende Ressourcen für eine wirtschaftliche Tätigkeit zur Verfügung stehen, kann sie das Recht zur Nutzung an solchen Ressourcen übertragen.[818] Bei der Standplatzvergabe findet eine solche Übertragung von Nutzungsrechten statt. Die Gemeinde überträgt dem jeweiligen Beschicker den begehrten Standplatz zur Nutzung. Das Nutzungsrecht an diesem Standplatz steht grundsätzlich der Gemeinde zu. Der Übertragung von Nutzungsrechten steht nicht entgegen, dass der Veranstaltungsplatz oder die gesamte Veranstaltung eine öffentliche Einrichtung ist. Bei den verwaltungsrechtlichen Nutzungsgenehmigungen handelt es sich regelmäßig nicht um Dienstleistungskonzessionen, weil es der Nutzungsgewährung an einem Beschaffungscharakter fehlt.[819] Etwas anderes gilt nur dann, wenn die Nutzungsübertragung mit einer Beschaffung verknüpft wird.[820] Wie bereits dargelegt kann den Fällen der Standplatzvergabe ein Beschaffungscharakter zugesprochen werden.[821] Es liegt insoweit keine reine Übertragung von Nutzungsrechten vor. Vielmehr ist dem Erfordernis der besonderen und qualitativen Verbundenheit

817 *Walz*, Die Bau- und Dienstleistungskonzession im deutschen und europäischen Vergaberecht, 3. Teil, Abschnitt 3.

818 *Walz*, Die Bau- und Dienstleistungskonzession im deutschen und europäischen Vergaberecht, S. 121.

819 *Walz*, Die Bau- und Dienstleistungskonzession im deutschen und europäischen Vergaberecht, S. 121.

820 *Pünder*, Öffentlicher Auftrag, in: Müller-Wrede (Hrsg.), Kompendium des Vergaberechts, Rn. 21.

821 D.III.3.a).

der Übertragung mit einer Beschaffung[822] genüge getan. Denn dieses Erfordernis ist immer dann erfüllt, wenn die öffentliche Hand die Leistungserbringung zur Bedingung der Veräußerung oder Gewährung des Nutzungsrechts macht.[823] Ob in den Fällen der Standplatzvergabe auf kommunalen Märkten und Volksfesten von einer solchen Leistungspflicht des Beschickers zur Erbringung seiner Beschickertätigkeit auszugehen ist, kann nur für den Einzelfall beurteilt werden, da die Gemeinde in ihrer Ausgestaltung der Veranstaltung weitestgehend frei ist. Legt man aber beispielsweise den Marktvertrag und die Teilnahmebestimmungen für Wochenmärkte der Deutschen Marktgilde e.G.[824] zu Grunde, so enthält dieser ausdrückliche Regelungen über eine Teilnahmepflicht für die einzelnen Beschicker. Eine Pflicht zur Leistungserbringung wird man jedoch nur dann annehmen können, wenn Konsequenz der Nichtbefolgung der Leistungspflicht nicht lediglich der Entzug des Standplatzes ist, sondern tatsächlich die Gemeinde auch einen durchsetzbaren Anspruch auf die Erbringung der Leistung hat. Diese Interessenlage wird von Veranstaltung zu Veranstaltung differieren. So wird man davon ausgehen können, dass bei einer Veranstaltung wie dem Münchener Oktoberfest die Stadt ein Interesse an der Leistungserbringung seitens des Festzeltbetreibers hat und auch die Übertragung der Nutzungsrechte an dem Veranstaltungsplatz von einer durchsetzbaren Leistungspflicht abhängig machen wird. Anders mag sich die Situation darstellen, wenn es sich lediglich um einen kleineren Wochenmarkt handelt. Dort mag die fehlende Leistungserbringung lediglich zu einem Verlust des Standplatzes führen. In den Fällen, in denen die Gemeinde jedoch am Gelingen der Veranstaltung ein hohes Interesse hat und das Gelingen einer Veranstaltung auch vom einzelnen Beschicker abhängig sein kann, wird man davon ausgehen müssen, dass die Pflicht zur Erbringung der Beschickertätigkeit auch mit einer durchsetzbaren Leistungspflicht verbunden ist. Für diesen Fall ist aber auch von einem Beschaffungsvorgang auszugehen und die Nutzungsübertragung mit diesem Beschaffungsvorgang derart verbunden, als keine reine verwaltungsrechtliche Nutzungsgenehmigung vorliegt, sondern vom Vorliegen einer Dienstleistungskonzession ausgegangen werden kann.

---

822 Zu diesem beschaffungsrechtlichen Bezug BayObLG, VergabeR 2003, S. 329 (332); *Weyand*, Vergaberecht, Teil 1, GWB, § 99 Rn. 1641.

823 *Walz*, Die Bau- und Dienstleistungskonzession im deutschen und europäischen Vergaberecht, S. 124.

824 Abrufbar unter: http://www.marktgilde.de/marktordnung/download/DMG_Wochenmarktordnung2011.pdf. Die Teilnahmebestimmungen können auch durch öffentlich-rechtliche Normen z. B. Marktsatzung, geregelt werden. Dies ändert an der Beurteilung nichts.

d) Abgrenzung zum öffentlichen Auftrag

Die Dienstleistungskonzession muss überdies vom öffentlichen Auftrag abgegrenzt werden, da dieser im Gegensatz zur Dienstleistungskonzession den Vorschriften des Kartellvergaberechts unterliegt. Bisweilen wurde versucht, die Abgrenzung zum öffentlichen Auftrag über das Merkmal der öffentlichen Aufgabe zu leisten.[825] Wie bereits dargelegt, handelt es sich bei dem Merkmal der öffentlichen Aufgabe jedoch nicht um ein zwingendes Erfordernis zur Bejahung einer Dienstleistungskonzession. Daher kann es auch nicht für die Abgrenzung zum öffentlichen Auftrag herangezogen werden. Möglicherweise ist für die Abgrenzung jedoch von Bedeutung, ob der Konzessionär ein unmittelbares Entgelt von einem Dritten erlangt. Der *EuGH*[826] knüpft die Beantwortung dieser Frage daran, ob der Dienstleistungserbringer das mit der Vertragsdurchführung verbundene Risiko vollumfänglich oder zumindest zu einem erheblichen Teil übernimmt. In der Literatur[827] wird das Kriterium der Risikoübertragung bisweilen kritisiert. Für den *EuGH*[828] ist das Merkmal der Risikoübernahme jedoch untrennbar mit dem Merkmal des Rechts zur Nutzung verbunden. Im Ergebnis ist dem Erfordernis der Risikoübernahme zuzustimmen.[829] Denn der Möglichkeit der Entgelterhebung allein kann keine Aussage über das bestehende Risiko entnommen werden.[830] Ob ein Risiko übernommen wurde, muss im Wege einer Gesamtbetrachtung ermittelt werden und kann nicht bereits dann bejaht werden, wenn dem Konzessionär das Recht zur Entgelterhebung gegenüber Dritten zugesprochen wird.[831] Das entscheidende Kriterium zur Abgrenzung von Dienstleistungskonzession und öffentlichem Auftrag ist mithin die Übernahme

---

825 *Byok/Dierkes*, Dienstleistungskonzessionen in der Wasserwirtschaft, RdE 2011, S. 126 (130); *Böckel*, Vergaberechtliche Behandlung von Dienstleistungskonzessionen, LKV 2003, S. 393 (395); *Knopp*, Papierverwertung via Dienstleistungskonzession?, DÖV 2004, S. 604.

826 C-206/08, Slg 2009, I-8377 – Eurawasser.

827 *Hübner*, Anmerkung zum Beschluss des OLG Thüringen vom 8.5.2008, VergabeR 2008, S. 653 (660).

828 C-206/08, Slg 2009, I-8377 – Eurawasser.

829 So auch *Byok/Dierkes*, Dienstleistungskonzessionen in der Wasserwirtschaft, RdE 2011, S. 125 (132).

830 *Byok/Dierkes*, Dienstleistungskonzessionen in der Wasserwirtschaft, RdE 2011, S. 125 (132).

831 *Byok/Dierkes*, Dienstleistungskonzessionen in der Wasserwirtschaft, RdE 2011, S. 125 (132) m.w.N.

des Betriebsrisikos.[832] Auch die Konzessionsrichtlinie[833] sieht die Risikoübernahme als Merkmal der Dienstleistungskonzession an.

Für die Standplatzvergabe macht die unterschiedliche Ausrichtung in Bezug auf das Kriterium des wirtschaftlichen Risikos keinen Unterschied. Die Beschicker erheben zum einen ein Entgelt gegenüber den Besuchern des Marktes, so dass der Leistungsempfänger die Vergütung für die Leistung erbringt. Sie übernehmen auch das volle wirtschaftliche Risiko für die Erbringung der Leistung, weil sie bei Misslingen der Veranstaltung allein die Absatzrisiken tragen. Ob und inwieweit sie einen Gewinn erwirtschaften können, hängt von ihrem eigenen unternehmerischen Geschick ab. Die Einordnung der Standplatzvergabe als Dienstleistungskonzession lässt sich also auch nicht auf Grund des fehlenden wirtschaftlichen Risikos oder der fehlenden Entgeltzahlung durch Dritte verneinen.

Des Weiteren wird bisweilen das Kriterium der Selbständigkeit bzw. Eigenverantwortlichkeit genannt.[834] Der Konzessionär könnte bei der Erbringung seiner Dienstleistungen ein hinreichendes Maß an Selbständigkeit und Eigenverantwortlichkeit vorweisen müssen.[835] Abgesehen davon, dass die erforderliche Eigenverantwortung und Selbständigkeit bei der Erbringung von Dienstleistungen auf Märkten und Volksfesten wohl gegeben sein wird, hat auch der *EuGH*[836] entschieden, dass es für die Qualifizierung der Dienstleistungskonzession nicht von Belang ist, ob dem Konzessionsnehmer ein bedeutendes Maß an Eigenverantwortlichkeit und Selbständigkeit eingeräumt wird. Für die Standplatzvergabe wird man jedenfalls ein gewisses Maß an Eigenverantwortlichkeit und Selbständigkeit bejahen können, da zumindest die Preisgestaltung hinsichtlich des Waren- und Dienstleistungsangebots von den jeweiligen Beschickern selbst vorgenommen werden kann, so dass sich für Dienstleistungskonzessionen im kommunalen Marktwesen keine Unterschiede in Bezug auf das Erfordernis werden feststellen lassen.

---

832 C-206/08, Slg 2009, I-8377 – Eurawasser; *Hövelberndt*, Übernahme eines wirtschaftlichen Risikos als Voraussetzung der Dienstleistungskonzession, NZBau 2010, S. 599 (601); *Wegener*, in: Pünder/Schellenberg (Hrsg.), Vergaberecht, § 99 GWB Rn. 54.

833 4. Kapitel, B.I.5.

834 Hierzu auch *Byok/Dierkes*, Dienstleistungen in der Wasserwirtschaft, RdE 2011, S. 125 (131).

835 *Byok/Dierkes*, Dienstleistungen in der Wasserwirtschaft, RdE 2011, S. 126 (131).

836 EuGH, C-382/05, Slg 2007, I-6657 – Europäische Kommission/Italien.

Möglicherweise spricht jedoch die Tatsache, dass die Beschicker regelmäßig Standgebühren an den Veranstalter zahlen, gegen das Vorliegen einer Dienstleistungskonzession. Die Standgebühren werden im Rahmen der miet- oder pachtvertraglichen Regelung vereinbart. In verschiedenen gerichtlichen Entscheidungen[837] stand die Zahlung eines Nutzungsentgeldes nicht der Qualifizierung als Dienstleistungskonzession entgegen. Es können sich allenfalls beihilferechtliche Fragestellungen bei Verzicht auf die Erhebung einer entsprechenden Abgabe ergeben.[838] Diese stehen der Einordnung als Dienstleistungskonzession jedoch grundsätzlich nicht entgegen.

e) Ergebnis

Mithin kann die Standplatzvergabe als Erteilung einer Dienstleistungskonzession angesehen werden. Die wesentlichen Merkmale einer Dienstleistungskonzession sind auch in den Fällen der Standplatzvergabe zu bejahen. Es ist aufgezeigt worden, dass in diesen Fällen keine reine Nutzungsübertragung an den Standplätzen stattfindet, sondern die veranstaltende Gemeinde die einzelnen Beschicker nachfragen muss, sofern beabsichtigt ist, die einheitliche öffentliche Einrichtung kommunaler Markt oder Volksfest zur Entstehung zu bringen. Allenfalls wenn die Gemeinde kein Interesse an der Leistungserbringung durch den jeweiligen Beschicker hat und eine solche auch nicht vereinbart wird, kann eine Dienstleistungskonzession verneint werden. Mit Ausnahme von kleineren Märkten dürfte eine Gemeinde jedoch regelmäßig ein Interesse daran haben, dass der von ihr ausgewählte Beschicker seine Tätigkeit aufnimmt. Dies wird allein deswegen der Fall sein, da hinter einer Veranstaltung ein Veranstaltungskonzept steht, zu dessen Verwirklichung der einzelne Beschicker beiträgt und auch erforderlich ist. Nimmt er seine Tätigkeit nicht auf, gerät die Erfüllung des von der Gemeinde verfolgten Veranstaltungskonzepts in Gefahr. Dies liegt aber regelmäßig nicht im Interesse der Gemeinde.

4. Notwendigkeit der Verfahrensanpassung?

Die Standplatzvergabe ist nicht mit dem Zugang zu einer öffentlichen Einrichtung zu vergleichen, sondern ist vielmehr als Dienstleistungskonzession zu

---

837 EuGH, C-458/03, Slg 2005, I-8585 Rn. 26 – Parking Brixen; BayOblG, NZBau 2002, S. 233; OLG Rh.-Pf., NZBau 2001, S. 283; OLG LSA, NZBau 2002, S. 235.

838 *Groth*, Die Dienstleistungskonzession im europäischen Vergabe- und Beihilfenrecht, S. 256 ff.

qualifizieren bzw. ist jedenfalls mit der Erteilung einer Dienstleistungskonzession vergleichbar. Zu untersuchen ist daher, ob das bestehende Verfahren für die Standplatzvergabe und die als zulässig angesehenen Vergabekriterien mit den Anforderungen an die Erteilung einer Dienstleistungskonzession konform läuft.[839] Daher sollen im Folgenden nunmehr das Auswahlverfahren, die Auswahlkriterien und die Auswahlentscheidung unter dem Aspekt der Qualifizierung als Dienstleistungskonzession untersucht werden.

a) Auswahlverfahren

Das Auswahlverfahren muss den Anforderungen zum Verfahren auf Erteilung einer Dienstleistungskonzession entsprechen. Für das Verfahren der Standplatzvergabe bedeutet dies primär, dass die Gemeinde gehalten ist, den angemessenen Grad an Öffentlichkeit zu wahren. Dieser ist gewahrt, wenn sie die jeweiligen Beschicker in angemessener Weise über ihre Teilhabechance an der geplanten Veranstaltung informiert. Hierzu ist eine Ausschreibung der Veranstaltung zu fordern.[840] Die Ausgestaltung der Ausschreibung hat sich nach der Größe und Bedeutung der jeweiligen Veranstaltung zu richten, sie muss nicht zwingend im Amtsblatt der Europäischen Union erfolgen.[841] Anders könnte dies in Zukunft nur dann sein, wenn ein Konzessionswert von mehr als 5 Mio. € erreicht wird.

Bei kleineren Veranstaltungen wird eine Veröffentlichung im Internet genügen.[842] Es muss nur die tatsächliche Möglichkeit für interessierte Bewerber bestehen, von der geplanten Standplatzvergabe für die Veranstaltung Kenntnis zu erlangen. Um eine konkrete Ausschreibung für die Standplatzvergabe verwirklichen

---

839 Selbst wer die Qualifizierung der Standplatzvergabe als Dienstleistungskonzession mit dem Hinweis auf den Charakter als reine Nutzungsgenehmigung ablehnt, wird das Auswahlverfahren an den Maßstäben für die Erteilung einer Dienstleistungskonzession messen müssen, nachdem der EuGH, C-203/08, Slg 2010, I-4695 – Sporting Exchange entschieden hat, dass die Anforderungen übertragbar sind. So auch *Fritz/Seidler*, Vergabe von Konzessionen – Rechtsklarheit ja oder nein?, EuZW 2010, S. 933 (938).

840 *Heitsch*, Der gewerberechtliche Zulassungsanspruch zu Volksfesten, GewArch 2004, S. 225 (229); *Ley*, Rechtshandbuch der Märkte und Volksfeste, Rn. 413 mit einem Formulierungsbeispiel für eine Ausschreibung; *Storr*, in: Pielow (Hrsg.), Gewerbeordnung, § 70 Rn. 45.

841 *Ley*, Rechtshandbuch der Märkte und Volksfeste, Rn. 38 i.V.m. Rn. 413. Für die Dienstleistungskonzession *Ortner*, Vergabe von Dienstleistungskonzessionen, S. 179.

842 *Ley*, Rechtshandbuch der Märkte und Volksfeste, S. 38 i.V.m. Rn. 413; zur Zulässigkeit des Bekanntgabemediums Internet siehe *Ortner*, Vergabe von Dienstleistungskonzessionen, S. 179.

zu können, muss die Gemeinde im Vorfeld ein Konzept für die Veranstaltung entwickeln. Nur wenn feststeht, wie die Veranstaltung aussehen soll, kann die Gemeinde auch ihren konkreten Nachfragebedarf formulieren und diesen ausschreiben. Steht der Rahmen der Veranstaltung fest, so muss die Gemeinde die jeweiligen Auswahlkriterien festlegen und ebenfalls bekanntmachen.[843] Ob eine solche Konzeptflicht für die Standplatzvergabe bei Märkten und Volksfesten zu fordern ist, wird in der Rechtsprechung und Literatur[844] uneinheitlich bewertet. Da es an einer gesetzlichen Grundlage fehle, sei ein solches *„zwar begrüßenswert, nicht jedoch rechtlich geboten"*.[845] Dem kann nicht gefolgt werden. Vielmehr verlangt das Transparenzerfordernis, dass die Auswahlkriterien zuvor aufgestellt und bekanntgegeben werden.[846] Nur wenn dies geschieht, kann der Bewerber ein Leistungsangebot machen, dass ihm eine Chance auf Erteilung des Standplatzes ermöglicht. So wird es jedenfalls nötig sein, dass der Gegenstand der Konzession, also z. B. Autoscooter-Betrieb, die vorgesehene Vertragsdauer, die Bewerbungsfrist, die Kriterien für die Auswahl sowie die geforderten Unterlagen ausgeschrieben werden.[847] Soweit eine Konzeptpflicht ohne den Verweis auf die Anforderungen an Dienstleistungskonzessionen hergeleitet wird, entsprechen diese denjenigen, die an die Erteilung einer Dienstleistungskonzession gestellt

843 Für Dienstleistungskonzessionen *Ortner*, Vergabe von Dienstleistungskonzessionen, S. 181; für die Standplatzvergabe ohne Rekurs auf die Anforderungen der Dienstleistungskonzession siehe *Wagner*, in: Friauf (Hrsg.), Kommentar zur GewO, § 70 Rn. 53 und Rn. 37.

844 Für Konzeptpflicht NdsOVG, NVwZ-RR 2006, S. 177 (178); *Heitsch*, Der gewerberechtliche Zulassungsanspruch zu Volksfesten, GewArch 2004, S. 225 (229) m.w.N. Eine Konzeptpflicht ablehnend: BayVGH, GewArch 1996, S. 477 (478); VGH BW, NVwZ-RR 2001, S. 159 (160). Freilich auch, weil der Aspekt der Dienstleistungskonzession nicht in Betracht gezogen wird.

845 VG Ansbach, GewArch 1996, S. 477 (478).

846 Für die Vergabe von Dienstleistungskonzessionen *Burgi*, Die Vergabe von Dienstleistungskonzessionen: Verfahren, Vergabekriterien, Rechtsschutz, NZBau, S. 610 (615); *Ortner*, Vergabe von Dienstleistungskonzessionen, S. 180. Für die Standplatzvergabe ohne Rückgriff auf das Argument der Dienstleistungskonzession *Wagner*, in: Friauf (Hrsg.), Kommentar zur GewO, § 70 Rn. 53 und Rn. 37.

847 Insofern kann auf die Ausführungen zur Erteilung einer Dienstleistungskonzession zur *Durchführung eines Marktes* verwiesen werden, da der einzelne Beschicker einen Teil dieser ansonsten gesamten Verpflichtung übernimmt. Siehe hierzu auch die ausführlichen Darstellungen bei *Ax*, Gestaltung der Ausschreibung einer Dienstleistungskonzession zum Betrieb eines Marktes, Verwaltungsrundschau 2010, S. 412 ff. und *Ley*, Rechtshandbuch der Märkte und Volksfeste, Rn. 39 und Rn. 413.

werden.[848] Zuständig für die Erstellung des Konzeptes mit Festlegung des Auswahlverfahrens und der Auswahlkriterien ist der Rat der Gemeinde, da die Erstellung nicht mehr als Geschäft der laufenden Verwaltung anzusehen ist und damit nicht mehr in die Zuständigkeit des Bürgermeisters fällt.[849] Die Notwendigkeit eines Konzeptes wurde bereits mit der Bedeutung für die Gewährung eines die Chancengleichheit wahrenden Verfahrens begründet. Gleiches gilt für die Qualifizierung als laufendes Geschäft. Wegen der rechtlichen und wirtschaftlichen Bedeutung kommt eine solche nicht in Betracht.[850]

Für das Verfahren bis zur Entscheidung über die Vergabe des Standplatzes ergeben sich daher aus der Qualifizierung als Dienstleistungskonzession keine Anforderungen, die nicht bereits ohnehin für die Sachgerechtigkeit der Verteilung gefordert würden. Es bedarf keiner Verfahrensanpassung, nur weil die Standplatzvergabe auch als Dienstleistungskonzession zu qualifizieren sein kann. Das bisher angewandte Verfahren, soweit eine Konzeptpflicht und eine nicht-förmliche Ausschreibung gefordert wird, ist auch dann noch als rechtmäßig einzustufen, wenn die Standplatzvergabe eine Dienstleistungskonzession beinhaltet.

b) Auswahlkriterien

Möglicherweise sind jedoch die bisher von der Rechtsprechung und der Literatur als zulässig angesehenen Auswahlkriterien nicht anzuwenden, wenn mit der Standplatzvergabe die Erteilung einer Dienstleistungskonzession verbunden ist. Zu vergegenwärtigen ist sich zur Beurteilung diese Frage zunächst noch einmal, dass der öffentlichen Hand hinsichtlich der Eignungs- und Zuschlagskriterien bei der Vergabe von Dienstleistungskonzessionen ein Beurteilungs- und Ermessensspielraum zukommt.[851] Starre Kriterien gibt es allein wegen der bisher[852] weitgehend fehlenden rechtlichen Regelungen zur Dienstleistungskonzession nicht. Eine solche konkrete Festlegung von Kriterien dürfte im Übrigen auf Grund der mannigfaltigen Anwendungsmöglichkeiten der Dienstleistungskonzession auch schwer zu kodifizieren sein. So beschränkt sich auch die Konzessionsrichtlinie darauf, festzulegen, dass die Auswahlkriterien

---

848 Siehe 4. Kapitel, D.II.1.

849 VGH BW, NVwZ-RR 1992, S. 132 f.; *Ehlers*, in: ders./Pünder/Fehling (Hrsg.), Besonderes Verwaltungsrecht, Band I, § 18 Rn. 85.

850 *Ehlers*, in: ders./Fehling/Pünder (Hrsg.), Besonderes Verwaltungsrecht, Band I, § 18 Rn. 85.

851 *Ortner*, Vergabe von Dienstleistungskonzessionen, S. 181.

852 Nunmehr Richtlinie 2014/23/EU des Europäischen Parlaments und des Rates vom 26. Februar 2014 über die Konzessionsvergabe.

objektiv sein und den Grundsätzen der Gleichbehandlung, Transparenz und Nichtdiskriminierung genügen müssen sowie einen Bezug zum Gegenstand der Konzession aufweisen und der vergebenden Stelle keine unbegrenzte Wahlfreiheit belassen dürfen.

Das Ermessen ist aber jedenfalls dann überschritten, wenn die öffentliche Hand Kriterien festlegt, die in keinerlei sachlichem Zusammenhang mit der zu vergebenden Konzession mehr stehen.[853] Fachgesetzliche Erfordernisse hingegen sind zulässige Kriterien.[854] Allerdings finden sich weder in den kommunalrechtlichen noch in den gewerberechtlichen Vorschriften konkrete Hinweise auf zulässige Auswahlkriterien.[855] Vielmehr handelt es sich bei den genannten Kriterien um von der Praxis entwickelte und der Rechtsprechung akzeptierte Auswahlkriterien. An den Anforderungen für die Auswahlkriterien einer Dienstleistungskonzession sind diese Kriterien allerdings bisher nicht gemessen worden.[856]

Das Kriterium „bekannt und bewährt" war lange Zeit herrschend. Es bevorzugt Bewerber, die sich durch frühere Teilnahme bewährt haben, vor solchen Bewerbern, die eine frühere erfolgreiche Teilnahme an einer Veranstaltung nicht vorweisen können. Die rechtlichen Schwierigkeiten im Hinblick auf dieses Kriterium liegen auf der Hand. Es vermindert die Zulassungschancen neuer Bewerber in höchstem Maße. Daher ist es auch zum Teil vollständig[857], zum Teil zumindest als ausschlaggebendes Kriterium[858] von der Literatur abgelehnt

---

853 *Ortner*, Vergabe von Dienstleistungskonzessionen, S. 180.

854 *Burgi*, Die Vergabe von Dienstleistungskonzessionen: Verfahren, Vergabekriterien, Rechtsschutz, NZBau 2005, S. 610 (616).

855 *Wollenschläger*, Verteilungsverfahren, S. 331.

856 Lediglich *Braun*, Zulassung auf Märkten und Veranstaltungen, NVwZ 2009, S. 747 (752) geht auf die Problematik der überkommenen Verteilungskriterien ein, hält einige zwar für vergaberechtlich nicht zulässig, im Rahmen der Standplatzvergabe allerdings dennoch für zulässig mit dem wenig überzeugenden Verweis darauf, dass *„ein Chinaimbiss auf dem Weihnachtsmarkt schlicht nichts zu suchen hätte"*. *Donhauser* hingegen geht davon aus, dass sich *„die bisher aus dem Kommunalrecht abgeleiteten Anforderungen nahtlos mit vergaberechtlichen Vorgaben in Einklang bringen lassen"*, Neue Akzentuierungen bei der Vergabe von Standplätzen auf gemeindlichen Volksfesten und Märkten, NVwZ 2010, S. 931 (937).

857 *Schmidt-Preuß*, Kollidierende Privatinteressen im Verwaltungsrecht, S. 409.

858 *Ennuschat*, in: Tettinger/Wank/ders., Gewerbeordnung, § 70 Rn. 45; *Wagner*, in: Friauf (Hrsg.), Kommentar zur GewO, § 70 Rn. 56.4. Auch BVerwG, GewArch 1984, S. 265 (266).

worden. Ihm fehle der Bezug zu Leistungsstärke und Wettbewerb.[859] Kein anderes Ergebnis ist im Hinblick auf zulässige Kriterien bei der Vergabe von Dienstleistungskonzessionen zu rechtfertigen.[860] Zulässige Auswahlkriterien müssen sich zunächst jedenfalls an Zielsetzung und Charakter der jeweiligen Veranstaltung messen lassen.[861] Eine veranstaltende Gemeinde, die ein Veranstaltungskonzept erarbeitet, muss sich bei der Auswahl der Beschicker an dem Erreichen des Veranstaltungskonzeptes orientieren. Entsprechend der gesuchten Beschicker wird sie die benötigten Ausstellerplätze ausschreiben. Die Auswahl hat sich daher streng an der benötigten Leistung zu orientieren. Nur solche Bewerber, die überhaupt die entsprechende Leistung erbringen können, sind in der Auswahlentscheidung zu berücksichtigen. Ob sie dem vom Veranstaltungskonzept geforderten Leistungsprofil entsprechen, kann jedoch nicht anhand einer Auswahl von „bekannt und bewährt" erfolgen, sondern muss unter Einbeziehung aller sich bewerbenden Beschicker entschieden werden. Nur auf diese Weise kann das optimale Angebot ermittelt werden. Allein der zwingende Ausschluss von Neubewerbern verhindert daher die Anwendbarkeit des Kriteriums „bekannt und bewährt". Aber auch eine für Neubewerber vorgehaltene Quote sichert keine an Leistung und Wettbewerb orientierte Auswahl, weil nicht alle Angebote gleichermaßen auf ihre Geeignetheit hin überprüft werden können, sondern bestimmten Angebote allein auf Grund ihrer „Bekanntheit und Bewährtheit" der Vorzug gegeben wird. Um eine qualitative Leistungsauswahl zu ermöglichen, dürfen auch nur rein an Qualitätsmerkmalen ausgerichtete Kriterien in die Auswahl mit einbezogen werden. Ein hierzu dienendes Kriterium könnte das Kriterium der Attraktivität sein. Maßgeblicher Bezugspunkt ist die Attraktivität des Angebots.[862] Grundsätzlich auch denkbar wäre auf die Attraktivität des Anbieters abzustellen.[863] Diese Vorgehensweise liefe jedoch letztlich Gefahr, dass

---

859 *Ennuschat*, in: Tettinger/Wank/ders., Gewerbeordnung, § 70 Rn. 45; *Wagner*, in: Friauf (Hrsg.), Kommentar zur GewO, § 70 Rn. 56.4.

860 A.A. *Donhauser*, Neue Akzentuierungen bei der Vergabe von Standplätzen auf gemeindlichen Volksfesten und Märkten, NVwZ 2010, S. 931 (936), der das Kriterium „bekannt und bewährt" auch im Hinblick auf die Anforderungen an die Vergabe von Dienstleistungskonzessionen für zulässig erachtet. Zur vergaberechtlichen Unzulässigkeit des Kriteriums „bekannt und bewährt" siehe BGH, NZBau 2002, S. 107.

861 *Schmidt-Preuß*, Kollidierende Privatinteressen im Verwaltungsrecht, S. 409.

862 *Ennuschat*, in: Tettinger/Wank/ders., Gewerbeordnung, § 70 Rn. 48.

863 *Ennuschat*, in: Tettinger/Wank/ders., Gewerbeordnung, § 70 Rn. 48; *Wirth*, Marktverkehr, Marktfestsetzung, Marktfreiheit, S. 200.

auf diese Weise in das Kriterium der Attraktivität auch entscheidungslenkende Aspekte der „Bekanntheit und Bewährtheit“ einfließen.[864] Bei der Frage nach der Attraktivität des Angebots muss auch hier die Konzeption der Gemeinde im Vordergrund stehen. Erst wenn die geforderte Leistung entsprechend der Beschreibung der Gemeinde erbracht werden kann, kommt eine Einbeziehung in die Auswahl überhaupt in Betracht. Die Attraktivität des Angebots betrifft nicht nur die äußere Gestaltung oder das Warenangebot, sondern kann auch so ausgelegt werden, dass wirtschaftliche Gesichtspunkte mit in die Auswahl einbezogen werden können.[865] Die Leistungsfähigkeit und Zuverlässigkeit eines Bewerbers sind ebenfalls geeignet, zur Gesamtermittlung der Attraktivität des Angebots im Sinne der Ermittlung des „besten“ Angebots beizutragen. Soweit die mangelnde gerichtliche Kontrollfähigkeit des Merkmals Attraktivität auf Grund seiner Abhängigkeit von subjektiven Vorstellungen des Veranstalters[866] gerügt wird, ist dem nicht zu folgen. Denn die Attraktivität muss im Sinne eines „besten Angebots“ verstanden werden. Ob aber ein Angebot am ehesten dem zuvor festgelegten Veranstaltungskonzept entspricht, kann von den Gerichten ohne weiteres überprüft werden. Sonstige, rein formale Kriterien wie das Prioritätsprinzip, das Losverfahren oder das rollierende System sind auf dieser Stufe der Auswahl mangels Leistungsbezugs nicht zulässig. Im Hinblick auf die zwingende Leistungsorientierung der Auswahlkriterien wird auch deutlich, dass das Problem der Kapazitätsbegrenzung an dieser Stelle noch nicht virulent ist. Eine Großzahl der Bewerber wird, wenn die reine Leistungsbezogenheit maßgebliches Kriterium zur Auswahl ist, nicht auf Grund fehlender Kapazitäten abgelehnt, sondern weil ein anderer Bewerber aus sachlichen Gründen[867] bevorzugt werden musste. Erst und nur dann, wenn zwei oder mehrere Bewerber ein am erweiterten Kriterium der Attraktivität absolut gleichwertiges Angebot machen, liegt die Begründung der Ablehnung an einem Mangel an Platz. Nur in diesem Fall kann sich eine Gemeinde zulässigerweise auf den Platzmangel berufen. Das Kriterium der Attraktivität dient mithin nicht zur Auswahl bei bestehenden

---

864 *Ennuschat*, in: Tettinger/Wank/ders., Gewerbeordnung, § 70 Rn. 48.

865 Zum Kriterium der Wirtschaftlichkeit bei Dienstleistungskonzessionen vgl. 4. Kapitel, D.II.3.

866 *Koenig*, Die öffentlich-rechtliche Verteilungslenkung, S. 145; *Roth*, Rechtliche Probleme der Zulassung von Schaustellern zu Volksfesten, Spezialmärkten und Jahrmärkten, WiVerw 1985, S. 46 (54); *Wagner*, in: Friauf (Hrsg.), Kommentar zur GewO, § 70 Rn. 58.

867 Vgl. dazu, dass Platzmangel eigentlich kein sachlicher Grund, sondern eine tatsächliche Gegebenheit ist 4. Kapitel, D.III.1.

Kapazitätsproblemen, sondern gerade dazu, diese zu verhindern. Je mehr eine Gemeinde bei der Auswahl der Beschicker im Vorfeld auf die Leistungsfähigkeit achtet, desto weniger werden tatsächliche Kapazitätsengpässe entstehen. Sollte einmal der Fall eintreten, dass auch bei strikt leistungsorientierter, am Maßstab der Attraktivität einschließlich einer Überprüfung auch auf Wirtschaftlichkeit und sonstiger Eignung zwei Bewerber und deren Angebote als gleichwertig einzustufen sind, tritt erst dann das Problem der mangelnden Kapazität auf. In diesem Fall muss eine Entscheidung getroffen werden, da nur einem Bewerber ein Standplatz zugewiesen werden kann. Für diesen Fall bietet sich das Losverfahren an.[868] Die gegen das Losverfahren vorgebrachten Bedenken, es entziehe dem Veranstalter die Entscheidungskompetenz[869], greifen in dieser Konstellation nicht, da bereits eine an materiellen Gesichtspunkten orientierte Auswahl stattgefunden hat. Kann aber die Auswahl zwischen mehreren gleichen Angeboten nicht mit den aufgestellten Kriterien begründet werden, so entspricht das Losverfahren am ehesten dem Erfordernis der Gleichbehandlung.[870] Zwar werden auch das Prioritätsprinzip und das rollierende System als Hilfskriterien in Betracht gezogen.[871] Das rollierende System dürfte jedoch mit einem erhöhten Verwaltungsaufwand verbunden sein, ohne eine sachgerechtere, da eher dem Gleichheitsgebot genügende Entscheidung zu produzieren. Das Prioritätsprinzip dürfte im Hinblick auf zuvor festgelegte Bewerbungsfristen problematisch sein, da bei einer bestehenden Bewerbungsfrist früher eingegangene Bewerbungen nicht bevorzugt behandelt werden dürfen, ohne dass der Zweck einer Bewerbungsfrist unterlaufen würde.

Ein weiteres bisweilen zur Anwendung gebrachtes Kriterium ist das Kriterium der Ortsansässigkeit. Dies bedeutet, dass ortsansässigen Beschickern der Vorzug bei der Zulassung zu Veranstaltungen gewährt wird. Abgeleitet wird

---

868 Und auch nur in diesem Fall. Zur Zulässigkeit des Losverfahrens als Hilfskriterium vgl. *Heitsch*, Der gewerberechtliche Zulassungsanspruch zu Volksfesten, GewArch 2004, S. 225 (229); *Mösinger*, Auswahlkriterien der Standplatzvergabe unter rechtlicher und ökonomischer Analyse, S. 116, der allerdings eine Einschränkung auf gewerberechtlich festgesetzte Veranstaltungen vornimmt.

869 Zu den aktuell vorgetragenen Kritikpunkten vgl. den Bericht über das Symposium „Vergabe von Standplätzen auf Volksfesten im Wirtschaftsministerium NRW am 13.03.2008 von *Fröhler/Gramsch*, Der Zulassungsanspruch nach § 70 Abs. 1 GewO – Das Problem bleibt „bekannt und bewährt", GewArch 2008, S. 199.

870 Für das Vergabeverfahren *Weyand*, Vergaberecht, Teil 1, GWB, § 97 Rn. 1269.

871 *Heitsch*, Der gewerberechtliche Zulassungsanspruch zu Volksfesten, GewArch 2004, S. 225 (229).

dieses Merkmal aus dem begrenzten kommunalrechtlichen Zulassungsanspruch zu gemeindlichen Einrichtungen.[872] Nach der hier vertretenen Ansicht, dass Beschicker nicht Nutzer der öffentlichen Einrichtung Markt oder Volksfest sind, stellt sich die Frage der Zulässigkeit des Kriteriums Ortsansässigkeit nur in abgeschwächter Form. Denn auf das Verhältnis zwischen der kommunalrechtlichen Möglichkeit der Bevorzugung Gemeindeangehöriger und den Erfordernissen der Nichtdiskriminierung aus Art. 18 I i.V.m. Art. 56 AEUV muss in diesem Fall nicht eingegangen werden, weil die kommunalrechtlichen Vorschriften für Beschicker als Nicht-Benutzer keine Anwendung finden. Eine Bevorzugung Ortsansässiger stellt aber jedenfalls in vielen Fällen[873] eine Diskriminierung auf Grund der Staatsangehörigkeit und einen Verstoß gegen die Dienstleistungsfreiheit dar.[874] Mit Blick auf die auf Grund der Qualifizierung als Dienstleistungskonzession geforderte Leistungsorientiertheit der Vergabekriterien kann die Ortsansässigkeit ebenfalls nicht überzeugen, da sie in keinem Zusammenhang mit der Leistungserbringung steht. Eine Ausnahme könnte sich allenfalls dann ergeben, wenn eine Veranstaltung gerade den Zweck hat, regionaltypische Waren und Dienstleistungen anzubieten. In diesem Fall rückt das Kriterium der Ortsansässigkeit allerdings in die Nähe der Attraktivitätsfrage, denn die Ortsansässigkeit kann ein Indiz dafür sein, dass der Bewerber am besten die in diesem Fall von der veranstaltenden Gemeinde nachgefragte Leistung erbringen kann.

Im Ergebnis lässt sich also festhalten, dass sich die bisherigen Auswahlkriterien bei Vergabe von Standplätzen zwar weitestgehend, jedoch nicht „nahtlos" in die durch die Qualifizierung als Dienstleistungskonzession aufgestellten Anforderungen einfügen. So verlangt die Erteilung einer Dienstleistungskonzession eine strenge Orientierung an der nachgefragten Leistung. Bei der Beurteilung der Angebote der Beschicker dahingehend, ob und wie sie die ausgeschriebene Leistung erfüllen, ist (allein) auf ein erweitertes Kriterium der Attraktivität abzustellen. Hingegen ist ein Rückgriff auf die Bekanntheit oder die Bewährtheit oder die Ortsansässigkeit unzulässig. Das Losverfahren als formelles Kriterium kommt nur in Betracht, wenn eine streng an Qualitätsmerkmalen orientierte Auswahl zu dem Ergebnis kommt, dass zwei Bewerber ein gleichwertiges Angebot gemacht haben.

---

872 *Wagner*, in: Friauf (Hrsg.), Kommentar zur GewO, § 70 Rn. 10.2.

873 Ortsansässig dürften zumeist Beschicker sein, die die Staatsangehörigkeit des Staates haben, in dem der fragliche Ort liegt.

874 EuGH, C-388/01, Slg 2003, I-721.

c) Auswahlentscheidung

Zu erörtern ist überdies, ob die Qualifizierung als Dienstleistungskonzession Auswirkungen auf die Auswahlentscheidung haben kann. Für die Entscheidung über die Vergabe von Dienstleistungskonzessionen stellt sich die Frage, ob die Entscheidung in einem einstufigen Verfahren erfolgt oder auch hier eine Anwendbarkeit der Zwei-Stufen-Theorie in Betracht kommt. Diese Erörterung wird im prozessualen Teil der Arbeit erfolgen.

5. *Besonderheiten bei gewerberechtlich festgesetzten Veranstaltungen*

Die obigen Ausführungen haben noch nicht abschließend berücksichtigt, dass kommunale Veranstaltungen nicht nur als kommunale öffentliche Einrichtung betrieben werden können, sondern auch gewerberechtlich festgesetzt werden können. Möglicherweise ergibt sich eine andere Beurteilung der Qualifizierung als Dienstleistungskonzession aus der Tatsache der Festsetzung einer Veranstaltung, weil in diesem Fall den Beschickern der Zulassungsanspruch aus § 70 Abs. 1 GewO zusteht.[875] Bereits bei der Untersuchung der Qualifizierung der Standplatzvergabe als Dienstleistungskonzession ist auf das Erfordernis der positiven Tätigkeitspflicht des durch die Konzession Begünstigten eingegangen worden.[876] Möglicherweise steht der Anspruch auf Zulassung zum gewerberechtlich festgesetzten Markt der Vereinbarung einer Pflicht zur Erbringung der Beschickerleistung entgegen. Denn soweit die öffentliche Hand gebunden ist, kann sie keine zusätzlichen Leistungsverpflichtungen verlangen.[877] So gestalten sich etwa die Fälle der Taxikonzessionen. Hier kann die erteilende Behörde nicht vom Inhaber der „Konzession" den Betrieb seines Taxiunternehmens fordern oder als Bedingung der Erteilung der Konzession beifügen. Die Regelungen des § 70 GewO stehen einer Vereinbarung zur positiven Leistungserbringung jedoch nicht entgegen. Hierfür spricht bereits die Existenz eines Veranstalters. Dieser hat ein Interesse daran, dass die von ihm geplante Veranstaltung im Rahmen des von ihm erarbeiteten Konzeptes durchgeführt wird. Sollten sich mehrere zugelassene Beschicker gegen die Ausübung ihrer Beschickertätigkeit

---

875 Näher hierzu 5. Kapitel, A.I. Bei nicht gewerberechtlich festgesetzten Veranstaltungen stellt sich das Problem nicht, da die Beschicker nach der hier vertretenen Ansicht keinen unmittelbaren Zulassungsanspruch aus den kommunalrechtlichen Vorschriften haben.

876 Siehe 4. Kapitel, D.III.3.

877 *Walz*, Die Bau- und Dienstleistungskonzession im deutschen und europäischen Vergaberecht, S. 113; *Maurer*, Allgemeines Verwaltungsrecht, § 14 Rn. 31 für den Abschluss öffentlich-rechtlicher Verträge.

entscheiden, kann der Veranstalter den von ihm verfolgten Zweck der Durchführung der Veranstaltung nicht mehr erreichen. Gerade bei einmaligen, nur unregelmäßig oder in längeren Zeitabständen stattfindenden Veranstaltungen ist dem Veranstalter auch nicht damit geholfen, wenn er dem jeweiligen Beschicker seine Zulassung entzieht und stattdessen einen anderen Beschicker zulässt. Die Betätigung als Veranstalter ist überhaupt nur – insbesondere auch in wirtschaftlicher Hinsicht – sinnvoll, wenn der Veranstalter davon ausgehen kann, dass die Beschicker ihre Tätigkeit aufnehmen und er diese Aufnahme auch zuvor (vertraglich) festlegen kann. Zudem besteht der in § 70 Abs. 1 GewO normierte Zulassungsanspruch auch nur für den Teilnehmerkreis der Veranstaltung und nach Maßgabe der für alle Veranstaltungsteilnehmer geltenden Bestimmungen. Er unterliegt also von Beginn an nicht bestimmten Einschränkungen. Letztlich konzentriert sich die Frage darauf, ob in den Teilnahmebestimmungen eine solche Pflicht zur Leistungserbringung vereinbart werden könnte oder ob eine solche Pflicht dem Anspruch auf Zulassung und dem in ihm verankerten Grundsatz der Marktfreiheit widerspräche. Im Ergebnis wird man davon ausgehen müssen, dass eine solche Pflicht zur Leistungserbringung vereinbart werden kann. Denn sie verpflichtet den Beschicker nur zu einem Verhalten, das bereits Grundlage seines Zulassungswunsches war. Er möchte im Rahmen einer Veranstaltung seine Leistung anbieten können. Eine Pflicht zur Leistungserbringung gegenüber dem Veranstalter beeinträchtigt ihn also nicht in seiner Tätigkeit, sondern lediglich in der Freiheit zur Nichtausübung seiner Tätigkeit. Begehrt er jedoch die Zulassung zu einer Veranstaltung, ist hierin die Entscheidung zur Ausübung seiner Beschickertätigkeit zu sehen. Im Gegensatz zu den gewerberechtlichen Genehmigungen, bei denen eine solche Vereinbarung als nicht zulässig angesehen wird[878], begibt der Beschicker sich freiwillig in ein rechtliches Verhältnis mit einem Dritten. Er übt seine Tätigkeit nicht nur im eigenen wirtschaftlichen Interesse aus, sondern auch als Teil der vom Veranstalter organisierten Veranstaltung. Zudem gelten die Teilnahmebestimmungen nur für die Veranstaltungsteilnehmer, das heißt für diejenigen, die bereits zugelassen worden sind.[879] Da erst eine Zulassung erfolgt sein muss, bevor die Teilnahmebestimmungen überhaupt zur Anwendung kommen, können sie auch nicht den Zulassungsanspruch des Beschickers unterlaufen. Dann spricht aber auch nichts dagegen, dem Veranstalter das Recht zuzusprechen,

---

878 *Walz*, Die Bau- und Dienstleistungskonzessionen im deutschen und europäischen Vergaberecht, S. 124.

879 *Hilderscheid*, Die Zulassung zu Messen und Ausstellungen, S. 64.

von den zugelassenen Beschickern die Ausübung der Beschickertätigkeit verlangen zu können und diese auch in die Teilnahmebestimmungen aufzunehmen. Der gesetzlich normierte Zulassungsanspruch aus § 70 Abs. 1 GewO bei festgesetzten Veranstaltungen steht also nicht im Widerspruch zur Annahme einer Dienstleistungskonzession bei der Standplatzvergabe.

5. Kapitel: Rechte der Konkurrenten

A. Rechte konkurrierender Beschicker

Für einen effektiven Konkurrenzschutz reicht es nicht aus, die veranstaltende Gemeinde objektiv-rechtlich zur sachgerechten Ausgestaltung des Verteilungsverfahrens und der anzuwendenden Verteilungskriterien zu verpflichten. Vielmehr müssen den konkurrierenden Beschickern eigene Zulassungsansprüche bzw. durchsetzbare Ansprüche auf eine gleichberechtigte Teilnahme am Verteilungsverfahren und ermessensfehlerfreie Entscheidung über ihr Teilnahmegesuch zustehen. Im Folgenden werden daher zunächst die möglichen Ansprüche konkurrierender Beschicker (A.), sodann die Ansprüche konkurrierender Veranstalter (B.) dargestellt.

I. Gewerberechtlicher Zulassungsanspruch aus § 70 Abs. 1 GewO

Beschickern von kommunalen Markt- oder Volksfestveranstaltungen steht der Zulassungsanspruch aus § 70 Abs. 1 GewO zu. Danach ist jedermann, der dem Teilnehmerkreis der festgesetzten Veranstaltung angehört, nach Maßgabe der für alle Veranstaltungsteilnehmer geltenden Bestimmungen zur Teilnahme an der Veranstaltung berechtigt.

1. Anspruchsvoraussetzungen

Der Zulassungsanspruch aus § 70 Abs. 1 GewO entsteht nur dann, wenn es sich um eine gem. § 69 GewO festgesetzte Veranstaltung handelt.[880] Er kann nicht seitens der Beschicker zum Entstehen gebracht werden, indem sie die Festsetzung beantragen, denn ihnen steht kein subjektives Recht auf Festsetzung zu.[881] Darüber hinaus muss der Beschicker auch zum Teilnehmerkreis der Veranstaltung gehören. Fraglich ist, ob zum Teilnehmerkreis generell nur derjenige gehören kann, der Gewerbetreibender ist, oder ob auch Nichtgewerbetreibende einen Anspruch auf Zulassung aus § 70 Abs. 1 GewO ableiten können.[882] Da der

880 Zum Institut der Festsetzung siehe 3. Kapitel, B.

881 *Ennuschat*, in: Tettinger/Wank/ders., Gewerbeordnung, § 69 Rn. 29.

882 *Wirth* geht davon aus, dass nur diejenigen, die ihre Markttätigkeit als Gewerbe oder Beruf ausüben, zu den nach § 70 GewO Anspruchsberechtigten zählen, Marktverkehr, Marktfestsetzung, Marktfreiheit, S. 89 f. So auch *Wagner*, in: Friauf (Hrsg.), Kommentar zur GewO, § 70 Rn. 15.

Zulassungsanspruch in der Gewerbeordnung normiert ist und es um die Ausübung des *Marktgewerbes*[883] geht, ist davon auszugehen, dass unter jedermann i.S.d. § 70 Abs. 1 GewO lediglich jeder Gewerbetreibende zu verstehen ist.[884] Darüber hinaus ist zu untersuchen, ob der Teilnehmerkreis i.S.d. § 70 Abs. 2 GewO derjenige ist, den der Veranstalter tatsächlich im Rahmen der Möglichkeiten des § 70 Abs. 2 GewO festlegt oder ob zu den Anspruchsberechtigten auch die potentiellen Teilnehmer gehören, also diejenigen, die die Voraussetzungen der Festsetzung in Verbindung mit den Legaldefinitionen der §§ 64 bis 68 GewO erfüllen.[885] Für die Einbeziehung auch des potentiellen Teilnehmerkreises spricht entscheidend, dass dem Veranstalter gemäß § 70 Abs. 2 GewO die Möglichkeit eröffnet ist, die Veranstaltung auf bestimmte Ausstellergruppen, Anbietergruppen und Besuchergruppen zu beschränken.[886] Bei dieser Vorschrift handelt es sich um eine Ermessensnorm, die dem Veranstalter ein Entschließungsermessen eröffnet.[887] Sähe man den Teilnehmerkreis i.S.d. § 70 Abs. 1 GewO aber als den tatsächlichen, mithin durch § 70 Abs. 2 GewO konkretisierten Teilnehmerkreis an, so wäre der Veranstalter gezwungen, immer eine Auswahl auch nach § 70 Abs. 2 GewO zu treffen.[888] Dies widerspräche jedoch dem Charakter des § 70 Abs. 2 GewO als Ermessensnorm.[889] Mithin ist der Teilnehmerkreis des § 70 Abs. 1 GewO derjenige, der sich aus der Festsetzung i.V.m. den jeweiligen Legaldefinitionen ergibt.[890] Diesen potentiellen Teilnehmern steht zunächst der Zulassungsanspruch aus § 70 Abs. 1 GewO zu, wenn nicht in Ausnahmefällen die einschränkenden Regelungen des § 70 Abs. 2, Abs. 3 GewO einschlägig sind. Gemäß § 70 Abs. 2 GewO kann der Veranstalter entweder ganze Ausstellergruppen, Anbietergruppen (und Besuchergruppen) ausschließen, wenn dies für die Erreichung des Veranstaltungszwecks erforderlich ist und dadurch gleichartige Unternehmen nicht ohne sachlich gerechtfertigten Grund unmittelbar oder mittelbar unterschiedlich behandelt werden. Gemäß § 70 Abs. 3 GewO kann er zudem einzelne Aussteller, Anbieter und Besucher von der Teilnahme

883 Zur Zweifelhaftigkeit der Eigenständigkeit dieser Gewerbeart siehe 2. Kapitel, B.IV.1.d) aa) (2).

884 So auch *Wagner*, in: Friauf (Hrsg.), Kommentar zur GewO, § 70 Rn. 15.

885 Auch den potentiellen Teilnehmerkreis einschließend *Wagner*, in: Friauf (Hrsg.), Kommentar zur GewO, § 70 Rn. 14.

886 *Hilderscheid*, Die Zulassung zu Messen und Ausstellungen, S. 48.

887 *Hilderscheid*, Die Zulassung zu Messen und Ausstellungen, S. 48.

888 *Hilderscheid*, Die Zulassung zu Messen und Ausstellungen, S. 48.

889 *Hilderscheid*, Die Zulassung zu Messen und Ausstellungen, S. 48.

890 *Hilderscheid*, Die Zulassung zu Messen und Ausstellungen, S. 48.

ausschließen.[891] Darüber hinaus besteht der Anspruch nur nach Maßgabe der für alle geltenden Teilnahmebestimmungen.[892] Eine Einschränkung der Teilnehmer und damit subjektiv Berechtigten aus § 70 Abs. 1 GewO kann über die Teilnahmebestimmungen hingegen nicht mehr erzielt werden.[893] Dies ist damit zu begründen, dass die Teilnahmebestimmungen nur für Teilnehmer gelten.[894] Veranstaltungsteilnehmer kann aber nur derjenige sein, der bereits zuglassen worden ist.[895] Wer (noch) keine Zulassung erhalten hat, gehört allenfalls zum (potentiellen) Teilnehmerkreis.

2. *Anspruchsverpflichteter*

Dem Teilnehmer, der zu dem gemäß § 70 GewO festgelegten Teilnehmerkreis gehört, steht damit grundsätzlich ein Anspruch auf Zulassung zu, der gegenüber dem jeweiligen Veranstalter entsteht. Sofern eine Gemeinde eine Veranstaltung festsetzt, ist sie als Veranstalter anzusehen. Allerdings ist eine Gemeinde nicht verpflichtet, eine Veranstaltung selbst durchzuführen. Sie kann dazu beispielsweise auch eine gemeindeeigene Gesellschaft beauftragen oder aber einem privaten Veranstalter die Durchführung einer Veranstaltung im Wege der Dienstleistungskonzession übertragen. In diesen Fällen ist umstritten, wer als Veranstalter anzusehen ist.

Einer Ansicht nach ist derjenige Veranstalter, der für die organisatorische Vorbereitung, Planung und Durchführung der Veranstaltung verantwortlich ist, das unternehmerische Risiko trägt, Aussteller und Besucher zu den Veranstaltungen zulässt und mit ihnen auf die Teilnahme bezogene rechtliche Bindungen eingeht.[896] Nach anderer Auffassung soll Veranstalter derjenige sein, der faktisch die Zulassungsentscheidung trifft.[897] Wieder andere wollen darauf abstellen, wer

891 Zu den Anforderungen an das Verfahren und die Auswahlkriterien insbesondere bei Platzmangel vgl. 4. Kapitel, B.

892 Zu den rechtlichen Ausgestaltungsmöglichkeiten von Teilnahmebestimmungen vgl. 5. Kapitel, A.I.3.

893 *Wirth*, Marktverkehr, Marktfestsetzung, Marktfreiheit, S. 184, a.A. *Wagner*, in: Friauf (Hrsg.), Kommentar zur GewO, § 70 Rn. 20; *Ehlers*, in: ders./Fehling/Pünder (Hrsg.), Besonderes Verwaltungsrecht, Band I, § 18 Rn. 86.

894 *Hilderscheid*, Die Zulassung zu Messen und Ausstellungen, S. 56.

895 *Hilderscheid*, Die Zulassung zu Messen und Ausstellungen, S. 56.

896 *Fröhler/Kormann*, GewO, § 69 Rn. 3.

897 VG Stuttgart, GewArch 2007, S. 438.

nach außen die Zulassung erteilt[898] oder aber wer die Veranstaltung durchführt[899]. Der diesbezüglichen Kritik von *Ennuschat*[900] ist insoweit zuzustimmen, als sämtliche vorgenannten Ansichten der Systematik der §§ 69, 70 GewO widersprechen. Veranstalter i.S.d. § 70 Abs. 1 GewO ist vielmehr, wer die Festsetzung beantragt hat und wem sie daraufhin erteilt wird.[901] Die Beantwortung der Frage nach der Veranstaltereigenschaft verlagert sich daher in den Bereich des § 69 Abs. 1 GewO. Nur dem tatsächlichen Veranstalter darf die Festsetzung erteilt werden. Tatsächlicher Veranstalter ist derjenige, der sich mit den Beschickern in rechtliche Beziehungen begibt und das wirtschaftliche Risiko der Veranstaltung trägt. In Fällen, in denen eine Gemeinde die Durchführung einer Veranstaltung einem privaten Dritten im Wege der Erteilung einer Dienstleistungskonzession überlässt, begibt sie sich des wirtschaftlichen Risikos. Veranstalter und Antragsberechtigter i.S.d. § 69 Abs. 1 GewO ist daher der private Dritte. Überträgt sie lediglich die Durchführung der Veranstaltung auf einen Dritten, ohne sich maßgeblicher Entscheidungsbefugnisse und des wirtschaftlichen Risikos zu entledigen, kann die Festsetzung auch weiterhin gegenüber der Gemeinde erfolgen, womit sie als Veranstalterin anzusehen ist.[902] Die Festsetzung kann aber nur dann gegenüber der Gemeinde ergehen, wenn sie die Entscheidung über die Standplatzvergabe trifft und das wirtschaftliche Risiko der Veranstaltung trägt. Nicht erforderlich ist hingegen, dass die Standmietverträge in Fällen der privatrechtlichen Zulassung auch in ihrem Namen abgeschlossen werden.[903] Eine andere Beurteilung ist auch nicht dann gerechtfertigt, wenn die Veranstaltung gleichzeitig als kommunale öffentliche Einrichtung betrieben wird. Um den Status als kommunale öffentliche Einrichtung zu wahren, ist die Gemeinde gezwungen, sich maßgebliche Einflussmöglichkeiten, insbesondere in Bezug auf die Zulassungsentscheidung, vorzubehalten.[904] Verbleiben die maßgeblichen Entscheidungsbefugnisse

---

898 *Hilderscheid*, Passivlegitimation und Rechtsweg bei Klagen auf Zulassung zu festgesetzten Veranstaltungen, GewArch 2008, S. 54 (55); *ders.*, Entwicklungen im Messe – und Ausstellungsrecht 2009 – 2011, GewArch 2011, S. 391 (392).

899 *Storr*, in: Pielow (Hrsg.), Gewerbeordnung, § 70 Rn. 14 mit dem Verweis auf die Altauflage von *Ruthig/Storr*. In der aktuellen Auflage findet sich diese Ansicht allerdings nicht mehr.

900 In: Tettinger/Wank/ders., Gewerbeordnung, § 70 Rn. 13.

901 *Ennuschat*, in: Tettinger/Wank/ders., Gewerbeordnung, § 70 Rn. 13.

902 *Pielow*, in: ders. (Hrsg.), Gewerbeordnung, § 69 Rn. 3.

903 *Pielow*, in: ders. (Hrsg.), Gewerbeordnung, § 69 Rn. 3.

904 Zu den Auswirkungen einer materiellen Privatisierung auf den Status als kommunale öffentliche Einrichtung vgl. 1. Kapitel, E.III.

jedoch bei ihr und beabsichtigt sie zusätzlich eine Festsetzung, so hat diese Festsetzung gegenüber der Gemeinde und nicht gegenüber dem privaten Verwaltungshelfer zu erfolgen. Letztlich lässt diese Argumentation nur den Schluss zu, dass bei kommunalen Veranstaltungen die Festsetzung gegenüber der veranstaltenden Gemeinde zu ergehen hat. Dann ist sie auch als Veranstalterin anzusehen und der Zulassungsanspruch gemäß § 70 Abs. 1 GewO gegen sie zu richten. Regelmäßig ist damit die Veranstaltereigenschaft eines Dritten, der an der Durchführung einer kommunalen Veranstaltung unterhalb der Schwelle der Erteilung einer Dienstleistungskonzession beteiligt ist, abzulehnen.[905]

3. *Rechtsnatur des § 70 Abs. 1 GewO*

Der Zulassungsanspruch aus § 70 Abs. 1 GewO richtet sich gegen den Veranstalter, denn dieser trifft die Zulassungsentscheidung. Das mit der Zulassung entstehende Rechtsverhältnis zwischen dem Veranstalter und dem Beschicker wird mit Hilfe der Teilnahmebestimmungen näher konkretisiert. Die Teilnahmebestimmungen können, wenn es sich um einen kommunalen Veranstalter handelt, sowohl öffentlich-rechtlich in Form einer Satzung oder als öffentlich-rechtlicher Vertrag bzw. als privatrechtlicher Vertrag ausgestaltet sein. Da sich § 70 Abs. 1 GewO aber sowohl an private Veranstalter als auch an die öffentliche Hand richten kann[906], ist zunächst die Rechtsnatur des § 70 Abs. 1 GewO bzw. des Zulassungsanspruchs zu klären. Hierzu werden verschiedene Ansätze verfolgt. Sie reichen von der Annahme, es handele sich bei § 70 GewO um eine Norm des privaten Rechts[907] über die Ansicht, es existiere ein gemeinsames Recht, zu dem § 70 GewO gehöre[908] bzw. § 70 GewO sei von ambivalenter Natur[909] bis zu der

905 VG Stuttgart, NVwZ 2007, S. 614 f.; *Braun*, Zulassung auf Märkten und Volksfesten, NVwZ 2009, S. 747 (748); *Weißenberger*, Die Zweistufentheorie im Wirtschaftsverwaltungsrecht, Teil 1, S. 417 (420).

906 Vgl. z. B. *Ennuschat*, in: Tettinger/Wank/ders., Gewerbeordnung, § 70 Rn. 4 und Rn. 5.

907 Dies folgt jedenfalls aus der Anwendung der formalen Subjektstheorie, wird allerdings in der Konsequenz so nicht vertreten, vgl. *Wirth*, Marktverkehr, Marktfestsetzung, Marktfreiheit, S. 213; *Ehlers*, in: Schoch/Schneider/Bier (Hrsg.), VwGO, § 40 Rn. 232.

908 *Ehlers*, in: Schoch/Schneider/Bier (Hrsg.), VwGO, § 40 Rn. 232.

909 OLG Frankfurt, GewArch 2007, S. 87; *Ennuschat*, in: Tettinger/Wank/ders., Gewerbeordnung, § 70 Rn. 61; *Storr*, in: Pielow (Hrsg.), Gewerbeordnung, § 70 Rn. 49; *Wagner*, in: Friauf (Hrsg.), Kommentar zur GewO, § 70 Rn. 61.

Meinung, es handele sich um eine Norm des öffentlichen Rechts[910]. Eine klare Einordung vermag auch mit Hilfe der gängigen Abgrenzungstheorien nicht zu gelingen. So lässt sich bei einem privaten Veranstalter, der lediglich eigene und damit private Interessen vertritt, kein überwiegendes öffentliches Interesse i.S.d. Interessentheorie[911] feststellen.[912] Auch ein von der Subordinationstheorie[913] gefordertes Über-/Unterordnungsverhältnis lässt sich § 70 Abs. 1 GewO nicht entnehmen. Zwar kann auf Grund des § 70 Abs. 1 GewO eine Zulassung auch in Form des Verwaltungsaktes ergehen, allerdings selbstredend nicht in den Fällen, in denen ein Privater der Veranstalter ist. Auch die Subjektstheorie vermag also nicht über die Tatsache hinweghelfen, dass § 70 Abs. 1 GewO auch Private verpflichten kann und diese Verpflichtung von Privaten zur Zulassung einer Zuordnung zum (reinen) öffentlichen Recht widerspricht. Gleiches gilt für die in einer formalen und einer materiellen Variante vertretene Subjektstheorie.[914] Nach der formalen Subjektstheorie ist öffentliches Recht der Inbegriff derjenigen Rechtssätze, deren berechtigtes oder verpflichtetes Zuordnungsobjekt ausschließlich ein Träger hoheitlicher Gewalt ist.[915] Auf Grund der Tatsache, dass § 70 Abs. 1 GewO auch Private verpflichten kann, fehlt es an der Ausschließlichkeit i.S.d. formalen Subjektstheorie. In Sinne der materiellen Subjektstheorie[916] ist öffentliches Recht die Gesamtheit jener Rechtssätze, bei denen zumindest ein Zuordnungsobjekt Träger von Staatsgewalt als solcher ist. Träger von Staatsgewalt als solcher wiederum ist derjenige, der von den betreffenden Rechtssätzen nicht als jedermann angesprochen wird, sondern das Amtsrecht des Staates als Sonderrecht in Anspruch nimmt.[917] Auch bei Anwendung dieser Abgrenzungstheorie kann keine Zuordnung des § 70 Abs. 1 GewO zum öffentlichen Recht erreicht werden, da § 70 Abs. 1 GewO weiterhin auch Private als Adressaten haben kann. Die öffentliche Hand wird durch § 70 Abs. 1 GewO in der gleichen

910 *Hilderscheid*, Die Zulassung zu Märkten und Volksfesten, S. 24.

911 Allg. zur Interessentheorie und Kritik an ihr vgl. *Ehlers*, Verwaltung in Privatrechtsform, S. 55; *ders.*, in: Schoch/Schneider/Bier (Hrsg.), VwGO, § 40 Rn. 222.

912 *Hilderscheid*, Die Zulassung zu Messen und Märkten, S. 11; *Wirth*, Marktverkehr, Marktfestsetzung, Marktfreiheit, S. 212.

913 Hierzu *Ehlers*, in: Schoch/Schneider/Bier (Hrsg.), VwGO § 40 Rn. 223; *ders.* in: ders./Schoch (Hrsg.), Rechtsschutz im öffentlichen Recht, § 21 Rn. 77.

914 *Hilderscheid*, Die Zulassung zu Messen und Märkten, S. 14.

915 *Ehlers*, in: ders./Schoch (Hrsg.), Rechtsschutz im öffentlichen Recht, § 21 Rn. 77 mit weiteren Nachweisen in Fn. 184.

916 *Ehlers*, in: ders./Schoch (Hrsg.), Rechtsschutz im öffentlichen Recht, § 21 Rn. 77.

917 *Ehlers*, in: ders./Schoch (Hrsg.), Rechtsschutz im öffentlichen Recht, § 21 Rn. 77.

Weise berechtigt und verpflichtet, wie es ein privater Veranstalter wäre. Daher kann bei der Anwendung des § 70 GewO nicht davon gesprochen werden, dass die Gemeinde staatliches Sonderrecht in Anspruch nehme. Soweit also mit den gängigen Abgrenzungstheorien keine Zuordnung zum öffentlichen Recht möglich ist, müsste davon ausgegangen werden, dass es sich bei § 70 Abs. 1 GewO um eine Norm des Privatrechts handelt. Zugleich ist allgemein anerkannt, dass zum einen öffentlich-rechtliche Zulassungsformen im Rahmen des § 70 Abs. 1 GewO möglich sind, wenn eine Gemeinde Veranstalterin ist und zum anderen, dass aus privatrechtlichen Normen eine solche Berechtigung zum Handeln in den Formen des öffentlichen Rechts nicht hergeleitet werden kann. Diese Tatsachen lassen nur die Schlussfolgerung zu, dass § 70 GewO eine Norm des gemeinsamen Rechts[918] bzw. ambivalenter Natur[919] ist. Nach der Lehre vom gemeinsamen Recht gehören all diejenigen Rechtssätze zum gemeinsamen Recht, die für jedermann gelten und folglich auch für Hoheitsträger, wenn sie privatrechtlich handeln, zugleich aber auch einen Hoheitsträger in seiner Eigenschaft als Hoheitsträger ansprechen.[920] Nur, wenn sie den Hoheitsträger in seiner Eigenschaft als Hoheitsträger ansprechen, gehören sie zum öffentlichen Recht.[921] Für § 70 Abs. 1 GewO bedeutet dies, dass die Norm immer dann als öffentlich-rechtlich anzusehen ist, wenn sie von einem Hoheitsträger in öffentlich-rechtlichen Formen zur Anwendung gebracht wird, also eine Zulassung in den Formen des öffentlichen Rechts erfolgt.[922] Gegen diese Sichtweise sprechen keine durchgreifenden Bedenken. Zwar steht es der handelnden Gemeinde bei dieser Sichtweise frei, mit der Entscheidung über die jeweilige Handlungsform auch über die Rechtsnatur des § 70 Abs. 1 GewO, dem damit zusammenhängenden Zulassungsanspruch und auch dem möglicherweise sich anschließenden Rechtsweg zu entscheiden. Wer der öffentlichen Hand aber (generell) Wahlfreiheit[923] zwischen dem öffentlichen und dem privaten Recht zugesteht, wird dieses Argument nicht gegen die Lehre vom gemeinsamen Recht anführen können. Zudem muss beachtet werden, dass sich das gesamte Marktrecht der GewO auch an öffentliche Veranstalter richtet, es aber dennoch seitens des Gesetzgebers keine Erwähnung des kommunalen Veranstalters in den Vorschriften der GewO gibt. Bei Erlass der GewO

918 Hierzu *Ehlers*, in: Schoch/Schneider/Bier (Hrsg.), VwGO, § 40 Rn. 231.

919 *Wagner*, in: Friauf (Hrsg.), Kommentar zur GewO, § 70 Rn. 61; *Ennuschat*, in: Tettinger/Wank/ders., Gewerbeordnung, § 70 Rn. 61.

920 *Ehlers*, in: Schoch/Schneider/Bier (Hrsg.), VwGO, § 40 Rn. 231.

921 *Ehlers*, in: Schoch/Schneider/Bier (Hrsg.), VwGO, § 40 Rn. 231.

922 *Hilderscheid*, Die Zulassung zu Messen und Ausstellungen, S. 15.

923 Zur Wahlfreiheit der öffentlichen Hand siehe auch 4. Kapitel, C.III.2.

war die allgegenwärtige kommunale Veranstaltertätigkeit durchaus bekannt und allein durch die Nicht-Erwähnung der kommunalen Veranstaltertätigkeit in der Neufassung der GewO kein Bruch mit diesem traditionellen Verständnis beabsichtigt.[924] Folglich muss § 70 GewO einen Hoheitsträger jedenfalls *auch* in seiner Eigenschaft als Hoheitsträger ansprechen, um ihm die Möglichkeit der Fortsetzung der kommunalen Betätigung im Marktwesen auch in öffentlich-rechtlichen Handlungsformen zu ermöglichen. Denn es ist nicht anzunehmen, dass mit der Kodifizierung des § 70 GewO eine Begrenzung auf privatrechtliche Handlungsformen beabsichtigt war. Folgt aus einer Norm aber die Berechtigung zum privatrechtlichen und öffentlich-rechtlichen Handeln für einen Hoheitsträger und die Berechtigung zum privatrechtlichen Tätigwerden für Private, so muss der Gesetzgeber nicht eine inhaltsgleiche Norm in jedem Rechtsbereich schaffen.[925] Daher genügt § 70 GewO. Der Gesetzgeber hätte zwar eine eigene Zulassungsnorm für kommunale Veranstalter schaffen können, hat aber offensichtlich im Bewusstsein existierender kommunaler Veranstaltungstätigkeit auf diese Möglichkeit verzichtet. Für § 70 Abs. 1 GewO kann dies nur bedeuten, dass die Norm je nach Veranstalter, gegen den der Zulassungsanspruch gerichtet ist, entweder eine Norm des öffentlichen Rechts oder eine Norm des Privatrechts ist.

Zum gleichlautenden Ergebnis kommt die Lehre von der Ambivalenz des § 70 GewO. Hiernach soll sich die Rechtsnatur des § 70 Abs. 1 GewO aus dem jeweiligen Zusammenhang ergeben, in dem er angewandt wird.[926] Maßgebend sollen dann die jeweiligen Teilnahmebestimmungen und das sich daraus ergebende Rechtsverhältnis sein.[927] Da die Teilnahmebestimmungen sowohl öffentlich-rechtlich als auch privatrechtlich ausgestaltet sein können, könne § 70 GewO sowohl privatrechtlicher als auch öffentlich-rechtlicher Natur sein.[928] Hiergegen spricht allerdings die Tatsache, dass die Teilnahmebestimmungen nur für die Veranstaltungsteilnehmer, also für diejenigen Geltung beanspruchen, die bereits zur Veranstaltung zugelassen worden sind. Der Zulassungsanspruch als solcher ergibt sich jedoch aus § 70 Abs. 1 GewO. Über die Rechtsnatur des § 70 Abs. 1 GewO lässt sich den Teilnahmebedingungen daher nichts entnehmen. Vielmehr bedarf es überhaupt erst einer Norm, die zum Erlass öffentlich-rechtlicher

---

924 *Wirth*, Marktverkehr, Marktfestsetzung, Marktfreiheit, S. 54.

925 *Ehlers*, in: Schoch/Schneider/Bier (Hrsg.), VwGO, § 40 Rn. 231.

926 OLG Frankfurt, GewArch 2007, S. 87; *Ennuschat*, in: Tettinger/Wank/ders., Gewerbeordnung, § 70 Rn. 61.

927 OLG Frankfurt, GewArch 2007, S. 87; *Ennuschat*, in: Tettinger/Wank/ders., Gewerbeordnung, § 70 Rn. 61.

928 *Storr*, in: Pielow (Hrsg.), Gewerbeordnung, § 70 Rn. 2.

Teilnahmebestimmungen ermächtigt. Dies kann aber keine privatrechtliche Norm sein, da ansonsten aus einer privatrechtlichen Norm ein öffentlich-rechtliches Verhalten hergeleitet würde.[929] Der Lehre von der Ambivalenz wohnt mithin ein Zirkelschluss inne.

Bisweilen wird zudem vertreten, dass § 70 GewO bei festgesetzten Veranstaltungen, die zugleich kommunale öffentliche Einrichtungen sind, einen modifizierten kommunalrechtlichen Zulassungsanspruch darstelle und daher dem öffentlichen Recht zuzuordnen sei.[930] Dem kann nach der hier vertretenen Ansicht schon allein deswegen nicht gefolgt werden, weil Beschicker keinen kommunalrechtlichen Zulassungsanspruch haben. Diese Ansicht mag dann allenfalls für etwaige Besucher einer Veranstaltung in Betracht kommen. Solange jedoch kein kommunalrechtlicher Zulassungsanspruch besteht, kann dieser auch nicht durch § 70 Abs. 1 GewO modifiziert werden.

II. Kommunalrechtlicher Zulassungsanspruch

In allen Gemeindeordnungen finden sich Zulassungsansprüche zu kommunalen öffentlichen Einrichtungen.[931] Diese berechtigen die Einwohner der jeweiligen Gemeinde, die öffentlichen Einrichtungen dieser Gemeinde zu benutzen. Wer also eine öffentliche Einrichtung als Benutzer in Anspruch nehmen möchte, kann sich auf den kommunalrechtlichen Zulassungsanspruch berufen. Im Verlauf der Arbeit ist jedoch bereits aufgezeigt worden, dass die Beschicker einer Veranstaltung, die als kommunale öffentliche Einrichtung betrieben wird, nicht als deren Benutzer angesehen werden können. Da nur Benutzern der kommunalrechtliche Zulassungsanspruch zusteht, können sich Beschicker nicht auf ihn berufen, wenn sie von einer kommunalen Veranstaltung ausgeschlossen worden sind.

III. Ansprüche aus Grundrechten

Einem abgelehnten Beschicker können möglicherweise auch direkt aus den Grundrechten Ansprüche, eventuell sogar ein *Zulassungs*anspruch, zustehen.

929 *Ehlers*, in: Erichsen/ders. (Hrsg.), Allgemeines Verwaltungsrecht, § 3 Rn. 25.
930 *Ehlers*, in: ders./Schoch (Hrsg.), Rechtsschutz im öffentlichen Recht, § 21 Rn. 68.
931 Vgl. z. B. § 8 II GO NRW.

1. Zulassungsanspruch aus Art. 3 Abs. 1 GG

In Betracht kommt zunächst ein auf die Verletzung des Art. 3 Abs. 1 GG durch ein entweder nicht grundrechtskonformes Auswahlverfahren oder die Anwendung unzulässiger Auswahlkriterien gestützter Anspruch. Art. 3 Abs. 1 GG ist Grundlage eines subjektiven Rechts auf Gleichbehandlung, das zunächst in seiner Funktion als Abwehrrecht in Erscheinung tritt.[932] Unter der Funktion der Grundrechte als Abwehrrechte ist zu verstehen, dass sie dem Grundrechtsberechtigten ein Recht zur Abwehr staatlicher Eingriffe in die grundrechtlich gewährleistete Freiheitssphäre gewähren, sowie den Staat verpflichten, solche Eingriffe zu unterlassen.[933] Wie aus dieser Definition bereits ersichtlich, hat die Abwehrfunktion einen primär freiheitsrechtlichen Bezug.[934] Allerdings kommt auch den Gleichheitsgrundrechten eine abwehrrechtliche Bedeutung zu.[935] Diese abwehrrechtliche Bedeutung zeigt sich im Anwendungsbereich des Art. 3 GG, indem Art. 3 GG Schutz in der Art bietet, dass das Unterlassen oder die Beseitigung einer gleichheitswidrigen Beeinträchtigung verlangt werden kann, die aus einem positiven Tun hervorgeht.[936] Hierbei kann sowohl die Belastung des Grundrechtsträgers als auch die Begünstigung eines Dritten in Betracht gezogen werden.[937] Für den abgelehnten Beschicker bedeutet dies, dass er aus Art. 3 Abs. 1 GG jedenfalls einen Anspruch darauf hat, dass eine ungleiche Vergabe unterlassen wird und er in das Auswahlverfahren mit einbezogen wird. Durch die Einbeziehung erfolgt die Aufhebung der Ungleichbehandlung. In dieser abwehrrechtlichen Funktion bildet der Gleichheitssatz für die Frage nach einem Zulassungsanspruch allerdings keinen entscheidenden Maßstab.[938] Denn bei der Frage nach der Geltendmachung eines Zulassungsanspruchs begehrt der jeweilige Bewerber – jedenfalls in den Fällen vollständiger Vergabe aller Standplätze – eine bestimmte Position anstelle seines Konkurrenten zu erlangen. Soweit der Bewerber Gleichbehandlung mit einem Mitbewerber verlangt, ist Art. 3 GG daher in seiner Funktion als derivatives Teilhaberecht[939] bzw. als Recht auf

---

932 *Heun*, in: Dreier (Hrsg.), Grundgesetz Kommentar, Art. 3 Rn. 16; *Osterloh*, in: Sachs (Hrsg.), Grundgesetz, Art. 3 Rn. 38.

933 *Sachs*, in: ders. (Hrsg.), Grundgesetz, Vor. Art. 1 Rn. 42 f.

934 So auch BVerfGE 7, 198 (204).

935 *Osterloh*, in: Sachs (Hrsg.), Grundgesetz, Art. 3 Rn. 38.

936 *Jarass*, in: Merten/Papier, Handbuch der Grundrechte, Band II, § 38 Rn. 18.

937 *Jarass*, in: Merten/Papier, Handbuch der Grundrechte, Band II, § 38 Rn. 18.

938 *Wollenschläger*, Verteilungsverfahren, S. 70.

939 Derivative Teilhaberechte vermitteln einen Anspruch auf Teilhabe an bereits Bestehendem, vgl. *Osterloh*, in: Sachs (Hrsg.), Grundgesetz, Art. 3 Rn. 53 ff.

chancengleiche Teilhabe am Verfahren betroffen.[940] Als derivatives Teilhaberecht vermittelt Art. 3 Abs. 1 GG einen Anspruch auf Zulassung an Bestehendem, also auch an dem bestehenden Markt oder Volksfest.

Art. 3 Abs. 1 GG gilt gleichermaßen für die staatliche Leistungsgewährung wie für die staatliche Nachfragetätigkeit.[941] Der Beschicker als Dienstleistungskonzessionär[942] kann sich also, wenn er sich gleichheitswidrig von der Zulassung zu einer Veranstaltung ausgeschlossen fühlt, auf sein Teilhaberecht berufen. Sofern Teilhabe auf Grund von Platzmangel oder, mit Blick auf die Qualifizierung als Dienstleistungskonzession, wegen der bereits erfolgten Vergabe aller zur Verfügung stehender Konzessionen, nicht für alle gewährt werden kann, bleibt ihm die Möglichkeit, sein Recht auf chancengleiche Teilhabe am Verfahren geltend zu machen. Nur wenn die Ungleichbehandlung nur durch die Vergabe an den einen Beschicker aufgehoben werden kann (so bei einer Ermessensreduktion auf Null), kommt auch ein Anspruch auf Zulassung in Betracht.

2. Zulassungsanspruch aus Art. 12 Abs. 1 GG

Ob sich ein abgelehnter Beschicker darüber hinaus auf seine Berufsfreiheit gem. Art. 12 Abs. 1 GG berufen kann, um die Zulassung zu einer kommunalen Veranstaltung erlangen zu können, ist umstritten. Ebenso wie beim Gleichheitsrecht ist bei den Freiheitsrechten zwischen den unterschiedlichen Funktionen der Grundrechte zu unterscheiden. Auch die Freiheitsrechte vermitteln zuvorderst Abwehrrechte gegen den Staat. Ihnen lassen sich jedoch auch derivative Teilhaberechte entnehmen.[943] Hieraus folgt zunächst ein grundrechtlich gesicherter Anspruch auf Teilhabe innerhalb der vorhandenen Kapazitäten.[944] Dieser Anspruch geht insoweit über die Anforderungen des Anspruchs aus dem Gleichheitsrecht hinaus, als aus dem freiheitsrechtlich konzipierten Anspruch das Gebot zur Kapazitätserschöpfung folgt, mithin freie Kapazitäten nicht ungenutzt

940 So das BVerfG, BVerfGE 116, 135 (154) im Zusammenhang mit Rechtsschutzfragen im Vergaberecht.

941 Zum Geltungsbereich des Art. 3 I GG bei öffentlicher Auftragsvergabe siehe *Burgi*, Die künftige Bedeutung der Freiheitsgrundrechte für staatliche Verteilungsentscheidungen, WiVerw 2007, S. 173 ff.; *Lindner*, Zur grundrechtsdogmatischen Struktur der Wettbewerbsfreiheit, DÖV 2003, S. 185 (191).

942 Gleiches gilt im Übrigen auch, wenn er nicht als Dienstleistungskonzessionär zu betrachten wäre.

943 *Sachs*, in: ders. (Hrsg.), Grundgesetz, Vor Art. 1 Rn. 49.

944 *Wollenschläger*, Verteilungsverfahren, S. 70.

bleiben dürfen.[945] Fraglich ist jedoch, ob es bei dieser Bewertung bleibt, wenn in der Vergabe von Standplätzen eine Dienstleistungskonzession zu sehen ist. Für die staatliche Auftragsvergabe wird nämlich zumeist eine subjektive Berechtigung, die aus Art. 12 Abs. 1 GG folgen soll, verneint.[946] Der abgelehnte Beschicker könnte sich mithin nicht auf Art. 12 Abs. 1 GG berufen. Begründet wird diese Ansicht damit, dass die in Art. 12 Abs. 1 GG angelegte Wettbewerbsfreiheit[947] nicht davor schützt, dass Produkte nicht am Markt nachgefragt werden.[948] Ein Anspruch auf Erfolg im Wettbewerb oder auf die Sicherung künftiger Erwerbsmöglichkeiten lasse sich Art. 12 Abs. 1 GG nicht entnehmen.[949] Ebensowenig schütze er vor Konkurrenz.[950] Bei der Ablehnung der Vergabe habe der staatliche Auftraggeber lediglich eine Chance, in Erwägung gezogen zu werden, zunichte gemacht, ein Eingriff in den Schutzbereich des Art. 12 Abs. 1 GG fehle aber, weil der Bewerber zwar um eine einzelne Chance, nicht aber um die Befugnis, Chancen überhaupt realisieren zu können, ärmer geworden ist.[951] Der staatliche Auftraggeber passe sich vielmehr dem System marktwirtschaftlichen Wettbewerbs an.[952] Für die Frage nach der Beeinträchtigung der Berufsfreiheit der Beschicker kann es jedoch keinen Unterschied machen, ob die Vergabe der Standplätze als Dienstleistungskonzession zu qualifizieren ist und damit in den weiten Bereich der staatlichen Auftragsvergabe fällt oder aber als begrenzte Bereitstellung von Ressourcen oder Gütern einzuordnen ist. Ob Art. 12 Abs. 1 GG seitens der Beschicker geltend gemacht werden kann, hängt maßgeblich davon ab, ob ein Eingriff in den Schutzbereich des Art. 12 Abs. 1 GG bejaht werden kann. Die Berufsfreiheit und die als ein Teil von ihr gewährte Wettbewerbsfreiheit gewährt die Freiheit, jeden Beruf frei zu wählen und frei auszuüben sowie

---

945 BVerfGE 39, 258 (273); *Wollenschläger* hingegen will auch dem gleichheitsrechtlich verorteten Teilhaberecht ein Kapazitätserschöpfungsgebot entnehmen, Verteilungsverfahren, S. 73.

946 *Burgi*, Die künftige Bedeutung der Freiheitsgrundrechte für staatliche Verteilungsentscheidungen, WiVerw 2007, S. 173 (174 m.w.N.).

947 Hierzu *Lindner*, Zur grundrechtsdogmatischen Struktur der Wettbewerbsfreiheit, DÖV 2003, S. 185 ff.

948 *Weyd*, Die Konzessionsvergabe, JURA 2009, S. 448 (456).

949 *Stober*, Allgemeines Wirtschaftsverwaltungsrecht, S. 154.

950 BVerfGE 94, 372 (395, 399); *Stober*, Allgemeines Wirtschaftsverwaltungsrecht, S. 155.

951 *Burgi*, Die künftige Bedeutung der Freiheitsgrundrechte für staatliche Verteilungsentscheidungen, WiVerw 2007, S. 173 (178).

952 BVerfG, NJW 2006, S. 3701 (3703 f.).

sich im Wettbewerb konkurrenzwirtschaftlich zu betätigen.[953] Wird ein Beschicker jedoch seitens einer veranstaltenden Gemeinde nicht zu der fraglichen Veranstaltung zugelassen, so kann er seine Tätigkeit als Beschicker auf dieser Veranstaltung nicht ausüben. Einen Eingriff in Art. 12 Abs. 1 GG stellt dies jedoch nur da, wenn die Nichtvergabe der Standplatzkonzession objektiv berufsregelnde Tendenz aufweist.[954] Die zu beurteilende Maßnahme der öffentlichen Hand muss in einem engen Zusammenhang mit der Berufsausübung stehen, für die berufliche Betätigung von einigem Gewicht sein und zu einer spürbaren Verschlechterung der Wettbewerbssituation führen.[955] Betrachtet man die Konzessionsvergabe allgemein, also nicht im spezifisch marktrechtlichen Zusammenhang, so ist diese objektiv berufsregelnde Tendenz abzulehnen.[956] Bei der Vergabe von Dienstleistungskonzessionen tritt die Gemeinde als Nachfrager auf dem Markt auf.[957] Sie ist bei der Entscheidung, was sie nachfragt, weitestgehend frei.[958] Die öffentlichen Aufträge oder Konzessionen, die sie vergibt, könnten von ihrem wirtschaftlichen Inhalt, also der nachgefragten Tätigkeit, auch von einem privaten Nachfrager am Markt nachgefragt werden.[959] Insofern tritt die öffentliche Hand nur als ein Nachfrager unter vielen auf dem Markt auf.[960] Tritt sie aber als einer unter vielen auf, so kann die Ablehnung der Vergabe eines Auftrags oder einer Konzession nicht als Eingriff gewertet werden.[961] Die Nichtvergabe behindert den Interessenten weder in seiner Berufswahl noch in seiner Berufsausübung.[962] Die Ausübung des Berufes hängt in diesen Fällen nicht davon ab, ob die öffentliche Hand den Auftrag oder die Konzession erteilt.[963] Daher wird der Schutzbereich des Art. 12 Abs. 1 GG in den normalen Fällen der

953 *Huber*, Konkurrenzschutz im Verwaltungsrecht, S. 444.

954 Zum Begriff der objektiv berufsregelnden Tendenz BVerfGE 13, 181.

955 BVerfGE 70, 191 (214); *Kluth*, Das Grundrecht der Berufsfreiheit – Art. 12 I GG, JURA 2001, S. 371; *Wieland*, in: Dreier (Hrsg.), Grundgesetz Kommentar, Art. 12 Rn. 71.

956 *Weyd*, Die Konzessionsvergabe, JURA 2009, S. 448 (456).

957 Siehe hierzu 4. Kapitel, D.III.2.a).

958 *Huber*, Konkurrenzschutz im Verwaltungsrecht, S. 444.

959 *Weyd*, Die Konzessionsvergabe, JURA 2009, S. 448 (456).

960 *Weyd*, Die Konzessionsvergabe, JURA 2009, S. 448 (456).

961 *Huber*, Konkurrenzschutz im Verwaltungsrecht, S. 445.

962 *Huber*, Konkurrenzschutz im Verwaltungsrecht, S. 445.

963 *Burgi*, Die künftige Bedeutung der Freiheitsrechte für staatliche Verteilungsentscheidungen, WiVerw 2007, S. 173 f.; *Huber*, Konkurrenzschutz im Verwaltungsrecht, S. 445; *Weyd*, Die Konzessionsvergabe, JURA 2009, S. 448 (456).

Auftrags- oder Konzessionsvergabe nicht berührt sein.[964] Anders könnte sich die Situation jedoch darstellen, wenn die öffentliche Hand alleiniger oder nahezu alleiniger Nachfrager einer bestimmten Leistung ist. Für die Standplatzvergabe ohne die Berücksichtigung ihrer Qualifizierung als Dienstleistungskonzession hat das *BVerfG*[965] eine Monopolstellung der öffentlichen Hand angekommen. Aus dieser Monopolstellung folge eine Beeinträchtigung des Art. 12 Abs. 1 GG.[966] Ähnlich argumentiert das *BVerfG* auch in Bezug auf das Hochschulzulassungswesen.[967] In den Fällen, in denen die staatliche Leistung zugleich notwendige Voraussetzung für die Verwirklichung von Grundrechten ist, sei Art. 12 GG tangiert und es lasse sich ein auch freiheitsrechtlich motivierter Teilhabeanspruch konstruieren.[968] Überträgt man diese Grundsätze auf die öffentliche Auftragsvergabe bzw. Konzessionsvergabe, so stellt sich die Frage, ob die Verwirklichung von Grundrechten von der staatlichen Nachfragetätigkeit abhängig ist oder sein kann. Im speziellen Fall des Marktwesens ist daher zu klären, ob die Beschicker auch ohne die gemeindliche Nachfrage nach Markt-, Volksfest- und sonstigen Beschickern ihrem Beruf nachgehen könnten. Gegen die Annahme einer solchen Monopolstellung im kommunalen Marktwesen, unabhängig von der Einordung als Nachfrage- oder Angebotstätigkeit, spricht die Tatsache, dass es auch private Veranstalter von Märkten und Volksfesten gibt. Gerade die Gewerbeordnung sieht mit ihren Vorschriften über die Festsetzung von Veranstaltungen für Private die Möglichkeit derartiger privater Veranstaltungen vor. Dennoch werden in nahezu jeder Gemeinde *kommunale* Veranstaltungen durchgeführt. *Kommunale* Veranstaltungen dürften in vielen Gemeinden sogar die einzigen Veranstaltungen sein, die durchgeführt werden. Für die Beschicker handelt es sich daher, wenn auch nicht um den einzigen, so doch um einen derart großen Markt, dass bei Wegfallen aller kommunaler Veranstaltungen eine Beschickertätigkeit von den meisten Betroffenen würde aufgegeben werden müssen. Auch mit Blick auf das Urteil des *BVerwG*[969] zur Unzulässigkeit einer materiellen Privatisierung

---

964 *Burgi*, Die künftige Bedeutung der Freiheitsrechte für staatliche Verteilungsentscheidungen, WiVerw 2007, S. 173 f.; *Huber*, Konkurrenzschutz im Verwaltungsrecht, S. 445; *Lindner*, Zur grundrechtsdogmatischen Struktur der Wettbewerbsfreiheit, DÖV 2003, S. 185 (191); *Weyd*, Die Konzessionsvergabe, JURA 2009, S. 448 (456).

965 NJW 2002, S. 3691 (3692).

966 BVerfG, NJW 2002, S. 3691 (3692).

967 BVerfGE 33, 303 (331 f.).

968 BVerfGE 33, 303 (331 f.).

969 GewArch 2009, S. 484 ff. Hierzu auch 1. Kapitel, E.II.

kommunaler Märkte wird man davon ausgehen müssen, dass das kommunale Marktwesen eine derart große Bedeutung für die Ausübung der Beschickertätigkeit einnimmt, dass noch von einer Quasi-Monopolstellung der veranstaltenden Gemeinden gesprochen werden kann. Für die Frage der Herleitung eines Teilhaberechts auch aus Art. 12 Abs. 1 GG kann es dann aber keinen Unterschied machen, ob man die Standplatzvergabe als Problem der Erteilung einer Dienstleistungskonzession und mithin der Nachfragetätigkeit des Staates zuordnet. Wenn ein einzelner nur dann seinen Beruf ausüben kann, wenn die öffentliche Hand seine Leistung nachfragt, ist die Berufsfreiheit ebenso betroffen wie in den Fällen der Angebotsseite. Die Beschicker sind auf die Nachfrage der Gemeinden angewiesen. Wird ein Beschicker jedoch in den Fällen der „Monopolnachfrage" nicht zugelassen, also nicht nachgefragt, so verengt sich die Entscheidung über die Nichtvergabe von einer reinen Verkürzung von Zulassungschancen zu einem Eingriff in den Schutzbereich des Art. 12 Abs. 1 GG. Die Beschicker können mithin in diesen Fällen ein auf Art. 12 Abs. 1 GG gestütztes, freiheitsrechtlich motiviertes Teilhaberecht geltend machen.

IV. Ansprüche aus Unionsrecht

Neben dem einfachgesetzlich normierten direkten Zulassungsanspruch aus § 70 GewO und den Ansprüchen aus Grundrechten lassen sich möglicherweise (Zulassungs-)Ansprüche auch aus dem Unionsrecht ableiten. Die Maßgeblichkeit der Grundfreiheiten in Bezug auf die Verfahrensgestaltung und die Zulässigkeit von Auswahlkriterien sind bereits im vorstehenden Kapitel herausgearbeitet worden.[970] Es könnten sich aus den Grundfreiheiten jedoch auch subjektive Zulassungsansprüche für einen abgelehnten Beschicker ergeben. Als vorrangige Norm ist auch hier auf Art. 56 ff. AEUV abzustellen.[971] Die Dienstleistungsfreiheit als Grundfreiheit vermittelt dem Einzelnen ein Abwehrrecht gegen diskriminierende oder sonstige beschränkende Regelungen in der Form, als dieses Abwehrrecht dem Einzelnen ermöglichen soll, derartige staatliche Regelungen außer Anwendung zu setzen.[972] Sie ist wie die anderen Grundfreiheiten als subjektives

970 Siehe 4. Kapitel, B.I.2.

971 Je nach Angebot des Beschickers kann auch die Niederlassungsfreiheit, Art. 49 AEUV, z.B. bei der regelmäßigen Teilnahme an einem Wochenmarkt, oder die Warenverkehrsfreiheit, Art. 28 AEUV, wenn es ihm nur und allein um den Verkauf von Waren geht, betroffen sein.

972 *Pache*, in: Ehlers (Hrsg.), Europäische Grundrechte und Grundfreiheiten, § 11 Rn. 6.

Recht anzusehen[973], woraus aber nicht zwingend ein Zulassungsrecht folgt. Auch die Grundfreiheiten sind nämlich zunächst nur als Abwehrrechte ausgestaltet.[974] Sie haben den Charakter von Diskriminierungs- und Beschränkungsverboten.[975] Als Diskriminierungsverbot verbieten sie, EU-Ausländer schlechter zu behandeln als Inländer.[976] Als Diskriminierungsverbot und damit strukturell als Gleichheitsrecht ausgestaltet, lässt sich neben dem abwehrrechtlichen Charakter jedoch auch ein Recht auf Teilhabe aus ihnen herleiten.[977] Abgeleitete Teilhaberechte gewähren dem zu Unrecht Ausgeschlossenen ein Recht auf Teilhabe an einer bereits bestehenden Position.[978] Dieses in der Grundrechtsdogmatik vorherrschende Verständnis lässt sich auf die Grundfreiheiten übertragen.[979] Ein EU-ausländischer Beschicker, der auf Grund einer offenen oder versteckten Diskriminierung abgelehnt wurde, beispielsweise weil Auswahlkriterien ausgewählt wurden, die EU-Ausländer strukturell benachteiligen, kann sein Recht auf diskriminierungsfreie Teilhabe geltend machen. Der EU-Ausländer hat das Recht, an den vom Staat bereitgestellten Leistungen in gleicher Weise teilzuhaben wie ein Inländer.[980] Gleiches muss auch für vom Staat nachgefragte Leistungen gelten. Damit hat der EU-ausländische Beschicker einen Anspruch darauf, in gleicher Weise an der Standplatzvergabe beteiligt zu werden. Soweit Auswahlkriterien oder Auswahlverfahren nicht direkt an die Staatsangehörigkeit anknüpfen oder als versteckte Diskriminierung anzusehen sind, können die Grundfreiheiten auch in ihrer Funktion als Beschränkungsverbot eingreifen.[981] In Bezug auf Art. 56 AEUV verlangt das Beschränkungsverbot neben der Beseitigung sämtlicher Diskriminierungen von Dienstleistern auf Grund der Staatsangehörigkeit auch die Aufhebung aller sonstigen Beschränkungen, auch wenn sie unterschiedslos

---

973 *Ehlers*, in: ders. (Hrsg.), Europäische Grundrechte und Grundfreiheiten, § 7 Rn. 10 mit dem Hinweis auf das Urteil des EuGH, Slg 1963, S. 3 Rn. 25 – van Gend & Loss.

974 Zum Diskriminierungsverbot als Abwehrrecht *Ehlers*, in: ders. (Hrsg.), Europäische Grundrechte und Grundfreiheiten, § 7 Rn. 27 und zum Beschränkungsverbot als Abwehrrecht § 7 Rn. 29.

975 Zum Teil ablehnend *Kingreen*, in: Callies/Ruffert (Hrsg.), EUV/AEUV, Art. 34–36 AEUV Rn. 66 ff.

976 *Ehlers*, in: ders. (Hrsg.), Europäische Grundrechte und Grundfreiheiten, § 7 Rn. 25.

977 *Ehlers*, in: ders. (Hrsg.), Europäische Grundrechte und Grundfreiheiten, § 7 Rn. 34.

978 *Ehlers*, in: ders. (Hrsg.), Europäische Grundrechte und Grundfreiheiten, § 7 Rn. 34.

979 *Ehlers*, in: ders. (Hrsg.), Europäische Grundrechte und Grundfreiheiten, § 7 Rn. 34.

980 *Ehlers*, in: ders. (Hrsg.), Europäische Grundrechte und Grundfreiheiten, § 7 Rn. 34.

981 *Müller/Schellberg*, Fortgeschrittenen-Hausarbeit im öffentlichen Recht: "Kein Standplatz für eine luxemburgische Losverkäuferin", NWVBl. 2006, S. 154 (158).

für inländische und EU-ausländische Dienstleistungserbringer gelten.[982] Wird ein EU-ausländischer Beschicker daher auf Grund eines unzulässigen Kriteriums oder eines unionsrechtswidrigen Auswahlverfahrens abgelehnt, ein inländischer Beschicker aber ebenso, so kann diese Ablehnung dennoch eine Verletzung der Dienstleistungsfreiheit begründen. Der EU-ausländische Beschicker ist durch die Ablehnung nämlich gehindert, seine Dienstleistung auf dem relevanten Markt anzubieten. Einen direkten Zulassungsanspruch vermittelt die Dienstleistungsfreiheit jedoch auch durch das Beschränkungsverbot nicht.[983] Verletzt eine veranstaltende Gemeinde ihre in Bezug auf Verfahren und Auswahlkriterien bestehenden Pflichten, so kann sich der auf Grund dessen abgelehnte Beschicker – Binnenmarktrelevanz vorausgesetzt – auf seine Dienstleistungsfreiheit berufen. Die sich aus Art. 56 AEUV ergebenden objektiv-rechtlichen Verpflichtungen entfalten gegenüber dem abgelehnten Beschicker drittschützende Wirkung.[984] Dem abgelehnten Beschicker steht also insoweit ein subjektives Recht zu, als er bei unionsrechtswidriger Ablehnung seines Zulassungsbegehrens jedenfalls die Unterlassung der Vergabe an den Konkurrenten und neue Entscheidung auf unionsrechtskonformer Basis verlangen kann. Gleiches gilt für den Fall der unionsrechtswidrigen Ausgestaltung des Verfahrens. Sollte die Vergabe eines Standplatzes entgegen der Verpflichtung zur Transparenz erfolgt sein, kann sich der nicht berücksichtigte Beschicker auf die auch drittschützende Wirkung dieser Pflicht berufen und die chancengleiche Teilnahme an einem Vergabeverfahren verlangen. Nicht hingegen kann er, wie auch der nur Grundrechtsberechtigte, eine Erweiterung der Kapazitäten im Falle des Bewerberüberhangs verlangen.[985] Er kann aber auf Grund des subjektiv-rechtlichen Charakters der Grundfreiheiten die angewandten Auswahlkriterien und Auswahlverfahren auf ihre Unionsrechtskonformität überprüfen lassen. Der eigentliche Zulassungsanspruch folgt dann aber entweder aus einfachgesetzlichen Normen oder aus den Vorschriften des nationalen Rechts, die einen solchen unter Umständen vermitteln.[986]

---

982 *Pache*, in: Ehlers (Hrsg.), Europäische Grundrechte und Grundfreiheiten, § 11 Rn. 59.

983 *Kluth*, in: Callies/Ruffert (Hrsg.), EUV/AEUV, Art. 56, 57 AEUV Rn. 51; *Pache*, in: Ehlers (Hrsg.), Europäische Grundrechte und Grundfreiheiten, § 11 Rn. 6.

984 *Weyd*, Die Konzessionsvergabe, JURA 2009, S. 448 (455), allerdings im konkreten Fall ablehnend auf Grund fehlender Binnenmarktrelevanz.

985 *Becker/Sichert*, Einführung in die kommunale Rechtssetzung am Beispiel gemeindlicher Benutzungssatzungen, JuS 2000, S. 348 (350).

986 *Knöbl*, Rechtsschutz bei der Vergabe von Aufträgen unterhalb der Schwellenwerte, S. 96.

V. Kartellrechtliche Zulassungsansprüche §§ 19, 20, 33 GWB, Art. 102 AEUV

Im kommunalen Marktwesen kann auch das Kartellrecht eine Rolle spielen.[987] Maßgebliche Vorschriften finden sich sowohl im deutschen wie auch im europäischen Kartellrecht.

1. Ansprüche aus §§ 19, 33 Abs. 1 GWB

In Kapitel 4 wurden bereits die kartellrechtlichen Anforderungen an Auswahlkriterien und Auswahlverfahren skizziert. Hierbei handelt es sich nicht nur um objektiv-rechtliche Maßstäbe, sondern der kartellrechtswidrig abgelehnte Beschicker kann auch subjektive Rechte aus diesen Vorschriften in Verbindung mit § 33 GWB ableiten.

§ 19 GWB verbietet es marktbeherrschenden Unternehmen, ein anderes Unternehmen, unmittelbar oder mittelbar unbillig zu behindern oder ohne sachlich gerechtfertigten Grund unmittelbar oder mittelbar anders zu behandeln als gleichartige Unternehmen. Die Anwendbarkeit des kartellrechtlichen Diskriminierungsverbotes auf kommunale Marktveranstaltungen ist grundsätzlich anerkannt.[988] Liegt ein Verstoß gegen § 19 Abs. 1, Abs. 2 GWB vor, so kann der abgewiesene Bewerber gem. §§ 19, 33 Abs. 1, Abs. 3 GWB Unterlassungsansprüche oder Schadensersatzansprüche geltend machen. Um einen Zulassungsanspruch auch für den eigenen Standplatz aus § 33 GWB herleiten zu können, müsste der Abschluss des Vertrages als Schadensersatz gem. § 33 Abs. 3 S. 1 GWB oder als Unterlassungs- oder Beseitigungsanspruch gem. § 33 Abs. 1 S. 1 GWB zu qualifizieren sein. Letztlich muss sich aus § 33 GWB ein Kontrahierungszwang ableiten lassen.[989]

In Betracht kommt die Möglichkeit, die eigene Zulassung in Form des Vertragsabschlusses als Naturalrestitution i.S.d. § 249 BGB anzusehen.[990] Im Unterschied zum Unterlassungs- oder Beseitigungsanspruch erfordert diese

---

987 Siehe 4. Kapitel, B.III.2.

988 *Wagner*, in: Friauf (Hrsg.), Kommentar zur GewO, § 70 Rn. 4 ff.

989 *Ehlers*, Rechtsprobleme der Nutzung kommunaler öffentlicher Einrichtungen – Teil 2, JURA 2012, S. 849 (850); *Kemle*, Kunstmessen: Zulassungsbeschränkungen und Kartellrecht, S. 66.

990 *Rehbinder*, in: Loewenheim/Meessen/Riesenkampff, Kartellrecht, § 33 GWB Rn. 44.

Sichtweise den Nachweis des Verschuldens.[991] Läge ein Fall des Schadensersatzes vor, so wäre das diskriminierende Unternehmen im Rahmen des § 249 BGB dazu gezwungen, den Zustand herzustellen, der ohne den zum Ersatz verpflichtenden Umstand bestehen würde.[992] So lässt sich argumentieren, dass das diskriminierte Unternehmen ohne die Diskriminierung einen Standplatz erhalten hätte und folglich der Standplatz nunmehr zu erteilen ist, da nur so ein Zustand hergestellt wird, wie er theoretisch ohne vorherige Diskriminierung bestanden hätte.[993] Andererseits lässt sich die Ablehnung eines gebotenen Vertragsschlusses auch als fortlaufende oder künftige Behinderung oder Diskriminierung darstellen, die sich durch einen verschuldensunabhängigen Beseitigungs- und Unterlassungsanspruch abwehren lässt.[994] Diese Sichtweise kann dann überzeugen, wenn – bezogen auf Lieferbeziehungen und nicht den Fall der Standplatzvergabe betrachtend – in der Verpflichtung zu einer abgelehnten fortlaufenden Belieferung die Beseitigung einer in der Gegenwart noch bestehenden Quelle für eine fortlaufende Störung der Wettbewerbsfreiheit des betroffenen Unternehmens gesehen wird.[995] Letztlich handelt es sich um eine dogmatische Fragestellung, die auf das grundsätzliche Bestehen eines Zulassungsanspruches keinen Einfluss hat. Denn dass ein solcher Zulassungsanspruch bestehen kann, ist unbestritten.[996] Überzeugender – insbesondere in der Konstellation der Zulassung zu einem Markt oder Volksfest – dürfte indes die Annahme eines Beseitigungsanspruches sein.[997] Während ein Schadensersatzanspruch in Form der Naturalrestitution als Ausgleich für bereits erlittene Nachteile dient, kann mit einem Unterlassungsanspruch oder einem Beseitigungsanspruch nur eine drohende Beeinträchtigung oder eine bestehende gegenwärtige Beeinträchtigung

---

991 *Rehbinder*, in: Loewenheim/Meessen/Riesenkampff, Kartellrecht, § 33 GWB Rn. 44.

992 *Grüneberg*, in: Palandt, Bürgerliches Gesetzbuch, § 249 Rn. 2.

993 *Kemle*, Kunstmessen: Zulassungsbeschränkungen und Kartellrecht, S. 66.

994 *Rehbinder*, in: Loewenheim/Meessen/Riesenkampff, Kartellrecht, § 33 GWB Rn. 44.

995 *Rehbinder*, in: Loewenheim/Meessen/Riesenkampff, Kartellrecht, § 33 GWB Rn. 44.

996 *Kemle*, Kunstmessen: Zulassungsbeschränkungen und Kartellrecht, S. 68; *Wagner*, in: Friauf (Hrsg.), Kommentar zur GewO, § 70 Rn. 4 ff.

997 *Bornkamm*, in: Langen/Bunte (Hrsg.), Kommentar zum deutschen und europäischen Kartellrecht, Band I, Deutsches Kartellrecht, § 33 Rn. 96; *Emmerich*, in: Immenga/Mestmäcker, GWB, § 33 Rn. 101 f.; *Markert*, in: Immenga/Mestmäcker, GWB, § 20 Rn. 231; *Rehbinder*, in: Loewenheim/Meessen/Riesenkampff, Kartellrecht, § 33 GWB Rn. 44.

oder Diskriminierung, deren Grund in einer fortlaufenden Störung zu sehen ist, behoben werden.[998] Im Gegensatz zu den kartellrechtlichen Fällen, die eine Belieferung zum Gegenstand haben, handelt es sich bei dem Anspruch auf Zulassung zu einem Markt oder Volksfest zwar allein auf Grund der zeitlichen Dimension um ein punktuelles Ereignis. Ob die Beeinträchtigung auch in Zukunft noch droht, kann aber zumeist nicht ermittelt werden, da zukünftige Veranstaltungen noch gar nicht existieren. Anders könnte sich die Situation lediglich in Fällen der Wochenmarktbeschickung darstellen. Dort handelt es sich um eine dauerhafte Form der Zulassung zu einem wiederkehrenden Ereignis. Der Regelfall dürfte jedoch die Einmalzulassung zu einer konkreten Veranstaltung sein. Hier lässt sich allerdings ein Zulassungsanspruch derart konstruieren, als die Nichtzulassung als gegenwärtige Beeinträchtigung für die konkrete Veranstaltung qualifiziert wird. Dem abgelehnten Beschicker ist zwar ein Nachteil durch die Ablehnung zugefügt worden, der ihn auch zu einem Schadensersatzanspruch berechtigen würde, die Zulassung als solche ist jedoch nicht auf diesem Wege geltend zu machen. Denn die Zulassung zu einer konkreten Veranstaltung wird der abgelehnte Beschicker auf Grund des punktuellen Charakters dieser Veranstaltungen nur im Wege des einstweiligen Rechtschutzes effektiv geltend machen können. Zu diesem Zeitpunkt, also noch vor Ablauf der Veranstaltung – andernfalls würde die Geltendmachung des Zulassungsanspruchs für diese Veranstaltung ohnehin ins Leere laufen – stellt sich die Nichtzulassung jedoch als gegenwärtige Beeinträchtigung des Zulassungsanspruchs dar, die durch Zulassung als Form der Beseitigung der bestehenden Beeinträchtigung beseitigt werden kann. Zum Zeitpunkt der Nichtzulassung ist ein konkreter Schaden hingegen noch gar nicht eingetreten.

Jenseits des Problems der dogmatischen Verortung erfordert ein Zulassungsanspruch aus §§ 19 Abs. 1, Abs. 2, 33 GWB stets das Vorliegen der jeweiligen Tatbestandsvoraussetzungen. § 19 Abs. 2 GWB enthält sowohl ein Behinderungsverbot als auch in Alt. 2 ein Diskriminierungsverbot in engerem Sinn. Durch das Behinderungsverbot werden vornehmlich Wettbewerber des marktstarken Unternehmens gegen Maßnahmen des Behinderungswettbewerbs geschützt.[999] Das Diskriminierungsverbot im engeren Sinn hingegen dient in erster Linie dem Schutz der Abnehmer und Lieferanten marktstarker Unternehmen gegen die ungünstige Beeinflussung ihrer Marktchancen durch ihre Benachteiligung im

998 *Rehbinder*, in: Loewenheim/Meessen/Riesenkampff, Kartellrecht, § 33 GWB Rn. 44.

999 *Emmerich*, Kartellrecht, § 29 Rn. 5.

Verhältnis zu ihren Konkurrenten.[1000] In den Fällen der Beteiligung abgelehnter Beschicker ist in erster Linie das Diskriminierungsverbot aus § 19 Abs. 1 S. 1, 2. Alt. GWB einschlägig, denn der abgelehnte Beschicker wendet sich gegen eine unterschiedliche Behandlung im Vergleich zu seinen Mitbeschickern. Dieses Verbot der sachlich nicht gerechtfertigten unterschiedlichen Behandlung gleichartiger Unternehmer wendet sich zum einen an marktbeherrschende Unternehmen i.S.d. § 19 Abs. 1 GWB. Darüber hinaus erweitert § 20 GWB den Anwendungsbereich auf marktstarke Unternehmen. Das heißt, auch Unternehmen, die zwar nicht marktbeherrschend sind, aber von denen kleine oder mittlere Anbieter oder Nachfrager einer bestimmten Art von Waren oder gewerblichen Leistung in einer Weise abhängig sind, dass für sie keine (objektiv) ausreichenden und (subjektiv) zumutbaren Möglichkeiten bestehen, auf andere Unternehmen auszuweichen, sind dem Diskriminierungsverbot des § 19 Abs. 2 Nr. 1, 2. Alt. GWB unterworfen. In den Fällen, in denen eine Gemeinde eine Veranstaltung als marktbeherrschendes oder marktstarkes Unternehmen durchführt, ist sie also stets an das Diskriminierungsverbot gebunden. Unter welchen Voraussetzungen eine solche Marktbeherrschung oder Marktstärke vorliegt, richtet sich in einem ersten Schritt nach der Festlegung des relevanten Marktes.[1001] In einem zweiten Schritt erfolgt sodann die Bestimmung der Marktmacht des Unternehmens auf diesem festgelegten Markt.[1002] Welcher Markt als relevant anzusehen ist, muss in zeitlicher, räumlicher und sachlicher Hinsicht für den Einzelfall bestimmt werden.[1003] Ob eine Marktbeherrschung oder Marktmacht vorliegt, kann durch Einordnung in verschiedene Machtsituationen vorgenommen werden. In der kartellrechtlichen Literatur sind die Fallgruppen der sortimentsbedingten Abhängigkeit, der mangelbedingten Abhängigkeit, der unternehmensbedingten Abhängigkeit und der nachfragebedingten Abhängigkeit eines Unternehmens von einem anderen anerkannt.[1004] Für die Beschickersituation ist von einer nachfragebedingten Abhängigkeit auszugehen.[1005] Bei der nachfragebedingten Abhängigkeit geht man davon aus, dass Anbieter von Waren und/oder Dienstleistungen von bestimmten Absatzwegen abhängig sind. Für Beschicker, Schausteller und ähnliche sind Märkte und Volksfeste oft die einzige – jedenfalls unter Zumutbarkeitsgesichtspunkten – Möglichkeit, ihre Dienstleistungen anzubieten.

1000 *Emmerich*, Kartellrecht, § 29 Rn. 6.

1001 *Loewenheim*, in: ders./Meessen/Riesenkampff, Kartellrecht, § 20 GWB Rn. 8.

1002 *Loewenheim*, in: ders./Meessen/Riesenkampff, Kartellrecht, § 20 GWB Rn. 23.

1003 *Loewenheim*, in: ders./Meessen/Riesenkampff, Kartellrecht, § 20 GWB Rn. 8.

1004 Siehe z. B. *Emmerich*, Kartellrecht, § 29 Rn. 18 ff.

1005 *Kemle*, Kunstmessen: Zulassungsbeschränkungen und Kartellrecht, S. 112.

Der Betreiber eines Autoscooters oder einer Achterbahn kann nur auf Märkten oder Volksfesten auftreten. Der Anbieter von Zuckerwatte, Paradiesäpfeln oder gebrannten Mandeln bietet seine Waren typischerweise auf solchen Veranstaltungen an. Sie sind im üblichen Warenangebot des Einzelhandels nicht zu finden. Diese Anbieter sind also auf die Nachfrage durch Veranstalter von Märkten und Volksfesten angewiesen. Es liegt also ein Fall der nachfragebedingten Abhängigkeit vor. Ist eine Gemeinde auf einem relevanten Markt mithin als marktstark anzusehen, so darf sie gemäß § 19 Abs. 2 GWB einen Beschicker nicht ohne sachlichen Grund anders als einen gleichartigen behandeln. Die sich für eine Gemeinde hieraus ergebenden Anforderungen für das Verteilungsverfahren und Verteilungskriterien sind bereits an anderer Stelle erörtert worden.[1006] Verstößt die Auswahl eines Beschickers mithin gegen die genannten Anforderungen, so kann er sich auch auf einen Zulassungsanspruch aus §§ 19 Abs. 1, Abs. 2, 33 GWB stützen.

2. *Ansprüche aus Art. 102 AEUV, § 33 GWB*

Da § 33 Abs. 1 GWB einen Verweis auf die Art. 81 und 82 EGV (Artt. 101, 102 AEUV) enthält, entstehen bei einem Verstoß gegen diese Vorschriften die soeben erörterten Schadensersatz- sowie Beseitigungs- und Unterlassungsansprüche ebenfalls.

VI. Ansprüche aus Lauterkeitsrecht

In Betracht zu ziehen ist überdies ein Zulassungsanspruch aus Lauterkeitsrecht, denn gemäß § 8 Abs. 1 S. 1 UWG kann derjenige, der eine nach § 3 oder § 7 UWG unzulässige geschäftliche Handlung vornimmt, auf Beseitigung und bei Wiederholungsgefahr auf Unterlassung in Anspruch genommen werden. § 9 S. 1 UWG spricht Mitbewerbern einen Schadensersatzanspruch gegen denjenigen zu, der vorsätzlich oder fahrlässig eine nach § 3 oder § 7 UWG unzulässige geschäftliche Handlung vornimmt. Besteht der Wettbewerbsverstoß in der Verweigerung eines Vertragsschlusses, kann nach 249 Abs. 1 BGB auch der Abschluss eines entsprechenden Vertrages zu üblichen bzw. angemessenen Bedingungen verlangt werden.[1007] Möglicherweise lässt sich ein Zulassungsanspruch auch hier als Unterlassungs- oder Beseitigungsanspruch abbilden. Voraussetzung ist jedoch, dass ein Wettbewerbsverhältnis besteht. Zum Teil wird

1006 Siehe 4. Kapitel, B.III.2.
1007 *Köhler*, in: ders./Bornkamm, Gesetz gegen den unlauteren Wettbewerb, § 9 Rn. 1.27.

ein solches Wettbewerbsverhältnis für das Verhältnis zwischen Veranstaltern und Beschickern schlechterdings abgelehnt.[1008] Andere wollen die Tatsache, dass *„der güterverteilende Staat oftmals nicht Mitbewerber der an der Zuteilung interessierten Unternehmer ist“*, nicht als Ausschlussgrund für die Unanwendbarkeit des UWG heranziehen.[1009] Denn der Handelnde selbst soll nicht zwingend in einem Wettbewerbsverhältnis zu den Wettbewerbern stehen müssen, sondern ausreichend sei, dass zwischen dem geförderten und dem benachteiligten Unternehmen ein Wettbewerbsverhältnis bestehe.[1010] Demnach könnten bei der rechtswidrigen Ablehnung eines Beschickers auch Lauterkeitsgesichtspunkte eine Rolle spielen. Voraussetzung bleibt aber, dass eine geschäftliche Handlung der öffentlichen Hand i.S.d. § 2 Abs. 1 Nr. 1 UWG vorliegt.[1011] Das Handeln der öffentlichen Hand muss demnach in einem objektiven Zusammenhang mit der Förderung des Absatzes oder Bezugs von Waren oder Dienstleistungen zu Gunsten des eigenen oder eines fremden Unternehmens zu stehen.[1012] Hierbei schließt ein hoheitliches Handeln des Staates die Anwendbarkeit des Lauterkeitsrechts nicht zwingend aus.[1013] Eine geschäftliche Handlung ist vielmehr dann anzunehmen, wenn die öffentliche Hand an dem wirtschaftlichen Erfolg des von ihr geförderten Unternehmens ein Interesse hat, weil sie davon auf Grund vertraglicher oder sonstiger Beziehungen profitiert.[1014] Entscheidend ist, dass sie das Ziel verfolgt, in den Wettbewerb einzugreifen.[1015] Bei der Nachfragetätigkeit handelt es sich nur um eine geschäftliche Handlung, wenn die nachgefragten Güter (oder Dienstleistungen) für einen weiteren Umsatz bestimmt sind oder die Beschaffung zu dem Zweck erfolgt, die Geschäftstätigkeit eines Dritten zu fördern.[1016] Ein Zulassungsanspruch aus dem Lauterkeitsrecht käme

1008 *Hilderscheid*, Die Zulassung zu Messen und Ausstellungen, S. 240.

1009 *Wollenschläger*, Verteilungsverfahren, S. 190.

1010 *Wollenschläger*, Verteilungsverfahren, S. 190.

1011 *Köhler*, in: ders./Bornkamm, Gesetz gegen den unlauteren Wettbewerb, § 4 Rn. 13.17.

1012 *Köhler*, in: ders./Bornkamm, Gesetz gegen den unlauteren Wettbewerb, § 4 Rn. 13.17.

1013 *Köhler*, in ders./Bornkamm, Gesetz gegen den unlauteren Wettbewerb, § 4 Rn. 13.22.

1014 BGH, NJW-RR 1990, S. 534 (535); *Köhler*, in: ders./Bornkamm, Gesetz gegen den unlauteren Wettbewerb, § 4 Rn. 13.22.

1015 *Köhler*, in: ders./Bornkamm, Gesetz gegen den unlauteren Wettbewerb, § 4 Rn. 13.22.

1016 *Köhler*, in: ders./Bornkamm, Gesetz gegen den unlauteren Wettbewerb, § 4 Rn. 13.18.

im Fall der Standplatzvergabe also nur in Betracht, wenn eine Gemeinde mit der (rechtswidrigen) Auswahl eines bestimmten Beschickers gleichzeitig die Förderung dieses Beschickers beabsichtigt. Regelmäßig wird auch die rechtswidrige Standplatzvergabe jedoch nicht in der Absicht erfolgen, den ausgewählten Beschicker in seiner Geschäftstätigkeit zu fördern. Vielmehr dürfte die Mehrzahl der Fälle fehlerhafter Standplatzvergaben auf der Anwendung entweder eines fehlerhaften Auswahlprozesses oder unzulässiger Auswahlkriterien beruhen. Ob darüber hinaus eine spezielle Förderungsabsicht der Gemeinde vorliegt, dürfte im Einzelfall schwer nachweisbar sein. Nur wenn die Auswahl auf Grund eines fehlerhaften Auswahlverfahrens und/oder fehlerhafter Auswahlkriterien erfolgt und darüber hinaus der Zweck der Förderung der Geschäftstätigkeit eines Dritten vorliegt, wäre ein Anspruch aus dem Lauterkeitsrecht in Betracht zu ziehen. Umgekehrt dürfte die Förderungsabsicht allein, also wenn die Auswahl dennoch auf einem fehlerfreien Auswahlverfahren und fehlerfreien Auswahlkriterien beruht, nicht genügen, einen Anspruch aus dem Lauterkeitsrecht zu begründen. Kategorisch ausgeschlossen ist ein solcher Anspruch jedoch nicht. Sollte eine Gemeinde tatsächlich einmal einen Beschicker zulassen, nur um dessen Geschäft zu fördern, und dabei andere Beschicker benachteiligen, so käme unter Umständen auch ein Zulassungsanspruch aus dem UWG in Betracht.

VII. Ansprüche aus Deliktsrecht

Der Vollständigkeit halber sei darauf hingewiesen, dass sich neben den bereits erwähnten Zulassungsansprüchen unter Umständen auch Zulassungsansprüche aus dem Deliktsrecht ergeben können. Als Anspruchsnorm kommt hier zum einen § 826 BGB in Betracht. Danach ist derjenige, der in einer gegen die guten Sitten verstoßenden Weise einem anderen vorsätzlich Schaden zufügt, dem anderen zum Ersatz des Schadens verpflichtet. Auch hier geht es letztlich um die Frage, unter welchen Umständen sich aus § 826 BGB ein Kontrahierungszwang ableiten lässt. Denn nur, wenn ein solcher grundsätzlich besteht, kann der Beschicker auch einen Zulassungsanspruch geltend machen. Im Rahmen des § 826 BGB ist die entscheidende Frage, ob und unter welchen Umständen die rechtswidrige Ablehnung eines Beschickers als sittenwidrig eingestuft werden kann und wie sich daraus ein Kontrahierungszwang ableiten lässt. Diskutiert wird ein solcher Kontrahierungszwang in den Fällen des Missbrauchs einer Monopolstellung.[1017] Die anschließende Frage konzentriert sich darauf, unter

1017 *Oechsler*, in: Staudinger, BGB, § 826 Rn. 429, der die Bedeutung des § 826 BGB für diese Fälle allerdings als weitestgehend überholt ansieht.

welchen Umständen von einer sittenwidrigen Ausnutzung einer Monopolstellung gesprochen werden kann. Konkret für den Fall der Standplatzvergabe heißt dies, dass zu klären ist, unter welchen Umständen in dem Nichtabschluss eines Standplatzmiet- oder -konzessionsvertrages[1018] eine sittenwidrige Schädigung zu erblicken ist. Selbstredend kann die Abschlussverweigerung aus einem sachlich gerechtfertigten Grund keine sittenwidrige Schädigung darstellen. Zudem darf die kartellrechtlich oder gewerberechtlich zulässige Ablehnung eines Beschickers nicht über § 826 BGB ausgehebelt werden. Umgekehrt wird ein Zulassungsanspruch, der sich aus den kartellrechtlichen Vorschriften ableiten lässt, auch in § 826 BGB eine Stütze finden.[1019] Der Zulassungsanspruch des § 826 BGB hat daher tatsächlich praktische Bedeutung nur noch in den Fällen, in denen die Unternehmereigenschaft fehlt, mithin allein ein Verbraucher beteiligt ist.[1020] Der Beschicker hingegen ist regelmäßig Gewerbetreibender und damit Unternehmer, so dass § 826 BGB von praktischer Bedeutung allenfalls für die Besucher einer Veranstaltung werden kann.

Theoretisch denkbar wäre darüber hinaus ein Zulassungsanspruch aus § 823 Abs. 1 BGB, wenn es sich bei der Nichtzulassung um einen Eingriff in den eingerichteten und ausgeübten Gewerbebetrieb handelte. Vom Vorliegen eines Eingriffs in den eingerichteten und ausgeübten Gewerbebetrieb ist aber nur dann auszugehen, wenn er sich gegen den Betrieb als solchen richtet und nicht vom Gewerbebetrieb ohne weiteres ablösbare Rechte oder Rechtsgüter betroffen sind.[1021] Die Ablehnung einer Zulassung bedeutet für den Beschicker jedoch nicht, das er sein Gewerbe nicht mehr weiter führen darf.[1022] Daher ist ein Zulassungsanspruch aus § 823 Abs. 1 BGB abzulehnen.

Darüber hinaus wurde in der früheren Literatur auch die Frage nach Zulassungsansprüchen aus § 823 Abs. 2 i.V.m. Art. 86 EGV a.F. und Art. 85 EGV a.F. diskutiert.[1023] Mit der Reform des GWB[1024] wurde in § 33 Abs. 1 GWB jedoch auch der Verstoß gegen Art. 101 AEUV (ex. Art. 81 EGV) und Art. 102 AEUV (ex. Art. 82 EGV) einem Beseitigungs-, Unterlassungs- und Schadensersatzanspruch

1018 § 826 BGB kommt überhaupt nur für die Fälle der Zulassung in Privatrechtsform in Betracht.

1019 *Hilderscheid*, Die Zulassung zu Messen und Ausstellungen, S. 244.

1020 *Oechsler*, in: Staudinger, BGB, § 826 Rn. 429 ff.

1021 *Spindler*, in: Bamberger/Roth (Hrsg.), Beck-OK BGB, § 823 Rn. 108.

1022 OLG München, GewArch 1980, S. 271.

1023 Zulassung zu Messen und Ausstellungen, S. 254 ff.

1024 Siebtes Gesetz zur Änderung des Gesetzes gegen Wettbewerbsbeschränkungen v. 7.7.2005, BGBl. 2005, 1954.

unterworfen. Die Schutzgesetzkonstruktion des § 823 Abs. 2 BGB erweist sich daher nunmehr als entbehrlich und soll daher nicht weiter erörtert werden.

VIII. Anspruch auf Erteilung einer Sondernutzungserlaubnis

An dieser Stelle sei darauf hingewiesen, dass eine Gemeinde einen Markt oder ein Volksfest auch nach dem sogenannten *Straßenrechtlichen Modell* durchführen kann. Bei diesem Modell wird entweder einem einzelnen Schausteller eine Sondernutzungserlaubnis für die Durchführung einer Veranstaltung auf einem kommunalen Platz erteilt und dieser lässt dann die weiteren Teilnehmer zu.[1025] Alternativ werden befristete straßenrechtliche Sondernutzungserlaubnisse den einzelnen Bewerbern unmittelbar erteilt.[1026] Eine solche Sondernutzungsregelung findet sich beispielsweise in § 18 Abs. 1 StrWG NRW. Ob eine solche Sondernutzungserlaubnis erteilt wird, entscheidet die zuständige Straßenbaubehörde nach pflichtgemäßem Ermessen.[1027] Allerdings darf sie in ihre Ermessenentscheidung nur spezifisch straßenrechtliche Aspekte einbeziehen.[1028] Hieraus folgt die Tatsache, dass eine an dem Bewerber oder dem Geschäft ausgerichtete Auswahl nicht zulässig ist.[1029] Bei diesem Anspruch auf ermessensfehlerfreie Entscheidung über die Erteilung einer Sondernutzungserlaubnis handelt es sich zwar nicht um einen Zulassungsanspruch im eigentlichen Sinne, da nicht zu einer Veranstaltung zugelassen wird, sondern eben nur eine Sondernutzungserlaubnis erteilt wird. Dabei handelt es sich nicht um einen Fall der Zulassung zu einer kommunalen Einrichtung, weil öffentliche Straßen allgemein zwar öffentliche Sachen sind, nicht jedoch kommunale öffentliche Einrichtungen. Wählt eine Gemeinde aber das sogenannte Straßenrechtliche Modell, so handelt es sich bei der Auswahl der Bewerber um ein strukturell vergleichbares Vorgehen und auch der Anspruch auf ermessensfehlerfreie Entscheidung wird den Zulassungsansprüchen angelehnt.

1025 VG Freiburg, GewArch 2001, S. 244 (245); *Meßmer*, „Marktveranstaltungen" auf der Grundlage von Sondernutzungserlaubnissen und zulässige Auswahlkriterien, GewArch 2002, S. 409.

1026 VGH BW, GewArch 2001, S. 293 (295); *Meßmer*, „Marktveranstaltungen" auf der Grundlage von Sondernutzungserlaubnissen und zulässige Auswahlkriterien, GewArch 2002, S. 409.

1027 OVG NRW, NWVBl. 2007, S. 64.

1028 OVG NRW, NWVBl. 2007, S. 64.

1029 *Meßmer*, „Marktveranstaltungen" auf der Grundlage von Sondernutzungserlaubnissen und zulässige Auswahlkriterien, GewArch 2002, S. 409 (410).

IX. Konkurrenzen

Zu klären gilt noch, in welchem Konkurrenzverhältnis die verschiedenen erörterten Ansprüche zueinander stehen. Der Anspruch auf Erteilung einer Sondernutzung betrifft eine vollständig andere rechtliche Fragestellung und kann bereits daher nicht in Konkurrenz zu den anderen Zulassungsansprüchen treten. Da nach hier vertretener Ansicht die Beschicker keine Benutzer der kommunalen öffentlichen Einrichtung sind, stellt sich die Frage nach dem Konkurrenzverhältnis der übrigen Zulassungsansprüche zu den kommunalrechtlichen Zulassungsansprüchen nicht. Soweit eine Veranstaltung gemäß § 69 GewO festgesetzt ist und mithin der Zulassungsanspruch aus § 70 Abs. 1 GewO in Betracht kommt, geht dieser den grundrechtlichen oder unionsrechtlichen Zulassungsansprüchen im Wege des Anwendungsvorrangs des einfachen Gesetzesrechts[1030] vor. In Bezug auf das Konkurrenzverhältnis zwischen § 70 GewO und den kartell- und lauterkeitsrechtlichen Anspruchsgrundlagen wird vertreten, der kartellrechtliche Zulassungsanspruch trete hinter § 70 Abs. 1 GewO zurück, weil es sich bei dem gewerberechtlichen Zulassungsanspruch um einen auf das Marktwesen zugeschnittenen, spezielleren Anspruch handele.[1031] Dem kann so jedoch nicht gefolgt werden. § 70 Abs. 1 GewO ist keine speziellere Norm im Vergleich zum kartellrechtlichen Zulassungsanspruch. Zum einen richtet sich § 70 GewO nicht nur gegen marktbeherrschende oder marktstarke Unternehmen.[1032] Zum anderen können sich auf den kartellrechtlichen Anspruch nur Unternehmen berufen.[1033] In den Fällen, die von beiden Normen erfasst werden, ordnen beide Normen jedoch die gleiche Rechtsfolge an, so dass sie auch nebeneinander Anwendung finden können.[1034] Gleiches gilt für den theoretischen Anspruch aus Lauterkeitsrecht. Eine Auswahl, die sowohl gegen das Lauterkeitsrecht verstößt als auch einer sachgerechten Auswahl i.S.d. § 70 Abs. 1 GewO widerspricht, führt zu einem Zulassungsanspruch aus beiden Normen, die dann nebeneinander Anwendung finden.

1030 Hierzu *Scherzberg*, in: Erichsen/Ehlers (Hrsg.), Allgemeines Verwaltungsrecht, § 12 Rn. 15.

1031 *Wirth*, Marktverkehr, Marktfestsetzung, Marktfreiheit, S. 167.

1032 *Hilderscheid*, Die Zulassung zu Messen und Ausstellungen, S. 225.

1033 *Hilderscheid*, Die Zulassung zu Messen und Ausstellungen, S. 225.

1034 *Hilderscheid*, Die Zulassung zu Messen und Ausstellungen, S. 225; *Wagner*, in: Friauf (Hrsg.), Kommentar zur GewO, Vorbem. vor Titel IV Rn. 55.

B. Rechte konkurrierender Veranstalter

Neben der Konkurrenz zwischen Beschickern kann es auch zwischen Veranstaltern zu Konkurrenzverhältnissen kommen. Gerade in der neueren Rechtsprechung sind Fälle entschieden worden, die das Konkurrenzverhältnis zwischen verschiedenen Veranstaltern zum Gegenstand hatten.[1035] Bei der folgenden Darstellung und Analyse soll die Unterscheidung beibehalten werden, die eine Differenzierung zwischen den Fällen vornimmt, in denen eine Konkurrenz zwischen einer Gemeinde und einem privaten Veranstalter besteht und denjenigen, in denen ein Konkurrenzverhältnis zwischen zwei privaten Veranstaltern besteht.

I. Rechte des privaten Veranstalters bei Konkurrenz zur Gemeinde

Soweit in dieser Konstellation Zulassungsansprüche behandelt werden, ist damit nicht die Zulassung zu einer Veranstaltung gemeint, sondern primär die Zulassung zu einem kommunalen Veranstaltungsplatz. Praktisch relevant werden die Fälle aber auch im Zusammenhang mit der Erteilung einer Festsetzung. Die Erteilung einer Festsetzung ist zunächst unabhängig von etwaigen Zulassungsfragen zu beurteilen. So wurde im Fall des *OVG LSA*[1036] der Antrag auf Festsetzung eines privaten Dritten zu Gunsten der Gemeinde abgelehnt, da ihm ein öffentliches Interesse i.S.d. § 69 a Abs. 1 Nr. 3 GewO entgegenstand, weil die Gemeinde beabsichtigte, zur selben Zeit am selben Ort eine Veranstaltung durchzuführen. Zu berücksichtigen ist, dass nur wenn die gemeindliche Veranstaltung ihrerseits rechtmäßig ist, sich überhaupt die Frage stellen kann, ob einer gemeindlichen Veranstaltung ein überwiegendes öffentliches Interesse zustehen kann.[1037] Andererseits kann für einen privaten Veranstalter die Festsetzung nicht erteilt werden, wenn ihm der jeweilige Platz nicht zugewiesen worden ist und es ihm an der erforderlichen Sondernutzungserlaubnis fehlt. Für den im Rahmen des Festsetzungsverfahrens abgelehnten privaten Veranstalter kommt es daher in erster Linie nicht auf die Klärung der Frage an, ob ihm die Festsetzung erteilt wird. Diese muss nämlich erteilt werden, wenn die Voraussetzungen der §§ 69, 69 a GewO vorliegen. Hat jedoch eine Gemeinde zuvor in rechtmäßiger Weise den Veranstaltungsplatz in Anspruch genommen, so kann die Festsetzung für den privaten Veranstalter nicht mehr erteilt werden. Daher ist für den privaten Veranstalter

---

1035 OVG LSA, Urteil vom 17.02.2011 – 2 L 126/09, bestätigt durch BVerwG, Beschluss vom 29.08.2011 – 8 B 52/11 – beide abrufbar unter www.juris.de.

1036 Urteil vom 17.02.2011 – 2 L 126/09, bestätigt durch BVerwG, Beschluss vom 29.08.2011 – 8 B 52/11 – beide abrufbar unter www.juris.de.

1037 BVerwG, GewArch 2006, S. 164.

die vorherige Platzzuweisung von entscheidender Bedeutung. Im Kern geht es also um die Frage, unter welchen Umständen dem privaten Veranstalter der Platz zugewiesen werden muss. Ist ihm dieser nämlich zugewiesen worden, so kann die Festsetzung jedenfalls nicht mehr mit § 69 a Abs. 1 Nr. 3 GewO abgelehnt werden. Aber auch wenn der private Veranstalter keine Festsetzung begehrt, sondern seine Veranstaltung lediglich auf dem kommunalen Veranstaltungsplatz abhalten möchte, kann es zu einer Konkurrenzsituation kommen, wobei diese Fragestellungen nahezu deckungsgleich sind. Es geht auch in diesem Fall darum, unter welchen Umständen die Gemeinde ihren Veranstaltungsplatz vorrangig in Anspruch nehmen kann und ob sie unter kommunalwirtschaftsrechtlichen Gesichtspunkten überhaupt zum Betrieb des von ihr vorgesehenen Marktes oder Volksfestes berechtigt ist. Möglicherweise verstößt ihre wirtschaftliche Betätigung auch gegen das Lauterkeitsrecht. Diese Rechte können selbstredend auch unabhängig von einem Festsetzungsverfahren geltend gemacht werden. Wird der Festsetzungsantrag eines privaten Veranstalters zu Gunsten der Gemeinde abgelehnt oder nur der kommunalrechtliche Zulassungsanspruch mit Verweis auf die behauptete rechtmäßige Inanspruchnahme des begehrten Veranstaltungsplatzes abgelehnt, so kann die Geltendmachung der dem Privaten zustehenden subjektiven Rechte dazu führen, dass der Gemeinde ihre Veranstaltung untersagt wird. Geschieht dies, so kann die gemeindliche Veranstaltung nicht mehr in Konkurrenz zu der des Privaten treten. Begehrt der private Veranstalter eine Festsetzung, so können kommunalwirtschaftsrechtliche oder auch straßenrechtliche Belange inzident bei der Frage nach einem entgegenstehenden öffentlichen Interesse i.S.d. § 69 a Abs. 1 Nr. 3 GewO berücksichtigt werden. Zwar ließe sich auch in den Fällen der gewerberechtlichen Festsetzung daran denken, dass eine den §§ 64 ff. GewO entsprechende Veranstaltung ohne Rücksicht auf weitere Voraussetzungen festzusetzen ist, die dann unabhängig davon selbständig zum Gegenstand solcher zusätzlicher Zulassungsverfahren zu machen wäre.[1038] Da die Festsetzung jedoch mit einer Durchführungspflicht gemäß § 69 Abs. 2 GewO verbunden ist und sie öffentlichen Interessen nicht widersprechen darf, müssen die für die Veranstaltung erforderlichen Voraussetzungen bereits im Festsetzungsverfahren geschaffen werden.[1039] Liegt kein Fall der Festsetzung vor, so kann der private Konkurrent zum einen die Platzzuweisung im Sinne einer fehlerhaften Auswahl zwischen ihm und der Gemeinde angreifen, d.h., die Veranstaltung sei nur *im Verhältnis* zu seiner geplanten Veranstaltung nicht

1038 So wörtlich der HessVGH, GewArch 2004, S. 482 (483).
1039 HessVGH, GewArch 2004, S. 482 (483).

zulässig, im Rahmen einer Auswahl müsse also seine Veranstaltung den jeweiligen Platz beanspruchen können. Zum anderen kann er aber auch die Rechtmäßigkeit der von der Gemeinde geplanten Veranstaltung *an sich* angreifen. Ist die von der Gemeinde geplante Veranstaltung in diesem Fall nicht rechtmäßig, muss sie auch nicht in einem Auswahlprozess mitberücksichtigt werden. In diesem Fall ist eine Auswahl entbehrlich, da die Gemeinde den kommunalrechtlichen Zulassungsanspruch zu erfüllen hat. In diesen Konstellationen ergeben sich eine Vielzahl von Ansprüchen und Rechten, die einen abgelehnten Veranstalter zu seinem Ziel, seine Veranstaltung an diesem Ort zu dieser Zeit durchführen zu können, führen können.

1. Anspruch auf Erteilung einer Festsetzung

Ein privater Veranstalter kann, wenn er zur selben Zeit und am selben Ort wie eine Gemeinde eine Veranstaltung durchführen und diese Veranstaltung festsetzen lassen möchte, zunächst seinen Anspruch auf Festsetzung der Veranstaltung gem. § 69 GewO geltend machen. Hierbei handelt es sich grundsätzlich um einen gebundenen Anspruch. Wenn aber ein Konkurrenzverhältnis derart entsteht, dass eine Gemeinde zur selben Zeit und am selben Ort eine Veranstaltung abhalten möchte, wandelt sich dieser gebundene Anspruch in einen Anspruch auf ermessensfehlerfreie Entscheidung. Die Gemeinde ist verpflichtet, in diesen Fällen eine sachgerechte Auswahl zwischen ihrer eigenen und der Veranstaltung des privaten Dritten zu treffen.[1040] Allerdings muss die Veranstaltung der Gemeinde nur dann in den Auswahlprozess einbezogen werden bzw. es bedarf überhaupt nur dann einer Auswahl, wenn die kommunale Veranstaltung ihrerseits rechtmäßig ist.[1041] Ist die kommunale Veranstaltung rechtmäßig, so muss die Gemeinde eine Abwägung zwischen der durch Art. 12 GG geschützten Gewerbefreiheit des privaten Veranstalters, der grundsätzlichen Marktfreiheit und der durch Art. 28 Abs. 2 GG geschützten kommunalen Selbstverwaltung vornehmen.[1042] Hierbei darf sie den historisch gewachsenen Traditionen des Marktes ein besonderes Gewicht beimessen.[1043] Folgt man dem *BVerwG*[1044] und schließt eine Privatisierung traditionsreicher Märkte generell aus, wird man im Anschluss daran die historisch gewachsene Tradition eines Marktes als ausschlaggebendes

1040 OVG LSA, Urteil vom 17.02.2011 – 2 L 126/09 – abrufbar unter www.juris.de.
1041 BVerwG, GewArch 2006, S. 164 (165).
1042 OVG LSA, Urteil vom 17.02.2011 – 2 L 126/09 – abrufbar unter www.juris.de.
1043 OVG LSA, Urteil vom 17.02.2011 – 2 L 126/09 – abrufbar unter www.juris.de.
1044 GewArch 2009, S. 484 ff.

Argument bei der Abwägung akzeptieren können. Jedoch darf nicht unberücksichtigt bleiben, dass kommunale Veranstaltungsplätze häufig die einzigen Orte in Gemeinden sind, die zur Durchführung von Veranstaltungen geeignet sind. Könnte eine Gemeinde auf Grund des Traditionsarguments dauerhaft einen Veranstaltungsplatz belegen, führte dies zu einem dauerhaften Ausschluss von Neubewerbern.[1045] Dies wäre mit dem Charakter einer kommunalen öffentlichen Einrichtung nicht zu vereinbaren, weil diese gerade den Einwohnern zur Benutzung zur Verfügung gestellt werden sollen. Handelt es sich um punktuelle oder in größeren zeitlichen Abständen stattfindende Veranstaltungen, so kann dem Aspekt der Neubewerberchancengleichheit mit einem Verweis auf einen anderen Zeitpunkt abgeholfen werden. Handelt es sich hingegen um wiederkehrende Veranstaltungen wie einen Wochenmarkt[1046], kommt der Auswahl eine existentielle Bedeutung zu. Das Traditionsargument, welches in Bezug auf einen Wochenmarkt zwar nicht gänzlich außer Acht zu lassen ist, aber im Vergleich zu beispielsweise alljährlich stattfindenden Weihnachtsmärkten oder sonstigen Veranstaltungen zu besonderen Anlässen an Gewicht verliert, darf hier nicht zu einem vollständigen Ausschluss von Neubewerbern führen. Der Anspruch auf Festsetzung vermittelt dem jeweiligen Konkurrenten zwar keine Zulassung zu dem begehrten Platz, da – wie bereits gesehen – die vorherige Platzzuweisung für die Rechtmäßigkeit der Festsetzung von entscheidender Bedeutung ist. Die Festsetzung darf jedoch nicht mit dem Hinweis auf fehlende sonstige Erlaubnisse abgelehnt werden, wenn diese seitens der Gemeinde erteilt werden müssten.[1047] Wendet sich der Konkurrent mithin gegen die Ablehnung der Festsetzung, wird über sein Zulassungsbegehren im Wege der Klärung des Festsetzungsverfahrens mitentschieden.

2. *Anspruch auf Erteilung einer Sondernutzungserlaubnis*

Die Durchführung einer Veranstaltung auf einem kommunalen Veranstaltungsplatz bedarf in der Regel einer Sondernutzungserlaubnis.[1048] Wird diese rechtmäßig nicht erteilt, darf der jeweilige Veranstaltungsplatz nicht in Anspruch genommen werden und eine etwaig beantragte Festsetzung wäre wegen Fehlens

1045 OVG LSA, Urteil vom 17.02.2011 – 2 L 126/09. – abrufbar unter www.juris.de.

1046 So der Fall des OVG LSA, Urteil vom 17.02.2011 – 2 L 126/09 – abrufbar unter www.juris.de.

1047 HessVGH, GewArch 2004, S. 482 (484).

1048 Z.B. § 18 StrWG NRW. Die Straßen- und Wegegesetze der anderen Länder enthalten ähnlich lautende Vorschriften.

anderweitiger Voraussetzungen abzulehnen. Für einen privaten Veranstalter ist die Platzzuweisung mittels Sondernutzungserlaubnis mithin von entscheidender Bedeutung. Ob sie zu erteilen ist, hängt zunächst davon ab, dass ihrer Erteilung keine spezifisch straßenrechtlichen Bedenken entgegen stehen.[1049] Fehlt es an derartigen Bedenken, hat der Antragsteller grundsätzlich einen Anspruch auf Erteilung der Sondernutzung. Beabsichtigt die Gemeinde hingegen den Platz für eine eigene Veranstaltung in Anspruch zunehmen, so wird sie geneigt sein, die Erteilung der Sondernutzung abzulehnen. Sofern sowohl Gemeinde als auch privater Konkurrent für dieselbe Zeit und denselben Ort die Sondernutzungserlaubnis begehren, muss seitens der Gemeinde ebenfalls eine sachgerechte Auswahl getroffen werden. Die Bevorzugung der eigenen Interessen verstößt auch hier gegen den Grundsatz der gleichen Nutzungsberechtigung.[1050] Bei der Auswahl in Bezug auf die Sondernutzung wird man nur auf formelle Kriterien abstellen können.[1051] Allerdings ist zu beachten, dass derjenige, dem der Platz im Rahmen des kommunalrechtlichen Zulassungsanspruchs zugewiesen worden ist, in der Regel auch die Sondernutzungserlaubnis erhalten wird, da nur Ermessensgesichtspunkte mit zumindest straßenrechtlichem Bezug die Ablehnung rechtfertigen können. Die Ablehnung der Zulassung zum Veranstaltungsplatz erfolgt in der hier untersuchten Konstellation allerdings nicht aus straßenrechtlichen Bedenken, sondern weil die Gemeinde selbst den Platz in Anspruch nehmen möchte. Letztlich wird also ein Vorgehen gegen die Nicht-Erteilung der Sondernutzungserlaubnis keinen Erfolg in Bezug auf die Zulassung zum Veranstaltungsplatz versprechen können. Freilich darf aber auch die Festsetzung nicht mit dem einfachen Hinweis auf die fehlenden Sondernutzungserlaubnisse abgelehnt werden, wenn diese erteilt werden könnten. Wird der Veranstaltungsplatz als kommunale öffentliche Einrichtung betrieben, kann bereits fraglich sein, ob es überhaupt einer zusätzlichen Sondernutzungserlaubnis bedarf. Unter dem Gesichtspunkt der spezifisch straßenrechtlichen Ausrichtung der Sondernutzungserlaubnis wird man ein solches Bedürfnis bejahen können. Jedenfalls wird sich die zu treffende Auswahlentscheidung aber auf den kommunalrechtlichen Zulassungsanspruch konzentrieren.

1049 Z. B. OVG NRW, Urteil vom 21.07.1994 – 23 A 2163/93 – abrufbar unter www.juris.de; *Stuchlik*, Straßenrechtliche Sondernutzungen, GewArch 2004, S. 143 (147).

1050 Für den Grundsatz gleicher Zugangsberechtigung, der sich aber auf die Nutzung übertragen lässt vgl. VGH BW, NVwZ-RR 1994, S. 111.

1051 Vgl. hierzu *Meßmer*, Marktveranstaltungen auf der Grundlage straßenrechtlicher Sondernutzungserlaubnisse und zulässige Auswahlkriterien, GewArch 2002, S. 409 (411).

3. *Kommunalrechtlicher Zulassungsanspruch*

Soll die von einem privaten Veranstalter durchgeführte Veranstaltung auf einem kommunalen Veranstaltungsplatz stattfinden, und beabsichtigt eine Gemeinde, ihren Veranstaltungsplatz zur selben Zeit in Anspruch nehmen, so stellt sich ebenfalls die Verteilungsfrage. Denn grundsätzlich steht den Einwohnern ein Benutzungsrecht an den kommunalen öffentlichen Einrichtungen zu. Dies bedeutet jedoch nicht, dass eine Gemeinde ihre kommunale öffentliche Einrichtung nicht selbst benutzen darf. Denn der Umfang der Benutzung wird zumeist durch eine die Widmung konkretisierende Satzung geregelt. Diese kann vorsehen, dass die Gemeinde ihren Veranstaltungsort auch selbst nutzen kann. Selbst wenn dies nicht der Fall wäre, sprächen keine wesentlichen Gesichtspunkte gegen die Nutzung durch die Gemeinde, solange der kommunalrechtliche Benutzungsanspruch nicht ausgehöhlt wird. Das heißt, dass auch in diesem Fall eine Auswahl zwischen Gemeinde und privatem Veranstalter stattfinden muss. Die Fragestellungen sind mit dem unter B.I.1. angesprochenen Fall der Festsetzung vergleichbar, denn auch hier ist die Platzzuweisung maßgeblich. Sofern es nur um die Zuteilung des kommunalen Veranstaltungsplatzes geht und nicht um eine darüber hinaus gehende Festsetzung, kann eine Gemeinde ihren Platz nach einer sachgerechten Auswahlentscheidung nutzen. Diese Entscheidung darf aber nicht dazu führen, dass private Veranstalter keine Möglichkeit mehr haben, den Platz zu belegen. Dies wäre mit dem Anspruch der Einwohner, kommunale öffentliche Einrichtungen benutzen zu dürfen, nicht zu vereinbaren. Zudem läge in einem Fall, in dem private Veranstalter keine Möglichkeit mehr haben, den Platz in Anspruch zu nehmen, auch keine öffentliche Einrichtung mehr vor, deren Wesensmerkmal gerade die Möglichkeit der Benutzung durch die Einwohner ist.

Im Zusammenhang mit dem kommunalrechtlichen Zulassungsanspruch stellt sich allerdings die Frage, ob er nur – wie es der Wortlaut der einzelnen Vorschriften indiziert – den Einwohnern zu Gute kommt, oder aber auch private Veranstalter von außerhalb des Gemeindegebiets sich auf diesen Zulassungsanspruch berufen können.[1052] Dieses Problem stellt sich nicht, wenn die Gemeinde selbst ihren Veranstaltungsplatz auch überörtlichen Veranstaltern zur Verfügung stellen möchte[1053], da insoweit ihre Widmungskompetenz

1052 Hierzu *Ehlers*, Rechtsprobleme der Nutzung kommunaler öffentlicher Einrichtungen – Teil 2, JURA 2012, S. 849 (852).

1053 *Burgi*, Die Legitimität von Einheimischenprivilegierungen im globalen Dorf, JZ 1999, S. 873 (880); *Roeßing*, Einheimischenprivilegierungen und EG-Recht, S. 208;

reicht. Anders sieht es jedoch aus, wenn eine ausdrückliche Erweiterung nicht vorgesehen ist. Wird die kommunale öffentliche Einrichtung tatsächlich auch Nicht-Einwohnern zur Verfügung gestellt, so wird dem jeweiligen Bewerber jedenfalls ein Zulassungsanspruch aus Art. 3 Abs. 1 GG i.V.m. mit der Selbstbindung der Verwaltung zustehen. Somit konzentriert sich die Frage auf den Fall, dass grundsätzlich keine Nicht-Einwohner zugelassen werden sollen und auch tatsächlich nicht zugelassen werden. Hierbei lassen sich wiederum zwei unterschiedliche Konstellationen ausmachen. Zum einen kann eine Konkurrenzsituation mit einem örtlichen Anbieter auftreten. Hier stellt sich die Frage der Zulässigkeit der Bevorzugung von Einwohnern bei der Auswahlentscheidung. Auf der anderen Seite kann der Fall eintreten, dass ein Nicht-Einwohner nur auf Grund seiner Nicht-Einwohnerstellung abgelehnt wird, obwohl kein anderer Einwohner-Bewerber zum gleichen Zeitpunkt dasselbe Begehren äußert. Hier wird man differenzieren müssen. Solange kein Einwohner zur selben Zeit den Platz in Anspruch nehmen möchte, existiert kein tragfähiger Grund, dem Nicht-Einwohner die Zulassung zu verwehren.[1054] Für einen kommunalen Veranstaltungsplatz spricht insbesondere auch ein Vergleich mit den gewerberechtlichen Vorschriften. Wird auf einem kommunalen Veranstaltungsplatz eine Veranstaltung gem. § 69 GewO festgesetzt, so entsteht der Zulassungsanspruch aus § 70 Abs. 1 GewO für alle potentiellen Teilnehmer der Veranstaltung. Hier ist eine Differenzierung zwischen ortsansässigen und nicht-ortsansässigen Bewerbern als unzulässig anzusehen. Geht es nun aber um den Zulassungsanspruch der Veranstalter, so ist kein Argument ersichtlich, dass den Vorzug der ortsansässigen Veranstalter rechtfertigen könnte, zumal es an einem Konkurrenzverhältnis fehlt. Anders könnte sich die Situation darstellen, wenn auch ein Einwohner zur selben Zeit eine Veranstaltung durchführen möchte. Dann ist fraglich, nach welchen Kriterien die Auswahl zu treffen ist. Hierbei muss im Wege der sachgerechten Auswahl zunächst dem Nicht-Einwohner derselbe Anspruch zustehen wie dem Einwohner-Bewerber. Lediglich, wenn nach objektiven Leistungskriterien beide Bewerber gleich geeignet sind, bietet sich die Eigenschaft als Einwohner als Auswahlkriterium an.[1055] Das vermeintliche Hindernis, dass der Wortlaut der

Spannowsky, Vergabe von Standplätzen auf Volksfesten, Messen und Märkten an EU-ausländische Anbieter, GewArch 1995, S. 265 (268).

1054 So auch *Schmidt*, Der Anspruch der Nichteinwohner auf Nutzung kommunaler Einrichtungen, DÖV 2002, S. 696 (701). Er weist in diesem Zusammenhang auch auf die Erhöhung der Rentabilität der Einrichtung hin.

1055 *Schmidt*, Der Anspruch der Nichteinwohner auf Nutzung kommunaler Einrichtungen, DÖV 2002, S. 696 (701).

einschlägigen Normen nur von Einwohnern spricht, lässt sich mittels einer verfassungskonformen Auslegung des Begriffs begegnen.[1056] Mit Einwohnern sind dann nicht nur diejenigen gemeint, die im Gemeindegebiet ihren Wohnsitz oder ständigen Aufenthalt haben[1057], sondern auch die, die ein berechtigtes Interesse an der Inanspruchnahme der kommunalen öffentlichen Einrichtung haben und daher mit in die Auswahlentscheidung einbezogen werden müssen. Diese Ansicht überzeugt auch vor dem Hintergrund der Dienstleistungsfreiheit und der Niederlassungsfreiheit, die einer Einwohnerprivilegierung entgegen stehen können.[1058]

4. *Abwehranspruch aus kommunalwirtschaftsrechtlichen Vorschriften*

Stehen eine Gemeinde und ein privater Veranstalter in Konkurrenz um die Durchführung einer Veranstaltung, so kann sich der private Veranstalter möglicherweise auch auf Vorschriften des kommunalen Wirtschaftsrechts berufen. Wäre in der Veranstaltung einer Gemeinde nämlich eine wirtschaftliche Tätigkeit eben dieser zu sehen, die mit den kommunalwirtschaftsrechtlichen Vorschriften nicht zu vereinbaren wäre und im Übrigen den Subsidiaritätsklauseln des kommunalen Wirtschaftsrechts ein subjektives Recht der konkurrierenden Privaten zu entnehmen, so könnte sich ein Bewerber gegen die zeitgleiche Inanspruchnahme auch auf die kommunalwirtschaftsrechtlichen Vorschriften berufen. Bereits in Kapitel 1.B.III wurde jedoch gezeigt, dass es sich bei der Veranstaltung von kommunalen Märkten oder Volksfesten zwar dem Grunde nach um eine kommunale Wirtschaftstätigkeit handelt, diese Art der wirtschaftlichen Betätigung jedoch von den Vorschriften über die kommunale Wirtschaftstätigkeit zumeist ausgenommen sind. Insofern wäre ein Rückgriff auf die Subsidiaritätsklauseln durch die jeweiligen privaten Veranstalter selbst dann erfolglos, wenn die Schrankentrias der kommunalen Wirtschaftstätigkeit drittschützende Wirkung hätten.[1059] Ein Vorgehen gegen eine Konkurrenzveranstaltung einer

---

1056 *Schmidt*, Der Anspruch der Nichteinwohner auf Nutzung kommunaler Einrichtungen, DÖV 2002, S. 696 (699).

1057 *Schmidt*, Der Anspruch der Nichteinwohner auf Nutzung kommunaler Einrichtungen, DÖV 2002, S. 696 (700).

1058 *Roeßing*, Einheimischenprivilegierungen und EG-Recht, S. 215 ff.

1059 Für die drittschützende Wirkung des § 107 I S. 1 GO vgl. OVG NRW, NVwZ S. 2003, 1520; DVBl. 2008, S. 919 f.; offenlassend für die niedersächsische Gemeindeordnung OVG Lüneburg, GewArch 2008, S. 490; ablehnend z. B. *Henke*, Wirtschaftliche Betätigung von Gemeinden – Drittschutz durch die Subsidiaritätsklausel in Niedersachsen, NordÖR 2010, S. 335 f.

Gemeinde unter dem Gesichtspunkt der fehlenden Zulässigkeit nach kommunalwirtschaftsrechtlichen Vorschriften dürfte daher – wenn überhaupt – nur in Einzelfällen Aussicht auf Erfolg haben.

Freilich hat der private Konkurrent auf diesem Wege noch nicht die Zulassung zum begehrten Veranstaltungsplatz erreicht. Fehlt es jedoch gerade an einer Konkurrenzsituation mit der Gemeinde, weil diese eine Veranstaltung unter kommunalwirtschaftsrechtlichen Gesichtspunkten rechtmäßig nicht betreiben kann, so kann der begehrte Veranstaltungsplatz auch nicht zur selben Zeit von ihr genutzt werden. Folglich existiert keine zur Auswahl zwingende Situation und die Gemeinde wird dem privaten Veranstalter im Rahmen des kommunalrechtlichen Zulassungsanspruchs den begehrten Veranstaltungsplatz zuweisen müssen.

5. *Ansprüche aus Grundrechten*

In Bezug auf die Zulassungsproblematik ergeben sich auch in der Konstellation der Konkurrenz zwischen Gemeinde und privatem Dritten keine weiterführenden Argumente als in der Konstellation der Konkurrenz zwischen zwei Beschickern.[1060] So ist etwa der Zulassungsanspruch im Hinblick auf den Veranstaltungsplatz einfachgesetzlich geregelt. Nutzt eine Gemeinde den Platz statt ihn dem privaten Dritten zur Verfügung zu stellen, werden Grundrechte des privaten Dritten nur schwerlich verletzt sein können. Eine Ungleichbehandlung gegenüber einem weiteren privaten Dritten scheitert bereits am Fehlen eines Mitbewerbers, wodurch ein gleichheitsrechtlich motivierter Teilhabeanspruch ins Leere geht. Ein Anspruch aus Art. 3 Abs. 1 GG käme allenfalls dann in Betracht, wenn in der Nutzung des Platzes durch die Gemeinde eine willkürliche Ungleichbehandlung zu sehen wäre. Lediglich die ausschließliche Orientierung an kommunalen Reservierungswünschen ohne jedwede Auswahl könnte im Hinblick auf Art. 3 Abs. 1 GG eine solche Ungleichbehandlung darstellen.[1061] Gleiches gilt für einen Zulassungsanspruch aus Art. 12 Abs. 1 GG. Dieser käme jedoch allenfalls in Betracht, wenn die Bereitstellung von kommunalen Veranstaltungsplätzen wesensnotwendig für die wirtschaftliche Betätigung von privaten Veranstaltern wäre und durch die Inanspruchnahme des eigenen Veranstaltungsplatzes dem privaten Konkurrenten die Ausübung seines Berufes durch die Gemeinde nahezu unmöglich gemacht würde.[1062] Im Rahmen der Zulassung zu

1060 Siehe 5. Kapitel, A.III.
1061 *Geis*, Kommunalrecht, § 10 Rn. 27.
1062 BVerwG, DVBl. 1996, S. 152 (153).

einem gemeindlichen Veranstaltungsplatz in Konkurrenz zu einer Gemeinde wird der grundrechtliche Aspekt nicht zum Tragen kommen. Geht es um die Zulässigkeit einer wirtschaftlichen Betätigung der Gemeinde, also um den Fall, dass die von der Gemeinde auf ihrem Veranstaltungsplatz durchgeführte Veranstaltung auch unter Aspekten der wirtschaftlichen Betätigung von Gemeinden relevant ist, also nicht gegen die Nutzung an sich vorgegangen wird, sondern die Betätigung auf dem Veranstaltungsplatz in Frage gestellt wird, um somit das Entstehen einer Konkurrenzsituation zu verhindern, so kommt auch hier eine Berufung auf Grundrechte nicht in Frage. Hier greift ebenfalls das Argument des fehlenden Schutzes durch die Berufsfreiheit vor Konkurrenz.[1063] In Bezug auf Art. 3 Abs. 1 GG wird man nur einen Verstoß annehmen können, wenn dem privaten Dritten gezielt Nachteile zugefügt werden sollen.[1064]

6. *Ansprüche aus Unionsrecht*

Stehen sich eine Gemeinde und ein privater Dritter bei der Zulassung zu einem kommunalen Veranstaltungsplatz als Konkurrenten gegenüber, so könnte den Vorschriften des Unionsrechts, insbesondere der Dienstleistungsfreiheit, Bedeutung zukommen, sofern die Bereitstellung der öffentlichen Einrichtung Veranstaltungsplatz als Dienstleistung gegenüber deren Nutzern, also dem privaten Dritten, anzusehen ist. Nutzt eine Gemeinde also z. B. den Platz mit der Begründung, es fehle an einem Konkurrenzverhältnis, da der private Dritte als EU-Ausländer entweder gar keinen oder jedenfalls einen zwingend hinter die Belegungswünsche der Gemeinde zurücktretenden Anspruch hat, so wird man hierin einen Verstoß gegen die Dienstleistungsfreiheit sehen können.[1065] Als subjektives Recht kann sich der abgelehnte Veranstalter auf sie berufen und entsprechende Ansprüche geltend machen.[1066]

1063 Unabhängig davon, ob man bereits die Eröffnung des Schutzbereichs verneint oder aber Schutzbereich und Eingriff bejaht, dann aber die verfassungsrechtliche Rechtfertigung in den Grenzen der kommunalrechtlichen Vorschriften prüft.

1064 Wer in der Veranstaltung von Märkten und Volksfesten mit dem BVerwG eine Pflichtaufgabe sehen möchte, könnte ein Abwehrrecht auch mit dem OVG NRW NWVBl. 2005, S. 343 (344) deswegen ablehnen, weil sich die Gemeinde gegenüber privaten Anbietern nicht in einer marktwirtschaftlich geprägten Konkurrenzsituation befinde.

1065 Vgl. hierzu 5. Kapitel, B.I.3.

1066 Zur Dienstleistungsfreiheit als subjektives Recht sowie sich daraus ergebenden Ansprüchen siehe auch 4. Kapitel, B.I.2. und 5. Kapitel, A.IV.

7. *Kartellrechtliche Ansprüche und Ansprüche aus Lauterkeitsrecht*

Geht es einem privaten Veranstalter darum, gegen die Zulässigkeit der kommunalen Veranstaltung an sich vorzugehen und nur mittelbar um die Zulassung zu einem kommunalen Veranstaltungsplatz, so kommen prinzipiell alle Vorgaben in Betracht, die gegen eine wirtschaftliche Betätigung einer Gemeinde vorgebracht werden können. Unter Umständen könnte sich ein privater Veranstalter in diesen Fällen auch auf wettbewerbsrechtliche Vorschriften berufen.[1067]

8. *Konkurrenzen*

Die Rechte des privaten Veranstalters richten sich nach der Qualität der Betätigung der Gemeinde und dem Klagebegehren, denn bei einem Veranstalter stehen im Gegensatz zu den zuvor behandelten Beschickern nicht allein Zulassungsansprüche im Vordergrund. Dem Problem der erschöpften Kapazität kann, da nur ein Veranstaltungsplatz für Gemeinde und privaten Dritten zur Verfügung steht, auch durch ein Vorgehen gegen die Betätigung der Gemeinde an sich abgeholfen werden. Demjenigen, dem die Festsetzung nicht erteilt worden ist oder der keine Sondernutzungserlaubnis erhalten hat, muss sich gegen diese Ablehnung wenden. Der Zulassung zum kommunalen Veranstaltungsplatz kommt dabei nur eine untergeordnete Rolle zu. Wer seine Zulassung als Veranstalter gegenüber der Gemeinde geltend machen möchte, kann sich auf den kommunalrechtlichen Zulassungsanspruch, bei wirtschaftlicher Betätigung der Gemeinde unter Umständen auch auf einen kartellrechtlichen oder lauterkeitsrechtlichen Zulassungsanspruch berufen.[1068] Der kommunalrechtliche Zulassungsanspruch zu einer öffentlichen Einrichtung besteht unmittelbar, der Zulassungsanspruch aus Wettbewerbsrecht nur mittelbar. Ein wettbewerbswidrig abgelehnter Veranstalter kann zwar unter Umständen auch einen Zulassungsanspruch über § 33 GWB geltend machen. War seine Ablehnung jedoch diskriminierend i.S.d. Wettbewerbsrechts, so wird sie auch nicht sachgerecht im Sinne einer Auswahl bei Kapazitätserschöpfung im Rahmen des kommunalrechtlichen Zulassungsanspruch sein, so dass dieser als unmittelbarer Zulassungsanspruch dem kartellrechtlichen Zulassungsanspruch vorgeht.

1067 Zur Anwendbarkeit nationalen Wettbewerbsrechts auf kommunale Wirtschaftstätigkeit siehe auch *Franz*, Gewinnerzielung durch kommunale Daseinsvorsorge, S. 175 ff.

1068 Siehe hierzu 5. Kapitel, A.V. und VI.

II. Rechte der Veranstalter bei der Konkurrenz um die Erteilung einer Dienstleistungskonzession

Die dritte zu untersuchende Konstellation betrifft diejenigen Fälle, in denen weder zwei Beschicker noch eine Gemeinde und ein privater Veranstalter in Konkurrenz treten, sondern in denen zwei private Veranstalter miteinander konkurrieren. Damit es sich um eine Frage des *kommunalen* Marktrechts handelt, sollen allerdings nur die Konstellationen untersucht werden, in denen die jeweilige Gemeinde Dienstleistungskonzessionen zur Durchführung eines Marktes, Volksfestes oder einer ähnlichen Veranstaltung erteilt. Diejenigen Fälle, in denen zwei Veranstalter beispielsweise deswegen konkurrieren, weil beide die Zulassung zu einem kommunalen Veranstaltungsplatz begehren, um dort eine rein private (oder auch für den privaten Veranstalter festgesetzte, aber jedenfalls nicht von der Gemeinde betriebene) Veranstaltung durchzuführen, sollen außen vor bleiben, da sich eine Gemeinde in dieser Konstellation zwar als Genehmigungsbehörde betätigt, nicht jedoch im Marktwesen tätig ist. Wird jedoch eine Dienstleistungskonzession an den einen Bewerber erteilt, dem anderen die Erteilung aber versagt, ist zu untersuchen, auf welche Art und Weise der abgelehnte Veranstalter die Erteilung an sich verlangen kann.

Für die Vergabe von Dienstleistungskonzessionen gelten die Grundätze der Gleichbehandlung der Bieter, des Verbots der Diskriminierung und insbesondere der Transparenz.[1069] Die Pflicht zur Einhaltung dieser Grundsätze hat nicht lediglich eine Ordnungsfunktion.[1070] Vielmehr folgt aus dem für das Gemeinschaftsrecht grundlegenden allgemeinen Verbots der Diskriminierung aus Gründen der Staatsangehörigkeit nach Art. 12 Abs. 1 AEUV, dass Personen, die sich in einer durch das Gemeinschaftsrecht geregelten Situation befinden, ein subjektives Recht auf Durchsetzung der sich daraus ergebenden Pflichten der Mitgliedsstaaten haben.[1071] Nichts anderes gilt für die sich aus dem Verfassungsrecht ergebenden Anforderungen. Wird also eine Dienstleistungskonzession zur Durchführung einer Veranstaltung entgegen den dargestellten Anforderungen an einen konkurrierenden Veranstalter vergeben, so kann sich der abgelehnte Bewerber auf die sich auch daraus ergebenden subjektiven Rechte berufen.[1072] Für den abgelehnten Bewerber können sich aus diesen subjektiven Rechten

---

1069 Siehe hierzu 4. Kapitel, D.II.

1070 VG Münster, VergabeR 2007, S. 350 f.

1071 VG Münster, VergabeR 2007, S. 350 f.; VG Aachen, Beschluss vom 13.09.2011 – 1 L 286/11 – abrufbar unter www.juris.de.

1072 Zur prozessualen Durchsetzbarkeit siehe 6. Kapitel.

Ansprüche auf Unterlassen[1073], auf Einbeziehung in das Vergabeverfahren oder aber bisweilen auch auf Vertragsabschluss ergeben.[1074] Die Ansprüche folgen auch in diesem Fall unmittelbar aus Grundrechten, insbesondere Art. 3 Abs. 1 GG[1075] sowie den Grundfreiheiten und dem Diskriminierungsverbot, in Bezug auf den Unterlassungsanspruch auch in Verbindung mit § 1004 BGB analog i.V.m. § 823 Abs. 1, Abs. 2 BGB. Auch im Bereich der Dienstleistungskonzessionsvergabe können sich Ansprüche aus dem UWG[1076] oder aber aus §§ 19, 20, 33 GWB[1077] ergeben. Diesbezüglich ist im Wesentlichen auf die Ausführungen unter A. und B. I. zu verweisen.

Wird zusätzlich zu der eigentlichen Dienstleistungskonzession eine verwaltungsrechtliche Genehmigung, beispielsweise eine Sondernutzung oder aber die Festsetzung der Veranstaltung gem. § 69 GewO begehrt, so kann sich die Frage der rechtmäßigen Erteilung der Dienstleistungskonzession auch hier inzident stellen.[1078]

1073 Hierzu z. B. *Weyd*, Die Konzessionsvergabe, JURA 2009, S. 448 (453).

1074 Für den Unterschwellenbereich ausführlich *Knöbl*, Rechtsschutz bei der Vergabe von Aufträgen unterhalb der Schwellenwerte, S. 78 ff.

1075 *Dieck-Bogatzke*, in: Pünder/Schellenberg (Hrsg.), Vergaberecht, § 116 GWB Rn. 59; BVerfGE 116, 135; OLG Düsseldorf, ZfBR 2009, S. 304; OLG Berlin-Brandenburg, VergabeR 2008, S. 992.

1076 Siehe hierzu 5. Kapitel, A.VI. und B.I.7.

1077 Siehe hierzu 5. Kapitel, A.V. und B.I.7.

1078 So z. B. das der Fall des VG Köln, NVwZ-RR 2009, S. 327 ff.

6. Kapitel: Prozessuale Geltendmachung der Rechte

A. Konkurrenzsituation zwischen privatem Veranstalter und Gemeinde

Der individuelle Schutz durch sachgerechte Auswahlkriterien, transparente Verfahren und Zuerkennung subjektiver Rechte reicht nur soweit, wie er auch durch den benachteiligten Mitbewerber prozessual geltend gemacht werden kann. Stehen sich eine Gemeinde und ein Privater bei der Veranstaltung von Märkten oder Volksfesten als Konkurrenten gegenüber, besteht die Besonderheit, dass der Private der Inanspruchnahme des von ihm begehrten Veranstaltungsplatzes zum einen entgegentreten kann, indem er die Veranstaltung der Gemeinde nur im Verhältnis zu seiner eigenen als unzulässig ansieht, mithin wie bei der Konkurrenz mit einem privaten Dritten dessen Betätigung per se nicht für unzulässig hält, sondern er nur aus Kapazitätsgründen hinter ihm zurücktreten soll. Es können sich aber auch grundlegende Zweifel an der Zulässigkeit der Betätigung der Gemeinde stellen, die sich in Bezug auf die Konkurrenz mit einem privaten Dritten allerdings vergleichsweise selten stellen dürften. Daher muss bei dieser Konstellation in besonderem Maße auf die Unterscheidung der jeweiligen Klagebegehren geachtet werden. Zwar könnte sich ein privater Veranstalter auch nur gegen die Betätigung der Gemeinde an sich wehren. Dies führte zu dem Ergebnis, dass – sollte die Betätigung der Gemeinde an sich unzulässig sein – es an einem Konkurrenzverhältnis fehlt und sodann die Zulassung beispielsweise auf der Grundlage des kommunalrechtlichen Zulassungsanspruchs erfolgen muss. Lediglich mit der Untersagung der gemeindlichen Betätigung durch die Gerichte ist dem privaten Konkurrenten allerdings nicht in ausreichendem Maße geholfen, da er sein Ziel – in diesem Fall die eigene Zulassung – auf diesem Wege noch nicht erreicht hat. Die prozessuale Geltendmachung derart abgekoppelter Ansprüche soll daher nicht Gegenstand der Bearbeitung sein. Allerdings ist danach zu differenzieren, ob lediglich der Zugang zu der kommunalen öffentlichen Einrichtung Veranstaltungsplatz oder aber zusätzlich eine gewerberechtliche Festsetzung begehrt wird.

I. Konkurrenz nur um Zulassung zum Veranstaltungsplatz

Zunächst soll die Klage eines privaten Veranstalters gegen die Ablehnung der Zulassung zu einem gemeindlichen Veranstaltungsplatz mit der Begründung, die Gemeinde benötige den Veranstaltungsplatz zum selben Zeitpunkt, untersucht werden. Es handelt sich hierbei um den klassischen Streitfall der Zulassung zu einer kommunalen öffentlichen Einrichtung, der sich daher zur Darstellung grundlegender Probleme und Erarbeitung allgemeingültiger Lösungen besonders eignet.

1. Rechtsweg

Wendet sich ein Veranstalter gegen die Ablehnung der Zulassung, ist zunächst zu prüfen, welchen Rechtsweg er beschreiten muss. Eine Klage vor dem Verwaltungsgericht setzt die Eröffnung des Verwaltungsrechtswegs voraus. Gem. § 40 VwGO ist dies der Fall, wenn es sich um eine öffentlich-rechtliche Streitigkeit nichtverfassungsrechtlicher Art handelt. Klärungsbedürftig ist allein, ob es sich bei dem Zulassungsbegehren um eine öffentlich-rechtliche Streitigkeit handelt.[1079] Die Rechtsprechung nimmt an, dass sich die Beurteilung, ob eine Streitigkeit öffentlich-rechtlich oder privatrechtlich ist, nach der Natur der Rechtsverhältnisse, aus denen der Klageanspruch hergeleitet wird, richtet.[1080] Öffentlich-rechtlich soll ein Rechtsverhältnis dann sein, wenn die maßgeblichen *Normen* dem öffentlichen Recht angehören.[1081] Teile der Literatur wollen zur Abgrenzung maßgeblich darauf abstellen, welche Rechtsnatur der streitentscheidenden *Norm* zukommt.[1082] Im Falle des Zugangs zu kommunalen öffentlichen Einrichtungen kann die Frage nach dem öffentlich-rechtlichen Charakter der Streitigkeit problematisch sein, wenn entweder die Gemeinde selbst oder aber ihre wirtschaftlichen Unternehmen[1083] mit den Nutzern privatrechtliche Verträge abschließen. In diesen Konstellationen stellt die Rechtsprechung auf das Basisrecht ab und beurteilt die Frage des zulässigen Rechtswegs nach der

---

1079 Zu den üblichen Abgrenzungstheorien von öffentlichem und privatem Recht siehe 5. Kapitel, A.I.3.

1080 BVerwGE 129, 9 ff.; NVwZ-RR 2009, S. 308 (309); OVG Berlin-Brandenburg, NVwZ-RR 2009, S. 182.

1081 BGH, NJW 1993, S. 1657; *Kopp/Schenke*, VwGO, § 40 Rn. 6b.

1082 *Ehlers*, in: ders./Schoch (Hrsg.), Rechtsschutz im öffentlichen Recht, § 21 Rn. 72, der auch darauf hinweist, dass es bei nur einer streitentscheidenden Norm zu keinen unterschiedlichen Ergebnissen beider Ansichten kommt.

1083 Zu den möglichen Formen der Privatsierung siehe 1. Kapitel, E.

Rechtsnatur der jeweiligen privatrechtlichen Handlungsform.[1084] Demgemäß müsste sie in den Fällen des Abschlusses privatrechtlicher Nutzungsverträge zu einer Eröffnung des Zivilrechtsweges kommen, wenn ein privater Veranstalter Zulassung zu dem begehrten Veranstaltungsplatz verlangt. Allerdings behilft sich die Rechtsprechung in solchen Fällen mit der Anwendung der Zwei-Stufen-Theorie.[1085] Danach lasse sich das einheitliche Rechtsverhältnis in zwei getrennte Verfahrensabschnitte einteilen.[1086] Zum einen ginge es in einer Grundentscheidung um das „Ob" der Zulassung.[1087] Diese sei öffentlich-rechtlich.[1088] Soweit es jedoch um das „Wie" der Ausgestaltung und Abwicklung des Rechtsverhältnisses gehe, müsse der Rechtsweg zu den Zivilgerichten gewählt werden.[1089] Gegen die Anwendung der Zwei-Stufen-Theorie bestehen jedoch zum einen rechtliche Bedenken, zum anderen ist sie auch jedenfalls in den vorliegenden Anwendungsfällen für eine auch den Ansprüchen an Rechtsklarheit genügenden Rechtswegabgrenzung nicht erforderlich. Zwar bestehen bei der Zulassung zu kommunalen öffentlichen Einrichtungen grundsätzlich keine Bedenken gegen die zweistufige Ausgestaltung der Benutzungsverhältnisse.[1090] Eine Gemeinde ist nicht auf Grund des kommunalrechtlichen Benutzungsanspruchs oder der Widmung dazu angehalten, die Zulassung auch in den Formen des öffentlichen Rechts zu gewähren.[1091] Vielmehr kann der Anspruch auf Zulassung auch

---

1084 *Ehlers*, in: ders./Schoch (Hrsg.), Rechtsschutz im öffentlichen Recht, § 21 Rn. 67 mit den Verweisen auf *Pietzcker*, Rechtsschutz bei der Vergabe öffentlicher Aufträge, NVwZ 1983, S. 121 (124) bzgl. des Begriffs Basisrecht und *Burmeister*, Der Begriff des „Fiskus" in der heutigen Verwaltungsrechtsdogmatik, DÖV 1975, S. 695 (698).

1085 Vgl. aus der Rspr. BVerwG, NJW 1990, S. 134 (135). Speziell im Fall der Zulassung zu kommunalen öffentlichen Einrichtungen auch *Ludwig*, Der Anspruch auf Benutzung gemeindlicher öffentlicher Einrichtungen, S. 60 ff.

1086 Statt vieler *Sodan*, in: ders./Ziekow (Hrsg.), Verwaltungsgerichtsordnung, § 40 Rn. 327.

1087 Statt vieler *Sodan*, in: ders./Ziekow (Hrsg.), Verwaltungsgerichtsordnung, § 40 Rn. 327.

1088 Statt vieler *Sodan*, in: ders./Ziekow (Hrsg.), Verwaltungsgerichtsordnung, § 40 Rn. 327.

1089 Statt vieler *Sodan*, in: ders./Ziekow (Hrsg.), Verwaltungsgerichtsordnung, § 40 Rn. 327.

1090 *Ehlers*, in: Schoch/Schneider/Bier (Hrsg.), VwGO, § 40 Rn. 247; für den hier interessierenden Rahmen zum Beispiel auch BVerwGE 91, 135 ff.

1091 *Ehlers*, in: Schoch/Schneider/Bier (Hrsg.), VwGO, § 40 Rn. 260 mit den Verweisen auf *Bethge*, Zweigleisigkeit des Rechtswegs bei der Benutzung kommunaler öffentlicher Einrichtungen, SKV 1972, S. 123 ff. und *Ossenbühl*, Rechtliche Probleme der

durch einen privatrechtlichen Vertrag erfüllt werden.[1092] Es bedarf dann keines zusätzlichen öffentlichen Zulassungsaktes.[1093] Auf diese Weise erfolgt in der Praxis auch zumeist die Zulassung.[1094] Ein eindeutig zuzuordnender öffentlicher Akt ist nicht festzustellen, womit die Schwäche der Zwei-Stufen-Theorie bereits offenkundig wird. Sie spaltet einen einheitlichen Lebensvorgang künstlich in zwei Verfahrensabschnitte, die in der Realität nur schwer feststellbar und erst recht nicht eindeutig zu trennen sind.[1095] Ein Akt kann aber nicht zugleich ein privatrechtliches und ein öffentlich-rechtliches Handeln sein.[1096] Das zentrale Anliegen der Anhänger der Zwei-Stufen-Theorie, Klarheit in die Rechtswegabgrenzung zu bringen, wird demnach verfehlt.[1097] Dies gilt insbesondere vor dem Hintergrund, dass auch privatrechtliche Leistungsverhältnisse der Verwaltung nach heute nahezu einhelliger Meinung öffentlich-rechtlichen Bindungen unterliegen.[1098] Die Überwachung dieser Bindungen durch eine gerichtliche Kontrolle, auch durch die Schaffung verwaltungsrechtlicher Handlungsformen wie dem öffentlich-rechtlichen Vertrag, ist gewährleistet und muss nicht mehr durch eine Zweiteilung in einen öffentlich-rechtlichen und einen privatrechtlichen Teil erst ermöglicht werden.[1099] Bedient sich also eine Gemeinde nicht offensichtlich eines zweistufigen Verfahrens, so kann auch mittels der Zwei-Stufen-Theorie ein solches nicht konstruiert werden.

Daraus kann jedoch nicht der Schluss gezogen werden, dass der Verwaltungsrechtsweg bei Abschluss privatrechtlicher Mietverträge nicht eröffnet ist. Denn entgegen der Rechtsprechung ist mit Teilen der Literatur davon auszugehen, dass

---

Zulassung zu öffentlichen Stadthallen – Zur Dogmatik der Gewährung öffentlicher Leistungen, DVBl. 1973 S. 289 (291 f.).

1092 *Ehlers*, in: Schoch/Schneider/Bier (Hrsg.), VwGO, § 40 Rn. 260.

1093 *Ehlers*, in. Schoch/Schneider/Bier (Hrsg.), VwGO, § 40 Rn. 260.

1094 *Ehlers*, in: ders./Schoch (Hrsg.), Rechtsschutz im öffentlichen Recht, § 21 Rn. 67.

1095 *Axer*, Die Widmung als Schlüsselbegriff des Rechts der öffentlichen Sachen, S. 175; *Maurer*, Allgemeines Verwaltungsrecht, § 17 Rn. 14; *von Danwitz*, Die Benutzung kommunaler öffentlicher Einrichtungen – Rechtsformenwahl und gerichtliche Kontrolle, JuS 1995, S. 1 (3). Für Unterschwellenvergaben so auch das BVerwGE 129, 9 (13 u. 18 ff.).

1096 *Ehlers*, in: Schoch/Schneider/Bier (Hrsg.), VwGO, § 40 Rn. 255.

1097 *Ehlers*, in: Schoch/Schneider/Bier (Hrsg.), VwGO, § 40 Rn. 259; *Maurer*, Allgemeines Verwaltungsrecht, § 17 Rn. 24.

1098 Aus der Rspr. etwa BVerwG, DÖV 1990, S. 614 (615); NVwZ 1991, S. 59.

1099 *Sodan*, in: ders./Ziekow (Hrsg.), Verwaltungsgerichtsordnung, § 40 Rn. 354; *von Danwitz*, Die Benutzung kommunaler öffentlicher Einrichtungen – Rechtsformenwahl und gerichtliche Kontrolle, JuS 1995, S. 1 (4).

zur Abgrenzung des Verwaltungsrechtswegs vom Zivilrechtsweg konsequent auf die streitentscheidende Norm abzustellen ist.[1100] Folglich ist entscheidend, ob der Anspruch auf Abschluss eines Vertrages zur Erfüllung des Zulassungsanspruches auf öffentlich-rechtliche oder privatrechtliche Normen gestützt wird.[1101] Macht ein abgelehnter Veranstalter mithin seinen kommunalrechtlichen Benutzungsanspruch geltend oder beruft er sich auf Grundrechte oder Grundfreiheiten, so ist auf Grund des öffentlich-rechtlichen Charakters dieser Normen davon auszugehen, dass der Rechtsweg zu den Verwaltungsgerichten eröffnet ist.[1102] Leitet er seinen Zulassungsanspruch hingegen aus privatrechtlichen Normen her, so ist der Rechtsweg zu den Zivilgerichten eröffnet.[1103] Dies gilt sowohl für eine (ausdrückliche) Klage nur auf Zulassung oder Einwirkung in den Fällen der Organisationsprivatisierung als auch in den Fällen, in denen der abgelehnte Veranstalter auf Vertragsabschluss klagt.

2. *Statthafte Klageart*

Die richtige Klageart richtet sich stets nach dem Begehren des Klägers. Zu unterscheiden ist daher, in welcher Form die Zulassung begehrt wird bzw. in welcher Form die Ablehnung verfügt worden ist. Hat die Gemeinde die Verweigerung der Benutzung in Form eines Verwaltungsaktes verfügt, so muss der abgewiesene Veranstalter mittels einer Verpflichtungsklage gem. § 42 Abs. 1 2. Alt. VwGO auf Zulassung klagen.[1104] In den Fällen muss aber auch eine ausdrückliche Ablehnung in öffentlich-rechtlicher Form vorliegen. Handelt es sich jedoch wie in den meisten Fällen um eine rein einstufige, privatrechtliche Abwicklung, so kann die Verweigerung der Benutzung durch Ablehnung des Angebots zum Abschluss

---

1100 *Ehlers*, in: Schoch/Schneider/Bier (Hrsg.), VwGO, § 40 Rn. 213; *U. Stelkens*, Verwaltungsprivatrecht, S. 1024 ff.

1101 *Ehlers*, in: Schoch/Schneider/Bier (Hrsg.), § 40 Rn. 260; andere, herrschende Meinung etwa GemSOGB, NJW 1986, S. 2359; BVerwGE 129, 9 (10 f.); BVerwG NVwZ-RR 2009, S. 308 (309); OVG Berlin-Brandenburg, NVwZ-RR 2009, S. 182; *Pietzcker*, Rechtsschutz bei der Vergabe öffentlicher Aufträge, NVwZ 1983, S. 121 (124).

1102 Auch *Knöbl*, Rechtsschutz bei der Vergabe von Aufträgen im Unterschwellenbereich, S. 112.

1103 *Ehlers*, in: ders./Schoch (Hrsg.), Rechtsschutz im öffentlichen Recht, § 21 Rn. 69.

1104 *Burgi*, Kommunalrecht, § 16 Rn. 35; zu den verschiedenen möglichen Klagearten je nach Ausgestaltung der Einrichtung und der Benutzungsverhältnisse auch *Kerkmann*, Der Anspruch auf Zulassung zu öffentlichen Einrichtungen und Fragen des Rechtsschutzes, Verwaltungsrundschau 2004, S. 73 (77 f.).

des privatrechtlichen Vertrages erfolgen.[1105] Nach der hier vertretenen Meinung kann der abgelehnte Veranstalter sodann Klage in Form der allgemeinen Leistungsklage auf Zulassung zur Benutzung bzw. Einwirkung auf die private Betreibergesellschaft bzw. Klage auf Vertragsabschluss vor dem Verwaltungsgericht erheben, wenn er sich auf öffentlich-rechtliche Normen, die ein Zulassungsrecht begründen, beruft. Begehrt er die Zulassung aus privatrechtlichen Normen, so ist Leistungsklage vor den Zivilgerichten zu erheben.

3. *Richtiger Klagegegner*

Macht der abgelehnte Veranstalter einen Zulassungsanspruch oder einen Anspruch auf Abschluss eines Vertrages gegenüber einer Gemeinde geltend, die den begehrten Veranstaltungsplatz in eigener Trägerschaft betreibt, so kann eine Klage nur gegen die jeweilige Gemeinde gerichtet werden. Dies gilt auch, wenn die Gemeinde den begehrten Veranstaltungsplatz mittels einer juristischen Person des Privatrechts betreibt, die mit den potentiellen Benutzern der Einrichtung die Zulassungsverträge abschließt. Auch in diesen Fällen kann sich der kommunalrechtliche Benutzungsanspruch nur gegen die jeweilige Gemeinde richten.[1106] Der Kläger muss daher einen Einwirkungsanspruch gegenüber der Gemeinde geltend machen.[1107] Bisweilen wird zwar vertreten, der gesetzliche Zulassungsanspruch könne auch gegenüber dem privaten Träger der Einrichtung geltend gemacht werden[1108], womit die Klage gegen den privaten Träger gerichtet werden müsste. Diese Auffassung beruht jedoch auf der Grundannahme, dass die Bindungen der Widmung unmittelbar den Einrichtungsträger betreffen.[1109] In diesem Fall stellte man jedoch nicht mehr auf den gesetzlich fixierten Benutzungsanspruch ab, sondern auf die jeweilige Widmung.[1110] Die Existenz des gesetzlichen Zulassungsanspruchs spricht allerdings dafür, dass auch dieser

---

1105 Vgl. *Ehlers*, in: Schoch/Schneider/Bier (Hrsg.), § 40 Rn. 259.

1106 *Burgi*, Kommunalrecht, § 16 Rn. 38; *Dietlein*, Rechtsfragen des Zugangs zu kommunalen Einrichtungen, JURA 2002, S. 445 (452).

1107 *Burgi*, Kommunalrecht, § 16 Rn. 39; *Geis*, Kommunalrecht, § 10 Rn. 27; *Gern*, Deutsches Kommunalrecht, Rn. 537.

1108 *Axer*, Die Widmung als Grundlage der Nutzung kommunaler öffentlicher Einrichtungen, NVwZ 1996, S. 114 (117), der für ein öffentlich-rechtliches Einheitsmodell plädiert.

1109 *Dietlein*, Rechtsfragen des Zugangs zu kommunalen Einrichtungen, JURA 2002, S. 445 (447).

1110 *Dietlein*, Rechtsfragen des Zugangs zu kommunalen Einrichtungen, JURA 2002, S. 445 (447).

das jeweilige Benutzungsrecht gewähren soll.[1111] Lediglich wenn man davon ausginge, dass sich der private Träger gegenüber der Gemeinde mittels eines Vertrags zu Gunsten Dritter zur widmungskonformen Zulassung verpflichtet[1112], ließe sich eine Klage direkt gegen den privaten Einrichtungsträger konstruieren. Dann läge der Zulassungsanspruch jedoch nicht in den kommunalrechtlichen Vorschriften begründet, sondern in dem jeweiligen zwischen der Gemeinde und dem Träger geschlossenen Vertrag.[1113] In solchen Fällen wäre der kommunalrechtliche Verschaffungsanspruch immer noch gegen die Gemeinde zu richten, allerdings könnte das Rechtsschutzbedürfnis einer solchen Klage zweifelhaft sein, weil es einen einfacheren Weg gäbe, nämlich die Klage auf Abschluss des Vertrages direkt gegen den privaten Träger aus dem zwischen ihm und der Gemeinde geschlossenen Vertrag zu Gunsten Dritter (dazu sogleich).

4. *Rechtsschutzbedürfnis*

Das Rechtsschutzbedürfnis könnte vor allen in den Fällen problematisch sein, in denen der abgelehnte Veranstalter statt auf Abschluss der Vertrages auf Zulassung bzw. auf Einwirkung in Fällen der privaten Trägerschaft klagt. Hier läge in der Klage auf Abschluss des Vertrages möglicherweise ein einfacherer Weg. In den Fällen der privaten Trägerschaft würde man dem Kläger, verwiese man ihn auf die Klage nur gegen die Gesellschaft auf Abschluss des Vertrages, die Möglichkeit nehmen, seinen gesetzlich normierten Zulassungsanspruch aus dem Kommunalrecht geltend zu machen.[1114] Dieser kann zwingend nur gegen die Gemeinde gerichtet werden.[1115] Fehlte es einer entsprechenden Klage auf Einwirkung hingegen immer am Rechtsschutzbedürfnis, so bestünde in Fällen der privaten Trägerschaft keine Möglichkeit, den kommunalrechtlichen Benutzungsanspruch geltend zu machen. Hierin wäre eine unzulässige Verkürzung der subjektiven Rechte des jeweiligen Anspruchsberechtigten zu sehen.[1116] Anders

1111 *Dietlein*, Rechtsfragen des Zugangs zu kommunalen Einrichtungen, JURA S. 445 (447).

1112 So z.B. *Erichsen*, Kommunalrecht des Landes Nordrhein-Westfalen, S. 246; *Kerkmann*, Der Anspruch auf Zulassung zu öffentlichen Einrichtungen und Fragen des Rechtsschutzes, Verwaltungsrundschau 2004, S. 73 (78) hält diese Möglichkeit für abwegig.

1113 *Dietlein*, Rechtsfragen des Zugangs zu kommunalen Einrichtungen, JURA 2002, S. 445 (447).

1114 *Ehlers*, in: Schoch/Schneider/Bier (Hrsg.), VwGO, § 40 Rn. 260.

1115 Vgl. 5. Kapitel, A.II.

1116 *Ehlers*, in: Schoch/Schneider/Bier (Hrsg.), VwGO, § 40 Rn. 260.

könnte sich die Situation darstellen, wenn die Gemeinde selbst die Einrichtung betreibt und den kommunalrechtlichen Benutzungsanspruch mittels Abschluss eines privatrechtlichen Vertrages erfüllt. Eine Klage nur auf Zulassung wäre lediglich sinnvoll unter der Prämisse der zweistufigen Zulassung. Denn dann wäre der Akt der Zulassung von dem des Vertragsschlusses zur Ausgestaltung des Benutzungsverhältnisses abzugrenzen. Geht man jedoch davon aus, dass der Zulassungsanspruch durch den Abschluss eines privatrechtlichen Vertrages erfüllt wird, so ist dem Begehren des Klägers in umfassender Weise nicht mit einer Verpflichtung zur Zulassung, sondern allein mit der konkreten Verpflichtung zum Vertragsabschluss entsprochen. Diese Verpflichtung zum Vertragsabschluss behinderte die Gemeinde auch nicht in ihrer Ausgestaltung des Benutzungsverhältnisses, da die Art und Weise der Erfüllung des Zulassungsanspruchs bereits zum Zeitpunkt der Tenorierung feststeht.

II. Konkurrenz um abgelehnte Festsetzung, wenn Gemeinde Veranstaltungsplatz selbst in Anspruch nimmt

In dieser Konstellation wird die vom Veranstalter begehrte Festsetzung abgelehnt, weil die Gemeinde den Veranstaltungsplatz selbst in Anspruch nehmen möchte. Die Ablehnung wird auf § 69 a Abs. 1 Nr. 3 GewO gestützt.[1117] Möchte der abgelehnte Veranstalter gegen die Ablehnung vorgehen, muss er jedenfalls gegen die Ablehnung der Festsetzung als Verwaltungsakt vor dem Verwaltungsgericht vorgehen. Die alleinige Verpflichtung zur Erteilung der Festsetzung wirft keine besonderen prozessualen Problemstellungen auf. Allerdings kann ein Gericht die Verpflichtung zur Erteilung der Festsetzung nicht aussprechen, wenn dem Veranstalter der begehrte Veranstaltungsplatz nicht zur Verfügung steht, da mit der Festsetzung eine Pflicht zur Durchführung besteht und, wenn der Veranstaltungsplatz von einer Gemeinde zur gleichen Zeit in Anspruch genommen wird, der Versagungsgrund des § 69 a Abs. 1 Nr. 3 GewO besteht. Von entscheidender Bedeutung ist daher die vorherige Platzzuweisung. Der Veranstalter muss also nicht nur gegen die abgelehnte Festsetzung vorgehen, sondern er muss überdies seinen Anspruch auf Benutzung des Veranstaltungsplatzes geltend machen.

1117 Zum Beispiel der Fall des VGH Kassel, NVwZ-RR 2005, S. 425.

1. *Rechtsweg*

Wenn der abgelehnte Veranstalter seinen Anspruch auf Benutzung aus öffentlich-rechtlichen Normen herleitet, so ist nach der hier vertretenen Auffassung immer der Rechtsweg zu den Verwaltungsgerichten eröffnet.[1118] Da auch der Anspruch auf Festsetzung im Verwaltungsrechtsweg geltend zu machen ist, bestehen keine Bedenken, beide Ansprüche im Wege der objektiven Klagehäufung gem. § 44 VwGO zu verbinden, denn für beide Klagebegehren wäre der Rechtsweg zu den Verwaltungsgerichten gegeben. Anders könnte sich die Situation darstellen, wenn der Veranstalter seinen Anspruch auf Benutzung nur aus zivilrechtlichen Normen ableitet.[1119] Vergibt eine Gemeinde beispielsweise den Veranstaltungsplatz, der nicht als kommunale öffentliche Einrichtung betrieben wird, an eine eigene Veranstaltungs-GmbH, für die auch die Festsetzung erteilt werden soll, ohne dass ein Auswahlverfahren stattgefunden hat, so könnte hierin ein Verstoß gegen § 19 Abs. 2 GWB zu sehen sein.[1120] Kann der Veranstalter aus dem Verstoß gegen diese Norm auch einen Zulassungsanspruch geltend machen, so wäre dieser im Zivilrechtswege durchzusetzen. Gegen die Ablehnung der Festsetzung müsste er aber trotzdem im Verwaltungsrechtsweg vorgehen, allein um die Bestandskraft der Ablehnungsentscheidung zu verhindern. Im Verpflichtungsprozess um die Festsetzung könnte jedoch kein stattgebendes Urteil ergehen, da dem Veranstalter der Platz nicht zur Verfügung gestellt wurde. Über die Frage der Platzzuweisung könnte das Verwaltungsgericht auch nicht gem. § 17 Abs. 2 S. 1 GVG mitentscheiden.[1121] Es müsste also zunächst geklärt werden, ob dem abgelehnten Veranstalter ein Zulassungsanspruch aus § 19 Abs. 2 GWB zusteht. Für das Verfahren vor dem Verwaltungsgericht bedeutet dies, dass es gemäß § 94 VwGO bis zur Klärung der zivilrechtlichen Vorfrage ausgesetzt werden müsste. Da dem abgelehnten Veranstalter tatsächlich jedoch in den meisten Fällen auch öffentlich-rechtliche Normen zur Begründung seines Benutzungsrechts zustehen, ist die Eröffnung des Verwaltungsrechtswegs in den Fällen der Konkurrenz um die Festsetzung zumeist gegeben. Sollte es allerdings tatsächlich

1118 Siehe 6. Kapitel, A.I.1.

1119 Kann er seinen Anspruch sowohl aus zivilrechtlichen als auch aus öffentlich-rechtlichen Normen herleiten, besteht nach der hier vertretenen Ansicht eine Wahlmöglichkeit zwischen den Zivil- und den Verwaltungsgerichten. Da die durch Verwaltungsakt abgelehnte Festsetzung nur im Verwaltungsrechtsweg angegriffen werden kann, empfiehlt es sich für den Kläger, auch im Falle der Wahlmöglichkeit den Verwaltungsrechtsweg zu wählen.

1120 Ähnlich der Schilderpräger-Fall des BGH, DÖV 2003, S. 249.

1121 *Ziekow*, in: Sodan/ders. (Hrsg.), Verwaltungsgerichtsordnung, § 17 GVG Rn. 38.

zu der beschriebenen Situation kommen, so ist die Rechtswegspaltung hinzunehmen.

2. *Statthafte Klageart*

Im Hinblick auf die statthafte Klageart ist zunächst zu bedenken, dass der abgelehnte und nun klagende Veranstalter zwei Klagebegehren geltend macht: Zum einen die Zulassung zur Benutzung und zum anderen die Erteilung der Festsetzung. Es liegt mithin ein Fall der objektiven Klagehäufung vor. In den von der Rechtsprechung entschiedenen Fällen[1122] sind die Anträge auf Festsetzung bzw. Platzzuweisung entweder kumulativ[1123] gestellt bzw. das Problem der notwendigen vorherigen Platzzuweisung ist nicht behandelt worden[1124]. Sinnvoller erscheint es jedoch, die beiden Klagebegehren im Wege der Stufenklage geltend zu machen. Der Verpflichtungsantrag auf Festsetzung sollte vom Erfolg der Leistungsklage auf Benutzung abhängig gemacht werden. Nur dies wird dem Abhängigkeitsverhältnis von Festsetzung und vorheriger Platzzuweisung gerecht, da das Gericht keine Verpflichtung zur Festsetzung aussprechen kann, wenn nicht zuvor der Platz dem jeweiligen Veranstalter zugewiesen worden ist. Dies zeigt sich auch in den bisher entschiedenen Fällen. Dort wurde die Festsetzung nicht primär auf Grund gewerberechtlicher Hindernisse abgelehnt, sondern weil der zur Verfügung stehende Platz zur selben Zeit in Anspruch genommen werden sollte. Es handelt sich daher nicht um ein aus gewerberechtlicher Sicht zu beurteilendes Problem. Vielmehr entstünde die Konkurrenzsituation auch bei Fehlen eines gewerberechtlichen Bezugs, also auch dann, wenn der private Veranstalter vom Stellen eines Antrages auf Festsetzung absähe, weil er einen Privatmarkt veranstalten möchte. Die Notwendigkeit einer gestuften Geltendmachung folgt zudem daraus, dass es für einen Anspruch auf ermessensfehlerfreie Entscheidung nicht ausreicht, wenn etwaige notwendige Gestattungen *„spätestens im Zeitpunkt der Festsetzung"* vorliegen.[1125] Vielmehr kann nur entweder ein Vornahme- oder ein Bescheidungsurteil ergehen, wenn überhaupt zum Zeitpunkt der letzten mündlichen Verhandlung eine Auswahlentscheidung notwendig war. Liegt aber eine erforderliche Sondernutzungserlaubnis oder die Zulassung zur

---

1122 HessVGH, NVwZ-RR 2005, S. 425; OVG LSA, Urteil vom 19.05.2005 – 1 L 40/04; Urteil vom 17.02.2011 – 2 L 126/09 – beide abrufbar unter www.juris.de.

1123 HessVGH, NVwZ-RR 2005, S. 425.

1124 OVG LSA, Urteil vom 19.05.2005 – 1 L 40/04 – abrufbar unter www.juris.de.

1125 BVerwG, GewArch 2006, S. 164 (166); a.A OVG LSA, Urteil v. 19.05.2005 – 1 L 40/04 – abrufbar unter www.juris.de.

öffentlichen Einrichtung zu diesem Zeitpunkt nicht vor, so müsste die Festsetzung abgelehnt werden. Denn die Veranstaltung kann dann nicht rechtmäßig festgesetzt werden, bzw. da sie nicht rechtmäßig festgesetzt werden kann, bedarf es auch keiner Auswahl zwischen den vermeintlich konkurrierenden Veranstaltern.

Fraglich ist darüber hinaus, ob eine gestufte Geltendmachung auch in Betracht kommt, wenn der Kläger nur einen Bescheidungsantrag stellt. In diesem Fällen kann das Gericht kein Vornahmeurteil in Bezug auf die Festsetzung erlassen, da der Behörde bezüglich der Platzzuweisung noch ein Ermessen zusteht, übt sie dieses jedoch entgegen dem Begehren des Klägers aus, kann die Festsetzung nicht rechtmäßig ergehen. Der Anspruch auf Festsetzung ist hingegen bei Vorliegen der Voraussetzungen ein grundsätzlich gebundener. Allerdings wandelt er sich bei Vorliegen konkurrierender (Festsetzungs-)Anträge in einen Anspruch auf ermessensfehlerfreie Auswahlentscheidung.[1126] Daher kann in diesem Fall auch über den Festsetzungsantrag ein Bescheidungsurteil ergehen und es bedarf keiner gestuften Geltendmachung.

3. *Richtiger Klagegegner/Rechtsschutzbedürfnis*

In Bezug auf die Klage auf Zulassung zu einer öffentlichen Einrichtung ist auf die Ausführungen unter A.I.3 dieses Kapitels zu verweisen. Richtiger Beklagter in Bezug auf den Festsetzungsantrag ist die jeweils zuständige Festsetzungsbehörde. Ist die Gemeinde gleichzeitig Festsetzungsbehörde, sind demzufolge beide Klagebegehren gegen die Gemeinde zu richten. Bezüglich des Rechtsschutzbedürfnisses ist auf die obigen Ausführungen zu verweisen.[1127]

B. Konkurrenzsituation zwischen privaten Veranstaltern um Erteilung einer Dienstleistungskonzession und Festsetzung

Neben der Konkurrenz um die Inanspruchnahme der jeweiligen Veranstaltungsplätze finden sich in den von der Rechtsprechung entschiedenen Fällen immer wieder Konkurrenzen um die Veranstaltungsdurchführung. Gemeinden gehen in zunehmender Weise dazu über, ihre Veranstaltungen zu privatisieren und die Durchführung einer Veranstaltung einem privaten Interessenten im Wege der

1126 OVG LSA, Urteil vom 19.05.2005 – 1 L 40/04 – abrufbar unter www.juris.de.
1127 A.I.4.

Dienstleistungskonzession zu übertragen.[1128] Wird ein Konkurrent zu Unrecht abgelehnt, muss er auch in diesen Fällen Rechtsschutz in Anspruch nehmen können. Im Gegensatz zu der zuvor diskutierten Situation muss hier zwischen der Rechtslage vor und nach Vertragsschluss unterschieden werden, da es sich um ein Drei-Personen-Verhältnis handelt. Denn möglicherweise steht die Erteilung der Konzession an den Dritten dem Primärrechtsschutz des Konkurrenten entgegen, wenn dieser Vertrag nicht mehr nachträglich rückgängig gemacht werden könnte. Wäre dies der Fall, so käme für den Kläger nur die Geltendmachung eines Unterlassungsanspruches (im Eilrechtswege) in Betracht. Hierzu müsste er jedoch zunächst Kenntnis von dem beabsichtigten Vertragsschluss haben, damit er diesen verhindern kann. Fraglich ist also, ob der Konkurrent auf den Zufall vertrauen muss oder seitens der verteilenden Gemeinde eine Pflicht zur Vorabinformation aus Gründen des effektiven Rechtsschutzes besteht, wenn der geschlossene Vertrag nicht mehr rückgängig zu machen ist.

I. Situation vor Abschluss des Vertrages und Festsetzung

Zunächst soll auf die Situation vor Abschluss des Vertrages mit dem Konkurrenten eingegangen werden. Hier erfährt der sich für die Festsetzung und Erteilung der Dienstleistungskonzession bewerbende Veranstalter – und zwar unabhängig von den Frage einer Vorabinformationspflicht – davon, dass die Gemeinde seinen Antrag ablehnen und einem Konkurrenten die Veranstaltung zur Durchführung und die Festsetzung für diese Veranstaltung übertragen wird. Zu entscheiden ist nun, wie der Veranstalter diese Durchführungsübertragung und Festsetzung verhindern kann. Hierbei ist zu beachten, dass in der Festsetzung nicht zugleich die Erteilung einer Dienstleistungskonzession gesehen werden kann.[1129] Er muss also grundsätzlich sowohl die Festsetzung als auch den Vertragsabschluss verhindern. Man wird jedoch in diesen Fällen eine Parallele zu den Fällen der Konkurrenz um einen gemeindlichen Veranstaltungsplatz ziehen können. Denn in diesen Fällen kann die Festsetzung nicht erteilt werden, wenn der Veranstaltungsplatz von einem anderen Veranstalter in rechtmäßiger Weise in Anspruch genommen wurde, da ihr andernfalls ein öffentliches Interesse gem. § 69 a Abs. 1 Nr. 3 GewO entgegenstünde.[1130] Nichts anderes kann aber für den Fall der Übertragung der Durchführung mittels Dienstleistungskonzession

1128 S.o. zur Dienstleistungskonzession, 1. Kapitel, E.I.2. Auch VG Köln, NVwZ-RR 2009, S. 327 f.

1129 Siehe hierzu 2. Kapitel, IV.1.d) bb).

1130 BVerwG, GewArch 2006, S. 164 f.

durch Vertrag gelten. Ist die Durchführung der Veranstaltung nicht in rechtmäßiger Weise auf den Konkurrenten übertragen worden, so darf für ihn die Veranstaltung nicht festgesetzt werden, denn wenn der Auswahlentscheidung über die Durchführung der Veranstaltung ein Fehler innewohnt, beruht die Auswahlentscheidung über den Festsetzungsantrag auf demselben Fehler.[1131]

1. *Rechtsweg*

Welcher Rechtsweg bei der Erteilung einer Dienstleistungskonzession gegeben ist, wird unterschiedlich beurteilt.[1132] Jedenfalls ist die Anwendung der – hier ohnehin aus allgemeinen Erwägungen abgelehnten – Zwei-Stufen-Theorie nicht in Betracht zu ziehen. So hat das *BVerwG*[1133] durch seinen Grundsatzbeschluss die Anwendbarkeit der Zwei-Stufen-Theorie für Unterschwellenvergaben abgelehnt und den Rechtsweg zu den Zivilgerichten bejaht. Auch wenn die Dienstleistungskonzession keine Vergabe von öffentlichen Aufträgen ist, so kann dieser Beschluss jedenfalls in Bezug auf die Anwendbarkeit der Zwei-Stufen-Theorie auf die Erteilung von Dienstleistungskonzessionen übertragen werden.[1134] Denn auch in diesem Fall handelt es sich um eine unnatürliche Aufspaltung eines einheitlichen Vergabevorgangs. Dass der Rechtsweg zu den Zivilgerichten für alle Fälle der Erteilung einer Dienstleistungskonzession gegeben sein soll, ergibt sich aus dieser Schlussfolgerung jedoch noch nicht. Denn wenn man mit der hier vertretenen Ansicht konsequent auf die Rechtsnatur des Klagebegehrens abstellt, so ergäbe sich dieses aus dem von dem unterlegenen Veranstalter geltend gemachten Unterlassungsanspruch sowie aus dem Recht auf Einhaltung

---

1131 Das OVG Berlin-Brandenburg, NVwZ-RR 2011, S. 293 f. will sogar bei Untersagung des Vollzuges der Vergabeentscheidung annehmen, dass auch Annexentscheidungen (hier über die Erteilung einer Sondernutzungserlaubnis) zu unterlassen sind oder jedenfalls im Vollzug gehemmt sind.

1132 Zivilrechtsweg: OLG Brandenburg, NZBau 2001, S. 645 f.; BayObLG, VergabeR 2002, S. 55. Verwaltungsrechtsweg: OVG NRW, NVwZ 2006, 1083 f.; VG Köln, NVwZ-RR 2009, S. 327; *Burgi*, Die Vergabe von Dienstleistungskonzessionen: Verfahren, Vergabekriterien, Rechtsschutz, NZBau 2005, S. 610 (617).

1133 BVerwGE 129, 9; a.A. *Maurer*, Allgemeines Verwaltungsrecht, § 3 Rn. 23; *Wollenschläger*, Vergaberechtsschutz unterhalb der Schwellenwerte nach der Entscheidung des BVerfG vom 13.06.2006: verfassungs- und verwaltungsrechtliche Determinanten, DVBl. 2007, S. 589 (593).

1134 Ähnlich *Jennert*, Öffentlich-Private Partnerschaft, einschließlich Dienstleistungs- und Baukonzession, in: Müller-Wrede (Hrsg.) Kompendium des Vergaberechts, Rn. 59.

der Transparenz- und Gleichbehandlungsgrundsätze, die sich aus Art. 3 Abs. 1 GG bzw. den europarechtlichen Anforderungen an die Erteilung von Dienstleistungskonzessionen ergeben.[1135] Während für die Geltendmachung des Art. 3 Abs. 1 GG der Verwaltungsrechtsweg bejaht werden muss[1136], kann sich ein Unterlassungsanspruch grundsätzlich auch aus privatrechtlichen Normen wie § 1004 Abs. 1 S. 2 BGB i.V.m. § 823 Abs. 2 BGB ergeben. Anerkannt ist daneben auch ein eigenständiger öffentlich-rechtlicher Unterlassungsanspruch.[1137] Unabhängig davon, welcher Rechtsnatur der abzuschließende Vertrag ist, ist jedoch Grundlage des Unterlassungsanspruchs sowie eines Anspruchs auf Einbeziehung in das Vergabeverfahren oder auch eines evtl. bestehenden Anspruchs auf Erteilung wiederum die Verletzung der Transparenz- und Gleichbehandlungsgebote. Es besteht nur dann ein Unterlassungsanspruch, wenn eine drohende Beeinträchtigung eines subjektiv-öffentlichen Rechts bevorsteht.[1138] Erfolgt der Abschluss des Dienstleistungskonzessionsvertrages, wird das Recht des abgelehnten Veranstalters auf Transparenz und Gleichbehandlung vereitelt. Diese subjektiven Rechte auf Einhaltung von Transparenz und Gleichbehandlung folgen jedoch aus öffentlich-rechtlichen Normen. Streitentscheidend sind daher auch hier öffentlich-rechtliche Normen. Für die Klage eines abgelehnten Veranstalters, der die Erteilung einer Dienstleistungskonzession und Erteilung der Festsetzung begehrt, ist mithin der Verwaltungsrechtsweg eröffnet. Dass die Verwaltung immer an Art. 3 GG gebunden ist und sich daher aus dieser Bindung kein Argument für den öffentlich-rechtlichen Charakter herleiten ließe, da es andernfalls einer Möglichkeit zu privatrechtlichem Handeln fehle, überzeugt als Argument nicht.[1139] Denn der Entscheidung über den Rechtsweg liegt allein die Frage zu Grunde, auf welche Norm der Kläger sein Begehren stützt. Diese kann aber durchaus eine Norm des Privatrechts sein, so dass auch der Zivilrechtsweg in Betracht kommt. Geht es aber gerade um die öffentlich-rechtlichen Bindungen, muss der Rechtsweg zu den Verwaltungsgerichten eröffnet sein.

1135 Siehe hierzu 4. Kapitel, D.II.

1136 *Ehlers*, in: ders./Schoch (Hrsg.), Rechtsschutz im Öffentlichen Recht, § 21 Rn. 72 mit Fn. 171.

1137 *Remmert*, in: Erichsen/Ehlers (Hrsg.), Allgemeines Verwaltungsrecht, § 36 Rn. 6.

1138 Zum grundrechtlich fundierten Unterlassungsanspruch umfassend auch *Ossenbühl/Cornils*, Staatshaftungsrecht, S. 366 ff.

1139 So aber BVerwGE 129, 9.

2. *Statthafte Klageart/Antragsart*

Der Unterlassungsanspruch sowie Ansprüche auf Beteiligung am Verfahren oder Erteilung können im Klagewege mit der allgemeinen Leistungsklage geltend gemacht werden. Da in den meisten Fällen eine zeitnahe Entscheidung gefordert ist, kommt prinzipiell der einstweilige Rechtsschutz in Frage. Ein Unterlassungsanspruch wäre im Wege einer Sicherungsanordnung gemäß § 123 Abs. 1 S. 1 VwGO durchzusetzen. Für die Festsetzung bestünde ein solcher Unterlassungsanspruch, der im Wege der Sicherungsanordnung geltend zu machen wäre, nicht. Hier wird man dem abgelehnten Veranstalter – für die Situation vor Abschluss des Dienstleistungskonzessionsvertrages – zumuten können, darauf zu vertrauen, dass die Gemeinde keine Veranstaltung festsetzen wird, die sie nicht an den jeweiligen Veranstalter auf Grund der Sicherungsanordnung übertragen kann. Vorbeugender Rechtsschutz, der auf das Unterlassen des Erlasses von Verwaltungsakten abzielt, kommt nämlich nur in Ausnahmefällen in Betracht.[1140] Zwar könnte man daran denken, dass ein Fall vorliegt, bei dem der Verwaltungsakt aus rechtlichen Gründen nicht aufgehoben werden kann.[1141] Könnte die Festsetzung nicht mehr nachträglich aufgehoben werden, so müsste man aus Gründen der Effektivität des Rechtsschutzes an die Gewährung von vorbeugendem Rechtsschutz denken. Da die Festsetzung jedoch auch nachträglich noch aufgehoben werden kann[1142], bedarf es keines vorbeugenden Rechtsschutzes in Bezug auf die Erteilung der Festsetzung.

3. *Richtiger Klagegegner*

Wer richtiger Beklagter ist, richtet sich nach allgemeinen Grundsätzen. Es ergeben sich keine Besonderheiten zu den Ausführungen unter A.I.3.

4. *Rechtsschutzbedürfnis*

In Bezug auf den vorbeugenden Rechtsschutz ist bereits ausgeführt worden, dass ein solcher bezüglich des Erlasses der Festsetzung nicht in Betracht kommt. In dogmatischer Hinsicht überzeugender ist die Annahme, es fehle das (qualifizierte) Rechtsschutzbedürfnis[1143], da es einen einfacheren Weg gibt, nämlich die

---

1140 *Kopp/Schenke*, VwGO, Vorb. § 40 Rn. 33.

1141 *Kopp/Schenke*, VwGO, Vorb. § 40 Rn. 33 mit dem Beispiel der Beamtenernennung.

1142 Siehe hierzu 2. Kapitel, B.

1143 *Ehlers*, Die allgemeine verwaltungsgerichtliche Leistungsklage, Jura 2006, S. 351 (354).

nachträgliche Anfechtung der Festsetzung. Für den Fall der Unterlassungsklage in Bezug auf den Abschluss des Dienstleistungskonzessionsvertrages hängt die Notwendigkeit des vorbeugenden Rechtsschutzes letztlich maßgeblich davon ab, ob der Vertrag nachträglich aufzulösen ist. Ist dies nicht möglich, muss auch ein Rechtsschutzbedürfnis für die vorbeugende Unterlassungsklage bestehen, da der Kläger auf andere Weise seine subjektiven Rechte nicht sichern und durchsetzen kann. Dies gilt sowohl für ein etwaiges Hauptsacheverfahren als auch für den einstweiligen Rechtsschutz. Jedenfalls bei derzeitiger Rechtslage, die den Rechtsschutz gegen unrechtmäßig vergebene Dienstleistungskonzessionen nicht ausdrücklich regelt[1144] und davon ausgegangen wird, dass die abgeschlossenen Verträge allenfalls unter erschwerten Bedingungen aufgelöst werden können[1145] und auch nur in Ausnahmefällen gemäß § 134 BGB nichtig sind[1146], wird man den Kläger nicht auf den nachträglichen Rechtsschutz verweisen können.

II. Situation nach Abschluss des Vertrages und Erteilung der Festsetzung

Bezüglich des Rechtsweges stellen sich in diesem Kontext dieselben Fragen wie vor Abschluss des Vertrages. Der Unterschied zu der obigen Konstellation ist derjenige, dass vorbeugender Rechtsschutz nicht mehr erlangt werden kann, weil die Beeinträchtigung der Rechte des abgelehnten Veranstalters bereits eingetreten ist. Problematisch ist also, inwieweit auch jetzt noch Primärrechtsschutz geboten und erreichbar ist. Hierzu soll zwischen dem Konzessionsvertrag und der Festsetzung unterschieden werden. Die Instanzgerichte haben, soweit sie sich mit dem Thema beschäftigt haben, eine solche Trennung zwar nicht vorgenommen, sondern lediglich eine verwaltungsgerichtliche Klage gegen die

1144 Auch die Konzessionsrichtlinie sieht nur eine Anwendung der Rechtsmittelrichtlinie für Überschwellenvergaben vor, die im Marktwesen eher seltener erfüllt sein werden.

1145 So z. B. das OVG Berlin-Brandenburg, NVwZ-RR 2011, S. 293 f. explizit im Zusammenhang mit Marktveranstaltungen. Aber auch: *Burgi*, Die Vergabe von Dienstleistungskonzessionen: Verfahren, Vergabekriterien, Rechtsschutz, NZBau 2005, S. 610 (617); *Nettesheim*, Die Dienstleistungskonzession – Privates Unternehmertum in Gemeinwohlverantwortung, EWS 2007, S. 145 (153); *Ruhland*, Dienstleistungskonzessionsvergabe – quo vadis, VergabeR 2006, S. 731 (738).

1146 *Knöbl*, Rechtsschutz bei der Vergabe von Aufträgen unterhalb der Schwellenwerte, S. 76 f.; *Ehlers* geht davon aus, dass private Standplatzverträge bei Grundrechtsverstößen gem. § 134 BGB nichtig sind, vgl. *Ehlers*, in: ders./Fehling/Pünder (Hrsg.), Besonderes Verwaltungsrecht, Band I, § 18 Rn. 89.

Festsetzung geprüft, innerhalb derer sie auch das Vorliegen einer Dienstleistungskonzession geprüft haben.[1147] Es ist jedoch bereits ausgeführt worden, dass in der Festsetzung keine Dienstleistungskonzession zu erblicken ist. Vielmehr kann lediglich für die übertragene Veranstaltung auch eine Festsetzung erteilt werden. Ohne wirksame Übertragung kann aber auch keine Festsetzung erfolgen, da diese nur für den Veranstalter erfolgen kann. Veranstalter ist aber nur derjenige, dem die Dienstleistungskonzession wirksam erteilt worden ist. Daher hilft dem abgelehnten Veranstalter das Vorgehen nur gegen den dem Konkurrenten erteilten Festsetzungsbescheid nicht, wenn er nicht zugleich den Konzessionsvertrag angreift.

1. Vorgehen gegen den Konzessionsvertrag

Umstritten ist, ob und inwieweit ein abgeschlossener Konzessionsvertrag aufgehoben werden kann. Hierzu wird überwiegend unter Verweis auf den Grundsatz „*pacta sunt servanda*" vertreten, dass eine nachträgliche Aufhebung nicht in Betracht komme.[1148] Daher könne es nachträglich auch lediglich Sekundärrechtsschutz geben.[1149] Andere Autoren erkennen zwar an, dass die Verträge nur in Ausnahmefällen rückgängig gemacht werden können und plädieren deswegen für eine zwingende Vorabinformationspflicht oder ein Kündigungsrecht.[1150] Andere halten eine Vorabinformationspflicht, wenn nicht für überflüssig, so doch wenigstens für praktisch nicht erforderlich, weil auf kommunaler Ebene dem Abschluss des Konzessionsvertrages stets ein Ratsbeschluss vorausgehen dürfte.[1151] Das *OVG Berlin-Brandenburg*[1152] lässt in einem Beschluss, der explizit zu Marktveranstaltungen erlassen wurde, ebenfalls eine rechtzeitige Information

1147 OLG Naumburg, NZBau 2002, S. 235; VG Hamburg, GewArch 2013, S. 121; VG Köln, NVwZ-RR 2009, S. 327.

1148 *Ortner*, Vergabe von Dienstleistungskonzessionen, S. 228; *Ruhland*, Dienstleistungskonzessionsvergabe – quo vadis, VergabeR 2006, S. 731 (738).

1149 OLG Düsseldorf, Beschluss vom 10.05.2006 – VII Verg 12/06 – abrufbar unter www.juris.de.

1150 Hergeleitet wird dieses aus Art. 19 IV GG – so *Ruhland*, Dienstleistungskonzessionsvergabe – quo vadis, VergabeR 2006, S. 731 (739). Auch wird eine Orientierung an § 13 VgV in Erwägung gezogen. Für eine Vorabinformationspflicht auch *Widmann*, Vergaberechtsschutz im Unterschwellenbereich, S. 218.

1151 *Burgi*, Die Vergabe von Dienstleistungskonzessionen: Verfahren, Vergabekriterien, Rechtsschutz, NZBau 2005, S. 610 (617).

1152 NVwZ-RR 2011, S. 293 f.

ausreichen und plädiert darüber hinaus für eine Orientierung an der Zwei-Wochenfrist der sofortigen Beschwerde.

Der Rechtsschutz bei der Vergabe von Dienstleistungskonzessionen kann und soll an dieser Stelle nicht abschließend diskutiert werden. Art. 40 der Konzessionsrichtlinie[1153] jedenfalls sieht eine Informationspflicht des abgelehnten Bewerbers vor. Letztlich dürfte es in Anbetracht des Schwellenwertes von 5 Mio. € jedoch an der Anwendbarkeit im Marktwesen zumeist fehlen. Zieht man eine Parallele zum unterschwelligen Vergaberecht, stellen sich dieselben Probleme. Im Bereich des unterschwelligen Vergaberechts hat das *BVerfG*[1154] zwar den faktisch fehlenden Primärrechtsschutz gebilligt und eine Vorabinformationspflicht abgelehnt. Will man die Argumentation für die Vergabe von Dienstleistungskonzessionen generell und für das Marktwesen im speziellen übernehmen, bedeutete diese in der Praxis bestehende Rechtsschutzlücke für den jeweiligen Veranstalter eine nicht hinzunehmende Rechtsunsicherheit. Letztlich wird man deshalb mit der Literatur[1155] – und in Anlehnung an die noch vertretene Meinung z. B. in beamtenrechtlichen Konkurrentenklagen[1156] – von einer Vorabinformationspflicht ausgehen müssen, zumal gerade auf Grund der Ablehnung eines zweistufigen Vergabeverfahrens für die Erteilung von Dienstleistungskonzessionen effektiver Rechtsschutz auf anderem Wege nicht erreicht werden kann. Im Bereich der Vergabe von Dienstleistungskonzessionen kann die Verweisung auf Schadensersatz mit der Begründung, das auf den Erhalt einer Umsatzchance gerichtete Interesse könne durch einen solchen Anspruch grundsätzlich ausgeglichen werden, nicht überzeugen.[1157] Dies gilt allein deswegen, weil bei der Erteilung einer Dienstleistungskonzession kein Entgelt gezahlt wird, sondern das Recht zur Nutzung übertragen wird. Das Betriebsrisiko trägt der Konzessionär selbst. In diesen Fällen hängt der Wert der vergebenen Konzession letztlich auch vom wirtschaftlichen Geschick des Konzessionärs ab. Ein Schadensersatz wäre aus diesen Gründen schon faktisch schwer zu beziffern, so dass er nicht gleichwertig mit einem etwaig bestehenden Primärrechtsschutz sein

---

1153 4. Kapitel, B.I.5.

1154 BVerfGE 116, 135.

1155 *Burgi*, Die Vergabe von Dienstleistungskonzessionen: Verfahren, Vergabekriterien, Rechtsschutz, NZBau 2005, S. 610 (617); *Knöbl*, Rechtsschutz bei der Vergabe von Aufträgen im Unterschwellenbereich, S. 175 ff.; *Ruhland*, Die Dienstleistungskonzession, S. 272.

1156 Ein Umdenken lässt die Entscheidung des BVerwG, NVwZ 2002, S. 604 f. erkennen.

1157 *Ruhland*, Die Dienstleistungskonzession, S. 251.

kann.[1158] Für den abgelehnten Veranstalter bedeutet dies, dass er, will er noch Chancen auf Abschluss eines Vertrages zu seinen Gunsten haben, im Wege der vorbeugenden Unterlassungsklage vorgehen muss. Nach Abschluss des Vertrages mit dem Konkurrenten besteht, von Ausnahmen abgesehen, keine Möglichkeit mehr, den Vertrag mit dem Konkurrenten rückgängig zu machen. Diese Tatsache rechtfertigt es, für die Vergabe von Dienstleistungskonzessionen auch unterhalb der Schwellenwerte eine Vorabinformationspflicht zur Ermöglichung effektiven (Primär-)Rechtsschutzes anzunehmen.

Diese Lösung überzeugt auch vor dem Hintergrund, dass das *BVerfG* für die Fälle der Marktbeschickung angenommen hat, dass es Aufgabe des jeweiligen Marktanbieters sei, die Verpflichtung des Gerichts umsetzen, z. B. durch Widerruf, Rücknahme oder die Möglichkeit der (außerordentlichen) Kündigung. Bisweilen wird zwar vertreten, das *BVerfG* habe hier einen Primärrechtsschutz geschaffen, der auf das Vergaberecht zu übertragen sei.[1159] Sieht man die Vergabe von Standplätzen auch als Dienstleistungskonzession an, so liegt diese Übertragung auch nahe. Allerdings ist die Entscheidung zum einen im Rahmen der Annahme einer zweistufigen Vergabekonstruktion ergangen, zum anderen sieht das *BVerfG* in diesem Fall auch Art. 12 Abs. 1 GG verletzt. So führt das *BVerfG* aus: *„Auch eine Erschöpfung der Platzkapazität rechtfertigt nicht die Versagung effektiven Rechtsschutzes. Ergibt die Überprüfung der versagenden Vergabeentscheidung (…) aber, dass ein Standplatz zu Unrecht vorenthalten wurde, hat das Fachgericht eine entsprechende Verpflichtung des Marktanbieters auszusprechen.*“[1160] Die Umsetzung sei dann Sache des jeweiligen Verwaltungsträgers, mit Widerruf, Rücknahme und Kündigung stünden entsprechende Regelungen bereit.[1161] Diese Ausführungen beruhen allesamt auf der Annahme, dass die Entscheidung zweistufig erfolgt. In diesen Fällen erfolgt die Auswahl per Verwaltungsakt. Dass ein solcher bis zur Bestandskraft auch bei Verteilungsentscheidungen grundsätzlich angefochten werden kann, steht außer Frage. Nur die Abwicklung, also das „Wie“ erfolgt durch Vertrag. Der vorherige Verwaltungsakt kann also als Rechtsgrund für den nachfolgenden Vertrag angesehen werden.[1162] Wird aber der Rechtsgrund aufgehoben, so kann auch der Vertrag keinen Bestand haben. Das Schutzbedürfnis desjenigen, der vorerst den Platz

1158 *Ruhland*, Die Dienstleistungskonzession, S. 251.
1159 *U. Stelkens*, in: Stelkens/Bonk/Sachs (Hrsg.), VwVfG, § 35 Rn. 121.
1160 NJW 2002, S. 3691 (3692).
1161 NJW 2002, S. 3691 (3692).
1162 So *Tanneberg*, Die Zweistufentheorie, S. 61 mit einem Überblick über weitere dogmatische Konstruktionen.

zugewiesen bekommen hat, ist auf Grund des vorgeschalteten Verwaltungsaktes wegen des zunächst nur vorläufigen Charakters und des theoretischen Wissens um die Aufhebbarkeit bereits niedriger. Daher war Gegenstand der Entscheidung des *BVerfG* keine ausschließlich zivilrechtliche Konstruktion. Die Aussage der Entscheidung des *BVerfG* ist folglich nicht zwingend auf die Situation der Vergabe von Dienstleistungskonzessionen zu übertragen, selbst wenn man in der Vergabe von Standplätzen eine Dienstleistungskonzession erblicken möchte. Die Entscheidung lässt sich somit nicht als Beleg dafür heranziehen, dass das *BVerfG* einen *vergaberechtlichen Primärrechtsschutz im Unterschwellenbereich* geschaffen hätte.[1163] Für die Vergabe von Dienstleistungskonzessionen im Marktwesen verbleibt es mithin bei der grundsätzlichen Stabilität der Auswahl- und Vergabeentscheidung. Art. 19 Abs. 4 GG[1164], jedenfalls aber dem allgemeinen Justizgewährungsanspruch[1165], kann mithin nur Rechnung getragen werden, indem man mit Teilen der Rechtsprechung[1166] und Literatur[1167] von einer Vorabinformations- und Stillhaltepflicht ausgeht. Hierfür spricht auch eine neuere Entscheidung des *BVerwG* zum Konkurrenzschutz im Beamtenrecht. Dort lässt das *BVerwG* den Grundsatz der Ämterstabilität hinter den Anspruch auf effektiven Rechtsschutz zurücktreten, wenn der unterlegene Bewerber daran gehindert war, seinen Bewerbungsverfahrensanspruch durchzusetzen.[1168] Hat der unterlegene Bewerber keine Kenntnis von der bevorstehenden anderweitigen Vergabe, kann er seinen Anspruch auf Gleichbehandlung auch nicht durchsetzen. Dieses faktisch bestehende Problem kann nicht dazu führen, dass der unterlegene Bewerber in der Durchsetzung seiner subjektiv-öffentlichen Rechte behindert wird. Effektiver Verfahrensschutz reicht nämlich immer nur so weit, wie er auch gerichtlich geltend gemacht werden kann. Wenn aber bereits vereitelter Rechtsschutz zur Aufhebung der Ämterstabilität führen kann, dann muss er erst recht im Vorfeld zu einer Vorabinformationspflicht führen und zwar auch außerhalb

1163 So aber *U. Stelkens*, in: Stelkens/Bonk/Sachs (Hrsg.), § 35 Rn. 121.

1164 So *Pache*, in: Pünder/Schellenberg (Hrsg.), Vergaberecht, § 55 BHO Rn. 151; *Ruthig/Storr*, Öffentliches Wirtschaftsrecht, § 10 Rn. 1081.

1165 Zur Bewertung im Hinblick auf die Entscheidung des BVerfG vom 13.06.2006 vgl. *Barth*, Das Vergaberecht außerhalb des Anwendungsbereichs der EG-Vergaberichtlinien, S. 152 f.

1166 OVG Berlin-Brandenburg, NVwZ-RR 2011, S. 293 f.

1167 Für die Unterschwellenvergabe *Dietlein/Fanderey*, in: Byok/Jaeger (Hrsg.) Kommentar zum Vergaberecht, Einl. Rn. 116; *Widmann*, Vergaberechtsschutz im Unterschwellenbereich, S. 218 mit zahlreichen weiteren Nachweisen in Fn. 842.

1168 BVerwG, NVwZ 2011, S. 358.

beamtenrechtlicher Konkurrenz. Diese Vorabinformationspflicht führt nämlich zu einem interessengerechten Ausgleich zwischen dem Grundsatz „*pacta sunt servanda*“ und dem Bedürfnis nach Rechtsschutz für den unterlegenen Bewerber. Als Ergebnis lässt sich daher festhalten, dass ein Vorgehen gegen den Konzessionsvertrag nach Abschluss des Vertrages grundsätzlich nicht mehr in Betracht kommt.[1169] Lediglich bei besonders schweren Verstößen ist an einen Aufhebung des Vertrages oder eine Nichtigkeit gemäß § 134 BGB zu denken.[1170] De lege ferenda sollte die Einführung einer Vorabinformations- und Wartepflicht angedacht werden, um das vom *BVerfG*[1171] hingenommene Rechtsschutzdefizit zu vermeiden.

2. *Vorgehen gegen die erteilte Festsetzung*

Fraglich ist überdies, wie mit der erteilten Festsetzung nach Vertragsschluss umzugehen ist. Stabilitätsprobleme ergeben sich bis zur Bestandskraft der Festsetzung nicht. Der unterlegene Bewerber kann also, da es sich bei der Festsetzung zu Gunsten eines Konkurrenten um einen Verwaltungsakt mit Drittwirkung[1172] in Bezug auf den Konkurrenten handelt, Verpflichtung auf Erteilung der Festsetzung an ihn verlangen.[1173] Es handelt es sich um einen Fall der Konkurrentenverdrängungsklage. Der grundsätzlich bestehende Anspruch auf Erteilung der Festsetzung wandelt sich in der hier untersuchten Situation in einen Anspruch auf ermessensfehlerfreie Entscheidung. Ergeht jedoch die Festsetzung zu Gunsten eines Bewerbers, wird der Anspruch des anderen Bewerbers wegen der Existenz des § 69 a Abs. 1 Nr. 3 GewO auch rechtlich vereitelt, da bei Vorliegen einer anderen Festsetzung für eine Veranstaltung zur selben Zeit die beantragte Festsetzung abgelehnt werden müsste. Problematisch ist allerdings, dass der abgelehnte Bewerber zwar die Festsetzung anfechten bzw. Verpflichtung auf Erteilung an sich selbst begehren könnte. Sofern aber der Vertrag über die Dienstleistungskonzession bereits geschlossen worden ist und dieser grundsätzlich

1169 *Pache*, in: Pünder/Schellenberg (Hrsg.), Vergaberecht, § 55 BHO Rn. 170 für Unterschwellenvergaben.

1170 *Huerkamp/Kühling*, Primärrechtsschutz für Unterschwellenvergaben aus Luxemburg – Zu den Folgen aus den Äquivalenz- und Effektivitätsforderungen des EuGH, NVwZ 2011, S. 1409 (1413).

1171 DVBl. 2007, S. 53 (56).

1172 Die Drittwirkung ergibt sich daraus, dass die Erteilung der Festsetzung an den einen Konkurrenten zwingend die Ablehnung der Festsetzung für den anderen Konkurrenten zur Folge hat.

1173 VG Halle, Urteil vom 27.08.2010 – 4 A 15/10 – abrufbar unter www.juris.de.

nicht aufgehoben werden kann, ist diese Situation für den abgelehnten Bewerber gleichwohl unbefriedigend, wenn er die Festsetzung des Konkurrenten anficht und die Erteilung einer Festsetzung an sich selbst begehrt. Denn mit dem Abschluss des Konzessionsvertrages ist die Auswahlentscheidung verfestigt. Dies hat zur Folge, dass dem Konzessionär die Festsetzung erteilt werden muss, wenn die Voraussetzungen der §§ 69, 69 a GewO vorliegen. In letzter Konsequenz bedeutet dies, dass die Stabilität der fehlerhaften Vergabeentscheidung die Rechtmäßigkeit der Erteilung der Festsetzung zur Folge hat. Der abgelehnte Bewerber kann daher nach Abschluss des Konzessionsvertrages nicht mehr erfolgreich gegen die Festsetzung vorgehen.[1174] Mit einem Vorgehen gegen den Festsetzungsbescheid kann er allerdings eine Inzidentprüfung des Dienstleistungskonzessionsvertrages vor den Verwaltungsgerichten erreichen, wenn man mit der herrschenden Meinung von der Eröffnung des Zivilrechtsweges bei Abschluss von Dienstleistungskonzessionsverträgen ausgeht.[1175] Denn das Verwaltungsgericht wird die Rechtswidrigkeit der Ablehnung der Erteilung der Festsetzung nur annehmen, wenn sie zu Gunsten des abgelehnten Bewerbers hätte ergehen müssen. Wurde aber bereits einem anderen Bewerber eine Dienstleistungskonzession erteilt, so kann eine Festsetzung für eine Konkurrenzveranstaltung nicht mehr erteilt werden, weil für denselben Ort zur selben Zeit bereits eine festsetzungsfähige Veranstaltung existiert. Die Übertragung der Durchführung der Veranstaltung in Form einer Dienstleistungskonzession würde dann im Rahmen des Anfechtungsverfahrens gegen die abgelehnte Festsetzung überprüft werden. Besteht jedoch dieser Dienstleistungskonzessionsvertrag und kann er wegen des Stabilitätsprinzips auch nicht rückgängig gemacht werden, muss für die mit ihm übertragene Veranstaltung die Festsetzung gem. § 69 Abs. 1 GewO erteilt werden. Die Veranstaltung des abgelehnten Bewerbers darf für diesen Fall nicht zeitgleich festgesetzt werden, die Anfechtung der Ablehnung kann also auch nicht erfolgreich sein. Dem abgelehnten Bewerber ist mithin mit einem Vorgehen gegen die Ablehnung der Festsetzung nicht geholfen. Die Entscheidung steht und fällt also mit der Entscheidung über und dem Abschluss des Dienstleistungskonzessionsvertrages. Erst wenn dieser abgeschlossen wurde, kann überhaupt die Festsetzung für den jeweiligen Veranstalter erteilt werden, da er erst ab diesem Zeitpunkt als Veranstalter anzusehen ist. Der abgelehnte Bewerber ist demnach gehalten, den Abschluss des Vertrages im Wege des vorbeugenden

---

1174 Anders das VG Köln, das nicht zwischen der Festsetzung und der Dienstleistungskonzession unterscheidet, NVwZ-RR 2009, S. 324 f.

1175 Zur Inzidentprüfung vgl. *Kallerhoff*, Zur Begründetheit von Rechtsschutzbegehren unterhalb der vergaberechtlichen Schwellenwerte, NZBau 2008, S. 97 (100).

Eilrechtsschutzes zu verhindern. Dann kann gleichsam die Festsetzung nicht erteilt werden.[1176] Sollte dies dennoch geschehen, wäre die Erteilung rechtswidrig und könnte angefochten werden. Auf Grund der de lege lata nicht bestehenden Vorabinformations- und Wartepflicht für die Erteilung von Dienstleistungskonzessionen ist der Rechtsschutz des unterlegenen Bewerbers allerdings erheblich eingeschränkt. Sein grundsätzliches Recht auf Anfechtung des Festsetzungsbescheides ermöglicht es dem abgelehnten Bewerber ebenfalls nicht, nach Abschluss des Konzessionsvertrages eine Überprüfung oder Abänderung der Vergabeentscheidung zu erreichen.

C. Konkurrenz der Beschicker um Standplatzvergabe

Zuletzt soll die Situation der Konkurrenz der Beschicker um die Standplatzvergabe auf ihre prozessuale Durchsetzbarkeit hin untersucht werden. Hier stellen sich ebenfalls die bereits skizzierten Probleme und zwar insbesondere im Hinblick auf den Rechtsweg, die statthafte Klageart, den richtigen Klagegegner und das Rechtsschutzbedürfnis.

I. Rechtsweg

Zunächst gilt es zu klären, vor welchem Gericht ein etwaig zu Unrecht abgelehnter Beschicker die eigene Zulassung oder ermessensfehlerfreie Entscheidung einklagen kann. Dies hängt entscheidend davon ab, in welcher Art und Weise die Beschicker zugelassen werden und um welche Art von Veranstaltung es sich handelt. Es ist bereits diskutiert worden, dass es sich bei der Standplatzvergabe der Art nach um ein Problem des Zugangs zu kommunalen öffentlichen Einrichtungen oder der Erteilung einer Dienstleistungskonzession bzw. jedenfalls ein damit vergleichbares Problem handeln kann. Aufgezeigt worden ist auch, dass die Vergleichbarkeit mit dem Zugang zu einer öffentlichen Einrichtung nicht gegeben ist.[1177] Vielmehr handelt es sich in Fällen größerer gemeindlicher

---

1176 Zu dem Problem, ob im Falle der Untersagung des Vollzuges der Vergabeentscheidung Annexentscheidungen zu unterlassen sind vgl. OVG Berlin-Brandenburg, NVwZ-RR 2011, S. 293 f. und OVG LSA 1 S. 41/10 – abrufbar unter www.juris.de. Als eine solche Annexentscheidung könnte die Entscheidung über die Erteilung der Festsetzung angesehen werden. Da aber eine Festsetzung nur zu Gunsten des Veranstalters ergehen darf und ohne Erteilung der Dienstleistungskonzession der beantragende Veranstalter gar nicht als Veranstalter angesehen werden kann, bedarf es einer solchen Erweiterung nicht.

1177 Vgl. 4. Kapitel, D.III.1.

Veranstaltungen um eine Form der Dienstleistungskonzession. Zudem sollte auch in den Fällen, in denen es zum Beispiel wegen des fehlenden Interesses der Gemeinde an der Durchführung der Beschickertätigkeit (z. B. bei kleineren von einer Gemeinde veranstalteten Wochenmärkten) an dem Charakter einer Dienstleistungskonzession fehlt, eine Orientierung an Verfahren, Erteilung und Rechtsschutz der Dienstleistungskonzession erfolgen.[1178] Für die Standplatzvergabe der Beschicker bedeutet dies, dass es sich bei den abgeschlossenen Verträgen um privatrechtliche Dienstleistungskonzessionsverträge handelt. Mit der herrschenden Meinung[1179] und unter Ablehnung der Zwei-Stufen-Theorie wären daher die Fälle der Konkurrenz der Beschicker um die Ablehnung von den Zivilgerichten zu entscheiden. Geht man mit der hier vertretenen Meinung davon aus, dass die jeweilige den Anspruch begründende Norm maßgeblich ist, kann im Falle der Berufung auf eine Verletzung des Art. 3 Abs. 1 GG oder anderer öffentlich-rechtlicher Normen der Verwaltungsrechtsweg in Betracht kommen.

II. Statthafte Antragsart

In den Fällen, in denen die Standplatzvergabe als Erteilung einer Dienstleistungskonzession angesehen werden kann, muss der abgelehnte Bewerber wegen der grundsätzlichen Stabilität des einmal abgeschlossenen Vertrages versuchen, den Vertragsschluss mit dem Konkurrenten zu verhindern. Hierfür stehen ihm im Verwaltungsrechtsweg die einstweilige Anordnung gem. § 123 VwGO zur Verfügung und im Zivilrechtsweg die einstweilige Verfügung gem. §§ 935, 940 ZPO.[1180] In diesen Fällen geht es zudem nicht nur um die Aufhebung der Zulassung des Konkurrenten, sondern regelmäßig um die eigene Zulassung. Für die öffentliche Auftragsvergabe wird hingegen vertreten, dass dem Interessenten grundsätzlich kein Anspruch zusteht.[1181] Er hat nur einen Anspruch auf chancengleiche Teilhabe am Vergabeverfahren.[1182]

Ein direkter Zulassungsanspruch lässt sich, wenn es sich nicht um eine festgesetzte Veranstaltung handelt, hingegen nicht ableiten; auch Art. 3 GG oder Art. 12 GG, sollte er ausnahmsweise einschlägig sein, vermitteln kein Recht auf

1178 Für Vergleich mit der Erteilung öffentlicher Aufträge vgl. *U. Stelkens*, in: Stelkens/Bonk/Sachs (Hrsg.), § 35 Rn. 121.

1179 Siehe 6. Kapitel, A.I.1.

1180 Z. B. für den Unterschwellenbereich OLG Düsseldorf, ZfBR 2009, S. 304; OLG Oldenburg, VergabeR 2008, S. 995; OLG Berlin-Brandenburg, VergabeR 2008, S. 992; OLG Dresden, VergabeR 2006, S. 774.

1181 *Antweiler*, in: Ziekow/Völlink (Hrsg.), Vergaberecht, § 100 GWB Rn. 82.

1182 *Antweiler*, in: Ziekow/Völlink (Hrsg.), Vergaberecht, § 100 GWB Rn. 82.

Zulassung, sondern nur auf Teilhabe. Der abgelehnte Beschicker muss daher einen Unterlassungsanspruch[1183] im Wege der einstweiligen Anordnung bzw. einstweiligen Verfügung geltend machen. Nachteilig an dieser Vorgehensweise im Vergleich zu der üblicherweise favorisierten zweistufigen Vergabe ist die Tatsache, dass es keine Möglichkeit gibt, die Gemeinde zu verpflichten, unter der Beachtung der Rechtsauffassung des Gerichts den abgelehnten Bewerber neu zu bescheiden.[1184] Auf diese Weise wird bereits im einstweiligen Rechtsschutzverfahren eine erneute Entscheidung seitens des Gerichts angeordnet. Liegt allerdings ein Fall der einstufigen Vergabe – wie hier vorgeschlagen – vor, regelt die im einstweiligen Verfügungs- oder Anordnungsverfahren getroffene Entscheidung über das Bestehen oder nicht Bestehen eines Unterlassungsanspruchs nicht das weitere Verfahren. Da eine Gemeinde unter der Prämisse des fehlenden einfachgesetzlichen Zulassungsanspruchs[1185] aber auch nur zur Chancengleichheit gewährenden Teilhabeermöglichung verpflichtet ist und nicht zur Zulassung bzw. Abschluss derartiger Verträge, käme eine Verpflichtung zum Abschluss auch nicht in Betracht.[1186] Regelmäßig wird die Gemeinde jedoch bereits auf Grund des Interesses an der Durchführung ihrer Veranstaltung eine erneute Auswahlentscheidung treffen. In prozessualer Hinsicht könnte sie gegen die im Zivilrecht ergangene einstweilige Verfügung entweder gemäß § 924 ZPO im Wege des Widerspruchsverfahrens vorgehen, wenn sie bereits die Anordnung der einstweiligen Verfügung für unbegründet gehalten hat. Alternativ kann sie gemäß § 927 ZPO die Aufhebung wegen veränderter Umstände beantragen. Dies käme insbesondere in Betracht, wenn die Gemeinde nach Erlass der ursprünglichen einstweiligen Verfügung eine erneute Auswahlentscheidung trifft.

Handelt es sich um ein einstweiliges Anordnungsverfahren gemäß § 123 VwGO, kann auch in diesem Verfahren ein Unterlassungsanspruch geltend gemacht werden. Sollte die Gemeinde eine erneute Auswahlentscheidung auf Grund der einstweiligen Anordnung vornehmen, so kann das Gericht gemäß § 80 Abs. 7 VwGO[1187] ebenfalls die einstweilige Anordnung ändern oder aufheben. Ein Zulassungsanspruch kann auch im Verwaltungsprozess nicht geltend gemacht werden. Denn ein Konkurrentenverdrängungsanspruch scheitert regelmäßig an der Stabilität der Auswahlentscheidung mit Blick auf die Qualifizierung

1183 Zu den möglichen Anspruchsgrundlagen siehe 5. Kapitel.

1184 NdsOVG, NVwZ-RR 2007, S. 363.

1185 Zu den Besonderheiten bei gewerberechtlich festgesetzten Veranstaltung siehe IV.

1186 Jedenfalls unter normalen Umständen nicht.

1187 Zu dieser Möglichkeit *Schoch*, in: Ehlers/ders. (Hrsg.), Rechtsschutz im öffentlichen Recht, § 30 Rn. 68.

als Dienstleistungskonzession. Unbefriedigend ist dieses Ergebnis, weil das *BVerfG* in seiner Entscheidung zur Marktzulassung[1188] eine Rückgängigmachung der Standplatzvergabe auch nach Gewährung für möglich gehalten hat, der Vergleich mit der Rechtsprechung zur Dienstleistungskonzession und Unterschwellenvergaben jedoch zeigt, dass von einer grundsätzlichen Stabilität der Auswahlentscheidung auszugehen ist, ein Konkurrenten*verdrängungs*anspruch also grundsätzlich nicht in Betracht kommt. Führte man eine Vorabinformations- und Wartepflicht ein, ließe sich jedoch ein annähernd gleiches Rechtsschutzniveau unter Ausgleich aller Interessen erreichen.[1189] Denn das sich aus der Einordnung als Dienstleistungskonzession bei Heranziehung der hierzu ergangenen Rechtsprechung ergebene Rechtsschutzdefizit kann nicht über die dogmatische Einordnung hinweghelfen. Der Schluss kann also nicht lauten: Weil in der Standplatzvergabe eine Dienstleistungskonzession zu sehen ist, ist das niedrigere Rechtsschutzniveau hinzunehmen. Vielmehr ist die Entscheidung des *BVerfG*[1190] zum Anlass zu nehmen, jedenfalls im Hinblick auf bestehende Rechtsschutzdefizite im Bereich der Vergabe von Dienstleistungskonzessionen und unterschwelligen Aufträgen einen effektiven Primärrechtsschutz zu sichern, der dann auch für das Marktwesen fruchtbar zu machen wäre.

III. Richtiger Klagegegner/Rechtsschutzbedürfnis

Hier ergeben sich keine Besonderheiten zu den zuvor diskutierten Konstellationen.

IV. Besonderheiten bei gewerberechtlich festgesetzten Veranstaltungen

Möglicherweise rechtfertigt die Tatsache, dass bei festgesetzten Veranstaltungen den Beschickern ein einfachgesetzlicher Zulassungsanspruch aus § 70 Abs. 1 GewO zusteht, eine andere Beurteilung. So ist bisweilen in § 70 GewO die Grundlage für einen Konkurrentenverdrängungsanspruch gesehen worden.[1191] Ein Unterschied würde sich jedoch nur ergeben, wenn lediglich Art. 3 Abs. 1 GG als Maßstab herangezogen und nur ein Anspruch auf Gleichbehandlung

---

1188 NJW 2002, S. 3691 f.

1189 So auch *Wagner*, in: Friauf (Hrsg.), Kommentar zur GewO, § 70 Rn. 63.2, der diese Schlussfolgerung allerdings aus der Entscheidung des BVerfG ableiten will; auch *Schmidt-Preuß*, Kollidierende Privatinteressen im Verwaltungsrecht, S. 790 (820).

1190 NJW 2002, S. 3691 f.

1191 *Huber*, Konkurrenzschutz im Verwaltungsrecht, S. 147; *Schmidt-Preuß*, Kollidierende Privatinteressen im Verwaltungsrecht, S. 408 (493, 580).

bejaht würde. Bejaht man allerdings auch einen Teilhabeanspruch in Bezug auf die Konzessionsvergabe, d.h. gesteht man dem Bewerber ein Recht auf Teilhabe am Bestehenden – in Bezug auf die Vergabe von Dienstleistungskonzession: Teilhabe am Kontingent der vom Staat eröffneten Chancen[1192] – zu, so kann es keinen Unterschied machen, dass dem Bewerber auch ein einfachgesetzlicher Zugangsanspruch zusteht. Beide vermitteln dem Bewerber ein Recht auf Teilhabe bzw. Zulassung, das sich bei Kapazitätserschöpfung in ein Recht auf ermessensfehlerfreie Auswahl wandelt. Ein Unterschied besteht allerdings insoweit, als im Rahmen des § 70 GewO der Veranstalter verpflichtet ist, bis zur Kapazitätsgrenze zuzulassen, eine Gemeinde hingegen grundsätzlich nicht zur Vergabe von Dienstleistungskonzessionen verpflichtet ist. Sie ist allerdings auch nicht zur Veranstaltung von Märkten verpflichtet, es handelt sich insoweit um eine freiwillige Selbstverwaltungsaufgabe. Wenn sie aber eine Veranstaltung gem. §§ 69, 70 GewO durchführt, dann ist sie gem. § 70 Abs. 1, Abs. 3 GewO zur Zulassung verpflichtet bzw. bei Kapazitätserschöpfung zur ermessensfehlerfreien Auswahl. Nichts anderes gilt für eine Gemeinde bei Vergabe einer Dienstleistungskonzession. Wenn sie sich zur Vergabe entscheidet, dann hat jeder Bewerber ein Recht auf chancengleiche Teilhabe am Vergabeverfahren. Ein Konkurrentenverdrängungsanspruch scheitert demgemäß in Fällen der Vergabe einer Dienstleistungskonzession auch nicht am prinzipiell bestehenden Anspruch, sondern an der Stabilität der zu Gunsten des Konkurrenten ergangenen Entscheidung. Vor Abschluss des Vertrages mit dem Konkurrenten bestehen hingegen Unterlassungsansprüche. Der Konkurrent kann also nur auf Grund der Stabilität nicht in klassischer Weise *verdrängt* werden, die subjektiven Rechte bestehen im Vorfeld jedoch gleichermaßen. Ein Unterschied bestünde nur in der Situation, in der keine Kapazitätsengpässe bestehen. In diesem Fall ergibt sich aus § 70 Abs. 1 GewO ein Zulassungsanspruch, der erfüllt werden muss, während sich eine Verpflichtung zur Vergabe einer Dienstleistungskonzession nicht konstruieren lässt. Es besteht auch keine anlassunabhängige Pflicht zur Vergabe von Standplätzen, sondern nur wenn tatsächlich eine Veranstaltung geplant wird. Folgerichtig besteht auch nur eine Pflicht zur chancengleichen Vergabe von Dienstleistungskonzessionen, wenn überhaupt eine Vergabe stattfinden soll. Demgemäß ergeben sich bei festgesetzten Veranstaltungen keine diesbezüglichen Besonderheiten.

Möglicherweise ist jedoch bei der Vergabe von Standplätzen, die auf der Grundlage des § 70 Abs. 1 GewO erfolgt, anders als bei der „normalen" Vergabe

1192 *Kallerhoff*, Zur Begründetheit von Rechtsschutzbegehren unterhalb der vergaberechtlichen Schwellenwerte, NZBau 2008, S. 97 (101).

von Dienstleistungskonzessionen von einem zweistufigen Verfahren auszugehen. Dann würde dem als Dienstleistungskonzession zu beurteilenden zivilrechtlichen Vertrag ein Zulassungsverwaltungsakt vorgeschaltet sein. Eine Anwendbarkeit der Zwei-Stufen-Theorie ist aber auch im gewerberechtlichen Kontext abzulehnen.[1193] Denn das gewerberechtliche Zulassungsverfahren ist ebensowenig wie das Zulassungsverfahren zu einer kommunalen öffentlichen Einrichtung durch die „Mehrphasigkeit der Aufgabenwahrnehmung" gekennzeichnet[1194]. Erfolgt die Auswahl durch Abschluss zivilrechtlicher (Konzessions-) Verträge, bedarf es keiner zweistufigen Konstruktion, um den Verwaltungsrechtsweg bejahen zu können. Der Beschicker kann seinen Zulassungsanspruch auch vor den ordentlichen Gerichten geltend machen.[1195]

1193 Zur Zwei-Stufen-Theorie siehe 6. Kapitel, A.I.1. A.A. *Weißenberger*, Die Zweistufentheorie im Wirtschaftsverwaltungsrecht, GewArch 2009, S. 417 (420).

1194 So für § 70 GewO auch das VG Schleswig, Beschluss vom 29.11.2010 – 12 B 102/10 – abrufbar unter www.juris.de.

1195 Siehe hierzu 6. Kapitel, A.I.1.

7. Kapitel: Fazit und Ausblick

„Klingelnde Kassen“ meldete die Frankfurter Allgemeine Sonntagszeitung am 13.12.2013 über den Frankfurter Weihnachtsmarkt.[1196] Nicht nur in Frankfurt selbst, auch im europäischen Ausland erfreut sich der „deutsche Exportschlager“[1197] Weihnachtsmarkt wachsender Beliebtheit. Hierin zeigt sich die wirtschaftliche Bedeutung für die Gemeinden, die sich nicht nur im Weihnachtsmarktgeschäft, sondern auch auf zahlreichen kleineren Wochenmärkten, Volksfesten und sonstigen dem Städte-Marketing dienenden Veranstaltungen betätigen.

Diese wirtschaftliche Bedeutung macht es für die Schausteller, aber auch für private Veranstalter notwendig, ihre Tätigkeiten unter gesicherten rechtlichen Rahmenbedingungen durchführen zu können.

Mit den kommunalrechtlichen Vorschriften und der Gewerbeordnung existieren etablierte rechtliche Rahmenbedingungen, die das Markt- und Volksfestwesen prägen.

Als unter die Daseinsvorsorge fallende Tätigkeit kann eine Gemeinde frei darüber entscheiden, ob sie sich im Markt- und Volksfestwesen betätigen möchte. Eine Pflicht zur Betätigung gibt es ebenso wenig wie ein Verbot, sich aus einer einmal begründeten Veranstaltertätigkeit zurückzuziehen. Entscheidet sie sich für die Durchführung einer Veranstaltung, so kann eine solche Veranstaltung als öffentliche Einrichtung der Gemeinde qualifiziert werden. Nach der hier vertretenen Auffassung hat dies jedoch nicht zur Folge, dass sich die Gemeinde seitens der Beschicker dem kommunalrechtlichen Zulassungsanspruch ausgesetzt sieht. Denn als kommunale öffentliche Einrichtung kann lediglich die organisatorische Einheit, also die funktionierende Veranstaltung an sich, angesehen werden. Hierzu gehören auch die Beschicker.

Dies bedeutet für die Beschicker, dass sie als Teil der Veranstaltung anzusehen sind. Rechtlich kann die Vergabe eines Standplatzes daher weniger mit der Zulassung zu einer kommunalen öffentlichen Einrichtung denn mit der Vergabe einer Dienstleistungskonzession verglichen werden. Die bisher lediglich den allgemeinen Prinzipien der Gleichbehandlung, Transparenz und Nichtdiskriminierung

---

1196 http://www.faz.net/aktuell/rhein-main/frankfurter-weihnachtsmarkt-niedrige-standmieten-klingende-kassen-12710486.html.

1197 http://www.faz.net/aktuell/rhein-main/deutscher-weihnachtsmarkt-in-england-birmingham-hello-12668985.html.

unterworfene Dienstleistungskonzession hat mit der Konzessionsrichtlinie[1198] erstmals eine gesetzliche Regelung erhalten.

Für das Markt- und Volksfestwesen bleibt abzuwarten, ob sich – nach einer etwaigen Umsetzung in das nationale Recht – entscheidende Änderungen für die Vergabepraxis und den Rechtsschutz ergeben. In Anbetracht der – für das Markt- und Volksfestwesen – hohen Schwellenwerte von 5 Mio. € dürften die direkten Auswirkungen gering sein.

Für das anzuwendende Auswahlverfahren und die anzuwendenden Auswahlkriterien bedeutet dies, dass sie jedenfalls den bisherigen Anforderungen, die aus dem Unions-, Verfassungs- und einfachen Recht abgeleitet werden, entsprechen müssen. Zu fordern ist eine Ausschreibung der Veranstaltung und der geplanten Standplätze. Zuvor bedarf es der Erstellung eines Veranstaltungskonzeptes, das den Charakter der Veranstaltung und die Auswahlkriterien festlegt. Die Auswahlkriterien müssen sich an Zielsetzung und Charakter der jeweiligen Veranstaltung messen lassen. Das traditionelle Auswahlkriterium „bekannt und bewährt" wird diesen Anforderungen nicht gerecht. Vielmehr ist ein um Leistung und Wirtschaftlichkeit erweitertes Kriterium der Attraktivität zu wählen. Nur im Falle der Gleichwertigkeit zweier Angebote in Bezug auf Attraktivität, Wirtschaftlichkeit und sonstiger Eignung kann auf formelle Auswahlkriterien, insbesondere das Losverfahren, zurückgegriffen werden.

Für den Rechtsschutz der konkurrierenden Beschicker und Veranstalter ist von maßgeblicher Bedeutung, ob man das Erfordernis einer Vorabinformationspflicht bejaht. Eine solche Vorabinformationspflicht ist – gerade auch für Vergaben unterhalb des Schwellenwertes – zur Vermeidung von Rechtsschutzdefiziten zu fordern. Nur so können die Rechte der Beschicker und Veranstalter effektiv gewahrt werden.

Der Titel IV der Gewerbeordnung eröffnet neben den unions-, verfassungs- und kommunalrechtlichen Vorschriften ein zusätzliches rechtliches Rahmengeflecht, das für das Veranstalten von und die Teilnahme an Marktveranstaltungen im weitestenden Sinne Geltung beanspruchen kann. Voraussetzung ist das Vorliegen eines Marktes, einer Messe, einer Ausstellung oder eines Volksfestes, das unter die Legaldefinitionen der §§ 64 bis 68 GewO bzw. 60 b GewO zu subsumieren ist. Ferner bedarf es einer Festsetzung gemäß § 69 GewO.

Die Festsetzung ist als Verwaltungsakt i.S.d. § 35 S. 1 VwVfG zu qualifizieren, es sei denn, die Festsetzung erfolgt gegenüber dem eigenen Verwaltungsträger.

1198 Richtlinie 2014/23/EU des europäischen Parlaments und des Rates vom 26. Februar 2014 über die Konzessionsvergabe.

Für den Veranstalter begründet die Festsetzung zum einen ein Durchführungsrecht, zum anderen aber auch eine eingeschränkte Durchführungspflicht.

Die Beschicker einer festgesetzten Veranstaltung können auf die sogenannten Marktprivilegien zurückgreifen.

Auch ohne den Rückgriff auf das Kommunalrecht oder das Gewerberecht kann eine Gemeinde eine Veranstaltung allein nach dem *Straßenrechtlichen Modell*, d.h. auf der Grundlage straßenrechtlicher Sondernutzungserlaubnisse durchführen.

Ungeachtet der von der Gemeinde gewählten rechtlichen Ausgestaltung ihrer Veranstaltung – öffentliche Einrichtung, (ergänzende) Festsetzung oder reines straßenrechtliches Modell – wird die verwaltungsgerichtliche Praxis auch weiterhin – trotz der bereits zahlreichen Entscheidungen[1199], der umfangreichen Literatur[1200] und den etablierten rechtlichen Regelungen – über Konkurrenzstreitigkeiten unter Veranstaltern und unter Beschickern entscheiden müssen.

Eine strikte Orientierung der Gemeinde an den dargelegten Anforderungen für Auswahlverfahren und Auswahlkriterien vermag hier jedoch für die Gemeinde sicher zu stellen, dass die geplante Veranstaltung auch auf Basis der getroffenen Auswahlentscheidung durchgeführt werden kann; für die Beschicker führt eine solche Auswahl zu mehr Rechtssicherheit und wirtschaftlicher Planbarkeit. Gleiches gilt auch für private Veranstalter, die eine Veranstaltung im Wege der Dienstleistungskonzession durchführen möchten. Etwaig dennoch notwendig werdender Rechtsschutz kann durch die Einführung einer Vorabinformationspflicht sicher gestellt werden.

1199 Nur für das Jahr 2013 vgl. etwa OVG Lüneburg, Beschluss vom 09.09.2013 – 7 ME 56/13; BayVGH, Beschluss vom 12.08.2013 – 22 CE 13.970; VG Augsburg, Urteil vom 14.04.2013 – Au 5 K 12.925; VG Oldenburg, Beschluss vom 20.06.2013 – 12 B 5090/13; VG Oldenburg, Beschluss vom 17.06.2013 – 12 B 2119/13; VG Gießen, Beschluss vom 26.06.2013 – 8 L 1118/13; VG Augsburg, Beschluss vom 31.05.2013 – Au 5 E 13.786; VG Oldenburg, Beschluss vom 29.07.2013 – 12 B 5273/13 – alle abrufbar unter www.juris.de.

1200 *Schönleiter*, in: v. Landmann/Rohmer (Hrsg.), GewO, Band I, Vorbem. zu Titel IV mit zahlreichen weiteren Literaturnachweisen.

www.ingramcontent.com/pod-product-compliance
Ingram Content Group UK Ltd.
Pitfield, Milton Keynes, MK11 3LW, UK
UKHW021236031026
15588UKWH00001B/107

9 783631 664759